MÉTAPHYSIQUE

DU MÊME AUTEUR
À LA MÊME LIBRAIRIE

Principes de la philosophie pratique première, suivi de KANT, *Réflexions sur la philosophie morale*, présenté par L. Langlois, traduit en collaboration avec M. Robitaille et É.-J. Poliquin, 424 p., 2015

BIBLIOTHÈQUE DES TEXTES PHILOSOPHIQUES
NOUVELLE SÉRIE
Fondateur : Henri GOUHIER Directeur : Emmanuel CATTIN

A. G. BAUMGARTEN

MÉTAPHYSIQUE

Traduction, notes et présentation
par
Luc **LANGLOIS**

En collaboration pour la traduction
avec Émilie-Jade **POLIQUIN**

Ouvrage publié avec le soutien
du Centre national du livre

PARIS
LIBRAIRIE PHILOSOPHIQUE J. VRIN
6, Place de la Sorbonne, Ve

2019

Imprimé en France

ISSN 0249-7972

ISBN 978-2-7116-2929-9

www.vrin.fr

INTRODUCTION

LA *MÉTAPHYSIQUE* DE BAUMGARTEN : L'OUVRAGE DE RÉFÉRENCE DE KANT

La *Métaphysique* de Baumgarten, c'est un fait bien connu, a été l'ouvrage de référence de Kant durant les quelque quarante années de son enseignement consacré à ce thème. À l'exception de deux semestres, en 1757 et 1758, où il choisit un manuel de Baumeister, d'inspiration wolffienne, c'est toujours le traité de Baumgarten, abondamment annoté et commenté par Kant dans sa quatrième édition de 1757, qui sera au programme de ses cours [1].

Certes, l'autorité en matière de métaphysique était à l'époque Christian Wolff, que Kant a surtout connu à travers les compendiums rédigés par ses disciples, mais dont il avait vraisemblablement lu quelques ouvrages [2]. On sait par exemple qu'il possédait dans sa bibliothèque personnelle la

1. Voir M. Oberhausen, R. Pozzo (éd.), *Vorlesungsverzeichnisse der Universität Königsberg (1720-1804)*, Stuttgart-Bad Cannstatt, Frommann-Holzboog, 1999. Les annotations et réflexions de Kant sur la *Métaphysique* de Baumgarten se retrouvent dans l'Édition de l'Académie : *Kant's gesammelte Schriften*. Hg. von der Preussischen Akademie der Wissenschaften, Bd. XVII (Dritte Abteilung : *Handschriftlicher Nachlass*, Bd. IV : *Metaphysik*. Erster Theil), Berlin, Leipzig, 1926, *Erläuterungen zu A. G. Baumgartens Metaphysica*, p. 3-226 ; *Reflexionen zur Metaphysik*, p. 227-745 ; Bd. XVIII (Dritte Abteilung : *Handschriftlicher Nachlass*, Bd. V : *Metaphysik*. Zweiter Theil, Berlin, Leipzig, 1928, *Reflexionen zur Metaphysik*. Zweiter Theil, p. 5-725. Le texte de la quatrième édition de la *Métaphysique* de Baumgarten est reproduit au t. XVII de l'Édition de l'Académie (p. 5-206), à l'exception des § 504-699 consacrés à la *Psychologie empirique*, reproduits dans le t. XV. 1, p. 5-54.

2. Sur la connaissance, directe ou indirecte, que Kant avait de la philosophie de Wolff, les avis sont partagés. Voir à ce sujet C. Schwaiger, *Kategorische und andere Imperative. Zur Entwicklung von Kants praktischer Philosophie bis 1785*, Stuttgart-Bad Cannstatt, Fromman-Holzboog, 1999, p. 32-34.

première édition de la *Philosophia prima sive Ontologia*[1]. Il s'agit d'un lourd traité, qui sera associé à la métaphysique générale en tant que science de l'être en général, et auquel s'ajouteront dans l'imposant *Opus metaphysicum* de Wolff d'autres longs ouvrages sur les objets de la « métaphysique spéciale » : la *Cosmologia generalis*, en tant que science du monde, la *Psychologia empirica* et la *Psychologia rationalis*, en tant que science de l'âme, et la *Theologia naturalis*, en tant que science de Dieu[2]. L'ensemble de ces traités fait environ cinq mille pages. Il est certain que Kant ne les a pas lus en entier et il est peu probable qu'il en ait eu une connaissance plus que moyenne. Par ailleurs, il est évident que ces volumineux ouvrages ne pouvaient pas servir de manuel pour un cours semestriel de métaphysique.

Kant s'est donc tourné vers la *Métaphysique* de Baumgarten, ouvrage déjà largement répandu à l'époque, et qui avait la réputation d'offrir la meilleure présentation de la métaphysique d'inspiration wolffienne et leibnizienne. L'auteur se réclame en effet expressément de ces deux immenses devanciers[3]. En exactement 1000 paragraphes, il aborde les thèmes principaux de la métaphysique, tant dans sa division bipartite (générale et spéciale) que quadripartite (ontologie, cosmologie, psychologie, théologie).

1. Voir A. Warda, *Immanuel Kants Bücher*, Berlin, Breslauer, 1922, p. 56 et T. Prunea-Bretonnet, *De l'ontologie à la philosophie transcendantale : dans quelle mesure Kant est-il wolffien ?,* dans S. Grapotte, T. Prunea-Bretonnet (éd.), *Kant et Wolff. Héritages et ruptures*, Paris, Vrin, 2011, p. 147-148.

2. La distinction entre métaphysique générale et métaphysique spéciale ne se trouve pas *expressis verbis* chez Wolff, mais on peut affirmer qu'elle ordonne le plan de son œuvre métaphysique dans ses traités latins. Selon le principe du *connubium rationis et experientiae* qui oblige la philosophie à penser le lien de l'expérience et du rationnel, de l'*a posteriori* et de l'*a priori*, chacune de ces quatre parties de la métaphysique (ontologie, cosmologie, psychologie, théologie) devait comprendre deux sous-parties, l'une empirique (ou expérimentale), l'autre rationnelle (ou scientifique ou dogmatique). Mais ce programme restera inachevé, seule la psychologie ayant été abordée dans sa composante empirique. Voir à ce sujet J. École, *La métaphysique de Christian Wolff*, Hildesheim, Georg Olms Verlag, 1990, t. 1, p. 58. La distinction entre métaphysique générale et métaphysique spéciale, qui sera si importante pour Kant, se laisse *implicitement* inférer à partir de deux paragraphes de la *Métaphysique* de Baumgarten. Le § 2 identifie d'abord les quatre parties de la métaphysique, soit l'ontologie, la cosmologie, la psychologie et la théologie naturelle. Le § 4 présente ensuite l'ontologie comme une *metaphysica universalis*, dont l'examen précédera l'étude des objets spéciaux de la métaphysique : le monde, l'âme et Dieu. Sur cette question de la division de la métaphysique en métaphysique générale et métaphysique spéciale, voir E. Vollrath, *Die Gliederung der Metaphysik in eine Metaphysica generalis und eine Metaphysica specialis*, *Zeitschrift für philosophische Forschung*, 16, 1962, p. 258-284.

3. Voir surtout les préfaces à la première édition (1739) et à la deuxième édition (1743).

Si l'on en juge par ses déclarations, c'est la finesse des définitions et de l'analyse de Baumgarten qui aura le plus impressionné Kant. Tellement qu'il n'hésitera pas, déjà dans la *Nova Dilucidatio*, à désigner Baumgarten comme le « coryphée de la métaphysique » (*metaphysicorum coryphaeum*)[1]. La *Critique de la raison pure* parle « du remarquable analyste que fut Baumgarten » (A21/B35, note) et une lettre de Kant à Marcus Herz, datée du 24 novembre 1776, le classe, avec Mendelssohn et Garve, parmi « nos plus grands analystes »[2]. Dans l'*Annonce sur le programme de ses leçons pour le semestre d'hiver 1765-1766*, Kant précise que pour son cours de métaphysique, il a choisi le manuel de Baumgarten « surtout à cause de sa richesse et de la précision de [l]a manière d'enseigner [de son auteur] »[3].

C'est en effet sa réputation d'analyste rigoureux qui a fait de Baumgarten le professeur de métaphysique le plus renommé de son époque, au point où il n'est pas exagéré d'avancer qu'il fut aussi l'un des philosophes les plus influents en Allemagne, sinon le plus influent, durant la période intermédiaire séparant la publication des principales œuvres de Wolff et la parution de la *Critique de la raison pure*.

La *Métaphysique* est à cet égard un ouvrage essentiel pour comprendre la maturation de la pensée transcendantale de Kant et son rapport à la « métaphysique dogmatique ». C'est à travers ce livre que Kant aura non seulement balisé le champ des concepts fondamentaux de la métaphysique, mais qu'il en aura aussi cerné tout l'horizon théorique et le programme systématique. C'est d'ailleurs en des termes tout à fait semblables à ceux du premier paragraphe du traité de Baumgarten que Kant comprend la tâche de la métaphysique : celle-ci est la *scientia primorum in humana cognitione principiorum :* la science des premiers principes de la connaissance humaine[4].

1. Kant, *Principiorum primorum cognitionis metaphysicae Nova Dilucidatio…*, Ak. I, 408; trad. fr. J. Ferrari, *Nouvelle explication des premiers principes de la connaissance métaphysique*, *Œuvres philosophiques* [désormais OP], « Bibliothèque de la Pléiade », Paris, Gallimard, 1980, t. I, p. 149 : le terme « coryphée » n'est pas repris dans la traduction, mais Baumgarten « est au premier rang des métaphysiciens », ce qu'est en réalité un coryphée : un chef ou un guide, un chef de chœur dans les pièces de théâtre de l'Antiquité.

2. Kant, Ak. X, 198 ; trad. fr. M.-C. Challiol *et al.*, *Correspondance par Emmanuel Kant*, Paris, Nrf-Gallimard, 1991, p. 137.

3. Kant, Ak. II, 308 ; OP, I, 517.

4. Dans l'une de ses leçons de métaphysique, la *Métaphysique Mrongovius* (1782/83), Kant dit pareillement : « la métaphysique *est scientia principiorum cognitionis humanae a priori* » (Ak. XXIX, 1,2, 749). La précision « *a priori* » est importante : la métaphysique n'ayant que des objets suprasensibles, la connaissance qu'elle vise ne pourra être que

Cette science débute avec l'*Ontologie*, qui a pour tâche d'exposer les concepts les plus généraux de l'être : la possibilité, la réalité, la négation, la substance, l'accident, la causalité, la liaison des êtres, l'existence, la nécessité, la contingence, etc. Il est frappant de voir à quel point cette trame conceptuelle déployée par Baumgarten dans la première partie de son traité est semblable à celle que l'on retrouve dans l'*Analytique transcendantale*, en particulier dans la table des catégories. Dans une lettre à Ludwig Heinrich Jakob de septembre 1787, Kant écrit que s'il devait rédiger un traité d'ontologie, il s'y prendrait exactement comme Baumgarten :

> L'ontologie, sans aucune introduction critique, commencerait par les concepts d'espace et de temps, en tant seulement qu'ils sont (comme intuitions pures) le fondement de toute expérience. Puis viennent quatre parties principales, qui constituent les concepts de l'entendement, selon les quatre classes des catégories, chacune d'entre elles constituant une partie : tout cela traité de façon purement analytique, comme le fait Baumgarten, avec les prédicables, ainsi que leurs relations au temps et à l'espace, de la même façon, comme ils viennent, l'un après l'autre, comme on peut les trouver chez Baumgarten [1].

L'*Analytique transcendantale* va bien sûr porter un coup fatal à la prétendue science rationnelle de l'être en tant qu'être telle que l'entend la métaphysique dogmatique. On le sait, les principes les plus généraux de l'être présentés par Baumgarten ne seront plus pour Kant que les simples principes d'une exposition des phénomènes. Puisque l'entendement ne peut rien faire de plus que d'anticiper, en général, la forme d'une expérience possible, et que seuls les phénomènes peuvent être pour nous objets d'expérience, les prétentions théoriques de l'*ontologia rationalis* sont donc sans fondement. À telle enseigne que

> le titre pompeux d'une ontologie qui prétend donner, des choses en général, une connaissance synthétique *a priori* dans une doctrine systématique (p. ex. le principe de causalité) *doit faire place au titre modeste d'une simple analytique de l'entendement pur* [2].

Mais qu'on ne s'y trompe pas : en se substituant à l'ontologie, l'*Analytique transcendantale* revendique pour elle-même le titre de métaphysique *générale*. Elle est en fait, comme l'écrit Kant dans une lettre à

rationnelle ou *a priori*. Comme chez Wolff et Baumgarten, la métaphysique se définit donc par Kant à partir des premiers principes de la *connaissance*.

1. Kant à Ludwig Heinrich Jakob, 11 septembre (?) 1787, Ak. X, 494 ; trad. cit., p. 298.

2. Kant, *Critique de la raison pure*, A247/B303 ; trad. fr. Tremesaygues et Pacaud, Paris, P.U.F., 1944, 2001, p. 222 (nos italiques).

Marcus Herz, une « métaphysique de la métaphysique »[1], c'est-à-dire en quelque sorte une science *a priori* de l'*a priori*, à l'aune de laquelle seront jugées les prétendues possessions théoriques de la métaphysique dogmatique, à commencer par celles de la métaphysique *spéciale* et de ses objets : l'âme, le monde et Dieu. La *Dialectique transcendantale*, où s'opérera le démontage du discours spéculatif de la *psychologia*, de la *cosmologia* et de la *theologia rationalis*, pour en montrer le caractère purement formel (c'est-à-dire l'impossibilité pour ce discours d'accéder à l'objet), suit donc de près le plan du traité de Baumgarten, à la différence qu'elle fait précéder la cosmologie par la psychologie[2]. On s'aperçoit donc que toute l'architecture de la *Logique transcendantale*, en ses deux composantes, soit l'*Analytique* et la *Dialectique transcendantales*, reprend à son compte les divisions bipartite et quadripartite du traité de métaphysique de Baumgarten.

Il y aurait encore beaucoup à dire sur cette concordance dans l'ordre d'exposition des concepts et des thématiques de la métaphysique et sur l'architecture commune de la *Logique transcendantale* et de la *Métaphysique* de Baumgarten. Un autre parallèle mérite cependant d'être rappelé. Il concerne cette fois l'exposition, dans la *Psychologie*, des

1. Kant à Marcus Herz, après le 11 mai 1781, Ak. X, 269; trad. cit., p. 181.

2. C'est Wolff qui avait initié cette inversion, en plaçant avant la cosmologie son exposé sur la psychologie empirique pour des raisons didactiques. Il s'en explique ainsi dans l'*Ausführliche Nachricht von seinen eigenen Schriften* (Frankfurt a. M, 1733, 1962, I, 9, 231-232) : « J'ai traité d'une partie de la Psychologie avant la Cosmologie. La raison en est la suivante. Je divise la Psychologie en deux parties. L'une traite de ce que, par l'expérience, on connaît de l'âme humaine; l'autre cependant explique tout à partir de la nature et de l'essence de l'âme et montre la raison qui se trouve dans ce qu'on a observé. J'appelle la première partie Psychologie empirique et l'autre Psychologie rationnelle. La Psychologie empirique est en vérité une histoire de l'âme (*historia animae*) et peut être connue sans toutes les autres disciplines, alors que la Psychologie rationnelle suppose connue la cosmologie. [...] J'ai donc placé une partie de la Psychologie, c'est-à-dire l'empirique, avant la Cosmologie, parce qu'elle est plus facile que celle-ci et est plus agréable pour les débutants ».

Kant fera lui aussi précéder la cosmologie par la psychologie, mais pour des motifs architectoniques qui tiennent à la forme des raisonnements de la raison : catégoriques, hypothétiques et disjonctifs. Puisque c'est d'après ces formes des raisonnements de la raison que se décline toute la recherche métaphysique de l'inconditionné, il importe d'ordonner l'exposé de la métaphysique spéciale selon leur gradation et leur degré croissant d'inclusion. Voir CRP, A323/B379; trad. cit., p. 267 : « Or, autant il y a de rapports que se représente l'entendement au moyen des catégories, autant il y aura aussi de concepts purs de la raison, et il nous faudra donc chercher *d'abord* un *inconditionné* de la synthèse *catégorique* dans un *sujet*, ensuite un *inconditionné* de la synthèse *hypothétique* des membres d'une *série*, enfin un *inconditionné* de la synthèse *disjonctive* des parties dans un *système* ». Voir aussi : *Prolégomènes à toute métaphysique future qui pourra se présenter comme science*, Ak. IV, 330; trad. fr. L. Guillermit, Paris, Vrin, 1986, 2012, p. 129-131.

différentes facultés humaines, soit les facultés de connaître, de plaisir et de déplaisir, et de désirer. L'ordre dans lequel Baumgarten les présente est tout sauf aléatoire. Il ressortit à une logique reflétant la cohérence interne de l'*Aufklärung* précritique. C'est en effet la faculté de connaître qui vient en premier, parce que c'est elle qui révèle la mesure de perfection de tout ce qui existe et la perfection ontologique du *nexus rerum* (de la liaison des êtres). Plus cette connaissance est claire et distincte, moins ses représentations sont confuses et obscures, plus elle aperçoit les raisons suffisantes de cet ordre ontologique de perfection. Or celui-ci est la source véritable du plaisir, tout comme l'imperfection est la source d'un déplaisir. D'où la position intermédiaire de la faculté de plaisir et de déplaisir, qui dépend entièrement de la connaissance, progressive et par degrés ascendants, du parfait et de l'imparfait. De même, la faculté de désirer, en tant qu'elle est une appétence pour le bien et une aversion pour le mal, dépend à la fois de la faculté de connaître et de la faculté de plaisir et de déplaisir. Car plus ses actions tendent vers des objets de perfection plus grands, que ses représentations les plus rationnelles lui font connaître clairement, plus le plaisir qu'elle recherche est grand et conforme au bonheur véritable, qui est la fin de l'âme dans son union avec le corps.

C'est une tout autre logique qui préside à la description des facultés chez Kant, mais leur division tripartite et la position intermédiaire de la faculté de plaisir et de déplaisir seront confirmées. La faculté de connaître est abordée en premier, car c'est son examen critique qui permettra à la raison de connaître les limites et la constitution phénoménale de son savoir des objets. Or s'il n'y a pas pour elle de savoir *théorique* de l'intelligible, celui-ci n'est pas pour autant banni de l'horizon critique, puisque c'est par un principe intrinsèquement *pratique* de la raison, la loi morale, qu'il se révèle à nous. Le bel ordre décrit par Baumgarten reposant sur la continuité des facultés de connaître et de désirer paraît donc se volatiliser dans la critique kantienne, puisque nature et liberté relèvent de législations et principes foncièrement distincts. Et pourtant Kant perçoit dans la *Critique de la faculté de juger* la nécessité de penser leur possible intermédiation, non plus dans les termes ontologiques de la *Schulmetaphysik*, mais d'après l'instance du jugement réfléchissant. C'est celui-ci qui consacre désormais la position intermédiaire du sentiment de plaisir et de déplaisir permettant de penser ensemble nature et liberté, être et devoir-être, à travers les jugements esthétique et téléologique.

La *Psychologie* de Baumgarten, en particulier la *Psychologia empirica*, jouera par ailleurs un rôle fondamental dans le développement de la pensée *anthropologique* de Kant, des premiers cours consacrés à cette discipline (à partir de 1772) jusqu'à la parution de l'*Anthropologie d'un point de vue pragmatique* en 1798. Ce que Kant va y trouver, c'est encore une fois une description précise et subtile des facultés humaines et de leurs différentes modalités, tant et si bien que la psychologie empirique va constituer pour lui le premier socle de la connaissance de l'homme. Non seulement les différentes leçons d'anthropologie (ainsi que l'attestent les manuscrits Collins de 1772/73, Parow de 1772/73, Friedländer de 1775/76, Pillau de 1777/78, la *Menschenkunde* de 1781/82, les manuscrits *Mrongovius* de 1784/85, *Busolt* de 1788/89) [1] vont-elles reprendre le plan suivi par Baumgarten dans sa description des facultés de l'esprit, mais ce plan va ordonner la table des matières de la plus importante partie de l'ouvrage de 1798 (environ les trois quarts du texte), soit la *Didactique anthropologique*. Dans cette section, Kant abordera de nombreux thèmes présents dans l'exposé de Baumgarten : la représentation, le rapport de la sensibilité et de l'entendement, le rôle des sens, le degré des impressions, l'imagination, la faculté d'invention, la mémoire, la faculté de prévoir, le plaisir, le désir, les émotions, les passions, etc.

Sans doute, il ne faut pas non plus sous-estimer ce qui sépare l'anthropologie kantienne de la psychologie de Baumgarten. Si, dans l'*Annonce sur le programme de ses leçons pour le semestre d'hiver 1765-1766*, Kant dit qu'il va commencer ses leçons de métaphysique par la *Psychologie empirique*, qu'il considère alors « comme la science de l'expérience métaphysique de l'homme » [2], il renoncera assez tôt, à partir de 1775 environ [3], à asseoir la connaissance de l'homme sur la psychologie. Sur la base du *connubium rationis et experientiae*, de la continuité ontologique de l'empirique et du rationnel, Wolff et Baumgarten avaient fait de la psychologie empirique une partie intégrante de la métaphysique. Par elle, c'est-à-dire

1. Les manuscrits de ces leçons d'anthropologie ont été publiés aux t. XXV. 1 et XXV. 2 de l'Édition de l'Académie (éd. R. Brandt et W. Stark), Berlin, 1997. Ils forment un massif d'environ 1500 pages, auquel il faut ajouter les quelque 1000 pages des *Reflexionen* de Kant sur l'anthropologie, publiés aux t. XV. 1 et XV. 2 (éd. E. Adickes), Berlin et Leipzig, 1923. Comme on l'a déjà mentionné, le t. XV. 1 (p. 5-54) reproduit le texte de la *Psychologia empirica* (§ 504-699). Cette masse textuelle montre à elle seule toute l'importance de la réflexion anthropologique de Kant dans son itinéraire de pensée. Pratiquement tous ces textes confirment par ailleurs l'influence de Baumgarten sur la formation de cette pensée anthropologique.

2. Kant, Ak. II, 308-309; OP. I, 517.

3. Voir la lettre de Kant à Marcus Herz, fin 1773, Ak. X, 143-146; trad. cit., p. 106-109.

par la description et la connaissance empirique des diverses performances des facultés humaines, on devait acquérir par degrés la connaissance d'une essence de l'homme, par ailleurs connaissable « par en haut » grâce à la psychologie rationnelle comme science *a priori* de l'âme et de son union avec le corps. Or à partir de la *Dissertation de 1770*, Kant réalise que la connaissance empirique de soi, assujettie qu'elle est à la condition sensible du temps, ne rejoint que les phénomènes du sens interne, mais jamais le supposé principe intelligible de l'identité du Je. La psychologie empirique devra donc être découplée de la métaphysique. Mais dans la même foulée, l'anthropologie devra être découplée de la psychologie empirique pour se définir comme une anthropologie *pragmatique*, puisque c'est par sa liberté agissante, en tant qu'il est *ad extra*, être habitant le monde, que l'homme se donne à connaître, et non par la connaissance de l'âme et de son union avec le corps.

La *Métaphysique* de Baumgarten ne sera pas le seul manuel de cet auteur que Kant mettra au programme de ses cours. Durant tout son enseignement en philosophie morale, qui s'est étendu sur une trentaine d'années, c'est encore deux manuels de Baumgarten que Kant emploiera, soit les *Initia philosophiae practicae primae* (*Principes de la philosophie pratique première*)[1] (1760) et, dans une moindre mesure, l'*Ethica philosophica* (1740, 1763). En réalité, toutes les fois que Kant précisera l'auteur qui sera au programme de ses cours, c'est Baumgarten qui sera mentionné, sauf à une occasion, au semestre d'hiver 1763/64, où il précise qu'il emploiera le manuel de Baumeister[2]. Déjà dans ses *Essais de quelques considérations sur l'optimisme*, où il annonce le programme de ses enseignements à venir, Kant indique que ses leçons de métaphysique et d'éthique seront données « d'après Baumgarten »[3].

En particulier, Kant tenait en très haute estime les *Principes de la philosophie pratique première*. Dans la *Praktische philosophie Herder*, on lit qu'il considère cet ouvrage comme « le livre le plus riche en contenu et peut-être le meilleur » de son auteur[4]. De fait, si l'on veut reconstituer le

1. Voir la traduction française de cet ouvrage : A. G. Baumgarten, *Principes de la philosophie pratique première*, trad. fr. L. Langlois et É.-J. Poliquin, Paris, Vrin, 2014.

2. Il s'agit des *Elementa philosophiae recentioris* (1747), un manuel d'inspiration wolffienne.

3. Kant, Ak. II, 35 ; OP. I, 174.

4. Kant, *Praktische Philosophie Herder*, Ak. XXVII, 16. Ce texte rassemble les notes prises par Herder (qui avait séjourné à Königsberg entre août 1762 et novembre 1764) lors du cours de philosophie morale de Kant. Il est possible que l'extrait cité fasse référence à l'*Ethica*, mais il est plus probable que Kant ait en tête les *Initia* de Baumgarten, parus quelques années plus tôt (1760), et dont il fera rapidement par après son manuel de référence.

chemin de la pensée morale de Kant, il est impossible de ne pas tenir compte du rôle important qu'y a joué Baumgarten (avec Crusius, Hutcheson et Rousseau).

Ce que Kant va surtout retenir des *Principes* de Baumgarten, c'est sa conception exigeante de l'obligation morale, sans doute l'élément central son exposé. En effet, l'éthique ne sera plus définie par Baumgarten comme une *scientia felicitatis*, selon la position dominante de l'*Aufklärung* eudémoniste, mais comme une *scientia obligationum*. Il y a pour Baumgarten un caractère de nécessité des obligations morales qui fait qu'elles ne peuvent être tenues pour de simples moyens en vue de parvenir au bonheur véritable. Certes, celui-ci demeure la visée universelle de l'éthique, mais l'obligation exprime une nécessitation (une *Nötigung* : le terme est de Baumgarten), une contrainte qui doit en quelque sorte être comprise pour elle-même, puisqu'elle concerne la qualité morale de la volonté. D'où l'importance de procéder à une analyse rigoureuse de ce concept et de ses notions corollaires : les causes d'impulsion de la volonté, la distinction entre obligation active et obligation passive, entre action bienveillante et action juridique, les formules générales de l'obligation, le concept moral de perfection, etc. Kant va également trouver dans les *Principes* une riche théorie de la responsabilité et de l'imputation qui n'aura pas peu d'effets sur sa propre philosophie. On le devine : la manière de penser de Baumgarten, plus déontologique qu'eudémoniste, contribuera grandement à nourrir la réflexion morale de Kant et son éthique des impératifs.

LA VIE DU PROFESSEUR A. G. BAUMGARTEN

Si la postérité a d'abord retenu de Baumgarten sa contribution à l'esthétique, discipline philosophique dont il est considéré comme le fondateur, de son vivant, c'est surtout en tant que professeur qu'il a acquis sa renommée. La plupart des meilleurs esprits de l'époque avaient assisté à ses cours ou ont été influencés par son enseignement : les Garve, Herder, Lambert, Lessing, Maimon, Mendelssohn, Nicolai, Tetens, Winckelmann, etc[1]. Dans la biographie qu'il a rédigée peu après la mort de son maître, collaborateur et ami, Georg Friedrich Meier évalue à quelques milliers le nombre d'étudiants qui, en Allemagne, ont été formés en philosophie par

1. Voir l'ouvrage de C. Schwaiger, *Alexander Gottlieb Baumgarten-Ein intellektuelles Porträt*, Stuttgart-Bad Cannstatt, Fromman-Holzboog, 2011, p. 29.

les traités de Baumgarten[1]. Comme Kant, ses auditeurs et lecteurs furent marqués par la précision et la clarté de sa pensée. Dans ses traités, pourtant réputés difficiles et arides, pas un mot de trop, mais le souci d'exposer les concepts avec la plus grande exactitude; dans son enseignement, pas d'obscurité, mais un talent remarquable pour présenter les sujets les plus difficiles à ses étudiants: tel était l'avis largement partagé au sujet du professeur Baumgarten.

Alexander Gottlieb Baumgarten est né le 17 juin 1714 à Berlin, où son père, Jacob Baumgarten, exerçait la fonction de prédicateur de garnison. Il est le cinquième d'une famille de sept enfants. Sa mère, Rosina Elisabeth Wiedemann, meurt alors qu'il n'a que trois ans. Sous les soins de son père, il reçoit sa première éducation dans un strict esprit piétiste. On lui raconte les histoires de la Bible, que le jeune Baumgarten s'empresse aussitôt après d'aller lire par lui-même pour s'assurer que le récit est bel et bien conforme au texte. Sa curiosité est, paraît-il, insatiable, et il développe très tôt un goût prononcé pour la lecture.

Le père de Baumgarten meurt en 1722. Il lègue entre autres à ses enfants une imposante bibliothèque. Dans son testament, il était stipulé que celle-ci ne devait pas être vendue. Jacob Baumgarten avait en outre demandé que tous ses fils fassent des études de théologie à Halle, haut lieu du piétisme. Après la mort de son père, Baumgarten est pris en charge par sa grand-mère et le conseiller consistorial Michael Roloff. De l'âge de huit ans jusqu'à treize ans, il suit les leçons privées du précepteur Martin Georg Christgau, qui notamment lui enseigne l'hébreu et l'initie à la poésie latine, pour laquelle le jeune élève se découvre une passion. Il reçoit aussi à cette époque l'enseignement de son frère aîné, Siegmund Jacob, qui le prend sous son aile et qui aura une très grande influence sur lui. À l'automne 1727, Baumgarten s'inscrit à l'École latine de la Franckesche Waisenhaus à Halle, où son frère est inspecteur. Il est alors accueilli dans la famille de Gotthilf August Francke, fils d'August Hermann Francke (1663-1727), l'un des chefs de file du mouvement piétiste. Outre la théologie, Baumgarten y étudie le droit, la médecine et la philosophie. C'est son frère Siegmund Jacob qui l'initie à cette dernière discipline, en lui enseignant principalement la philosophie de Christian Wolff (1679-1754), lui qui pourtant avait été expulsé de Halle en 1723 au motif que son rationalisme et son supposé déterminisme étaient les ennemis de la religion. Bien qu'il ne l'approuve pas entièrement, Siegmund Jacob aperçoit au contraire dans la

1. G. F. Meier, *Alexander Gottlieb Baumgartens Leben*, Halle, 1763. Réédité et commenté par H.-J. Kertscher, collection *Perspektiven der Aufklärung*, Halle an der Saale, Universitätsverlag Halle-Wittenberg, 2012, p. 27.

philosophie de Wolff un ordre de vérités qui non seulement n'est pas incompatible avec la religion, mais qui, bien compris, doit contribuer à réconcilier foi et raison. C'est dans ce même esprit « oecuménique », sans rien renier de son éducation piétiste, qu'Alexander Gottlieb approfondira sa connaissance de la pensée de Wolff, en étant convaincu que non seulement il n'y a rien de dangereux dans cette philosophie, mais que sa démarche démonstrative empruntée aux mathématiques est la seule qui puisse satisfaire l'esprit. Ainsi se définit peu à peu le profil intellectuel de Baumgarten, celui d'un *Aufklärer piétiste* soucieux de montrer que le savoir rationnel et la foi se rejoignent, quoique par des voies différentes. Il s'éloigne alors de l'approche intransigeante d'un Joachim Lange (1670-1744), l'adversaire le plus acharné de Wolff, dont toute la philosophie tourne autour de la nature fondamentalement pécheresse de l'homme. Dans sa *Medicina mentis* (1704), la maladie de l'esprit est vue par Lange comme une suite du péché originel. Elle est donc le trait caractéristique de l'homme. La santé de l'esprit n'est donc pas la condition naturelle originaire de l'homme, mais n'est acquise que par la régénération et la conversion chrétienne. Or rien de tel pour Wolff, puisque l'homme est naturellement capable, par un usage ordonné de sa raison, d'atteindre par lui-même aux plus grandes vérités. C'est le parti que prendra Baumgarten.

Fort de cette préparation, Baumgarten s'inscrit à l'Université de Halle (la Fridericiana) en 1730. Il y entreprend des études de théologie, de philosophie, de poétique et de rhétorique. Il emménage chez Siegmund Jacob après la nomination de ce dernier, en 1734, comme professeur « ordinarius » de théologie à cette même université, où il connaîtra une brillante carrière. Il suit alors les cours de son frère sur la Bible hébraïque. Dès après l'obtention de son magistère en philosophie en 1735, des étudiants demandent à Baumgarten de leur donner des cours, en particulier sur la logique de Wolff (mais aussi de philologie), ce qu'il fera à l'été 1735, puisque, rapporte Meier, il était alors toléré, sans le dire tout haut, d'enseigner à nouveau la pensée de cet auteur, laquelle était cependant encore officiellement bannie[1]. La même année, Baumgarten publie son premier travail d'importance, qui va jeter les bases de sa réflexion esthétique : les *Méditations philosophiques sur quelques sujets se rapportant à l'essence du poème*, fruit de ses études de poétique et de rhétorique. De tous les ouvrages savants publiés par Baumgarten, les *Méditations* seront le seul à n'être pas un traité rédigé en vue de l'enseignement. Avant que ne paraissent les deux tomes de son *Esthétique*, en 1750 et 1758, Baumgarten

1. *Ibid.*, p. 15 (pagination originale).

entreprend dans cet écrit de définir l'autonomie de l'esthétique et de la connaissance sensible par rapport à la logique.

Non seulement cet ouvrage va-t-il contribuer à la réputation de Baumgarten, mais il va lui mériter la *venia legendi*, soit l'autorisation de donner des cours publics. C'est ainsi qu'il se consacre à l'élaboration de son cours de métaphysique. Or, comme la philosophie de Wolff est encore officiellement proscrite, c'est vers Bilfinger (1693-1750), en particulier vers ses *Dilucidationes philosophicae* (1725), qu'il se tourne, en tâchant par ailleurs de rédiger par lui-même les développements de son enseignement, qui seront dictés à ses élèves. Baumgarten n'était pas en terrain étranger, puisque Bilfinger était un philosophe proche de la pensée de Wolff, qui par cette médiation demeure l'influence première.

Mais voilà que Baumgarten doit interrompre son travail : à l'automne 1736, il tombe malade et éprouve les premiers symptômes de la tuberculose. Il se retire à Berlin pour recouvrer la santé, mais sa mauvaise condition pulmonaire demeurera jusqu'à sa mort une source de soucis. Retrouvant ses forces, il reprend son enseignement au début de 1737. Celui-ci couvre un vaste champ : l'encyclopédie philosophique, l'histoire de la philosophie, la logique, la métaphysique, le droit naturel, l'éthique, la théologie naturelle, sans compter les leçons privées de grammaire hébraïque. À la fin de l'année, Baumgarten est nommé professeur « extraordinarius » de philosophie.

En 1739 paraît la première édition de la *Métaphysique* qui, du vivant de Baumgarten, sera rééditée trois fois, ce qui montre le grand crédit dont jouissait ce traité dans plusieurs universités allemandes. Meier rappelle que Baumgarten, jamais totalement satisfait de son exposé, a constamment cherché à l'améliorer et à le rendre plus précis d'une édition à l'autre. Bien qu'il ait toujours tenu le latin pour la langue scientifique par excellence, Baumgarten s'est efforcé de traduire dans sa langue maternelle plusieurs des concepts clés de la métaphysique, convaincu qu'il était que l'allemand était appelé à devenir une véritable langue philosophique [1]. Si la maladie ne l'en avait pas empêché, il aurait souhaité offrir une traduction allemande de son ouvrage. C'est Meier qui réalisera ce projet en 1766, après la mort de son maître et ami.

L'année 1740 marque un tournant dans la carrière universitaire de Baumgarten. À Noël 1739, il avait été informé que le roi Frédéric-Guillaume 1er venait de le nommer professeur « ordinarius » à l'Université de Francfort sur l'Oder (la Viadrina). Une pétition de ses étudiants priant le

1. G.F. Meier, *Alexander Gottlieb Baumgartens Leben*, *op. cit.*, p. 39-41 (pagination originale).

roi de lui laisser terminer ses cours à Halle reçut une réponse favorable, et Baumgarten put retarder son départ de quelques mois pour terminer le semestre. Cette nomination ne l'a guère enchanté, puisqu'elle l'arrachait à son milieu familier et à la riche tradition de Halle, pour l'amener dans une université dont le prestige était alors beaucoup moindre.

Comme c'était le cas à Halle, l'enseignement dispensé par Baumgarten à Francfort couvre un vaste champ. Meier mentionne que tous les domaines de la philosophie, et plus encore, sont abordés par lui, dont la philosophie naturelle, le doit naturel, l'éthique, la grammaire hébraïque, la théologie dogmatique, sans compter les cours sur la théologie révélée[1]. Il y enseignera aussi l'esthétique, pour la première fois publiquement (au semestre d'hiver 1742/43). Ce n'est pas dire pour autant que sa réflexion sur ce thème avait été laissée en plan à Halle. Au contraire, Baumgarten avait continué de développer les idées exprimées dans les *Meditationes* lors de cours privés (*Privatissima*), auxquels, entre autres, le poète Winckelmann aurait vraisemblablement pris part[2]. Peu après son arrivée à Francfort, il se propose de rédiger, en allemand, une série de lettres s'adressant à un large public et qui seront publiées hebdomadairement sous le titre *Philosophische Brieffe von Aletheophilus*[3]. Dans ces lettres, Aletheophilus (l'ami de la vérité et de Dieu), qui est en fait l'alter ego de Baumgarten, aborde différents sujets, dont la poésie et la littérature. L'esthétique y est présentée comme une discipline essentielle à la connaissance sensible, qu'elle permet de rehausser et d'améliorer : elle est d'ailleurs définie comme « la science de l'amélioration [*Verbesserung*] de la connaissance sensible ». Ce rôle, la logique peut bien le jouer pour la connaissance rationnelle, en enseignant par exemple les formes du raisonnement rigoureux, mais elle ne le peut pas pour la connaissance sensible, qui relève d'autres procédés et qualités, qui seront justement l'affaire de l'esthétique[4]. Autant de prémisses, donc, qui nourriront les deux tomes de la future *Aesthetica*.

Le 18 avril 1741, Baumgarten épouse Luisa Wilhelmina Alemann (1720-1745), fille du conseiller aulique Johann Philipp Alemann. Le mariage ne durera que quelques années et demeurera sans enfants, puisque Luisa mourra prématurément en 1745. Le 22 octobre 1748,

1. *Ibid.*, p. 20 (pagination originale).

2. Dans la réédition de la biographie de Baumgarten par Meier, voir le commentaire de l'éditeur, H.-J. Kertscher, *ibid.*, p. 41.

3. Baumgarten, *Philosophische Brieffe von Aletheophilus*, Frankfurt-Leipzig, 1741.

4. Dans G.F. Meier, *Alexander Gottlieb Baumgartens Leben*, *op. cit.*, voir encore le commentaire de H.-J. Kertscher, p. 44-45.

il épouse en deuxièmes noces Justina Elisabeth Albinus (1730-1764), avec qui il aura deux enfants : Eleonora Justina, née le 6 juin 1751, et Carl Gottlieb, né le 11 mars 1759. Un troisième enfant, un fils, mourra peu de temps après sa naissance, en août 1762, quelques semaines seulement après la disparition de Baumgarten.

En août 1751, la santé de Baumgarten se dégrade à nouveau. Des crachements de sang provenant des voies respiratoires lui rappellent sa condition de tuberculeux. Une maladie nerveuse et des problèmes cardiaques viennent encore empirer la situation. Il reprend cependant ses forces quelques mois plus tard, assez en tout cas pour accepter la charge de Recteur de la Viadrina, dont il s'acquittera de 1752 à 1753 en s'imposant une discipline de fer.

La Guerre de Sept Ans éclate en 1756. Le jeu complexe des alliances et des antagonismes entre royaumes verra notamment s'opposer la Prusse et la Russie. D'importantes batailles ont lieu près de Francfort sur l'Oder, dont la prise par l'armée russe de la ville de Küstrin, sur la rive est de l'Oder, en 1758. La ville sera presque entièrement détruite. Par mesure de précaution, Baumgarten y avait fait entreposer une partie considérable de ses biens et possessions dans la maison d'un ami. Celle-ci sera brûlée et tout sera perdu.

Mais ces aléas matériels et ces ennuis de santé n'interrompent pas l'activité de Baumgarten. Deux autres importants traités paraissent coup sur coup, en 1760 et en 1761. Le premier, les *Initia philosophiae practicae primae*, est le lointain écho de l'*Ethica philosophica* de 1740 : il s'agit en fait de l'écrit le plus important de Baumgarten sur la morale, dont on a eu l'occasion de rappeler plus tôt combien il avait influencé la pensée de Kant. Le second, l'*Acroasis logica in Christianum L.B. Wolff*, renferme l'essentiel de l'enseignement de Baumgarten sur la logique. Après sa mort paraîtra encore son traité sur le droit naturel (*Ius naturae*, Halle, 1763).

En mai 1762, Baumgarten est au plus mal et ses jours sont comptés. Il ne reçoit plus la visite que de quelques intimes et de quelques étudiants. Meier insiste beaucoup dans sa biographie sur ces derniers jours de la vie de Baumgarten, un peu dans un but édifiant, afin de montrer que son ami est mort comme un « Socrate chrétien »[1]. Ce qu'il entend par là, c'est que la recherche philosophique de la vérité s'est alliée chez Baumgarten à son indéfectible foi piétiste pour faire de lui un exemple de vertu.

1. G.F. Meier, *Alexander Gottlieb Baumgartens Leben*, *op. cit.*, p. 35 (pagination originale).

Il y a pourtant certains passages dans le récit de Meier qui ébranlent cette image irénique et harmonieuse de l'*Aufklärer* piétiste accolée à Baumgarten. C'est que dans ses derniers jours, certaines de ses déclarations suggèrent que c'est l'expérience de la foi qui finalement l'a emporté sur tout et qui a même annulé son ancien pari rationaliste. On ne peut reprendre ici par le menu le compte rendu de Meier (qu'il reconstruit à partir des témoignages de Voigt et Winterfeld, qui étaient au chevet de Baumgarten). Mais le jour de sa mort, le 26 mai 1762, Baumgarten insiste pour dire que seule compte sa foi, qu'elle est la *demonstratio demonstrationum*, qu'il veut qu'on éloigne de lui le rappel de la science et de l'érudition – « quiconque me parle de science, va-t-il même jusqu'à dire, est mon ennemi ! » –, que la confiance en Jésus Christ est la seule vérité qui tienne désormais pour lui[1].

Mendelssohn, le plus illustre représentant de l'*Aufklärung* berlinoise, fut heurté par ce témoignage et le remit en cause. Il était impensable pour lui que la vie de Baumgarten se soit terminée dans la misologie et le renoncement à la raison, ce qui allait à l'encontre de tout le chemin de pensée de l'auteur de la *Métaphysique*. Le philosophe populaire Thomas Abbt, qui écrira à son tour une biographie de Baumgarten[2], sera tout aussi choqué par les derniers propos tenus par Baumgarten et rapportés par son entourage immédiat, mais accordant foi à ces témoignages, il conclura pour sa part que Baumgarten a bel et bien renié son œuvre sur son lit de mort.

C'est pourtant au *professeur* Baumgarten que tous rendront hommage après sa mort. Alors qu'on lui avait demandé comment il voulait être enterré, il avait répondu (le 23 mai) : « *je academischer, je besser* ». Selon les usages académiques donc, le recteur envoya à tous une invitation publique à venir honorer l'illustre disparu[3].

1. *Ibid.*, p. 25 *sq.* (pagination originale).

2. Th. Abbt, *Leben und Charakter Alexander Gottlieb Baumgartens*, in *Vermischte Werke. Vierte Theil welcher vermischte Aufsätze enthält*, Berlin, Stettin, 1780.

3. G. F. Meier, *Alexander Gottlieb Baumgartens Leben*, *op. cit.*, p. 32 (pagination originale).

Quelques thèmes de la *Métaphysique*

S'il est vrai que Wolff a inspiré le plan et plusieurs des idées de la *Métaphysique*, il serait très inexact de dire que Baumgarten n'a fait que systématiser la pensée de celui-ci dans son traité. Sur un certain nombre d'enjeux, les conceptions de Baumgarten seront en effet bien plus proches de celles de Leibniz que de celles de Wolff. Ce sera le cas par exemple de la théorie de la monade, qui joue un rôle essentiel dans l'ouvrage, mais aussi du principe de l'harmonie préétablie, que Wolff n'admettait que pour l'union de l'âme et du corps, mais que Baumgarten, à la suite de Leibniz, généralisera pour le considérer comme le véritable système d'explication du monde. En fait, il n'y a probablement pas une figure à qui convient davantage l'appellation de philosophe leibnizo-wolffien que celle de Baumgarten !

L'intrication de ces deux pensées ne facilite pas la lecture de la *Métaphysique*. On l'a dit déjà : il s'agit d'un traité touffu et ardu, qui exige toute l'attention du lecteur, tellement le passage d'un thème à l'autre est ordonné par le souci d'offrir à celui-ci un exposé déductif et démonstratif sans failles. Les paragraphes du livre forment ainsi un système de renvois, de présupposés et de conséquences, qu'il faut avoir constamment en tête à la lecture du texte. Ce que Wolff a cherché à présenter en quelques milliers de pages se trouve ici condensé, avec les apports propres de Baumgarten, en quelque 400 pages (dans la pagination de l'édition de 1757). On ne s'étonnera donc pas que Meier, dans sa biographie, ait voulu excuser la densité du style de Baumgarten, en rappelant qu'après tout, ce traité était un manuel que l'enseignement oral de son auteur devait exposer en de plus amples développements[1].

Il est impossible ici de présenter exhaustivement toutes les articulations et toute la trame de fond de ce traité. On se contentera d'en aborder brièvement quelques-uns des thèmes importants, soit parce qu'ils marquent l'originalité de la pensée de Baumgarten, soit parce qu'ils ont une incidence sur les autres développements du livre.

1. G.F. Meier, *Alexander Gottlieb Baumgartens Leben*, *op. cit.*, p. 41 (pagination originale).

La définition de la substance

Dans la Préface à la deuxième édition, Baumgarten entreprend de répondre aux diverses objections que lui a adressées un critique anonyme dans une recension parue en 1742 dans les *Nova acta eruditorum*. L'un des points en litige concerne la définition de la substance qu'a donnée Baumgarten au § 191, mais que son recenseur a comprise de travers. Dans la première édition, ce paragraphe se lisait ainsi : « Soit un être ne peut exister sans être la détermination d'un autre, soit il le peut (§ 10). Le premier est l'ACCIDENT, le second est la SUBSTANCE, OU BIEN UN ÊTRE SUBSISTANT PAR SOI ».

Le recenseur retient de cette définition que la substance est « l'être qui ne peut pas exister comme détermination d'un autre », alors que l'accident est « l'être qui existe comme détermination d'un autre ou qui peut exister ainsi ». Baumgarten lui rétorque qu'il s'est par là mépris sur la signification des deux concepts de substance et d'accident. Et pour clarifier son propos, il indique que dans la nouvelle édition, il a légèrement révisé sa formulation du § 191, pour y ajouter que la substance est un être « qui peut exister quand bien même il n'est pas dans un autre ou la détermination d'un autre être ».

À travers cet effort de clarification, Baumgarten veut surtout remédier à ce qu'il croit être les insuffisances de la définition de la substance depuis Aristote et la tradition scolastique. Ce n'est pas assez en effet de dire que la substance est un sujet d'inhérence, ou le sujet dernier des prédicats. La question centrale est plutôt de savoir si quelque chose peut exister bien qu'il ne soit pas la détermination ou le prédicat d'un autre être. Baumgarten cherche en fait à désamorcer les conséquences selon lui funestes de la conception spinoziste de la substance unique qui rend impensable l'idée de création et la subsistance d'un monde distinct de son auteur. Que veut dire au juste « subsister par soi », c'est-à-dire le critère définitoire habituel de la substance ? Dans les *Principes de la philosophie*, Descartes avait risqué ces mots :

> Par substance, nous ne pouvons comprendre rien d'autre que la chose qui existe de telle sorte qu'elle n'a besoin de nulle autre pour exister. Et de fait nous ne pouvons penser qu'à une seule substance qui n'a besoin de rien d'autre, à savoir Dieu. Or nous percevons que toutes les autres choses peuvent seulement exister par le concours de Dieu. Pour cette raison, le nom de « substance » ne convient pas de manière univoque à Dieu et à ces choses, etc. [1].

1. Descartes, *Principia philosophiae*, AT, VIII. 1, 24.

Stricto sensu, Descartes aurait dû conclure que la définition de la substance ne convient qu'à Dieu, mais il conclut vaguement à la non-univocité de la substance divine et des substances mondaines, sans dire en quoi elle consiste. Spinoza n'aura qu'un pas à faire pour dissiper ce vague en tranchant dans son *Éthique* que la substance est « ce qui est en soi et est conçu par soi : c'est-à-dire ce dont le concept n'a pas besoin du concept d'une autre chose, duquel il doive être formé »[1]. *Deus sive natura* : il ne pourra donc y avoir qu'une seule et unique substance dont tout le reste n'est que la série des attributs et des modes.

Or en écrivant que la substance est un être qui peut exister *quand bien même il n'est pas dans un autre ou la détermination d'un autre*, Baumgarten veut lever le malentendu sur la signification de la détermination. Certes, aucun être créé ne peut exister sans être déterminé, sans être la conséquence d'un autre être (à savoir Dieu). Mais cela n'implique nullement que cet être soit un *prédicat* ou une *détermination logique* de Dieu. Une substance créée peut exister sans être le prédicat d'une autre, et le concept large de substance conduit à ceci : Dieu existe par lui-même sans être le prédicat de rien d'autre, mais les choses créées existent elles aussi comme substances, c'est-à-dire sans être un simple prédicat de Dieu.

Mais il y a encore un personnage non nommé dans cette polémique sur la définition de la substance : c'est Christian Wolff lui-même, pour qui « Un sujet qui perdure et qui est modifiable est appelé *substance*. L'être qui toutefois n'est pas modifiable est appelé *accident* »[2]. Cette conception est intenable pour Baumgarten puisqu'elle commet le vice fatal d'exclure Dieu de la définition de la substance. En effet, Dieu n'est pas modifiable, et s'il faut s'en tenir à la lettre du texte de Wolff, n'étant pas modifiable, il serait un accident ! La définition de Baumgarten – la substance est un être « qui peut exister quand bien même il n'est pas dans un autre ou la détermination d'un autre être » – permet donc d'éviter un double écueil : celui, d'une part, qui reviendrait à réserver à Dieu seul le titre de substance, dont le monde et tout ce qui existe seraient les prédicats, et celui, d'autre part, qui exclurait Dieu de la définition de la substance, en concevant uniquement le sujet d'inhérence comme un être modifiable.

1. Spinoza, *Éthique*, première partie : *De Dieu*, définition III, trad. fr. Ch. Appuhn, Paris, GF Flammarion, 1965.

2. Wolff, *Philosophia Prima sive Ontologia*, § 768.

La théorie de la monade

Les paragraphes consacrés à la substance et à l'accident (§ 191-204) et ceux dédiés à la distinction du simple et du composé (§ 224-229) sont les présupposés indispensables de la thèse centrale de Baumgarten sur la substance qui le rapproche le plus de Leibniz : « Toute substance est une monade » (§ 234). Conceptuellement, il faut cependant partir de plus haut et commencer avec la disjonction suivante : « Une substance est soit simple, soit composée » (§ 230). C'est en montrant l'impossibilité du concept de substance composée que Baumgarten démontrera, indirectement, le caractère simple de la substance comme monade (atome intelligible, unité parfaite).

Or que pourrait être une substance composée ? Ce sera forcément une substance qui a des parties extérieures les unes aux autres – *partes extra partes*. Mais comment cette extériorité mutuelle des parties se laisse-t-elle penser ? Au § 231, Baumgarten envisage deux possibilités. Toute partie d'une substance composée sera soit quelque chose de substantiel, soit un accident. Mais la seconde possibilité est exclue d'emblée par Baumgarten, qui rappelle que les accidents ne peuvent pas exister en dehors de leurs propres substances ou de ce qui est substantiel (§ 231). Aussi la substance composée ne pourra pas être un ensemble d'accidents extérieurs les uns aux autres, car il manquerait à chacune des parties le suppôt (*suppositum*) auquel elles doivent individuellement se rattacher comme accidents. La substance composée, si une telle chose existe, sera donc inévitablement un composé de substances extérieures les unes aux autres.

Cette possibilité doit cependant aussi être rejetée selon Baumgarten. En effet, si la substance composée était un ensemble de substances extérieures les unes aux autres, le mode de composition de celles-ci ne serait comme tel rien de substantiel, mais une simple détermination accidentelle, c'est-à-dire la simple manière de leur agencement. Il ne peut donc pas y avoir de substances dont les parties soient elles-mêmes des substances extérieures les unes aux autres, puisque leur relation de composition, à moins de brouiller complètement le concept de substance, ne peut qu'être accidentelle. Il s'ensuit qu'un être composé n'est pas, en toute rigueur, une substance, mais un « phénomène substantifié », c'est-à-dire un produit de monades, un monadé, qui comme tel n'a que l'apparence d'une substance (§ 234-235).

Les composés auront donc un caractère phénoménal – en tant qu'êtres successifs, simultanés, étendus et divisibles – alors que la monade, ou la substance simple, sera inétendue et indivisible par soi. Dans la suite de son exposé, Baumgarten reprend d'ailleurs fidèlement la caractérisation leibnizienne de la monade, telle qu'elle apparaît dans les premiers paragraphes de la *Monadologie :* la simplicité, l'indivisibilité, l'inétendue, son caractère élémentaire par rapport aux choses composées, sa non-génération et sa non-périssabilité, etc., toutes qualités qui s'opposent à la notion de composés de parties extensives. On peut donc affirmer que sur le fond, la conception de la monade développée par Baumgarten aux § 230-245 de l'*Ontologie* est largement conforme aux deux expositions classiques de Leibniz dans les *Principes de la nature et de la grâce fondés en raison* et la *Monadologie* (1714)[1].

Le thème de la monade ressurgira dans la *Cosmologie*, lorsque Baumgarten abordera la question des parties simples de l'univers (§ 392-405) et de la génération des corps (§ 406-429). Là aussi, l'accord avec Leibniz sera très net, malgré quelques notes discordantes. Au § 400 par exemple, Baumgarten conçoit la monade comme une *force de représentation de l'univers entier :* chacune des monades est un miroir de l'univers, un microcosme représentant la multiplicité dans l'unité. Les monades sont en effet dans une liaison universelle et expriment toutes à leur échelle cette unité du multiple, selon un degré continu qui va des petites perceptions les plus inconscientes aux perceptions les plus conscientes, des perceptions obscures aux perceptions les plus claires, qui sont les représentations rationnelles, idoines à la connaissance (§ 401). À ce niveau supérieur des monades intellectuelles, les monades forment un monde des esprits, en lequel la force de représentation de l'univers équivaut à la connaissance distincte des vérités universelles et nécessaires (§ 402).

Mais sur deux points importants, l'exposé de Baumgarten paraît s'éloigner de la monadologie leibnizienne. Le premier vient de ce que Baumgarten, aux § 398-399, conçoit les monades comme des *points physiques impénétrables*, ce qui laisse entendre qu'elles auraient une réalité spatiale. Le second concerne la thèse, exprimée aux § 448-449 (à lire avec le § 211), d'une *influence universelle des substances les unes sur les autres*, ce qui contredit la pensée leibnizienne selon laquelle « les changements naturels des Monades viennent d'un *principe interne*, puisqu'une cause externe ne saurait influer dans son intérieur »[2]. En effet, puisque les monades n'ont pas de parties, qu'elles « n'ont point de fenêtres, par lesquelles quelque chose y puisse entrer ou sortir »[3], le principe de leurs

1. Voir à ce sujet l'article d'A. Pelletier, « Monades sans monadologie ? La *Métaphysique* de Baumgarten face à l'exposé monadologique de Leibniz », *Studia Leibnitiana*, 45/2, 2013, p. 209-227.

2. G.W. Leibniz, *Monadologie*, § 11.

3. *Ibid.*, § 7.

variations ne peut être qu'un principe intérieur à leur propre force, sans influence extérieure.

Comment interpréter ces divergences apparentes entre Baumgarten et Leibniz ? Sur la première question, il convient d'abord de rappeler que celui-là a clairement reconnu au § 242 que « La monade n'est pas étendue ni ne remplit l'espace ». Aussi peut-on s'étonner qu'il associe les monades à des *points physiques*. Il s'agit en fait d'un *hapax* dans le texte de la *Métaphysique*, qui ne doit pas nous détourner du propos véritable de Baumgarten. Lorsque celui-ci précise au § 399 que le point physique est un « être actuel et complètement déterminé au-delà de la simplicité », il n'est pas si éloigné de ce que Leibniz, dans son *Système nouveau de la nature et de la communication des substances,* appelait « point réel et métaphysique », pour le distinguer des points mathématiques fictifs et des points physiques divisibles[1]. Autrement dit, le point un peu imprudemment nommé *point physique* par Baumgarten est au fond un point réel et métaphysique, c'est-à-dire une unité substantielle qui est source de toute réalité.

Il est par contre plus embarrassant que Baumgarten attribue le caractère de l'*impénétrabilité* aux monades ainsi conçues, puisque cette notion est évidemment indissociable d'une référence à l'espace. Là encore, il faut sans doute regretter une maladresse dans l'exposé plutôt qu'une divergence réelle avec la monadologie de Leibniz. Ceci est d'autant plus probable que Baumgarten ne se gêne jamais pour marquer explicitement ses différences d'opinion avec les auteurs dont il reprend les doctrines, puisqu'il dit avoir examiné pour lui-même et se porter garant de toutes les positions des devanciers qu'il reprend à son compte dans son traité. Sur un thème aussi important que celui de la monade, il est évident que

1. Voir Leibniz, *Système nouveau de la nature et de la communication des substances* : « Il n'y a que les *Atomes de substance*, c'est-à-dire les unités réelles et absolument destituées de parties, qui soient les sources des actions, et les premiers principes absolus de la composition des choses, et comme les derniers éléments de l'analyse des choses substantielles. On les pourrait appeler *points métaphysiques* : ils ont quelque chose de *vital* et une espèce de *perception*, et les *points mathématiques* sont leurs *points de vue*, pour exprimer l'univers. Mais quand les substances corporelles sont resserrées, tous leurs organes ensemble ne font qu'un *point physique* à notre égard. Ainsi les points physiques ne sont indivisibles qu'en apparence : les points mathématiques sont exacts, mais ce ne sont que des modalités : il n'y a que les points métaphysiques ou de substance (constitués par les formes ou âmes) qui soient exacts ou réels, et sans eux il n'y aurait rien de réel, puisque sans les véritables unités il n'y aurait point de multitude » (présentation et notes C. Frémont, Paris, GF-Flammarion, 1994, p. 71).

Baumgarten aurait manifesté son désaccord avec Leibniz si sa conception différait de la sienne, sur un point ou sur un autre[1].

Sur la question de l'influence des substances les unes sur les autres, il n'y a pas non plus à vrai dire de désaccord avec Leibniz, mais plutôt une approche différente dans l'exposition de la thèse de l'harmonie préétablie universelle des substances, à laquelle Baumgarten adhère complètement par ailleurs. Toutes les substances forment, pour Baumgarten comme pour Leibniz, une liaison universelle (un *nexus rerum*), donc une unité de correspondances qui fait que chacune s'accorde avec chacune en un tout qui constitue le meilleur des mondes et l'échelle continue des représentations de la totalité du monde. C'est ce que Baumgarten appelle dans la *Cosmologie* le commerce universel des substances mondaines. Or si toutes les substances de ce monde sont en harmonie, s'ensuit-il qu'elles s'influencent ou qu'elles agissent les unes sur les autres ? Cela est exclu pour Leibniz si l'on considère que la substance, n'étant pas spatiale, ne peut être modifiée de l'extérieur, que le principe de ses variations, en tant que substance simple, ne peut être qu'un principe intérieur, celui de sa propre force. Mais il n'en demeure pas moins que Leibniz, au § 51 de la *Monadologie*, admet une *influence idéale* des monades les unes sur les autres. Car puisqu'il y a harmonie universelle des substances, il faut bien que l'on puisse rendre compte de cet accord et qu'on explique comment, au-delà de leur réalité intérieure, elles forment entre elles un rapport ou une liaison universelle. L'influence idéale des substances les unes sur les autres ne sera possible que par le « réglage », établi par Dieu une fois pour toutes (depuis son omniscience et sa suprême bonté), de leurs variations réciproques (que Baumgarten appelle : variations harmoniques). Autrement dit, et pour reprendre les termes un peu surprenants de Leibniz, l'influence idéale ne peut avoir son effet

> que par l'intervention de Dieu, en tant que dans les idées de Dieu une monade demande avec raison (*sic* !), que Dieu en réglant les autres dès le commencement des choses, ait égard à elle. Car puisqu'une monade créée ne saurait avoir une influence physique sur l'intérieur de l'autre, ce n'est que par ce moyen que l'une peut avoir de la dépendance de l'autre[2].

Baumgarten admet aussi que « n'importe laquelle des variations dont une substance pâtit d'une autre substance dans ce monde est produite par sa

1. Voir par exemple la Préface de la troisième édition de la *Métaphysique*, où Baumgarten déclare sur un ton solennel qu'il a pris soin d'examiner pour lui-même, avant d'y adhérer, toutes les positions des auteurs dont il s'inspire, au premier chef celles de Leibniz, qu'il défend hardiment contre les objecteurs piétistes.

2. G.W. Leibniz, *Monadologie*, § 51.

propre force » (§ 449). En ce sens, il nie qu'il puisse y avoir une *influence réelle* d'une substance de ce monde sur une autre. La substance *paraît* alors pâtir réellement d'une autre substance alors que sa passion est en réalité attribuable à sa propre action, donc à une variation interne de son état. C'est le § 211 qui pouvait donner l'impression qu'il s'éloignait de la pensée de Leibniz lorsqu'il affirmait qu'« Une substance agissant sur une substance qui est en dehors d'elle *influence* cette dernière. Ainsi l'*influence* (l'action transitoire) est l'action d'une substance sur une substance en dehors d'elle [...] ». Mais il faut voir qu'à ce stade de son exposé, Baumgarten présente en des termes très généraux la question du rapport des substances, qui fera l'objet d'un examen minutieux aux § 448 et suivants. Il ne s'agit pour le moment que d'articuler le problème de l'influence des substances les unes sur les autres à partir des notions d'influence réelle et d'influence idéale, mais sans prendre encore position. Le § 212 expose en effet le problème dans toute sa généralité :

> Si la passion d'une substance qui est influencée par une autre est en même temps l'action de la substance même qui pâtit, la *passion* et l'*influence* sont dites *idéales*. Si cependant la passion n'est pas aussi l'action de la substance qui pâtit, la *passion* et l'*influence* sont dites *réelles*.

C'est dans la *Cosmologie* que Baumgarten annoncera enfin ses couleurs, en prenant clairement parti pour la thèse leibnizienne de l'harmonie préétablie et en récusant la thèse de l'influence réelle.

Les systèmes cosmologiques d'explication du rapport des substances et leur application particulière au rapport de l'âme et du corps

Ce n'est donc pas au niveau général de l'*Ontologie* que la question du rapport des substances va trouver sa solution, mais dans la métaphysique spéciale, et d'abord dans la *Cosmologie* et la *Psychologie*. C'est en effet avec l'actualité du monde que se pose concrètement la question de l'influence mutuelle des êtres (§ 448-465), qui retentira par ailleurs dans la psychologie (§ 761-769) comme la question particulière du rapport de l'âme et du corps. Dans les composés sensibles (les phénomènes substantifiés), l'influence des choses entre elles est mécanique et spatialisée : elle est un mouvement de parties extérieures les unes aux autres, ce qui laisse croire à une influence réelle et physique des substances les unes sur les autres. Mais il a déjà été établi dans l'*Ontologie* qu'il ne pouvait y avoir rien de tel que des substances composées. L'influence mécanique des phénomènes n'est donc pas une réalité originaire, le *substratum* du réel, mais la représentation confuse, figurée dans l'espace, de l'influence idéale des substances simples, dont le principe de variation est intérieur à chacune, n'est aucunement spatial et ne subit rien de l'extérieur.

De tous les systèmes généraux d'explication du commerce des substances qui s'opposent à l'harmonie préétablie, soit l'occasionnalisme et l'influence (ou l'influxion) physique, c'est de fait ce dernier qui sera le plus âprement combattu par Leibniz, et aussi par Baumgarten. Héritage de la scolastique tardive, le système de l'*influxus physicus* est celui qui prétend que les substances agissent causalement les unes sur les autres par un transfert ou un transport réel de leurs accidents. Or cette explication est intenable pour Leibniz, non seulement parce qu'elle procède d'une mauvaise compréhension de la substance, mais parce qu'elle repose sur une qualité occulte, en soi incompréhensible : le *mouvement* des accidents de substance à substance (qui trahit une confusion de la spatialité et du caractère intrinsèque de la monade). Dès la *Préface* à sa réédition du *De veris principiis* de Nizolius, publiée en 1670, Leibniz juge barbare et plus obscure que ce qu'elle veut expliquer cette solution attribuée à Suarez, et dans la *Monadologie*, il maintient son jugement :

> Les accidents ne sauraient se détacher, ni se promener hors des substances, comme faisaient autrefois les espèces sensibles des Scolastiques. Ainsi ni substance, ni accident peut entrer de dehors dans une Monade [1].

Appliqué au rapport de l'âme et du corps, ce système est tout aussi invraisemblable, car comme le précise Leibniz dans son *Discours de métaphysique* de 1686 :

> rien ne nous entre dans l'esprit par-dehors, et c'est une mauvaise habitude que nous avons de penser comme si notre âme recevait quelques espèces messagères et comme si elle avait des portes et des fenêtres. Nous avons dans l'esprit toutes ces formes, et même de tout temps, parce que l'esprit exprime toujours toutes ses pensées futures, et pense déjà confusément à tout ce qu'il pensera jamais distinctement [2].

En outre, si l'âme immatérielle agissait sur le corps matériel et produisait en lui du mouvement, il s'ensuivrait un accroissement unilatéral de la force et du mouvement sans réaction possible du corps sur l'âme

1. Le titre complet de l'ouvrage de Nizolius (Mario Nizzoli, 1488-1567), dirigé contre le langage obscur et les doctrines de la scolastique, est *De veris principiis et vera ratione philosophandi contra pseudo-philosophos* (1553). Pour la Préface rédigée par Leibniz à sa réédition de l'ouvrage, voir GP, IV, 150; *Monadologie*, § 7.

2. G. W. Leibniz, *Discours de métaphysique*, (1686), in *Discours de métaphysique et autres textes*, présentation et annotation C. Frémont, Paris, GF-Flammarion, 2001, p. 240-241.

(puisque l'âme n'est pas un corps physique), ce qui va tout à fait à l'encontre de la loi de conservation de la quantité des forces vives (action-réaction) et ruine l'explication physico-mathématique de la nature.

Sauf sur ce dernier point de la conservation et de l'équilibre des forces, qu'il n'évoque pas expressément[1], Baumgarten reprend à son compte la critique leibnizienne du système de l'influence. Celui-ci, dans la mesure où il introduit la notion d'un pâtir ou d'une passivité de la substance, est incompatible avec sa définition comme force interne (§ 199). S'il insiste, beaucoup plus que Leibniz, sur la notion d'influence réciproque des substances, c'est pour marquer très « leibniziennement » le caractère idéal, et non physique ou réel, de ce rapport. C'est ce qui ressort clairement de cet extrait du § 463 :

> Mais une monade qui pâtit est une force (§ 199). Il s'ensuit donc que cette même monade qui pâtit d'une autre monade mondaine est elle-même la raison de sa propre passion et de chacune de ses parties et, par conséquent, la raison suffisante de sa passion, si bien qu'une passion donnée de la monade qui pâtit est en même temps une action de celle-ci. Il s'ensuit que toutes les passions des monades de n'importe quel monde – passions dont elles pâtissent d'autres monades mondaines – sont seulement idéales (§ 212).

Le système des causes occasionnelles nie lui aussi que les substances s'influencent et agissent réellement les unes sur les autres, et ce doublement : cette influence n'existe pas plus entre les substances mondaines qu'entre le rapport de l'âme et du corps. C'est dans le sillage de Descartes et des premiers cartésiens (de La Forge, de Cordemoy et Geulinck) que l'hypothèse occasionnaliste trouvera une certaine faveur en philosophie moderne. D'une part, si l'on admet avec Descartes que la matière se définit comme pure *res extensa*, on ne peut comprendre comment une partie matérielle pourrait agir sur une autre, car la notion de force motrice est entièrement absente de la notion d'étendue. D'autre part, la différence de nature, spirituelle et physique, de l'âme et du corps, rend inintelligible l'idée d'une influence mutuelle de l'une sur l'autre. Aussi conclura-t-on que s'il peut y avoir un accord entre les substances finies, ou un parallélisme dans leurs modes d'expression propre, il ne pourra provenir que de Dieu, c'est-à-dire d'une substance infinie qui peut seule être cause efficiente. En d'autres termes, c'est Dieu, dans sa création continuée (idée déjà présente chez Descartes), qui à chaque fois et à chaque occasion règle le commerce des substances et assure leur ordre et leur liaison universelle. Pour Malebranche, le plus célèbre défenseur de

1. Voir toutefois la fin du § 764 et le renvoi au § 410.

l'occasionnalisme, cette liaison des substances mondaines, qui donne à voir une causalité universelle dans la nature, et le rapport de l'âme et du corps, qui donne à penser que tantôt l'une gouverne le premier, ou que tantôt le second influence la première, sont en réalité le fruit d'un décret divin infiniment renouvelé. Ce que Malebranche déduit de la Toute-puissance de Dieu et de sa volonté omnisciente et infaillible : le décret divin est ainsi la décision immuable et constamment confirmée de l'accord entre les êtres de la Création.

L'agacement de Leibniz devant ce système d'explication vient de ce qu'il repose selon lui sur une conception strictement miraculeuse de l'ordre des choses, au sens où Dieu devrait intervenir continuellement dans le cours de la nature pour en assurer l'unité. L'occasionnalisme serait donc le système du miracle perpétuel reposant sur l'arbitraire divin, alors que pour Leibniz, l'harmonie des substances découle d'un ordre de nécessité logique que Dieu ne crée pas de toutes pièces, mais qu'il *choisit* librement dans son activité créatrice omnisciente et toute bonne.

Là-dessus, Baumgarten reste une fois de plus proche de Leibniz, lorsqu'il associe l'occasionnalisme, au § 452, à un système de l'« assistantisme », c'est-à-dire de l'intervention divine perpétuelle. Cette critique est sans doute un peu injuste si l'on considère que pour Malebranche, le décret provient de lois universelles que Dieu adopte une fois pour toutes en sa suprême sagesse, et non arbitrairement en chaque occasion, comme s'il pouvait en changer. Mais l'argument décisif qu'invoque Baumgarten contre l'occasionnalisme est que celui-ci est au fond un système de la passivité intégrale des substances finies, puisque toutes leurs variations dépendent d'une intervention de la substance infinie, ce qui va à l'encontre de la définition rigoureuse de la substance comme force interne.

Pour Baumgarten, « [l]e système de l'harmonie préétablie universelle est la doctrine vraie » (§ 463). Il signifie que le rapport entre les substances finies n'est ni de l'ordre d'un contact direct, réel (par cause efficiente), ni de l'ordre d'un agencement arbitraire et perpétuellement réitéré par Dieu, mais d'un réglage établi originairement entre toutes les substances créées, qui forment pour cette raison une liaison universelle. Ce réglage divin n'est pas arbitraire, mais ressortit au choix du meilleur que Dieu fait nécessairement lors de sa création. C'est en cela qu'il est « préétabli », au sens où il découle d'une nécessité rationnelle qui est entièrement compatible avec la liberté de Dieu.

Si ce système représente le système d'explication universel du commerce des substances (alors que Wolff n'admettait l'hypothèse de l'harmonie préétablie que pour la relation particulière de l'âme et du corps), c'est aussi parce que son application ne se limite pas à la question de l'accord entre la série des événements de l'esprit et la série des événements physiques, mais s'étend, plus fondamentalement encore, à l'accord universel de toutes les substances. Autrement dit, le rapport de l'âme et du corps, comme le comprend très clairement Baumgarten, n'est qu'un cas particulier du problème plus général du commerce des substances mondaines. Cela est d'autant plus vrai que la série des événements du corps n'est pas un simple effet de miroir de la série des événements de l'âme, mais renvoie elle-même, en tant qu'apparence phénoménale, à sa réalité monadique propre. Le problème de fond qu'entend résoudre l'hypothèse de l'harmonie préétablie n'est donc pas d'abord celui de la concordance du sensible et du spirituel, ou de la concomitance des séries de l'âme et du corps, mais celui de l'*harmonie des monades*.

La thèse théologique forte (§ 824)

Alors que l'*Ontologie* est conçue par Baumgarten comme la science des déterminations les plus générales de l'être, il ressort clairement à la lecture du texte complet de la *Métaphysique* que l'interrogation ontologique est surdéterminée par la *Théologie*. Le thème de l'être n'est en effet pas concevable hors de la théorie métaphysique de la création exposée par Baumgarten dans son traité, qui forme un dispositif très intégré : l'harmonie préétablie exposée dans la *Cosmologie* et dans la *Psychologie* culmine en effet dans la *Théologie* avec le concept de la perfection divine, duquel dérivent non seulement toute réalité, mais aussi toute possibilité d'être, de connaissance et de vérité. Le § 824 de la *Métaphysique* est à cet égard le plus révélateur, et il vaut la peine de le citer au complet :

> Si Dieu n'était pas actuel, le principe de contradiction, qui est le premier principe et de la forme et de la matière dans toutes nos démonstrations, serait faux. Il s'ensuit donc que même si plusieurs sciences pouvaient être complètement démontrées sans aucune prémisse théologique, ces sciences elles-mêmes n'existeraient pas, ni leurs objets, si Dieu n'était pas actuel ; au contraire en effet, elles ne seraient pas possibles.

On le voit : pour Baumgarten, la question de l'être ne se pose que dans un horizon « onto-théo-logique », c'est-à-dire dans la concaténation rationaliste de la nécessité logique, de la perfection divine et de l'existence du monde le meilleur qui en découle. La *metaphysica generalis* qu'est l'*Ontologie* apparaît sous ce rapport comme une science provisoire ne trouvant toute sa cohérence que dans la *Théologie*, ce qui en compromet évidemment l'autonomie.

Le premier à l'avoir vu sera Kant lui-même dans le texte séminal de *l'Idéal de la raison pure*, qui vient clore sa critique de la métaphysique spéciale. Après l'*Analytique transcendantale*, il ne sera plus possible de concevoir Dieu comme fondement de la connaissance, laquelle ressortit dorénavant au sujet transcendantal et aux conditions de l'expérience possible, ni comme le fondement de notre expérience de l'être, laquelle a désormais un caractère simplement phénoménal. De la définition de Dieu comme Être parfait, originaire et le plus réel, jusqu'à l'existence des êtres finis du monde phénoménal, la conclusion ne vaudra donc plus. De fait, la question *théorique* de Dieu ne se posera plus dans la *Critique* en termes fondationnalistes, mais sera ressaisie comme problème de la *totalité de l'expérience*, c'est-à-dire comme problème de la complétude de l'expérience et du savoir, dont l'idée de Dieu est pour Kant la nécessaire projection dialectique.

LE LATIN DE BAUMGARTEN

Baumgarten compte parmi les derniers philosophes importants à avoir rédigé leur œuvre presque exclusivement en latin. Alors que Christian Wolff et Christian Thomasius avaient avant lui tenu à exposer aussi leur pensée en langue allemande, fidèles en cela à l'esprit de l'*Aufklärung* et à sa volonté de diffuser les idées au-delà du cercle restreint des savants (*Gelehrten*), l'œuvre de Baumgarten apparaît sous ce rapport plus élitiste, bien que l'auteur de la *Métaphysique* affirme, dans la *Préface* de la première édition, qu'il s'est efforcé de se rendre compréhensible aux esprits d'intelligence « moyenne ».

Si tous s'entendent par ailleurs pour reconnaître la précision et l'acribie du latin de Baumgarten, plusieurs lui reprochent néanmoins son style scolaire, dense et aride. Carl Günther Ludovici, dans son *Histoire de la philosophie wolffienne*, n'hésite pas par exemple à voir en Baumgarten l'un des plus grands latinistes de son époque[1]. Herder, par contre, tournera en dérision l'exposé « monotone, stérile et contraint » de ce philosophe et en déplorera sans aménité la « langue barbare », celle d'un néolatin surchargé et laborieux, œuvre pénible d'un « cordonnier académique »[2] ! Même le fidèle Meier se plaindra des difficultés stylistiques de Baumgarten, ce qui n'aura pas peu contribué à le convaincre de traduire

1. C. G. Ludovici, *Ausführlicher Entwurf einer vollständigen Historie der Wolffischen Philosophie*, Bd. 3, Leipzig, 1738 ; Hildesheim-New York, Olms, 1977, § 332.

2. J. G. Herder, *Von Baumgartens Denkart in seinen Schriften* (1767), in *Sämmliche Werke,* hg. von B. Supham, Bd. 32, Berlin, 1878, p. 182 *sq.*

la *Metaphysica* en allemand[1]. Ces aspérités sont indéniables et se reflètent parfois dans certaines manies d'écriture, par exemple dans l'insistance que met Baumgarten à distinguer des couches de sens (le sens strict, le sens plus strict, le sens le plus strict; le sens large, le sens plus large, le sens le plus large) que son propos ne permet pas toujours (rarement en fait) de départager nettement.

Mais ces jugements souvent sévères sur le style de Baumgarten ne doivent pas occulter non plus les qualités et les forces de son écriture latine. Plus peut-être que par son souci de précision, celle-ci se signale surtout par son inventivité et son innovation terminologique (il n'est qu'à rappeler la fameuse «*Aesthetica*», l'Esthétique, terme forgé par Baumgarten). L'exposition *more geometrico* à laquelle aspirent la *Metaphysica* et les autres traités ne se satisfera pas en effet du langage traditionnel de la scolastique et n'hésitera pas à introduire de nouvelles lexies ou distinctions de vocabulaire pour rendre toutes les nuances de la pensée. Baumgarten savait très bien que les créations terminologiques de son latin moderne ne faciliteraient pas la lecture de ses ouvrages. C'est pourquoi il proposera, à partir de la quatrième édition de sa *Métaphysique* (et dans la réédition de son *Ethica*) des traductions allemandes de plusieurs concepts latins présentés dans le traité. Même si, de l'avis Gawlick et Kreimendahl, à qui l'on doit la récente édition critique de la *Metaphysica* en allemand, ces traductions apparaissent aujourd'hui surannées et peu évocatrices pour les lecteurs germanophones, il reste qu'elles ont grandement contribué à former le vocabulaire philosophique de la langue allemande, ce qui n'est pas une mince réalisation pour le « latiniste persistant » que fut Alexander Gottlieb Baumgarten[2].

1. Dans la Préface à sa traduction de la *Métaphysique* (A.G. Baumgarten, *Metaphysik*, Übersetzt von G. F. Meier, Halle, 1766), voir p. V.

2. Sur le latin de Baumgarten, voir les remarques de G. Gawlick et L. Kreimendahl dans *Alexander Gottlieb Baumgarten. Metaphysica/Metaphysik. Historish-kritische Ausgabe*, Stuttgart-Bad Cannstatt, Frommann-Holzboog, 2011, p. XL-XLVI; voir aussi C. Schwaiger, *Alexander Gottlieb Baumgarten...*, *op. cit.*, p. 32-34.

Quelques remarques sur l'édition du texte

La présente traduction de la *Metaphysica* reprend le texte de la quatrième édition de 1757 tel que revu par Gawlick et Kreimendahl dans leur édition critique de l'ouvrage (2011). On l'a déjà mentionné : c'est ce texte de la quatrième édition qui a été reproduit aux tomes XVII et XV. 1 des écrits de Kant dans l'Édition de l'Académie. On trouvera ici en marge la pagination originale de l'édition de 1757.

Nous avons suivi la plupart des propositions de corrections du texte (portant principalement sur les paragraphes de renvois) faites par Gawlick et Kreimendahl, mais aussi par les traducteurs anglais de l'ouvrage, D. Fugate et J. Hymers, qui ont soigneusement comparé toutes les éditions de l'ouvrage[1].

Les phrases de Baumgarten étant souvent très denses, nous avons tenté d'en améliorer la lisibilité en les augmentant légèrement (en rendant par exemple *ergo* par : *il s'ensuit donc que*, plutôt que par : *donc*), en y introduisant parfois des tirets, pour pallier à la ponctuation lâche de l'auteur dans les phrases plus longues, et en ajoutant ou répétant des termes implicites, encadrés par des crochets droits ([…]).

C'est à dessein que l'appareil de notes reprend certains thèmes abordés dans cette présentation. Nous sommes à cet égard redevables envers les éditeurs allemands et américains de la *Metaphysica* pour nombre d'indications historiques et bibliographiques que nous avons reproduites ici.

Luc Langlois

1. A. Baumgarten, *Metaphysics. A Critical Translation with Kant's Elucidations, Selected Notes and Related Materials*, translated and edited by Courtney D. Fugate and John Hymers, London-New York, Bloomsbury, 2013.

| **MÉTAPHYSIQUE** III
D'ALEXANDRE GOTTLIEB
BAUMGARTEN

PROFESSEUR DE PHILOSOPHIE

Quatrième édition

Halle/Magdebourg
Karl Hermann Hemmerde
1757

| À L'AUDITEUR BIENVEILLANT V

À qui devrais-je m'adresser sinon à TOI, alors qu'il en va, selon la coutume, d'écrire une préface à ces pages, lesquelles, je pourrais presque dire, ont été écrites pour TOI seul [1] ? Il n'y a pas de raison de m'excuser auprès de TOI de publier à nouveau une métaphysique, après qu'un nombre infini d'écrits au titre semblable soient parus. Je ne sais pas combien d'œuvres ont été tirées de ces mots d'Aristote si souvent répétés, μετὰ τὰ φυσικά [2], pas plus que je ne sais combien il y eut de mortels avant moi depuis que le monde a été créé. Que la présente *Métaphysique*, qui T'est principalement donnée, dédiée et dédicacée, et ce uniquement pour TON bénéfice, s'efforce de se dire être la première [3]. Quand j'en appelle à TOI, j'évoque le cercle des esprits les plus excités | par tout ce qui est ardu, ces VI
compagnons d'armes qui, en d'amicales rivalités, luttent avec moi pour pénétrer, à travers le propylée des humanités et l'atrium d'une logique plus exacte, au cœur du sanctuaire des premiers principes de la science. Celui qui s'attardera à la question verra tout d'abord facilement pourquoi je m'abstiens dans cet ouvrage de répéter tout ce que j'ai l'habitude de traiter

1. D'entrée de jeu, Baumgarten indique à quels lecteurs est dédié son ouvrage : il s'adresse aux auditeurs de ses leçons et servira de manuel à ceux qui suivent son enseignement de vive voix.

2. Allusion à Andronicos de Rhodes, philosophe péripatéticien du Ier siècle qui a édité sous le titre de *Métaphysique* les traités disparates d'Aristote venant après les traités de la *Physique* (littéralement : μετὰ τὰ φυσικὰ). Mais le μετὰ du titre n'a pas qu'une signification bibliographique. Il peut vouloir dire tout autant *après* qu'*au-delà de* la physique.

3. Baumgarten est bien conscient que son ouvrage s'ajoute à la multitude de ceux qui ont été récemment publiés en Allemagne dans la foulée de l'imposante œuvre métaphysique, latine et allemande, de Christian Wolff (1679-1754). Que la *Métaphysique* qu'il publie doive être la première ne signifie pas qu'elle rompt avec celles qui ont été proposées dans le sillage de la philosophie rationaliste de Wolff, bien au contraire. Elle sera *première*, en fait, quant à l'utilité qu'en retirera son auditeur, afin qu'il la médite et la fasse sienne *ad usum vitae*, dans le prolongement de l'enseignement oral de Baumgarten.

avec soin dans mes leçons sur la science rationnelle[1]; puis, pourquoi je n'ai pas pu me résoudre, dans l'exposé des liaisons de raisonnements, à ajouter aussi dans le texte publié des exemples, des doutes, des anecdotes et autres illustrations, ce que demande pourtant la libre conversation de ceux qui présentent leurs idées de vive voix. Mais, sans ces éléments, quelqu'un pourra demander : qu'as-tu là, sinon un squelette desséché de métaphysique[2] ? Pourvu que les os soient suffisamment forts, pourvu qu'ils soient suffisamment bien liés, je serai, crois-moi, particulièrement reconnaissant. Dès que TU seras venu [à ces leçons], non seulement tu verras, mais aussi tu entendras que, voilà, les nerfs repoussent, la chair s'y ajoute et se revêt de peau et que, j'en suis convaincu, ni la couleur ni la vie ne manque tout à fait à cette bonne dame[3], à moins qu'il n'en semble peut-être autrement pour TOI[4]. De plus, TE plaçant ainsi devant mes yeux, tel que je t'ai brièvement dépeint plus haut, je fais fi sans difficulté, AUDITEUR BIENVEILLANT, des mots malveillants de ceux qui, voulant ébranler la faveur que TU m'accordes, faveur dont je te remercie solennellement,

1. La « science rationnelle », c'est-à-dire la logique, à laquelle Baumgarten attribue, tout comme Wolff, une fonction propédeutique. Wolff avait d'ailleurs fait précéder ses ouvrages allemands et latins de traités de logique, les *Vernünftigen Gedancken von den Kräften des menschlichen Verstandes und ihrem richtige Gebrauche in Erkenntnis der Wahrheit* de 1713 (G.W. I, 1) et la très substantielle *Philosophia rationalis sive logica* de 1728 (G.W. II, 1.1-3). Étant lui-même convaincu que l'étude de la logique est le préalable nécessaire à la philosophie, Baumgarten consacrera une partie de son enseignement à la présentation de la logique selon Wolff, dont résultera le traité *Acroasis logica. In Christinanum L.B. de Wolf dictabat A. G. Baumgarten* (Halae Magdeburgicae, 1761, G.W. III, 5).

2. C'est bien l'image que reprendra le recenseur anonyme de la première édition de la *Métaphysique* au tout début de sa critique latine parue dans les Suppléments des *Nova acta eruditorum* (Bd. IV, Sect. VI, Leipzig, 1742, p. 266-273) : « Ici seront présentés les os d'un corps métaphysique passablement amaigri … ». Comme on le verra, Baumgarten entreprendra de répondre, dans la Préface à la seconde édition de sa *Métaphysique*, aux objections souvent malveillantes de son objecteur.

3. Cette personnification de la métaphysique comme « bonne dame » n'est pas sans rappeler l'appellation métaphorique de la métaphysique comme « reine des sciences », reprise par Kant dans la Préface à la première édition de la *Critique de la raison pure* : « Il fut un temps où cette dernière [la métaphysique] était appelée la reine de toutes les sciences, et, si on prend l'intention pour le fait, elle méritait parfaitement ce titre d'honneur, à cause de l'importance capitale de son objet » (A VIII; trad. cit., p. 5).

4. Dans leur édition critique de la *Métaphysique* (Stuttgart-Bad Cannstatt, Frommann-Holzboog, 2011), G. Gawlick et L. Kreimendahl suggèrent que cette allégorie du corps reprenant vie a probablement été inspirée par le livre d'Ézékiel, 37, 1-10, où on lit par exemple, à propos de la renaissance du peuple d'Israël : « Ainsi parle le Seigneur Dieu à ces ossements : Je vais faire venir en vous un souffle pour que vous viviez. Je mettrai sur vous des nerfs, je ferai croître sur vous de la chair, j'étendrai sur vous de la peau, je mettrai en vous un souffle et vous vivrez; alors vous connaîtrez que je suis le Seigneur ».

soulèvent pour cela le prétexte de je ne sais | quelle obscurité. Jusqu'à maintenant, il n'a pas manqué de gens qui se sont plu à m'entendre [discourir] principalement sur des sujets philosophiques et qui font clairement voir par expérience aux érudits – et le feront encore dans le futur – qu'ils ont suffisamment examiné par eux-mêmes et distinctement compris ce que j'ai soit discuté en leur présence, soit couché sur papier. Aussi longtemps qu'il est permis et qu'il sera permis d'invoquer ce genre de témoins vivants, je n'ai pas de raison de regretter cette règle que j'ai décidé de suivre puisque je me suis engagé non seulement à apprendre, mais aussi à aider ceux qui apprennent : *Règle tout ce que tu exposeras de telle manière qu'un esprit moyennement heureux – qui a été moyennement initié à ces doctrines que tu lui offres et qui doivent [lui] être enseignées et qui, de plus, est moyennement attentif à ces mêmes doctrines dont tu traites et qui doivent lui être apprises – puisse clairement et nettement connaître ta pensée*[1]. Jugeant d'après cette loi tout ce que je suis sur le point de T'exposer, je ne chercherai ni les choses nouvelles parce qu'elles sont récentes, ni ne rejetterai les choses anciennes parce qu'elles semblent obsolètes. VII

Tout ce que j'ai entendu ou lu sur mon sujet, je l'ai médité et je l'ai fait mien, mais de manière telle qu'elle puisse aussi convenir à tous les gens de bien. Je rends maintenant publiquement à chacun ce qui est sien sans rien revendiquer pour moi-même et je réserve seulement à TOI et à moi le droit légitimement transféré de son usufruit. Avant tout, je ne nierai jamais que ma connaissance de ces vérités que je partage avec TOI dans ce petit livre s'est développée à partir des pensées que l'Allemagne reconnaissante a reçues d'illustres et de très célèbres réformateurs de la | métaphysique VIII

1. Cette règle de méthode en appelle une autre, formulée par Wolff aux § 133-134 de son *Discours préliminaire sur la philosophie en général* (DP) : « § 133. Loi suprême de la méthode philosophique. Puisque la méthode philosophique est l'ordre que le philosophe doit utiliser en enseignant ses dogmes (§ 115), et qu'il faut s'en tenir à un ordre tel qu'on dispose avant les choses par lesquelles on comprend et démontre les choses suivantes ou, du moins, on les établit de façon probable (§ 132), *il appert que la loi suprême de la méthode philosophique est qu'il faut disposer avant les choses par lesquelles on comprend et établit les choses suivantes* ». « § 134. Loi commune à toute la philosophie et à chacune de ses parties. Puisqu'il faut s'en tenir au même ordre en enseignant les parties de la philosophie (§ 87), *il est un et un seul ordre pour la philosophie tout entière, et sa loi commune est que doivent précéder les choses dont dépend de quelque façon que ce soit la connaissance des choses suivantes*" (trad. fr. T. Arnaud *et al.*, Paris, Vrin, 2006, p. 171). Cette règle est intimement liée au procédé déductif qu'entend suivre la *Métaphysique* de Baumgarten, lequel se trouve là-dessus encore une fois en parfait accord avec la pensée et la méthode de Wolff.

parmi nous, à savoir de Leibniz, de Wolff, de Bilfinger et de Reusch[1]. Quelle source est à ce point limpide qu'elle ne fait pas tourbillonner quelques petites pierres vers le fond ? Autant je me tiens loin de l'assentiment aveugle en philosophant, autant, ou plutôt plus je suis heureux d'être étranger à l'effronterie de ces hommes qui non seulement dissimulent et cachent aux autres autant qu'ils le peuvent les sources grâce auxquelles ils irriguent leurs propres ruisseaux, mais qui aussi les troublent et proclament qu'elles sont empoisonnées ou touchées par je ne sais quel astre funeste, et ceci afin de paraître plus facilement aux yeux des ignorants avoir tiré d'eux-mêmes ce qu'ils leur présentent, et afin que d'autres acceptent comme venant d'eux ce qu'ils ont néanmoins puisé à même une source commune. Tu as, AUDITEUR BIENVEILLANT, ces sources pour les consulter quand je ne T'aurai pas entièrement satisfait, et pour me corriger si, sans le savoir, j'avais commis quelque erreur.

En ce qui concerne ma manière d'écrire, [je dirai ceci] : autant la méthode présente de mes études et les préceptes rigides du style philosophique semblent me détourner des délices d'une abondance oratoire plus pure – tantôt en ces pages mêmes, tantôt ailleurs –, autant je garde ceux-ci à l'esprit et veux les rechercher, du moins autant qu'il est permis. Et si je n'y parvenais pas, je m'y efforcerai encore plus ardemment à l'avenir. Cependant, rechercher les charmes du discours, être à l'affût des divers
IX ornements, user de | circonlocutions à la place des mots [traditionnellement] reçus et acceptés, du moins en métaphysique, m'abstenir d'explications de choses que Cicéron n'a pas exprimées de sa voix presque pure, ce sont là des choses que je n'ai pas principalement considérées comme ma tâche, et que ne jugeront pas être ma tâche ceux qui obtiennent les honneurs du triomphe non seulement dans le domaine des concepts, mais aussi dans celui des lettres[2]. Mais si un ouvrage moins pénible pour

1. Ces auteurs auxquels Baumgarten paie son tribut montrent qu'il se reconnaît parfaitement dans la tradition philosophique leibnizo-wolffienne. Georg Bernhard Bilfinger (1693-1750), un philosophe leibnizien qui enseigna les mathématiques et la philosophie morale à Tübingen, et qui fut plus tard professeur de philosophie à Saint Pétersbourg, est notamment l'auteur des *Dilucidationes de Deo, anima humana, mundo et generalibus rerum affectibus* (1725). Johann Peter Reusch (1691-1758), inspiré par Wolff, fut professeur de logique, de métaphysique et de théologie à Iéna. Il est l'auteur entre autres des *Systema metaphysicum antiquiorum atque recentiorum item propria dogmata et hypotheses exhibens* (1735).

2. Dans son *Discours préliminaire*, Wolff décrit semblablement les exigences du style philosophique : « § 149. Simplicité du style philosophique. *En philosophie, il faut utiliser les mots idoines, et pas plus qu'il n'en suffit à la présentation de la vérité dans sa nudité* » ; « § 150. Pourquoi le style oratoire est à proscrire de la philosophie. *De là s'ensuit que le philosophe doit refuser l'ornement des mots qui plaît aux Orateurs.* En effet, cet ornement consiste soit en mots impropres, soit en ambages et en circonlocutions parce que les uns et les

des oreilles latines avait pu être écrit avec la même brièveté et en accord avec les usages de la parole, alors je t'en demande pardon. Fasse aussi que je n'aie pas besoin d'implorer [ton pardon] pour les erreurs des typographes. Car puisque ces feuillets ont été imprimés dans une autre ville que celle où nous vivons, le messager, pressé de revenir, ne m'a laissé presque aucun loisir pour les retoucher, ni me m'a permis de corriger entièrement les dernières pages. On se gardera donc de tout ce qui est fautif et qui vient de moi tout à fait contre ma volonté par l'ajout d'une liste des erreurs plus importantes[1], mais aussi par VOTRE bienveillance, vous qui lisez ceci.

Si, parmi ces lecteurs, il y en avait qui ne peuvent être de mes auditeurs, mais du savoir desquels je peux espérer beaucoup d'utilité, j'honorerai leur juste jugement, j'accepterai [d'examiner] leurs reproches et rien ne me sera plus agréable que leurs réfutations. À ceux qui seraient d'un avis différent sur des sujets qu'ils estiment | très importants, je ne demande qu'une X chose : qu'ils ne pensent pas avoir été lésés quand, poussé par les forces de la vérité et du devoir, autant que je peux maintenant en juger, je dis et écris des choses qu'ils n'approuvent pas eux-mêmes. S'ils ne peuvent supporter ce que je mets de l'avant, qu'ils se soulèvent avec les armes permises par la religion. Qu'ils supportent cependant un homme qui ne fuit rien plus que ces inimitiés dont il serait accusé, qui ne souffre rien plus que d'être pris dans ces rivalités sans qu'il n'y ait eu de tort de son côté[2]. Mais VOUS, ô amis et compagnons de mes entreprises philosophiques, TRÈS HONORABLES AUDITEURS, utilisez avec bonheur cet ouvrage qui est le mien, réfléchissez à la faiblesse des forces d'un homme juste et bon et, si je le mérite, continuez de m'aimer.

Halle,
avril 1739

autres sont contraires à la simplicité du style philosophique (§ 149) », trad. cit., p. 189 et p. 191.

1. La première édition comprenait une liste d'*Errata* de deux pages suivie d'une demi-page d'*Emendanda* (amendements, corrections).

2. Baumgarten a manifestement à l'esprit ici la campagne hostile orchestrée par les piétistes, Joachim Lange en tête, contre Wolff et sa philosophie rationaliste. Cette campagne a abouti à l'ordre royal d'expulsion condamnant Wolff à quitter Halle et les états prussiens dans les 48 heures, sous peine d'être pendu. La Préface s'achève en quelque sorte par une défense de la liberté de penser, qui comprend bien sûr la liberté de critiquer, mais non celle de porter atteinte à la personne défendant honnêtement ses idées.

XI ## | PRÉFACE DE LA DEUXIÈME ÉDITION

C'est alors que j'étais à nouveau absent que j'ai dû préparer une deuxième édition de ce petit livre. Bien que l'excuse des erreurs commises par hasard par les imprimeurs semble maintenant justifiée, j'espère néanmoins que, pour en diminuer le nombre, ni mes efforts ne furent en vain ni ceux d'un ami qui vit actuellement à Halle[1] et qui n'a pas refusé la tâche d'en corriger les feuillets alors qu'ils étaient confiés à la presse – une attention qu'il me faut évoquer avec toute la gratitude que je lui dois. Cependant, je ne suis pas à ce point un Suffenus[2] que je veuille rejeter sur
XII les | ouvriers toute erreur que j'ai autrefois commise ou toute nouvelle que j'aurais ajoutée. Je me souviens fort bien avec quel doute, avec quelle crainte, avec quel abattement de l'âme, dirais-je presque, j'ai mis le point final à cet écrit lorsqu'il fut publié pour la première fois. Maintenant, si la bienveillance des lecteurs et des critiques surpasse encore une fois mon mince espoir, je m'en réjouirai à nouveau, car je ne nierai pas que je fus alors vivement heureux d'entendre et de lire les opinions des savants, lesquelles étaient plus douces que la mienne. Si certains d'entre eux ont depuis continué à me citer ou parfois même ont persisté dans leurs éloges, j'aimerais maintenant leur adresser tous les mots qui, de la part de quelqu'un qui doit témoigner de sa gratitude et de sa modestie, peuvent tantôt être dits explicitement, tantôt, même si je me tais, être facilement déduits par ceux qui savent comment la vie est faite. Il y a à ma

1. Baumgarten fait probablement référence à Georg Friedrich Meier (1718-1777), son ancien élève et son fidèle collaborateur. On lui doit notamment une précieuse biographie de Baumgarten (*Alexander Gottlieb Baumgartens Leben*, Halle, 1763) et une traduction libre, en allemand, de la présente *Métaphysique*, pour les fins de son propre enseignement. Meier fut le successeur de Baumgarten à Halle à partir de 1740.

2. Allusion au poète Suffenus évoqué par Catulle (*Carmina*, 22) pour se moquer de son manque de talent et du fait qu'il ne s'aperçoit pas, tout content qu'il est de lui-même, de la maladresse de ses vers.

connaissance un critique qui [a publié] un résumé assez riche de cette *Métaphysique*, avec un jugement empreint de plus de déférence que je ne le mérite, dans les *Suppléments* des *Acta eruditorum* de Leipzig (en latin, tome IV, section VI, p. 266 *sq.*)[1]. Il y ajouta en même temps quelques remarques indiquant que certaines des idées que j'ai présentées lui plaisaient beaucoup moins. Qui il est, il ne m'a pas encore été donné de le savoir. Mais à cause de la renommée de ce très célèbre journal où il a soumis ses écrits, je soupçonne à tout le moins qu'il est un homme illustre.

| J'aurais cependant préféré que cet homme illustre n'entremêle pas ses **XIII**
idées et les miennes à un point tel que quiconque n'a pas encore lu mes écrits ne peut pas les distinguer absolument. Lorsqu'il appelle « moutons envieux » ceux qui me reprochent le crime d'obscurité, c'est lui qui le fait, et non moi. Lorsqu'il affirme que « ceux qui contestent le principe de raison suffisante enseignent que le monde existe, bien qu'ils nient un auteur en lequel existe la raison de la production de l'univers » : il s'agit là de son idée, et non de la mienne. « Parce qu'ils n'admettent pas d'éléments simples, ils abandonnent l'argument le plus puissant grâce auquel on comprend que le monde a été créé » : c'est lui qui le dit, ce n'est pas moi, etc.

Il y a des passages où, en changeant mes mots, cet homme illustre en a en même temps à ce point changé le sens que je semble avoir dit des choses tout à fait différentes. Il dit qu'« un être qui existe comme détermination d'un autre ou qui peut exister ainsi » est appelé par moi « accident », en ajoutant que « l'être qui ne peut pas exister comme détermination d'un autre sera donc une substance ». Or l'une et l'autre de ces affirmations vont très ouvertement à l'encontre de mon § 191[2]. Selon moi, la substance est ce qui peut exister bien qu'elle ne soit pas la détermination (la note, le caractère, le prédicat) d'un autre. En revanche, ce qui ne peut exister que comme la détermination (la note, le caractère, le prédicat) d'un autre, je l'appelle « accident ». Je saisis l'occasion de rendre compte de ces définitions ainsi conçues d'autant plus volontiers qu'Aristote, de même que les disciples qui sont dits être de son école [les Scolastiques], Descartes et Spinoza se sont éloignés de la vérité à leur sujet. Spinoza lui-même, puisqu'à partir d'une

1. Gawlick et Kreimendahl ont reproduit le texte de cette recension anonyme parue en 1742 et en ont proposé une traduction allemande dans leur édition de la *Métaphysique* (p. 586-597).

2. Dans le texte de la première édition, le § 191 est ainsi formulé : « Soit un être ne peut exister sans être la détermination d'un autre, soit il le peut (§ 10). Le premier est l'ACCIDENT, le second est la SUBSTANCE, OU BIEN UN ÊTRE SUBSISTANT PAR SOI ». La rédaction révisée et augmentée de ce paragraphe à partir de la deuxième édition est attribuable à la discussion de Baumgarten avec son recenseur.

XIV |erreur censée être presque infiniment petite, il a fabriqué une machine fatale pour soumettre la religion elle-même, montrant par son illustre exemple à quel point est vrai ce vers de Lucrèce :

« Petite est la déviation des atomes »[1].

Aristote avait appelé « substance » « ce qui n'est dit d'aucun sujet ni n'est dans aucun sujet »[2]. Soner[3], dans sa précieuse *Métaphysique,* dit : « La substance est le sujet dernier de tous les prédicats ». Et encore : « Les substances ne sont pas affirmées à propos d'autres choses, mais toutes les autres choses sont affirmées à propos d'elles »[4]. Parmi les auteurs plus récents qui estiment la philosophie qu'ils ont reçue de leurs pères et de leurs grands-pères, le très sage Aepinus[5] – pour ne pas mentionner les autres – a vu qu'on ne peut pas justement nier que certaines substances sont contenues dans d'autres, par exemple dans des sujets. Par conséquent, il appelle « substance » « l'être existant par soi, c'est-à-dire ou bien celui qui n'est clairement pas dans un autre, ou bien celui qui est certes dans un autre, mais de telle sorte qu'il en est une partie ou une co-partie et de sorte qu'il peut être séparé de lui et exister séparément de lui »[6]. Je ne veux

1. *Parvum est clinamen principiorum* : la citation est inexacte. Lucrèce écrit plutôt *id facit exiguum clinamen principiorum* (« c'est l'effet de la légère déviation des atomes » : *De rerum natura*, II, 292 (trad. fr. J. Kany-Turpin, Paris, GF Gallimard, 1997, p. 131).

2. Baumgarten se réfère à *Métaphysique*, Z3, 1028b36.

3. Ernst Soner (1572-1612) fut professeur de médecine et de philosophie à Altdorf. Il est l'auteur de commentaires sur la philosophie d'Aristote dont *Problemata miscellanea ex physicis et metaphysicis* (1610) et *In libros XII. Metaphysicos Aristotelis commentarius* (1657). On retient entre autres de lui son adhésion au socinianisme, un courant théologique apparaissant à la fin du XVIe siècle issu des enseignements de Lelio et Fausto Sozzini. Le socinianisme est associé à une interpréation « libérale » du christisnisme et à l'esprit de tolérance. Proche du l'unitarisme, il nie le dogme de la Trinité, perçu comme contraire à la raison, rejette aussi les dogmes de l'incarnation et de la divinité du Christ, le péché originel et l'idée de la condamnation éternelle des damnés en enfer, incompatible avec la justice aimante de Dieu. Soner a consacré un écrit à cette dernière question, la *Demonstratio theologica et philosophica, quod aeterna impiorum supplicia non arguant dei iustitiam, sed potius iniustitiam* (1654). Le § 875 de la *Métaphysique* fait une brève allusion au socinianisme pour condamner cette doctrine. Celle-ci est une erreur, puisqu'elle nie la prescience divine des futurs contingents. Baumgarten suit sur ce point l'objection de Leibniz.

4. Soner, *In libros XII. Metaphysicos Aristotelis commentarius*, *op. cit.*, p. 302.

5. Franz Albert Aepinus (1673-1750), professeur de philosophie et de théologie à Rostock, est l'auteur de *Introductio in philosophiam* (1714), un traité en six parties inspiré par la tradition scolastique.

6. Ce passage, légèrement modifié par Baumgarten, se trouve dans le chap. III de la deuxième partie de l'*Introductio* : « Substantia est ens vel plane non existens in alio, vel existens quidem in alio, sed ita, ut sit eius, in quo existit, pars aut compars, ac ut ab eo separati et separatim etiam sine eo existere possit » (p. 30).

certainement pas faire mienne cette explication. C'est néanmoins à cause d'elle que je n'ai pas appelé « substance » ce qui ne peut pas exister comme la détermination ou le prédicat d'un autre, comme me l'impute notre homme illustre. Je ne pense pas que la question centrale concernant cette notion soit de savoir [1]si quelque chose existe comme détermination ou prédicat d'un autre, ni [2]s'il ne peut pas exister comme prédicat d'un autre, mais bien plutôt de savoir [3]si quelque chose peut | exister bien qu'il XV
ne soit la détermination ou le prédicat d'aucun autre[1]. Suivant le très sage Aepinus, j'admets la première [proposition] à propos de nombreuses substances et, par conséquent, je ne peux poser la seconde à propos de chacune. La troisième proposition convient cependant à toutes les substances et à elles seules, et par conséquent je la tiens pour le soi-disant caractère définissant, que j'explique à partir de la vieille expression « subsister par soi ». Voulant saisir cette même idée clairement et distinctement, Descartes, dans ses *Quatrièmes réponses* (*Œuvres*, p. 107 de mon édition) ajoute : « c'est-à-dire pouvoir exister sans l'aide d'aucune autre substance »[2] et dans ses *Principes de la philosophie*, partie I, numéro 15[3] : « Par substance, nous ne pouvons comprendre rien d'autre que la chose qui existe de telle sorte qu'elle n'a besoin de nulle autre pour exister. Et de fait nous ne pouvons penser qu'à une seule substance qui n'a besoin de rien d'autre, à savoir Dieu. Or nous percevons que toutes les autres choses peuvent seulement exister par le concours de Dieu. Pour cette raison, le nom de "substance" ne convient pas de manière univoque à Dieu et à ces choses, etc. »[4]. S'il avait voulu le dire ouvertement, il aurait dû dire en tout cas que selon sa définition, outre Dieu, il n'y a pas de substances. En effet, je pense que personne, d'après cette définition, ne concédera à Antoine le Grand qu'une pierre est une substance, lorsqu'il dit, dans ses *Institutions de philosophie selon les principes de René Descartes* (p. 28 de mon édition), qu'« [une substance] est une chose qui n'a besoin d'aucune autre substance

1. D'où cet ajout au texte du § 191 dans la deuxième édition, en réponse au recenseur anonyme : « […] la SUBSTANCE (un être subsistant par soi, la forme, ἐντελέχεια, οὐσία, ὑπόστασις, ἐνέργεια), ce qui peut exister quand bien même il n'est pas dans un autre ou la détermination d'un autre être ».

2. L'édition à laquelle se réfère Baumgarten est celle publiée à Francfort en 1692 : *Renati des Cartes, Opera Philosophica*. Dans l'édition Adam et Tannery [désormais AT], ce passage se trouve au volume VII, p. 226.

3. Il faut plutôt lire « numéro 51 (LI), comme le rappellent C. D. Fugate et J. Hymers dans leur traduction anglaise de la *Métaphysique, op. cit.*, p. 85, à la suite d'U. Niggli (*Alexander Gottlieb Baumgarten. Die Vorreden zur Metaphysik*, trad. all. et commentaire, Frankfurt a. M, Klostermann, 1998).

4. Descartes, *Principia philosophiae*, AT, VIII. 1, 24.

pour exister, comme Dieu, une pierre, le ciel »[1]. Avec de telles descriptions
XVI de la substance, | tout ce que Spinoza a dérivé de sa propre définition peut être déduit, plus certainement encore que le cours descendant d'une rivière, avec juste assez de raisonnements liés, comme lorsque dans la Définition III de son *Éthique* (tirée de ses précieuses *Œuvres posthumes*), il appelle « substance » « ce dont le concept n'a pas besoin du concept d'une autre chose, duquel il doive être formé »[2]. S'il nous plaisait de retenir la plus grande part de la définition de Descartes, alors la substance serait la chose qui n'a besoin d'aucune autre chose, par exemple un sujet, pour exister. Les substances créées pourraient alors être également incluses ici et toute la construction de Spinoza s'écroulerait. Afin cependant que le terme « sujet » ne devienne pas un obstacle, j'ai évité d'en faire usage et ai exprimé la chose ainsi : [la substance est] l'être qui peut exister sans être la détermination d'un autre. Ainsi, j'admets que nulle substance créée ne peut exister sans être le déterminé d'un autre, autrement dit sans être la conséquence d'un autre. Or, le « déterminé » diffère suffisamment ici des concepts de détermination et de prédicat pour que le philosophe ait à se soucier d'une de ses syllabes et de l'accord des voyelles longues. Toute substance créée peut exister sans être la détermination ou le prédicat d'un autre, voire de Dieu lui-même. Dieu existe sans être le prédicat d'un autre. Il s'ensuit donc qu'il peut aussi exister ainsi. Tu as alors une définition qui ne convient ni seulement à Dieu, comme celle de Descartes, ni seulement aux substances créées, comme celle qui appelle « substance » l'être durable et modifiable[3].

1. Antoine Le Grand, *Institutio philosophiae secundum Principia D. Renati Descartes : Nova Methodo adornata et explicata*, London, 1672, passage tiré de la partie 1, A. 2, No 1. Antoine Le Grand (1629-1699) était un moine franciscain, missionnaire en Angleterre, où il a grandement contribué à répandre les idées de Descartes. Son *Institutio* fut d'ailleurs traduite en anglais par Richard Blome en 1694 sous le titre *An Entire Body of Philosophy, According to the Principles of the Famous Renati Des Cartes*.

2. Les *Opera posthuma* de Spinoza (1632-1677), qui comprennent l'*Ethica ordine geometrico demonstrata*, furent publiés pour la première fois en 1677. La conception spinoziste de la substance unique sera âprement combattue par Baumgarten (voir les § 388-391). Si Descartes, dans ses *Principia*, lui avait pour ainsi dire frayé la voie sans le vouloir, par sa définition périlleuse de la substance, il reste qu'en admettant la dualité des substances pensante et étendue, il s'éloigne de la conclusion spinoziste. D'où l'importance, dans ce développement de la « Préface », de préciser le sens de la définition de la substance.

3. Baumgarten vise ici la définition wolffienne de la substance, avec laquelle il est en désaccord. Dans sa *Philosophia Prima sive Ontologia* [désormais PpO], Wolff écrit : « Un sujet qui perdure et qui est modifiable est appelé *substance*. L'être qui toutefois n'est pas modifiable est appelé *accident* » (§ 768). En associant la substance à l'être durable et modifiable, Wolff ne peut comprendre Dieu sous ce concept, puisque Dieu n'est pas modifiable. C'est évidemment un non sens. Alors que la définition cartésienne, prise à la lettre, a

Mais revenons à la recension de notre homme illustre. Pendant qu'il raconte | que je démontre le principe des indiscernables pris au sens strict, il XVII présente la démonstration du principe de négation de la congruence totale donnée au § 270, alors que c'est le § 271 qui aurait dû être placé sous les yeux des lecteurs, où le principe de négation de la similitude totale est prouvé – ce qui, dit-il, fut prouvé dans le passage cité. Des principes moins connus auraient peut-être mérité plus d'attention : le principe de conséquence, celui de négation de la dissimilitude totale et celui de négation de l'égalité totale. J'appelle « lieu » la position d'un être actuel qui est simultané avec d'autres êtres hors de lui (§ 281). Lui dit que j'appelle « lieu » « la position actuelle d'un être simultané avec d'autres êtres hors de lui ». Quand j'admets le hasard et nie le pur hasard[1], cet homme illustre dit que je mets fin au hasard. Ce que j'affirme au sujet des forces vives au § 413, il dit que je l'affirme des forces en général, ce qui, si cela était le cas, aurait été une erreur de ma part. Nulle part, je n'ai déduit le mouvement de toute matière de la négation d'une matière entièrement homogène ; je suis dit néanmoins l'avoir fait. Au § 773, j'ai montré que la propagation [des âmes humaines] par transmission peut se faire de deux manières, sans impliquer une naissance par transmission. La seconde d'entre elles n'est pas ce qu'on a l'habitude de comprendre par « création » et, me semble-t-il, ne peut pas [non plus] être appelée à juste titre « propagation par transmission ». J'ai rapporté l'hypothèse de la cocréation, en laquelle les âmes seraient propagées par transmission, non pas dans la mesure où ces mêmes âmes seraient créées par Dieu, mais dans la mesure où les âmes des parents concourraient pour beaucoup à cette opération[2].

XVIII

| Venons-en à ces mots que cet homme illustre
« a marqués en noir
avec un trait oblique de plume »[3].

De manière habituelle, j'appelle « confusion » la diversité de la conjonction[4]. Il pense qu'une diversité dans la conjonction se manifeste dans la conjonction des parties d'un aimant reliées entre elles, sans pour autant que ces parties puissent être dites « confuses ». En vérité, notre

l'inconvénient de ne réserver qu'à Dieu le titre de substance, celle de Wolff a l'inconvénient d'exclure Dieu de ce titre. La définition de Baumgarten (« La substance est l'être qui peut exister sans être la détermination d'un autre ») évite ce double écueil.

1. Voir § 383.
2. Voir § 773.
3. Citation tronquée de l'*Ars Poetica* d'Horace, 447.
4. Voir § 79.

homme illustre semble confondre la conjonction de choses différentes – quelque grande qu'elle soit – à la fois avec la diversité de la conjonction et la diversité de l'ordre, [notions] qui doivent être parfaitement distinguées. Les différentes parties d'un aimant sont reliées entre elles par la nature dans un ordre ou dans des ordres tels que les flux qui les pénètrent peuvent affecter le fer, faire tourner vers le nord ou vers le sud l'aiguille d'une boussole librement suspendue, comme des amis s'unissant en un baiser et des ennemis se fuyant les uns les autres. Supposons qu'un aimant est réduit en poudre ou est calciné; plusieurs de ses parties seront alors encore reliées, mais d'une manière différente. Maintenant, dans ces mêmes parties, il y a une diversité de conjonction, de la confusion, la destruction d'un mécanisme caché, [ainsi qu'on le voit] lorsque l'aimant, laissé trop proche du feu, s'enflamme comme une petite comète[1]. J'admettrai volontiers que pour expliquer les phénomènes d'une confusion donnée et particulière, il ne soit pas mauvais la plupart du temps de prêter attention à la fin. Mais ce qui est peut-être nécessaire pour une illustration n'est pas pour cette raison nécessaire aussi pour une définition.

XIX | On trouve à nouveau ici une objection courante contre la définition bien connue de la perfection : il y a parfois accord de choses variées en une – par exemple l'accord des fluides du corps humain à sa mort, l'accord des vents pour renverser une maison – mais il n'y a cependant pas en cela de perfection. Je ne nierai pas être moi aussi passé bien près, quand j'ai porté tout d'abord mon attention avec plus de soin aux questions ontologiques, de définir la perfection comme l'accord des réalités en une. Il y aurait eu alors, à moins que je me trompe complètement, une meilleure concorde entre moi et notre homme illustre. J'expliquerai cependant ici pourquoi je n'ai pas modifié la définition du célèbre Wolff[2]. En effet, puisque je suis à nouveau condamné, comme ce fut le cas plus haut pour le concept de

1. Le latin dit : « flammaeque nimis propinqui magnetis parvus aliquis cometa ». Le passage est oscur : Gawlick et Kreimendahl renoncent à le traduire tout en évoquant une suggestion de traduction faite par l'un de leurs collaborateurs, Armin Emmel (p. 556). Fugate et Hymers rendent ainsi ce passage : « [...] and it is characteristic of a magnet brought too near to a flame to be something weak like a comet ».

2. Wolff définit en ces termes la perfection dans sa *Philosophia prima sive ontologia* : « La *perfection* est l'accord dans la variété, ou encore l'accord de plusieurs choses différentes les unes des autres en une chose ». Baumgarten reprend cette définition au § 94. Le litige qui l'oppose ici à son recenseur porte sur la question de savoir s'il aurait mieux valu dire « réalités » plutôt que « choses » dans la définition proposée. Baumgarten explique qu'il s'en tiendra à la définition usuelle de Wolff, suivant d'ailleurs le conseil de celui-ci selon qui « En philosophie, il ne nous faut pas nous éloigner de la signification reçue des mots, c'est-à-dire qu'il ne nous faut pas dénoter les choses par d'autres mots que ceux qui les signifient couramment » (DP, § 142; trad. fr., p. 180).

confusion, à cause d'une définition que je n'ai pas inventée, mais que j'ai plutôt empruntée à Wolff – et ce non sans gratitude –, il [me] sera permis, pour défendre l'une et l'autre, d'expliquer si j'ai défini autrement certaines choses par [simple] désir de changer et d'innover ou si, pour des raisons bien pesées et calculées, j'ai été amené à retenir ou à changer la définition. Un critique équitable pourra peut-être conclure à partir de là que Johann Jakob Moser, un homme très versé en droit public, ne s'est pas trompé seulement à propos de mon âge quand il lui a plu de me mentionner au § 6 de ses *Gedancken von der Verbindung der Weltweisheit, besonders der Wolfischen, mit der Theologie*[1]. Au § 136 de mon ouvrage, j'ai prouvé que tout être est réel; j'ai prouvé au § 140 que les réalités ne peuvent s'accorder | qu'avec des réalités et, au § 139, que les négations ne peuvent s'accorder **XX**
qu'avec des négations. Par conséquent, cet être un qui est mentionné dans la définition wolffienne de la perfection et qui peut être dit la raison déterminante de la perfection ou le foyer de celle-ci, est réel, parce qu'il est un être et parce qu'il est un. Comme cela pouvait être inféré du § 141, nul besoin n'était de le mentionner expressément dans une définition. Puisqu'il est déjà évident à l'expert en ontologie que rien d'autre que des réalités ne peut s'accorder avec cette réalité, cela ne me semblait pas non plus devoir être ajouté à la définition du § 94, et cela en vertu d'une règle bien connue de la logique: *les notes dont l'une est suffisamment déterminée par l'autre n'entrent pas dans une définition*. En Dieu, toutes les choses qui lui appartiennent sont réelles. Par conséquent, l'accord en lui de plusieurs choses en une est l'accord de tous ses prédicats ou déterminations en un être suprême. Dans les êtres finis, il y a toujours certaines réalités et certaines négations. Dans la mesure où celles-là ne peuvent pas ne pas s'accorder en une, mais qu'elles ne le peuvent qu'en s'accordant à un un réel, il y a de la perfection dans tous les êtres finis. Mais dans la mesure où ces choses que j'appelle « négations » ne sont pas possibles sans réalités et

1. Johan Jacob Moser (1701-1785) était un juriste et constitutionnaliste célèbre, auteur d'une œuvre abondante. Il a entre autres été professeur à la Viadrina (Francfort-sur-l'Oder) de 1736 à 1739, peu de temps avant que Baumgarten y soit nommé, et à l'Université de Tübingen. Baumgarten y fait référence car dans l'ouvrage cité, Moser remarque que plusieurs disciples illustres de Wolff, lorsque les formulations de celui-ci ne leur conviennent pas, ont pris la liberté d'en changer, pour les mettre au goût du jour, sans que cela soit toujours justifié philosophiquement, ce que même « le jeune Baumgarten de vingt ans » aurait fait, écrit-il en mentionnant d'autres exemples. Or Moser se trompe sur l'âge de Baumgarten, qui avait plutôt 25 ans lorsque parut sa *Métaphysique*. Mais il se trompe encore, et tel est l'objet de la remarque, lorsqu'il reproche à Baumgarten d'avoir modifié à sa guise le texte de Wolff, alors que Baumgarten insiste, en réplique à son recenseur, pour rappeler qu'il s'en est tenu ici aux définitions wolffiennes.

doivent néanmoins être dans tout être fini, et cela donc sans s'accorder avec des réalités, il y a de l'imperfection dans tout être fini. Aux exemples de notre homme illustre, on ne doit rien répondre maintenant et jusqu'à ce que soit prouvé que dans la mort et l'effondrement d'une maison, il n'y a aucune réalité et aucune perfection. Le logicien dirait que depuis la négation de la perfection médicale ou architecturale à la négation de toute
XXI | perfection, cosmologique aussi et même ontologique, la conséquence ne vaut pas. Celui qui regarde une chose avec des yeux métaphysiques doit chercher un horizon plus large que celui dont

« l'espace du ciel ne s'étend pas sur plus de trois coudées »[1].

Ce mal qu'avec le célèbre Leibniz, j'ai appelé « métaphysique »[2], est appelé « mal » de manière inappropriée selon notre homme illustre, bien que celui-ci cale aussitôt sa voile en ajoutant cette raison : « les définitions nominales des philosophes sont arbitraires ». Par tout ce qui est sacré à la philosophie, je voudrais en vérité demander à tous ceux qui jugent mes écrits de ne pas me compter parmi ceux qui, ne comprenant pas correctement cette règle des logiciens, pensent qu'ils ont l'autorité d'oser tout ce qui leur plaît en façonnant des définitions qui vont à l'encontre du sens reçu. Il faut que le choix soit prudent et circonspect lorsque nous retenons des significations de mots bien établies, que nous en créons [de nouvelles] ou que nous fixons celles qui sont pour ainsi dire flottantes et vagues[3]. Mais je croirais que c'est par un tel choix, et non par un choix aveugle, que tout ce qui s'oppose au bien métaphysique, en tant que raison de ce genre d'imperfection, peut être appelé « mal métaphysique ». Or la perfection suprême de Dieu est le bien métaphysique. Dans la mesure où celle-ci est supprimée
XXII dans les êtres finis, à travers même leurs essences, une | imperfection est

1. Virgile, *Bucoliques*, III, 105, trad. fr. H. Goelzer, Paris, Les Belles Lettres, 1925.

2. Voir G.W. Leibniz, *Essais de théodicée*, première partie, § 21 : « On peut prendre le mal métaphysiquement, physiquement et moralement. Le *mal métaphysique* consiste dans la simple imperfection, le *mal physique* dans la souffrance, et le *mal moral* dans le péché ». Baumgarten reprendra cette distinction leibnizienne des trois formes du mal dans le cours de son exposé.

3. Baumgarten rappelle dans ce passage qu'il a voulu respecter les règles rigoureuses du style de l'exposé philosophique. Il s'inscrit ainsi dans la suite de Wolff, dont le *Discours préliminaire*, on l'a rappelé plus tôt, a consacré un chapitre à la question du style philosophique (chap. V). Outre les paragraphes du DP déjà mentionnés, voir par exemple : « § 142. Pourquoi il faut maintenir la signification reçue des mots » ; « § 143. Nécessité de la constance dans l'usage des mots » ; « § 144. Réduction des vocables d'une signification changeante à une signification fixe » ; « § 147. Devoir du philosophe quant aux termes reçus. »

posée dont la raison est correctement appelée « mal métaphysique », en tant que celui-ci est absolument nécessaire.

Au § 389, j'avais dit que si ce monde était une substance, alors « la substance infinie n'est pas unique », parce qu'il était déjà prouvé que le monde devait exister hors de la substance infinie. Notre homme illustre admet ne pas comprendre ce que cela veut dire, blâmant une faute des typographes. En vérité, il n'y pas d'erreur, ni de ma part ni de celle de l'imprimeur. Aux § 388-391, je réfute le spinozisme métaphysique qui affirme que la substance infinie, autrement dit Dieu, est l'unique substance. Je m'oppose à ceci en énonçant au § 389 que « la substance infinie n'est pas unique », c'est-à-dire qu'elle est une substance, comme nous avons l'habitude de dire que le Soleil de notre système planétaire n'est pas unique, c'est-à-dire qu'il est un soleil, ou que le Roi de France n'est pas l'unique roi, c'est-à-dire qu'il est un roi. Le § 390 se termine ainsi par ces mots très clairs : « la substance infinie n'est pas l'unique substance », et le § 391 commence ainsi : « La force infinie n'est pas l'unique force ». Bien que je juge avoir alors parlé avec assez de clarté pour tous ceux qui ne jettent pas furtivement les yeux sur une seule ligne, j'ai néanmoins ajouté aussi au § 389 de la présente édition le mot « substance ».

Quand j'ai ajouté entre parenthèses « règne de la grâce » à la désignation du monde pneumatique, notre homme illustre me reproche d'appeler « règne de la grâce » le monde | pneumatique, puisqu'il y a des **XXIII**
esprits étrangers au règne de la grâce. C'est pourquoi il me faut dire tout d'abord que je rapproche les mots à définir des synonymes qui sont trouvés dans les écrits des autres et que je mets ici entre parenthèses, afin qu'on comprenne ceux-là plus facilement, mais que je ne fais toutefois pas miennes sans réflexion ces désignations mises entre parenthèses, dont j'ai souvent l'habitude d'énumérer les défauts dans mes enseignements. Ainsi, je n'aurais jamais dit que l'essence d'une chose est sa nature – d'où proviennent d'étonnantes confusions. D'autres cependant l'ont affirmé. Mais c'est assez. Maintenant, il est bien connu que Leibniz a appelé tous les esprits « règne de la grâce »[1]. J'ai donc ajouté cette dénomination. Je ne céderai donc pas à l'objection de notre homme illustre, sauf en un sens théologique. Lorsque les termes sont compris philosophiquement, il est

1. Voir G.W. Leibniz, *La monadologie*, § 87 : « comme nous avons établi ci-dessus une Harmonie parfaite entre deux Règnes naturels, l'un des causes Efficientes, l'autre des Finales, nous devons remarquer ici encore une autre harmonie entre le règne Physique de la Nature et le règne Moral de la Grâce, c'est-à-dire entre Dieu considéré comme Architecte de la Machine de l'univers, et Dieu considéré comme Monarque de la Cité divine des Esprits (§ 62, 74, 118, 248, 112, 130, 247) ». Les paragraphes mentionnés renvoient à la *Théodicée*.

faux d'affirmer que les esprits étrangers au règne de la grâce ne peuvent pas être considérés comme membres et associés de celui-ci. En effet, le droit social universel et en particulier le droit civil philosophique enseignent tous deux que c'est précisément parce que les rebelles ne sont pas soumis – parce qu'ils veulent échapper au lien et au pouvoir des commandants suprêmes – qu'ils demeurent justement et de façon méritée des sujets, qu'ils le veuillent ou non. Il en va de même [du règne de la grâce].

En ce qui concerne cette nouvelle édition, j'aurais préféré la raccourcir plutôt que de l'augmenter, comme cela est l'usage[1]. Dans un examen postérieur, je n'ai cependant trouvé aucun ornement prétentieux qui aurait
XXIV pu être avantageusement retranché[2] | sauf peut-être que j'aurais dû employer la faucille en ce qui concerne les énumérations ici tentées des degrés observés dans les choses plus puissantes. En effet, celles-ci ne sont pas nécessaires dans un abrégé des grandes lignes de la métaphysique. Or j'ai lu il y a un certain temps qu'on les réclamait, et je savais par expérience qu'une nouvelle sphère de méditation, pour ainsi dire, s'ouvrait souvent grâce à elles et qu'enfin, parmi mille et un autres usages, cela te donnerait, te donnera, à toi qui penses, un plaisir tout à fait unique : celui de concevoir Dieu et le divin lorsque tu penses le maximum de ce qui est réel et positif. Pour toutes ces raisons, je n'ai donc voulu abandonner aucun de mes ajouts métaphysico-mathématiques[3]. J'ai voulu les identifier par un caractère différent afin qu'on puisse plus facilement les repérer et au cas où quelqu'un souhaiterait soit examiner ces passages seulement, soit les laisser complètement de côté[4]. J'ai apporté plusieurs modifications, spécialement à la doctrine de l'immortalité de l'esprit[5]. J'ai divisé de plus

1. La première édition de la *Métaphysique* avait 292 pages, la deuxième, 336, avec le même nombre de paragraphes.

2. Allusion à l'*Ars Poetica* d'Horace, 447 : « ambitiosa recidet ornamenta » : « il retranchera les ornements prétentieux ».

3. Ces ajouts métaphysico-mathématiques renvoient à la « mathématique des grandeurs intensives », dont Baumgarten expose les principes aux § 165-190. A partir de la troisième édition, ces paragraphes seront explicitement désignés sous le titre *Les premiers principes de la mathématique des grandeurs intensives*. Cette mathématique des grandeurs intensives trouvera de nombreuses applications dans la suite du texte. Les passages qui s'y rapportent empruntent toujours à peu près la même formulation, marquant le degré, le plus ou le moins, la quantité, etc. Voir par exemple les § 203 et 214.

4. Dans la deuxième édition, ces passages étaient en italiques. Les éditions subséquentes ne reprendront pas cette convention. Ainsi, elle n'apparaît pas dans le texte de la quatrième édition (1757) utilisé par Kant et reproduit dans l'Édition de l'Académie (Ak. XVII).

5. Le thème de l'immortalité de l'âme aura droit à une section distincte (§ 776-781) dans le texte de la deuxième édition, alors que dans la première édition il était traité dans le cadre

longues sections en plus courtes, percevant dans mes leçons qu'il était avantageux d'atteindre de plus petits buts plus souvent, de ne pas traiter ce qui semble être un seul et unique sujet en un seul souffle, en en étendant l'exposé sur plusieurs heures. J'ai ajouté quelques nouvelles définitions et preuves, telles celles concernant les perfections de la connaissance[1], la matière pensante[2] et l'harmonie préétablie, laquelle, tant dans sa signification universelle que psychologique, j'ai fait passer d'hypothèse à théorème. Je n'ai pas ajouté ici non plus d'exemples, puisque je n'ai pas encore | changé d'avis là-dessus depuis que j'ai écrit la préface de la **XXV**
première édition. On m'a demandé de produire ceux-ci séparément et je crois que c'est la manière plus appropriée de procéder. J'ai déjà de fait couché sur papier un nombre assez important de choses pertinentes, mais je ne me suis jamais engagé à publier aucune de celles-ci. Aussi ai-je été étonné de voir que le catalogue de la foire de Leipzig a promis à mon insu des exemples de ce genre, comme s'ils étaient sur le point d'y être livrés.

Certains amis m'ont incité publiquement et avec empressement à écrire sur la logique, sur le droit naturel ou sur d'autres chapitres de la philosophie pratique de la même manière que j'ai touché à la métaphysique et à l'éthique. D'ici là, aussi longtemps qu'il n'y aura pas un éditeur qui ajoutera aux justes conditions celle-ci, à savoir que mes écrits puissent être envoyés sous presse dans le lieu même où je vis, de sorte que je puisse y corriger ce que je juge nécessaire, je me tiendrai calmement éloigné de l'écriture si laborieuse de ce genre d'opuscules, d'autant que mes leçons me laissent peu de loisirs et que je suis plus certainement persuadé que le monde des lettres peut se passer sans mal de mes petits ouvrages[3].

Francfort-sur-l'Oder,
le 14 septembre 1742

plus large de la question de l'origine et de l'immortalité de l'âme humaine (*ortus et immortalitas animae humanae*, § 770-791).

1. Sur ce thème de la perfection de la connaissance, les § 515 et 531 seront ainsi considérablement augmentés.

2. L'hypothèse de la matière pensante, fermement rejetée par Baumgarten, sera abordée au § 742. Cette question n'avait pas été soulevée dans le texte de la première édition.

3. Baumgarten ne renoncera pourtant pas à publier d'autres ouvrages après 1742. Outre les deux volumes de l'*Aesthetica* (1750-1758), son second traité d'éthique, les *Initia philosophiae practicae primae* (trad. fr. L. Langlois, É.-J. Poliquin, *Principes de la philosophie pratique première*, Paris, Vrin, 2014), qui font suite à l'*Ethica philosophica* de 1740, paraîtra en 1760. L'*Acroasis logica*, d'après la logique de Wolff, sera publiée l'année suivante et le *Ius Naturae* en 1763.

Ainsi, au cas où vous estimeriez que mes écrits valent quelque chose, vous avez [sous les yeux] la troisième édition de la *Métaphysique* que j'ai écrite il y a une décennie et que je n'ai pas permis qu'on republie sans y apporter de nouvelles corrections. J'ai augmenté le nombre des sections, j'ai inséré plus de titres. J'ai changé certaines choses et en ai ajouté quelques-unes[1]. Je ne répéterai toutefois pas ce que j'ai déjà dit dans les autres préfaces puisque les critiques bienveillants pourront les lire dans ce qui précède et que je ne pourrai pas obliger les critiques qui me sont hostiles à le faire enfin maintenant. J'ai eu l'expérience de ce dernier genre de critiques dans l'examen qu'ils ont fait de tous mes écrits. Si je ne leur réponds pas à cause du fait qu'ils n'ont pas été équitables envers moi, certains me reprochent ce silence même comme une faute. Donnons simplement un exemple. Dans la première dissertation que j'ai publiée, j'ai appelé « poème » un « discours sensible parfait »[2]. Je pense encore que cela est bien dit. Or, un critique a écrit que j'ai appelé « poème » un discours

1. En réalité, les modifications apportées à cette nouvelle édition sont beaucoup moins nombreuses que celles qui sont survenues entre la première et la deuxième édition. Pour l'essentiel, il s'agit de l'ajout de titres de sections pour mieux distinguer certaines matières qui étaient auparavant traitées sous un seul titre. Voir à ce sujet G. Gawlick, L. Kreimendahl, *Alexander Gottlieb Baumgarten. Metaphysica/Metaphysik*, *op. cit.*, n. 99 p. 560. Dans sa biographie de Baumgarten, Meier rapporte que celui-ci, parce qu'il avait le sentiment de n'être pas allé assez loin dans aucune des sciences qu'il traitait, se croyait obligé de réviser sans cesse ses précédents écrits pour les améliorer. Voir G. F. Meier, *Alexander Gottlieb Baumgartens Leben*, Halle, 1763, p. 38-39.

2. Baumgarten fait ici référence à son écrit de jeunesse de 1735, les *Meditationes philosophicae de nonnullius ad poema pertinentibus* (« Méditations philosophiques sur quelques sujets se rattachant au poème » [ou : « à l'essence du poème »]), Halle, 1735. Le passage en question est celui-ci : « *Oratio sensitiva perfecta est POEMA* ».

« parfaitement sensible »[1] et a alors déformé la signification de « parfait » – laquelle est pourtant bien connue, même des débutants en philosophie – en ce sens vulgaire d'après lequel « parfaitement » [*perfecte*] est parfois mis à la place | d'« entièrement » [*omnino*] dans les conversations **XXVII**
courantes. J'avais moi-même expressément établi la signification de « sensible ». Avec insistance, ce bon homme a néanmoins attribué à ce mot un tout autre sens, un sens d'après lequel les Allemands d'esprit grossier et épais disent parfois, de manière indécente et même obscène, des mots fort « sensibles » par plaisanterie. Après une troisième et si mauvaise déformation tant des mots que de leur sens, il se moque froidement non pas de mes idées, qu'il ne veut pas comprendre, mais d'un spectre qu'il a lui-même créé et qu'il proclame faussement être mon opinion[2]. Je reste quant à moi silencieux. Je n'aurais pas même maintenant écrit un mot sur cette misérable querelle s'il n'avait pas semblé à d'autres qui ne me connaissent pas que, prétextant des affaires plus sérieuses, je cachais peut-être un manque d'armes pour me défendre moi-même. C'est pourquoi je saisis cette occasion pour implorer publiquement le Dieu immortel de ne jamais m'accorder tant de temps libre que je puisse le consumer, le dilapider et le perdre en litiges si futiles quand ceux-ci s'abattent sur moi. Et je l'implore de ne jamais permettre à l'idée du véritable honneur d'être à ce point rabaissée à mes yeux que j'en arrive à trouver important de riposter aussitôt en armes à tout ce qui a été dit ou écrit contre moi et de mener par là une guerre qui de toute façon ne se terminera jamais en triomphe. S'il arrive que des attaques plus hardies et fautives doivent être repoussées, il ne

1. À la suite d'U. Niggli, G. Gawlick et L. Kreimendahl (*Alexander Gottlieb Baumgarten. Metaphysica/Metaphysik, op. cit.*, p. 560-561) identifient ce critique comme étant le juriste Theodor Johann Quistorp (1722-1776). Féru de littérature, celui-ci avait publié un article dans le périodique édité par Johann Christoph Gottsched, *Neuer Büchersaal der schönen Wissenschaften und freien Künste*, sous le titre : *Erweis, dass die Poesie schon für sich selbst ihre Liebhaber leichtlich unglückselig machen könne* (Bd. I, 5. Stück, p. 433-452). Le passage litigieux est le suivant : « M. le Professeur Alexander Gottlieb Baumgarten de Francfort, ayant anciennement enseigné à Halle, est, comme c'est bien connu, le fondateur de cette secte qui ne comprend l'essence de la poésie que comme un discours parfaitement sensible » (p. 440). Et une page plus loin : « Un poème n'est rien d'autre d'après lui qu'un discours parfaitement sensible » (notre traduction).

2. Comme le précisent G. Gawlick, L. Kreimendahl (*ibid.*, p. 561), Baumgarten reproche à son critique d'avoir identifié le terme sensible à la faculté de connaître inférieure, laquelle ne fournit que des représentations obscures et confuses. Le critique en tire la conclusion absurde que pour Baumgarten, un poème est d'autant plus parfait « que les mots et les concepts dont se sert un poète sont obscurs » […] », et ce « d'autant plus que tout dans un tel discours s'accorde avec cette sensibilité » (p. 441), si bien que pour Baumgarten, l'essence du poème et le devoir du poète seraient d'éveiller en nous les passions les plus puissantes.

manquera pas de gens prêts à le faire, tout comme il n'a pas manqué de gens
XXVIII dans le passé – et dont le souvenir doit être rappelé par un acte | public de gratitude – qui, sans que je leur ai demandé et sans avoir été mandatés par moi, mais néanmoins avec mon accord, comme il convient à des hommes de bien, ont pris la plume en mon nom ou plutôt au nom de ce que j'ai écrit. Ce faisant, ils rendaient service à un ami, consacrant par là des heures à réfuter de telles choses de manière bien plus utile, semble-t-il, que je ne l'aurais fait si j'avais écrit moi-même sur ces affaires [1].

Je suis d'un autre avis à propos des désaccords en lesquels aucun esprit sophistique ne transparaît. Si seulement je pouvais rapporter ce qu'un de ceux qui ont autrefois assisté à mes leçons a écrit contre les philosophes [2] ! J'aimerais lui dire que je n'écris pas parce qu'il a estimé que certaines de mes affirmations ont été incorrectement prouvées : c'est sa liberté philosophique. Il y a cependant une chose qui me déplaît vivement : c'est qu'allant à l'encontre de sa propre conscience, si seulement il s'en souvient, il dise que les philosophes, au seuil même de leur science, promettent en général la certitude pleine et suprême, au-delà de laquelle rien de plus grand et de plus solide ne peut être pensé. En vérité, qu'une telle chose ne puisse certainement pas être dite de moi, j'en prends à témoin tous ceux qui, à Halle ou ici [3], m'ont entendu depuis que j'ai commencé à enseigner les disciplines de la philosophie. Car si les affirmations de ce petit livre, que j'ai l'habitude de présenter en un libre discours, peuvent être comprises comme telles, non seulement je ne les prolonge pas ni ne les grossis avec une multitude de mots, comme les autres [celles du libre discours], mais je les interprète même, comme on dit, de manière explicitement restrictive, et ce d'autant plus souvent qu'il s'agit de questions philosophiques et de logique. Je préviens ensuite que la « certitude suprême » ne doit pas être confondue avec la « certitude complète », que la complète véritablement
XXIX | telle ne doit pas être confondue avec les choses qui semblent complètes sous le couvert d'une soi-disant démonstration ; la certitude suprême n'est pas du tout le fait de l'homme et la certitude complète ne s'étend pas très loin, même dans le champ des mathématiques et de la philosophie, comme

1. Baumgarten pense sans doute ici à Meier, qui avait pris la peine de répliquer à l'article de Quistorp par un texte intitulé : *Vertheidigung der Baumgartischen Erklärung eines Gedichts, wider das 5. Stück des I. Bandes des neuen Büchersaals der schönen Wissenschaften und freyen Künste* (Halle, 1746).

2. Cet auditeur n'a jamais pu être identifié.

3. Ici, c'est-à-dire à Francfort-sur-l'Oder, où Baumgarten, à son plus grand regret, fut nommé sur ordre du Roi professeur ordinaire de philosophie en 1739. Baumgarten demeurera jusqu'à la fin de sa carrière à l'Université de Francfort-sur-l'Oder (la Viadrina), qu'il estimait moins prestigieuse que l'Université de Halle où il avait commencé son enseignement.

cela se voit chez ceux qui, comptant parmi les érudits, ne savent pas distinguer suffisamment une vraie lumière d'une fausse parmi les étoiles de première magnitude.

Or venons-en maintenant à un point qui concerne principalement cet écrit que nous tenons entre nos mains. Si rapide est le cercle des affaires humaines[1] ! Si soudains sont ses changements ! Je n'ai pas encore atteint l'âge de quarante ans que j'ai déjà fait pourtant l'expérience d'une première attaque contre une certaine philosophie – je veux dire la philosophie leibnizo-wolffienne –[2] par des armes que plusieurs croyaient presque saintes et inviolables, mais qui bientôt furent jugées inaptes à la guerre[3]. C'est ainsi que cette philosophie sembla peu après triompher. Mais maintenant, elle est à nouveau peu à peu attaquée par ces mêmes arguments qui, pour la raison qu'ils semblent nouveaux à certains, sont néanmoins jugés une seconde fois par ces mêmes personnes être les plus forts. Alors que j'assistais aux leçons estivales anti-wolffiennes qui furent tenues à Halle ces dernières années, plusieurs pouvaient à peine s'empêcher de rire quand un bon vieillard[4] se mit à disputer contre l'universalité du principe de raison suffisante et contre les êtres simples[5], au point de trouver frivole ce | qu'il avançait. Mais voici que les mêmes XXX
choses sont à présent ressassées, même par certains de ceux qui, il y a

1. Ce passage et ceux qui suivent (jusqu'à « j'ai reconnu les deux comme vrais ») seront traduits par Mendelssohn dans la lettre 21 (1er mars 1759) des *Briefe, die neueste Litteratur betreffend* (*Gesammelte Schriften. Jubiläumsausgabe*, Bd. 5,1, Stuttgart-Bad Cannstatt, Frommann-Holzboog, 1991, p. 13-15). Mendelssohn reprenait ainsi le portrait que « l'excellent Baumgarten » brossait de l'état de la philosophie en son temps.

2. Sur l'origine de cette appellation de « philosophie leibnizo-wolffienne », que Christain Wolff attribuait à son ancien disciple Georg Bernhard Bilfinger (dans l'écrit de 1725 de ce dernier, *Dilucidationes philosophicae de deo, anima humana, mundo, et generalibus rerum affectionibus*, § 119, p. 116), voir les indications de G. Gawlick et L. Kreimendahl, *Alexander Gottlieb Baumgarten. Metaphysica/Metaphysik, op. cit.*, p. 562.

3. Encore une fois, Baumgarten évoque ici l'attaque acharnée des piétistes contre la philosophie rationaliste de Wolff, qui conduira à l'expulsion de ce dernier de l'Université de Halle en 1723 (où il reviendra cependant en 1740, rappelé par Frédéric II, pour y terminer glorieusement sa carrière en 1754, année de sa mort).

4. C'est Joachim Lange (1670-1744) qui est visé. Avec le chef de file des piétistes de Halle, August Hermann Francke (1663-1727), Lange fut le principal adversaire de Wolff dont il a attaqué la philosophie dès son écrit de 1723, *Modesta disquisitio novi philosophiae systematis de deo, mundo et homine* (GW, III, 23), qui parut l'année suivante en allemand dans une version augmentée sous le titre *Bescheidene und ausführliche Entdeckung der falschen und schädlichen Philosophie in dem Wolffianischen Systemate Metaphysico* (GW, III, 56). Lange reviendra à la charge dans d'autres écrits, notamment dans sa *Caussa Dei et religionis naturalis adversus atheismum* de 1727 (GW, III, 17).

5. C'est-à-dire les monades, pour Baumgarten.

quelques années seulement, avaient accueilli pour ainsi dire à bras ouverts la philosophie en question[1]. Qui connaît les hommes ne s'en étonnera pas ! Lorsque nous sommes conduits par la bonne fortune vers une doctrine certaine, comme vers un promontoire, les choses que nous avons d'abord saisies à partir d'une opinion préconçue doivent tôt ou tard, si vraies soient-elles, être remises sur l'enclume par nous qui recherchons avec empressement le vrai, au point qu'elles peuvent par là devenir à la fin suspectes et peut-être même douteuses. Mais si nous ne nous hâtons pas alors assez lentement[2], les arguments contraires à une doctrine tout d'abord approuvée se recommandent par leur nouveauté et, lorsque s'ajoute à cette nouveauté quelque espoir de devenir célèbre en avançant des choses inhabituelles, ces arguments entraînent précipitamment notre assentiment – lequel n'est pas beaucoup plus prudent que ne l'avait été le premier – dans la direction opposée. Et par conséquent, lorsque je soupèse toutes ces choses, j'accepte le destin de ma vie jour après jour avec plus de reconnaissance. Car ayant été formé par des hommes étrangers à cette manière de philosopher, je me suis d'abord imprégné de presque tout ce qui pouvait lui être objecté, avant même de m'imprégner de ses préceptes. En effet, s'il arriva que je fis miens certains d'entre eux, et même plusieurs d'entre eux, ce fut seulement après une recherche soignée et attentive du vrai. Et comme j'ai dû transmettre ces choses dans mes premières années d'enseignement en un lieu où il n'était
XXXI alors pas encore permis de faire appel à l'autorité | de ces très grands hommes et gardiens de la philosophie que j'ai déjà nommés, comme certains estiment pouvoir le faire aujourd'hui, il était pour moi d'autant plus nécessaire d'examiner et de soupeser pour moi-même les arguments internes à propos de ces choses que je devais enseigner avant de me rallier publiquement aux doctrines de ces hommes. Je retire maintenant de cela l'utilité de ne plus avoir besoin d'hésiter ou de changer d'avis complètement, ce que j'aurais fait le plus volontiers si j'y avais été poussé par les forces du vrai. Que d'autres doutent, donc, de ce premier principe de la connaissance, qui est considéré comme propre à la philosophie de Leibniz[3]. Que d'autres doutent des premiers principes contingents du

1. Selon G. Gawlick et L. Kreimendahl, *Alexander Gottlieb Baumgarten. Metaphysica/Metaphysik, op. cit.*, p. 564, Baumgarten pense vraisembablement ici à Adolph Friedrich Hoffmann (1703-1741), qui fut la figure centrale de la deuxième vague d'attaques contre Wolff.

2. « … *satis lente festinemeus* » : reprise de l'oxymore *festina lente* (hâte-toi lentement), qui selon Suétone était la devise de l'empereur Auguste (*Vie d'Auguste*, 25,5).

3. Baumgarten veut dire : le principe de raison suffisante, véritable cœur de la philosophie de Leibniz. Voir par exemple les § 31-32 de la *Monadologie* : « Nos raisonnements sont fondés sur *deux grands principes*, *celui de la contradiction* en vertu duquel nous jugeons *faux*

devenir, que cette même philosophie établit, à savoir des monades ou des êtres simples. J'ai autrefois nié les deux. J'ai douté des deux. J'y ai réfléchi. J'ai reconnu les deux comme vrais. La plupart des arguments à l'encontre de la vérité de ces deux principes, qui sont maintenant vendus comme nouveaux, « je les ai parcourus depuis fort longtemps » [1].

Voyons maintenant ce qu'il en est du premier. Ce n'est pas le principe lui-même mais son universalité qui est dite être attaquée, comme s'il avait pu un jour exister quelqu'un à ce point épicurien qu'il aurait rêvé que tout serait dépourvu de raison [2]. Tout ce que Leibniz semble avoir donné récemment à la philosophie, tout ce qui fait toujours l'objet d'attaques, c'est cette universalité même. Qu'elle soit coextensive non seulement à toutes les choses qui existent, mais aussi à toutes les choses possibles sans exception, voilà ce que je juge correct. | Tu demandes une preuve, ou plutôt XXXII
une démonstration. Mais laquelle ? Et si je comptais le principe de raison parmi les propositions indémontrables, au sujet desquelles tu deviendras complètement certain pourvu seulement que tu en comprennes les termes ? Je ne serai pas réfuté parce que tu en nies la certitude. Et si tu n'en avais [tout simplement] pas encore compris les termes, si tu confondais par exemple la raison et la raison suffisante, la raison positive et la négative, la raison la meilleure et la moins bonne, la raison légitime et l'illégitime,

ce qui en enveloppe, et *vrai*, ce qui est opposé ou contradictoire au faux. [...] et *celui de la raison suffisante*, en vertu duquel nous considérons qu'aucun fait ne saurait se trouver vrai, ou existant, aucune énonciation véritable, sans qu'il y ait une raison suffisante, pourquoi il en soit ainsi et non pas autrement. Quoique ces raisons le plus souvent ne puissent point nous être connues ».

1. « ...*dudum mecum ante peregi* » : allusion au vers de l'Énéide de Virgile, (Chant VI, 105) : « ...*omnia praecepi atque animo mecum ante peregi* » : « J'ai tout prévu ; j'ai déjà tout vécu par la pensée » (trad. fr. A. Bellesort, *Enéide*, Paris, Les Belles Lettres, 1926).

2. Baumgarten fait ici allusion au principe de hasard qui traverse la théorie épicurienne de l'atomisme. Il a sans doute en tête la théorie du *clinamen*, c'est-à-dire de la déviation spontanée des atomes par rapport à leur chute dans le vide et qui leur permet de s'entrechoquer et de former des composés. Cette déviation est indéterminée dans le temps et dans l'espace, et donc est sans raison déterminante. C'est Lucrère, dans son *De rerum natura*, qui va développer cette théorie attribuée pourtant à Épicure dont la plupart des écrits sont perdus depuis l'Antiquité romaine. Voir par exemple ce passage du *De rerum natura* : « En ce domaine, je brûle encore de t'apprendre ceci : dans la chute qui les emporte, en vertu de leur poids, tout droit à travers le vide, en un temps indécis, en des lieux indécis, les atomes dévient un peu ; juste de quoi dire que le mouvement est modifié. Sans cette déclinaison, tous, comme gouttes de pluie, tomberaient de haut en bas dans le vide infini. Entre eux nulle rencontre, nul choc possible. La nature n'aurait donc jamais rien créé » (II, 216-224 ; trad. cit., p. 127). À ce principe de hasard, Baumgarten oppose le principe de raison suffisante appliqué aux monades, c'est-à-dire aux atomes intelligibles du réel. Dans cette foulée, Baumgarten réfute au § 383 la possibilité du pur hasard.

celle qui t'est connue et celle qui t'est inconnue ? Il y a un vieux dicton qui dit : « la moitié est plus grande que le tout »[1]. Plusieurs ont néanmoins l'habitude de compter parmi les propositions indémontrables celle-ci : « le tout est plus grand que n'importe quelle de ses parties »[2]. Et si je disais que la proposition « tout possible a une raison » est identique ? Fasse le ciel que de pareilles sentences n'aient jamais été formulées à propos de choses [encore] moins évidentes !

Mais soit ! Qu'il y ait donc une proposition démonstrative. Je pourrais donner une démonstration seulement à partir de propositions qui suivent dans le système, tel que je le montre dans les derniers passages du § 20. En outre, une démonstration qui ne met pas en premier ce qui doit suivre est naturellement préférée, si elle peut être donnée. J'estime que la démonstration que j'ai exposée un peu plus abondamment au § 20 est d'une telle sorte. J'ai surpris certains érudits la remettre en doute de deux manières. Tout d'abord, certains pensent que la raison de tout possible est déjà présupposée dans cette démonstration, alors qu'elle est encore en question. Très bien ! Voyons ce que peut vouloir dire ce « présupposé » qui m'est
XXXIII | imputé. Il me semble que je présuppose, de manière raisonnable, seulement ce que je juge déjà exister ou, du moins, être possible. Je te demande maintenant : passons en revue cette démonstration pour voir si jamais je juge en elle possible la raison d'un possible avant que la démonstration apagogique[3] ne soit complétée, c'est-à-dire avant que je ne montre que quelque chose sans raison est contradictoire. Quand je dis que cette raison est soit rien, soit quelque chose, je ne présuppose assurément pas, ni même ne juge, être possible ce que j'ai énoncé expressément par une disjonction être soit impossible, soit possible. Ainsi, tout au long de la démonstration, j'ai considéré comme tout à fait indéterminée la raison de tout possible. Je n'ai pas déterminé sa possibilité avant que la conclusion de la démonstration n'indique qu'elle doive l'être nécessairement. Dis-moi, cher ami, croirais-tu que j'ai déjà présupposé qu'il y a en toi de l'érudition

1. D'après Hésiode, *Théogonie*. *Les travaux et les jours*, vers 40. Aulu-Gelle traduit en latin : « *dimidium plus esse toto* » (*Noctes Atticae*, XVIII, 2, 13).

2. C'est le huitième axiome des *Éléments* d'Euclide : « Le tout est plus grand que la partie ».

3. La démonstration apagogique est un raisonnement par l'absurde (*reductio ad absurdum*), qui prouve indirectement la vérité d'une proposition en prouvant l'absurdité de son contraire. Baumgarten ne répugnera pas à utiliser ce type d'argument dans sa *Métaphysique*. Voir par exemple le § 20, qui concerne par ailleurs directement cette partie de la préface. L'indication *q.a.* : *quod absurdum est*, met un terme à la discussion et conduit à une vérité. Voir aussi notre note en lien avec le § 20.

si je disais que ton érudition est soit rien, soit quelque chose? Une autre voie encore a été empruntée par ceux que n'a pas entièrement satisfaits la démonstration du § 20. Ils la font chanceler par ce que les logiciens appellent « comparaison », puisqu'ils pensent pouvoir prouver grâce à la même démonstration que j'ai employée, ce que j'aurais moi-même admis être faux. Pour leur bien, j'ajouterai maintenant, pour compléter, ce que je juge pourtant pouvoir être suffisamment rappelé par la lecture de ce petit ouvrage, sur la seule base des passages du § 20, lequel j'ai l'habitude d'expliquer ainsi dans mes exposés faits de vive | voix : si rien n'était la **XXXIV**
raison de quelque chose possible, il n'y aurait rien à partir de quoi on pourrait connaître pourquoi quelque chose est possible (§ 14). Ce à partir de quoi il peut être connu pourquoi quelque chose est, cela peut lui-même être connu, est connaissable et est représentable. Il s'ensuit donc que si rien n'était la raison de quelque chose, « rien » serait représentable et serait ainsi quelque chose (§ 8), ce qui est absurde. Je vais moi-même créer un exemple aux fins de la comparaison, un exemple dont j'admets moi-même que la conclusion est fausse, mais grâce auquel je peux avec confiance l'emporter contre la force de l'objection. Supposons ceci : « tout possible a une extension ». Je nie l'universalité de la proposition. Tu la nies avec moi, mais tu maintiens qu'elle peut être pour ainsi dire démontrée de la même manière que la raison de tout possible et, de là, tu infères que la raison de tout possible n'a pas non plus été démontrée convenablement. Tu déclares que la similitude de la preuve se révèle ainsi : « tout possible soit a une extension, soit n'en a pas » (§ 10). Je l'admets. « S'il a une extension, quelque chose est son extension » (§ 8). Je l'admets. « S'il n'en a pas, rien n'est son extension » (§ 7). Je l'admets. « Il s'ensuit que l'extension de tout possible soit n'est rien, soit est quelque chose ». Je l'admets. « Si rien n'était l'extension de quelque chose possible, alors 'rien' serait quelque chose ». C'est ici qu'est Rhodes, c'est ici que tu ne dois pas illégitimement faire de saut[1] : ce sera ta tâche, ton travail de prouver la conséquence de ta

1. « Hic iam est Rhodus, hic, ne saltum illegitimum committas » : allusion à un passage des *Fables* d'Ésope rendu en latin par : « Hic Rhodus, hic salta ». Il s'agit de la fable 51 sur l'athlète vantard, mis au défi de montrer par les faits ce qu'il prétend avoir déjà accompli. En voici le texte : « Un pentathle, à qui ses concitoyens reprochaient en toute occasion son manque de vigueur, s'en fut un jour à l'étranger. Au bout d'un certain temps il revint, et il allait se vantant d'avoir accompli mainte prouesse en différents pays, mais surtout d'avoir fait à Rhodes un saut tel qu'aucun athlète couronné aux jeux olympiques n'était capable d'en faire un pareil; et il ajoutait qu'il produirait comme témoins de son exploit ceux qui s'étaient trouvés là, s'ils venaient jamais en son pays. Alors un des assistants prenant la parole lui dit : « Mais, mon ami, si c'est vrai, tu n'as pas besoin de témoins; voici Rhodes ici même : fais le saut ». Cette fable montre que lorsqu'on peut prouver une chose par des faits, tout ce qu'on en

XXXV proposition majeure avec la même clarté que celle avec laquelle | j'ai montré – en partie grâce à des citations tirées de ce petit livre, en partie grâce à des raisonnements bien articulés – la conséquence de la mienne. Je nie que tu l'aies fait et je crois que la dissimilitude entre ma démonstration et toute autre démonstration avec laquelle elle est comparée repose sur ce point. Si je posais que l'extension de quelque chose possible n'était rien, qu'elle était impossible et irreprésentable, c'est-à-dire si je posais le terme antécédent de ta dernière proposition hypothétique : alors je ne vois néanmoins pas encore pourquoi je serais contraint de poser le terme conséquent, que j'admets être absurde. Et je ne le verrai pas, aussi longtemps que tu n'auras pas prouvé avec une égale certitude que l'extension de quelque chose possible devrait être impossible quoique en même temps représentable, et ce de la même manière que j'ai prouvé quant à moi que la raison de quelque chose possible (et que toi, parce que tu nies le principe universel de raison, seras contraint d'appeler « rien » à cause de tes prémisses), pour cela même qu'elle est appelée « raison », doit être admise comme étant en même temps connaissable, représentable et, par là, comme étant quelque chose et comme étant possible.

J'aborderai brièvement, puisque le sujet l'exige, les objections qui ne concernent pas particulièrement ma démonstration, mais qui néanmoins portent atteinte à la vérité démontrée en elle. Tu objectes : si le principe de raison était universel, 1) les premières notes des choses auraient une raison et il y aurait quelque chose qui est antérieur au premier. Je réponds. Ne tombons pas dans les fins propos du poète comique :

> *Il me fait rire. Il dit qu'il est le premier à tout savoir et il est le seul qui ne sait rien*[1].

XXXVI Nous devons toujours distinguer | la raison et la raison qui nous est spécialement connue à travers chacune des choses. Les notes des choses qui sont relativement premières, et premières respectivement à la connaissance humaine –et encore à la connaissance humaine claire–, ont cependant encore une raison, bien qu'elle ne nous soit pas connue à l'égard du reste de ses prédicats de manière telle que nous puissions la distinguer suffisamment des autres. Par conséquent, il y a toujours quelque chose qui précède le premier dans la connaissance humaine claire et distincte, mais qui ne peut être connu que de manière quelque peu obscure par les hommes.

peut dire est superflu » (trad. fr. É. Chambry, *Fables d'Ésope*, Paris, Les Belles Lettres, 1927, p. 25).

1. Baumgarten cite littéralement un vers de Térence, tiré de l'*Adelphes* (acte IV, scène 2, vers 550).

Les fondateurs généalogiques de toutes les grandes familles ont toujours des ancêtres avant eux. Or, l'être absolument premier comme tel ni ne fait abstraction ni ne réfléchit et, par là, puisqu'il connaît le plus distinctement toutes choses à partir de toutes choses, il n'est jamais ramené aux notes absolument premières.

2) [Tu objectes : si le principe de raison était universel], nous pourrions alors à cause de lui assigner à une chose des attributs qu'elle n'a pas. Je réponds. Évitons une nouvelle ambiguïté. Selon la manière commune de parler, tout ce qui est légitime et le meilleur dans un certain genre a l'habitude de réclamer pour lui le nom du genre auquel il appartient, tout comme ce qui est moins légitime et moins bon est alors privé du nom du genre, étant pour ainsi dire indigne, bien que la définition du genre lui convienne en vérité. Ainsi, on nie qu'une personne de noble naissance, mais déchue de toute vertu, soit noble, qu'un soldat timide et déserteur soit un soldat, qu'un père cruel envers ses enfants soit un père. Par conséquent, | que XXXVII
quelque chose se produise selon une raison suffisante, mais se produise moins correctement est un παράδοξον pour les gens habitués à parer de ce titre seulement la raison suffisante légitime et la meilleure, comme si c'était un titre de noblesse. Nieras-tu, parce que certains haïssent sans cause, qu'il existe une cause de toutes les choses contingentes ? Continuons plutôt à chercher, sans facéties verbales. Quand j'assigne de faux attributs à une chose, est-ce qu'ici mon erreur, qui est une privation, n'est pas telle qu'elle peut être comprise à partir d'une autre raison suffisante privative ? Je réponds à cette question par l'affirmative : je trouve la raison suffisante privative dans mon erreur, à cause de laquelle j'ai tenu pour l'essence de la chose ce qui ne l'était pas. Cette erreur a à son tour une raison suffisante privative, à savoir l'illusion de l'esprit confondant l'essence vraie de la chose avec une fausse, et cette erreur est finalement un défaut d'acuité[1]. Un exemple pour le logicien est l'erreur que commettent de nombreux logiciens, qu'ils croient être [plutôt] un attribut de la quatrième figure [du syllogisme] et qui prend naissance lorsque la proposition majeure de la première figure est posée comme la mineure [*assumatur*]. Cette erreur repose sur une définition réelle fautive et confusément perçue de la quatrième figure, selon laquelle elle serait l'inverse de la première.

1. Voir § 576 et § 578.

3) [Tu objectes : si le principe de raison était universel], il y aurait aussi une raison suffisante des erreurs. Je réponds. Elle est en tout cas dans le sujet confondant le vrai avec le faux, bien qu'elle ne soit pas dans les objets vrais. La première raison suffisante d'un enchaînement d'erreurs dans une
XXXVIII certaine série d'erreurs est le πρῶτον ψεῦδος[1], |connu depuis bien longtemps par les polémistes orthodoxes.

4) [Tu objectes : si le principe de raison était universel], les essences des choses auraient aussi une raison suffisante. Je réponds. Elles en ont une dans les déterminations essentielles qui les constituent, comme le tout l'a dans ses parties. Ces déterminations essentielles, à leur tour, si elles n'ont pas leur propre raison suffisante interne dans la chose dont elles sont les déterminations essentielles, l'ont néanmoins hors de l'être en question et certainement enfin dans l'intellect suprême[2]. Or, les essences de Dieu sont toutes ses perfections internes, pour cette raison que chacune d'elles est en lui dans une relation [*ratio*] réciproque de raisons [*rationes*] et de conséquences [*ratiocinata*] et dans la mesure où chacune des perfections suprêmes peut être comprise à partir de chacune des perfections suprêmes.

5) [Tu objectes : si le principe de raison était universel], l'usage des forces d'un être spontané aurait alors aussi une raison suffisante lorsqu'il se tourne vers le mal. Voici le point de controverse qui a retenu à tort même la plus récente théodicée[3]. Allons, imaginons qu'une certaine liberté soit la puissance de décider parfois quelque chose sans raison suffisante. Que gagnerons-nous ? Cela, dis-tu : puisque les péchés n'ayant pas de raison suffisante dans un état antécédent ne sont pas entièrement nécessaires au pécheur, ils peuvent par conséquent être plus équitablement imputés à l'auteur. Je ne vois quant à moi ni l'une ni l'autre de ces propositions. Si le nécessaire était de telle sorte que tout ce qui a une raison suffisante dans un état antécédent devienne incapable d'imputation, alors cette nécessité imaginée des péchés restera la même, qu'elle soit comprise à partir du
XXXIX concept | précaire de liberté ou à partir du nôtre. Ils n'en auront pas moins

1. Erreur première ou fausseté première, qui d'entrée de jeu rend fausse la conclusion d'un syllogisme. Voir Aristote, *Premiers Analytiques*, II, 18, 66a-16-24.

2. Voir § 816-818.

3. Selon Gawlick et Kreimendahl, Baumgarten ferait référence à l'ouvrage d'Heinrich Köhler, édité après sa mort par l'un de ses élèves, Friedrich Paul Wolfarth : *Controversia de mundo optimo, origine et permissione mali,* Jena, 1742. Baumgarten connaissait déjà Heinrich Köhler pour avoir utilisé son manuel (*Exercitationes juris naturalis,* Jena, 1729) dans ses cours de droit naturel. Sa pensée morale sera aussi influencée de façon importante par cet auteur. Voir à ce sujet : C. Schwaiger, *Alexander Gottlieb Baumgarten..., op. cit*, p. 116-118.

en effet une raison suffisante dans un état antécédent. Car leur raison suffisante la plus proche sera alors la puissance que nous avons décrite, qui a déjà coexisté dans l'état antécédent, et qui s'est d'abord portée vers quelque chose sans raison suffisante. Par là, cette chose n'a pas pu ne pas exister sans raison suffisante, mais elle a une raison suffisante dans cette puissance qui peut décider quelque chose sans raison suffisante, bien que ce soit néanmoins un usage de forces sans raison suffisante. En un tel cas, ce n'est que cet usage de forces, sinon le résultat qu'il produit, qui pourra nous être plus équitablement imputés. « Quoi ? », mes très chers amis en désaccord, « plus équitablement ? ». Est-ce que la raison de la condamnation des péchés ou le mauvais usage des forces, dont on n'admet toutefois qu'il n'a pas de raison, auront en nous une raison ? Est-ce que je dois être puni en tant qu'auteur, c'est-à-dire en tant que celui qui contient la raison du fait ou de l'abus des forces, dont on nie pourtant du même souffle qu'elles ont une raison ? Et si quelque chose arrive par pur hasard, en quoi cela me concerne-t-il ? Puis-je prouver le pur hasard devant le juge le plus équitable ? Accourez, jurisconsultes, aussi nombreux que vous soyez, et décidez si le nœud gordien a été défait. Il est par exemple question d'une accusation de trahison portée contre le fils, assez jeune, de parents qui sont eux-mêmes des traîtres. Il n'est pas clair pour certains que la peine ordinaire lui incombe puisqu'il semble avoir été contraint et nécessité d'une certaine manière à l'hostilité publique. Mais le procureur insiste et prouve qu'il mérite de plein droit | la peine ordinaire, en se basant sur le fait que **XL**
cette hostilité publique serait arrivée par pur hasard. Cette façon de penser me semble plus raisonnable : l'usage des forces librement portées vers le mal a une raison suffisante dans le non-usage des forces qui auraient pu être portées vers le meilleur. En effet, toute substance, tout esprit est toujours agissant de quelque façon. Ce non-usage des forces qui auraient pu être portées vers le meilleur a eu une raison suffisante dans un arbitre ou dans une liberté finie et limitée ; cet arbitre pouvait être moralement vigilant, μετ'εὐλάβειας, ou pouvait s'endormir dans la plus grande insouciance. Mais dès le premier moment de son sommeil moral, alors qu'il était obligé au contraire, il pèche et est accusé à cause d'un défaut de rectitude pourtant surmontable.

Mais le lecteur ne doit pas attendre plus longtemps sur le seuil de la porte. Pour ne pas manquer à mon devoir, j'ajouterai brièvement les remerciements que je dois aux hommes très célèbres et très illustres qui, pour les uns, se sont assurés que cet ouvrage sorte des presses amélioré et qui, pour les autres, ont bien voulu suivre quelque filon de ce petit traité qu'ils ont jugé digne dans leur propre enseignement très savant donné dans différentes universités[1].

Écrit à Francfort-sur-l'Oder,
12 septembre 1749.

1. Selon Meier, le nombre des élèves qui avaient assité à ses cours ou qui avaient été formés par les manuels de Baumgarten s'élevait, au moment de la mort de ce dernier, à quelques milliers, dispersés à travers l'Allemagne (*Baumgartens Leben*, *op. cit.*, p. 39). L'influence de la *Métaphysique* de Baumgarten dans l'enseignement universitaire est confirmée par le nombre élevé d'éditions qu'a connues l'ouvrage (sept, de 1739 à 1779), mais aussi par la traduction de 1766 par Meier et sa révision attentive par Johann August Eberhard (1739-1809), qui en offrira une nouvelle édition en 1783.

| PROLÉGOMÈNES À LA MÉTAPHYSIQUE 1

§ 1

La MÉTAPHYSIQUE est la science des premiers principes de la connaissance humaine[1].

§ 2

À la métaphysique se rapportent l'ontologie, la cosmologie, la psychologie et la théologie naturelle[2].

§ 3

La MÉTAPHYSIQUE NATURELLE est la connaissance, acquise par leur simple usage, des choses qui sont du ressort de la métaphysique. Il est utile que s'y ajoute la métaphysique artificielle, définie au § 1 : 1) pour le développement | des concepts, 2) pour la détermination et la conception 2

1. La métaphysique est donc d'entrée de jeu définie en fonction de la connaissance. Dans sa *Preisschrift* de 1763, *Recherche sur l'évidence des principes de la théologie naturelle et de la morale*, Kant affirmera dans la même veine que « La métaphysique n'est rien d'autre qu'une philosophie qui porte sur les premiers fondements de notre connaissance » (Ak. II, 283 ; OP, I, 226). Dans ses leçons de *Logique* (Jäsche), il relie à nouveau la métaphysique à la connaissance après avoir rappelé les questions auxquelles se ramène la philosophie : « À la première question [Que puis-je savoir ?] répond la *métaphysique* » (Ak, IX, 25) » (voir aussi la lettre de Kant à Stäudlin du 4 mai 1793, AK, XI, 429).

2. À lire avec la présentation, quelque peu différente, du *Discours préliminaire sur la philosophie en général* de Wolff : « § 79. Définition de la Pneumatique et de la Métaphysique. On désigne parfois la Psychologie et la Théologie naturelle par le nom commun de *Pneumatique* et on a coutume de définir la *Pneumatique* comme la science des esprits (*spirituum*). Or, on appelle l'Ontologie, la Cosmologie générale et la Pneumatique par le nom commun de *Métaphysique*. La *Métaphysique* est donc la science de l'étant, du monde en général et des esprits (*spirituum*) » (trad. cit., p. 124).

des propositions premières, 3) pour la continuité et la certitude des preuves, etc.[1].

1. Baumgarten distingue donc une métaphysique naturelle qui, pour ainsi dire, habite la raison commune et constitue son horizon de questions, d'une métaphysique artificielle, ou « scientifique » qui, se développant à partir de ce fond implicite, produit la connaissance explicite, démontrée en preuves, des objets de la métaphysique. Cette distinction est tout sauf secondaire. Elle se retrouvera, sous une forme transformée, au cœur même de la *Critique de la raison pure* lorsque Kant rappellera, dans l'Introduction, que la métaphysique est une *disposition naturelle* de la raison humaine, dont la Critique doit pouvoir rendre compte de la possibilité en articulant ces deux questions : « Comment la métaphysique est-elle possible en tant que disposition naturelle ? » et « Comment la métaphysique est-elle possible en tant que science ? » (CRP, B 22, Ak, III, 41 ; trad. cit., p. 44-45) : « Et pourtant, dans un certain sens, *cette espèce de connaissance* doit être considérée comme donnée et la Métaphysique, quoiqu'elle ne soit pas réelle, en tant que science, l'est cependant en tant que disposition naturelle (*metaphysica naturalis*) […]. C'est ainsi que chez tous les hommes, dès qu'en eux la raison s'est élevée jusqu'à la spéculation, il y a eu réellement dans tous les temps une métaphysique, et c'est pourquoi aussi il y en aura toujours une ». Dans cette foulée, la *Critique de la raison pure* voudra être la science et l'élucidation de cette métaphysique comme disposition naturelle de la raison humaine, mais en un sens radicalement différent de la *Métaphysique* de Baumgarten. Alors que celle-ci entend jeter les bases d'une science théorique des objets suprasensibles (donc des objets de la métaphysique), celle-là se concevra comme une *connaissance de soi de la raison* interrogeant d'abord les conditions de son propre pouvoir de connaître, et c'est en sens que la métaphysique se conçoit d'abord à partir de la connaissance.

Il convient aussi de rappeler que c'est dans les *Prolégomènes à toute métaphysique future qui pourra se présenter comme science* que Kant présente pour la première fois la métaphysique comme disposition naturelle de la raison humaine (Ak, IV, 362*sq.* 364). En effet, ce thème n'apparaît que dans la seconde édition de la *Critique de la raison pure* (dans le texte profondément remanié et augmenté de l'Introduction). En cela, il est plausible de voir dans les *Prolégomènes* de Kant un écho et une réplique aux propres *Prolégomènes* de Baumgarten.

PREMIÈRE PARTIE

ONTOLOGIE

PROLÉGOMÈNES

§ 4

L'ONTOLOGIE (ontosophie, métaphysique, *cf.* § 1, métaphysique universelle, architectonique, philosophie première) est la science des prédicats plus généraux de l'être [1].

§ 5

Les prédicats plus généraux de l'être sont les premiers principes de la connaissance humaine. Aussi l'ontologie (§ 2) se rapporte-t-elle à juste titre à la métaphysique (§ 1, 4).

1. Wolff : « L'ontologie ou bien la philosophie première est la science de l'être en général, c'est-à-dire en tant qu'il est être », *Philosophia prima sive Ontologia* [désormais PpO] 1736, § 1 ; « La partie de la philosophie qui s'occupe de l'être en général et des affections générales des êtres se nomme *Ontologie*, ou encore *Philosophie première*. C'est pourquoi on définit l'*Ontologie*, ou *Philosophie première*, comme étant la science de l'être en général, c'est-à-dire en tant qu'il est être » (DP, § 73 ; trad. fr. mod., p. 121.).

§ 6

L'ontologie (§ 4) contient les prédicats de l'être : I) les prédicats internes, 1) universels, qui sont dans chacune des choses 2) disjonctifs, dont l'un ou l'autre seulement est dans chacune des choses; et II) les prédicats relatifs.

| CHAPITRE PREMIER 3

LES PRÉDICATS INTERNES UNIVERSELS DE L'ÊTRE

PREMIÈRE SECTION
LE POSSIBLE

§ 7

Le rien – qui est négatif (*cf.* § 54), irreprésentable, impossible, incompatible (absurde, *cf.* § 13), qui renferme ou implique la contradiction, qui est contradictoire – *est A et non-A* ; autrement dit, il n'y a pas de sujet des prédicats contradictoires, ou bien encore, le rien est et n'est pas. 0 = A + non-A. *Cette proposition* s'appelle *le principe de contradiction* et ce principe est *absolument premier*[1].

1. La primauté absolue du principe de contradiction est affirmée dès le début de la *Philosophia prima sive Ontologia* de Wolff (§ 28 : « Il ne peut pas arriver qu'une même chose soit et ne soit pas, ou, de la même manière, si A est B, il est faux que le même A ne soit pas B »). Dans les *Vernünftige Gedancken von Gott, der Welt und der Seele des Menschen, auch allen Dingen überhaupt* (*Pensées rationnelles sur Dieu, le monde, et l'âme de l'homme, et sur toutes les choses en général* [désormais VG], Halle, Rengerischen Buschhandlung, 1747), le principe de contradiction est désigné comme le premier principe de notre connaissance et de toutes les choses en général (§ 10), avec le principe de raison suffisante (§ 30). La *Monadologie* de Leibniz ne le mentionne pour sa part qu'assez tardivement dans le cours de l'exposé, soit au § 31, juste avant la formulation du principe de raison suffisante (§ 32). Cette prééminence du principe logique (et ontologique) de contradiction, établie dès le départ par Wolff et Baumgarten, marque sans équivoque, et plus nettement que chez Leibniz, le procédé logico-démonstratif de la science métaphysique.

§ 8

Ce qui n'est pas rien est QUELQUE CHOSE[1] : ce qui est représentable, tout ce qui n'implique pas une contradiction, tout ce qui n'est pas à la fois A et non-A, est POSSIBLE (§ 7)[2].

§ 9

Ce qui est à la fois A et non-A n'est pas quelque chose (§ 8) et, par conséquent, n'est rien et est contradictoire (§ 7) ; autrement dit, un sujet qui renferme une contradiction n'a aucun prédicat, ou bien encore, ce qui à la fois est et n'est pas n'est rien. A + non-A = 0.

4 | § 10

Tout possible est soit A, soit non-A, soit aucun des deux (§ 8). Or ce qui n'est aucun des deux n'est rien, car il serait chacun des deux (§ 9). Il s'ensuit que *tout possible est soit A, soit non-A* ; autrement dit, pour tout sujet, parmi tous les prédicats contradictoires, seul l'un des deux convient. *Cette proposition* s'appelle *le principe du tiers exclu, ou du milieu entre deux prédicats contradictoires.*

§ 11

Tout A possible est A ; autrement dit, *tout ce qui est, est ce qu'il est*, ou bien encore, tout sujet est prédicat de soi-même. Si tu nies cela, alors un certain A possible est non-A et, par conséquent, à la fois A et non-A, autrement dit, rien (§ 7), ce qui est impossible (§ 9). *Cette proposition* s'appelle *le principe de position ou d'identité.*

1. Wolff : « *Quelque chose* est ce à quoi correspond un certain concept » (PpO, § 59).

2. Le possible, ou la possibilité, est une notion aussi primordiale que le principe de contradiction et en est inséparable. En effet, pour Wolff, « La *philosophie* est la science des possibles en tant qu'ils peuvent être » (DP, § 29, trad. fr. p. 89). Or rien ne peut être qui enfreigne le principe de contradiction. La non-contradiction logique d'un possible est en quelque sorte le premier critère de son inscription dans l'être. Mais ce n'est pas dire qu'elle est un critère suffisant. Car pour comprendre pourquoi tel possible est actualisé plutôt qu'un autre, pour expliquer le *complementum possibilitatis* qu'est l'existence par rapport au possible logique, il faudra recourir à un autre principe, celui de raison suffisante. Il y a là-dessus un accord de fond entre Baumgarten et Wolff.

§ 12

Lorsque l'impossible est posé, UNE CONTRADICTION NAÎT. Ce qui non seulement paraît être, mais aussi est, est VRAI; ce qui paraît seulement être, mais n'est pas, est appelé APPARENT. Par conséquent, toute contradiction qui naît est soit vraie, soit apparente.

§ 13

Lorsque A et non-A sont posés, une contradiction naît (§ 9, 12). Lorsque A et B sont posés, et que par ce moyen non-A est aussi posé, quelque chose d'impossible est posé (§ 9) et, par conséquent, | une 5
CONTRADICTION naît (§ 12). On appelle le premier cas une CONTRADICTION PATENTE (directe, immédiate et explicite), le second, une CONTRADICTION LATENTE (indirecte, cachée, médiate et implicite). Ce en quoi une vraie contradiction se révèle évidente est ABSURDE (discordant).

§ 14

Une raison (*cf.* § 640, condition, hypothèse) est ce à partir de quoi peut être connu pourquoi quelque chose est[1]. Ce qui a une raison, autrement dit, ce dont quelque chose est la raison, est appelé la CONSÉQUENCE [*rationatum*] de celui-ci et est DÉPENDANT de celui-ci. Le prédicat en vertu duquel quelque chose est soit une raison, soit une conséquence, soit les deux, est la LIAISON.

§ 15

Ce qui est considéré non en liaison avec des choses qui sont posées hors de lui, est CONSIDÉRÉ EN SOI. Ce qui n'est pas même représentable lorsque considéré en soi, est IMPOSSIBLE EN SOI (intrinsèquement, simplement, absolument, par soi). Ce qui est possible lorsque considéré en soi est POSSIBLE EN SOI (intrinsèquement, absolument, par soi, simplement [*simpliciter*]).

1. Wolff : « La raison [*Grund*] est ce par quoi on peut comprendre pourquoi quelque chose est, et la cause est une chose qui contient en soi la raison d'une autre » (VG, § 29). Le principe de raison suffisante sera formulé dans le paragraphe suivant.

6 | § 16

Ce qui est aussi possible en liaison avec des choses posées hors de lui est HYPOTHÉTIQUEMENT POSSIBLE (respectivement, relativement, extrinsèquement, par un autre, et sous un certain rapport [*secundum quid*])[1].

§ 17

Ce qui est impossible, mais seulement en liaison avec des choses posées hors de lui, est HYPOTHÉTIQUEMENT IMPOSSIBLE (respectivement, relativement, extrinsèquement, par un autre, et sous un certain rapport).

§ 18

Rien d'absolument impossible n'est hypothétiquement possible (§ 15, 16). Il s'ensuit que rien d'hypothétiquement possible n'est absolument impossible. *Tout ce qui est hypothétiquement impossible* et possible *est en soi possible* (§ 15, 17). Il s'ensuit que ce qui est absolument impossible n'est hypothétiquement ni possible, ni impossible. Certaines choses absolument possibles sont hypothétiquement impossibles[2].

1. Les § 15 et 16 introduisent une opposition qui reviendra constamment dans le manuel de Baumgarten : celle entre *simpliciter* et *secundum quid*. Le terme *simpliciter* s'applique à la chose qui est considérée en elle-même, purement et simplement, absolument, sans rapport à autre chose. Sauf indication contraire, il est rendu ici par *simplement*, ou *simplement tel*. S*impliciter* est la trace latine de l'adverbe grec grec ἁπλῶς (au sens où l'emploie Aristote par exemple dans la *Métaphysique*, D, 29, 1024-b-30 et qui signifie : au sens strict, absolument, simplement.

En revanche, *secundum quid* se dit d'une chose qui est considérée relativement, en un sens relatif, en rapport ou en relation avec une autre chose, et par là « sous un certain rapport ». C'est cette dernière traduction que nous avons retenue. Sur l'opposition *simpliciter-secundum quid*, fréquemment reprise dans la philosophie scolastique, voir par exemple Thomas d'Aquin, *Summa theologiae*, Ia, 5,1.

2. Avec les principes de contradiction, du tiers exclu, d'identité et (encore sous-entendu : § 14) de raison suffisante, Baumgarten jette les première bases de l'exposé logico-démonstratif de la métaphysique. Il est acquis pour lui, comme pour Wolff, que ces principes logiques sont également des principes ontologiques, et qu'il y a une continuité parfaite entre le logique et le réel. C'est, du point de vue kantien, la plus grave prémisse de la *métaphysique dogmatique*, qui considère les principes de la logique comme les fondements de la réalité, alors qu'ils n'ont qu'un caractère formel. Ce qui va s'affirmer on ne peut plus clairement à partir de la *Lettre à Marcus Herz du 21 février 1772* (Ak, X, 129-135; OP, I, 690-697) mais que Kant avait déjà aperçu plus tôt, c'est qu'entre le logique et le réel, il n'y a pas d'unité analytique, que l'existence suppose une donation extérieure au concept. C'est sur cet enjeu que va se dessiner la démarcation kantienne entre la métaphysique dogmatique et l'entreprise critique d'un renouvellement de la métaphysique.

SECTION II
LE LIÉ[1]

§ 19

Le possible dans une liaison, c'est-à-dire le possible en lequel existe une liaison ou auquel convient une liaison, est le LIÉ (le rationnel), | et l'impossible dans une liaison est l'IRRATIONNEL (le non lié, l'inco- 7
hérent)[2]. Par conséquent, l'irrationnel est ou bien impossible en soi ou bien hypothétiquement impossible (§ 15, 17).

§ 20

Tout possible soit a une raison, soit n'en a aucune (§ 10). S'il a une raison, quelque chose est alors sa raison (§ 8). S'il n'en a aucune, alors rien n'est sa raison (§ 7). Il s'ensuit que la raison de tout possible est soit rien, soit quelque chose (§ 10). Si rien n'était la raison d'un possible, alors on connaîtrait à partir de ce rien pourquoi est ce possible (§ 14); par conséquent, le rien serait lui-même représentable et quelque chose (§ 8) et ce rien serait quelque chose (§ 14, 8). Par conséquent, quelque chose de possible serait impossible (§ 7, 8), ce qui est absurde (§ 9)[3]. Il s'ensuit que de tout possible quelque chose est la raison, autrement dit, tout possible est une conséquence, ou *rien n'est sans raison*; ou bien encore, lorsque quelque chose est posé, quelque chose est posé comme sa raison. *Cette proposition* s'appelle *le principe de raison*[4]; on peut aussi tirer celui-ci

1. Cette section portera essentiellement sur le principe de raison suffisante (et sur son corollaire : le principe de conséquence). Si aucune chose n'est sans une autre chose qui en est la raison suffisante, et ainsi de suite, il s'ensuit qu'il y a une liaison rationnelle et ordonnée des êtres et des choses, et donc que ceux-ci s'inscrivent dans une liaison, dans un *nexus*.

2. Wolff : « Sont dites liées ces choses dont l'une contient la raison suffisante de la coexistence ou de la succession de l'autre. Au contraire, sont non liées ces choses dont l'une ne contient pas la raison suffisante de la coexistence ou de la succession de l'autre » (*Cosmologia Generalis Methodo Scientifica Pertractata* [désormais CG], § 10).

3. La traduction allemande de Gawlick et Kreimendahl interpète l'abréviation « q.a. » dans le texte de Baumgarten comme signifiant « *quae antecedit/antecedunt* ». Nous aurions donc ici : « Par conséquent, quelque chose de possible serait impossible (§ 7, 8, *comme antécédents* du § 9) ». Cette solution n'est guère plausible et nous nous rangeons du côté des traducteurs anglais, Fugate et Hymers, qui, s'inspirant entre autres de la première traduction allemande de Meier, concluent que l'abréviation « q.a. » signifie plutôt « *quod absurdum est* ». Et de fait, toutes les fois que Baumgarten utilise cette abréviation, le sens du passage nous convainc que c'est ainsi qu'il faut l'entendre. Voir *Alexander Baumgarten. Metaphysics*, *op. cit.*, p. 59.

4. Wolff : « Rien n'est sans une raison suffisante pourquoi il est plutôt qu'il n'est pas; c'est-à-dire, si quelque chose est posé comme étant, quelque chose est aussi posé à partir de

des § 265, 279, partiellement par abstraction, partiellement par l'évitement d'un cercle [vicieux].

§ 21

La raison de chacun des éléments d'une certaine chose est sa RAISON SUFFISANTE (complète, totale) ; la raison concernant seulement certains des éléments de cette même chose est sa RAISON INSUFFISANTE (incomplète, partielle).

8 | § 22

Rien n'est sans une raison suffisante ; autrement dit, lorsque quelque chose est posé, quelque chose est posé comme sa raison suffisante. Dans tout possible, chacun de ses éléments a une raison (§ 20) ; par conséquent, tout possible a une raison suffisante (§ 21). *Cette proposition* s'appelle *le principe de raison suffisante* (de convenance).

§ 23

Tout possible est une raison ; autrement dit, *rien n'est sans conséquence*, rien n'est sans corollaire ou sans effet, rien n'est entièrement stérile, inutile et infécond ; ou bien encore, lorsque quelque chose est posé, quelque chose est posé comme sa conséquence. Car tout possible soit a une conséquence, soit n'en a aucune (§ 10). S'il en a une, alors quelque chose est sa conséquence (§ 8) ; s'il n'en a aucune, alors rien n'est sa conséquence (§ 7). Il s'ensuit que la conséquence de tout possible est soit rien, soit quelque chose (§ 10). Si rien n'était la conséquence de quelque possible, il pourrait être connu à partir de ce dernier (§ 14) ; par conséquent, il serait quelque chose (§ 8) et ainsi quelque chose de possible serait impossible (§ 7, 8), ce qui est absurde (§ 9). *Cette proposition* doit être appelée *le principe de conséquence*.

§ 24

Tout possible est raison et conséquence (§ 20, 23) et, par conséquent, il est quelque chose à la fois de lié et de rationnel (§ 19) en une double liaison (§ 14), connaissable aussi bien *a priori* qu'*a posteriori*. *Cette*
9 *proposition* | doit être appelée *le principe des choses liées de part et d'autre* (à l'égard de ce qui précède [*a parte ante*] et de ce qui vient ensuite [*a parte post*]).

quoi il est compris pourquoi cette chose est plutôt qu'elle n'est pas [Le principe de raison suffisante est prouvé] » [désormais PpO, § 70]. Voir aussi VG, § 30.

§ 25

La raison A de la raison B est la raison de la conséquence C. À partir de la raison de B peut être connu pourquoi est C (§ 23) ; par conséquent, A est la raison de C (§ 14).

§ 26

La conséquence C de la conséquence B est la conséquence de la raison A (§ 25, 14).

§ 27

La raison A d'un certain B, dont C dépend, est la RAISON MÉDIATE de ce C (une raison plus lointaine, éloignée). Une RAISON qui n'est pas médiate est IMMÉDIATE (la plus proche).

§ 28

Une raison qui a une raison encore plus lointaine est appelée RAISON SOUS UN CERTAIN RAPPORT (intermédiaire); celle qui n'en a pas, est appelée RAISON SIMPLEMENT TELLE (ultime). LES RAISONS ET LES CONSÉQUENCES de quelque chose sont ou considérées aussi comme des raisons et des conséquences SUBORDONNÉES entre elles ou, lorsqu'elles ne le sont pas, comme COORDONNÉES.

| § 29 **10**

Lorsqu'une conséquence est posée, est aussi posée une raison de celle-ci (§ 20, 14), à savoir une raison suffisante (§ 22); autrement dit, *d'une conséquence à une raison, à savoir une raison suffisante,* la conclusion vaut.

§ 30

Lorsqu'une raison est posée, à savoir une raison suffisante (§ 21), une conséquence est posée (§ 23) ; autrement dit, *d'une raison, à savoir d'une raison suffisante, à la conséquence*, la conclusion vaut.

§ 31

Lorsqu'une raison, à savoir une raison suffisante, est supprimée, une conséquence est supprimée, puisque si celle-ci était posée, celle-là le serait aussi (§ 29).

§ 32

Lorsqu'une conséquence est supprimée, alors sa raison, à savoir sa raison suffisante, est aussi supprimée, puisque si celle-ci était posée, celle-là le serait aussi (§ 30).

§ 33

Si A et B sont liés à un tiers C, ils sont liés l'un à l'autre. A est lié à C qui est lié à B. Donc, il y a en A de quoi connaître, à partir de B, pourquoi il est; par conséquent, A et B sont liés (§ 19).

SECTION III
L'ÊTRE

§ 34

Ce qui est soit posé comme étant A, soit posé comme n'étant pas A,
11 est DÉTERMINÉ. Ce | qui, en revanche, est seulement posé comme étant A ou non-A est INDÉTERMINÉ. Autrement dit, si, d'un sujet, rien n'est posé à l'égard des prédicats contradictoires, si ce n'est que l'un des deux lui convient, alors ce sujet est indéterminé à l'égard de ces prédicats; il est cependant déterminé si l'un des deux prédicats est posé en lui. Ce qui peut être déterminé est DÉTERMINABLE. Il s'ensuit que ce dont on peut poser qu'il est A ou non-A est déterminable[1].

§ 35

La raison de la détermination est la raison DÉTERMINANTE. Donc, toute raison détermine: la raison suffisante de manière suffisante et la raison insuffisante de manière insuffisante. (§ 34, 21). Par conséquent, par l'affirmation de la raison déterminante, le déterminé est posé (§ 30) et vice versa

1. Cette présentation du principe de détermination a sans doute influencé Kant dans la section de la CRP consacrée à L'*Idéal transcendantal*: « Tout *concept*, par rapport à ce qui n'est pas contenu en lui, est indéterminé et soumis à ce principe de la *déterminabilité* (*Bestimmbarkeit*): que de deux prédicats contradictoirement opposés un seul peut lui convenir, principe qui repose sur le principe de contradiction, et qui par conséquent est un principe simplement logique faisant abstraction de tout le contenu de la connaissance pour n'en considérer que la forme logique. Mais toute *chose*, quant à sa possibilité, est soumise encore au principe de la *détermination complète*, suivant lequel, de *tous* les prédicats *possibles des choses*, en tant qu'ils sont comparés à leurs contraires, un seul doit lui convenir » (CRP, A-571-572; B-599-600; trad. cit., p. 415).

(§ 29). Lorsque le déterminé est supprimé, la raison déterminante est aussi supprimée (§ 32) et vice versa (§ 31).

§ 36

Ces choses (les notes et les prédicats) qui sont posées dans un sujet en le déterminant sont les DÉTERMINATIONS. Soit une détermination est positive, affirmative (§ 34, 10) et, si elle est vraie, une RÉALITÉ; soit elle est négative (§ 34, 10) et, si elle est vraie, une NÉGATION. La négation apparente | est une RÉALITÉ CACHÉE, une réalité apparente est une VANITÉ. 12

§ 37

Les DÉTERMINATIONS d'un possible sont représentables ou bien en lui-même, même si celui-ci n'est pas encore considéré dans une liaison – ce sont des DÉTERMINATIONS ABSOLUES –, ou bien seulement lorsqu'il est considéré dans une liaison (§ 10) – elles sont alors des DÉTERMINATIONS RELATIVES (assomptives). Les déterminations relatives d'un possible sont des RAPPORTS (des manières d'être [*habitudines*], τα πρός τι[1], des relations au sens plus large, ou bien vers l'extérieur, ou bien vers l'intérieur). Les rapports des choses possibles qui ne sont pas représentables en ces choses considérées en elles-mêmes sont des RELATIONS (au sens plus strict, vers l'extérieur). Les relations des choses possibles sont leurs DÉTERMINATIONS EXTERNES (relatives, vers l'extérieur, extrinsèques); toutes les autres, leurs DÉTERMINATIONS INTERNES.

§ 38

Si les déterminations qui sont en B sont celles qui sont en A, alors A et B sont LES MÊMES. Ce qui n'est pas le même est DIFFÉRENT (autre).

| § 39 13

Les DÉTERMINATIONS internes d'un possible sont soit les raisons simplement telles du reste des déterminations internes parmi elles, soit elles ne le sont pas (§ 10). Celles-là sont les déterminations PREMIÈRES (principales) ou ESSENTIELLES.

1. Référence aux *Catégories* d'Aristote, 6a-36-37, où il est questions des choses ou des termes relatifs à autre chose.

§ 40

L'ensemble des déterminations essentielles dans un possible, autrement dit sa possibilité interne, est l'ESSENCE (l'être de la chose, la raison formelle, la nature (*cf.* § 430), la quiddité, la forme, l'élément formel du tout, l'ούσια, τινοτις[1], la substance (*cf.* § 191), le concept premier de l'être).

§ 41

Les déterminations internes d'un possible qui sont les conséquences de l'essence sont les AFFECTIONS.

§ 42

Une détermination interne qui n'est pas une détermination essentielle est une conséquence de l'essence (§ 39, 40) et, par conséquent, une affection (§ 41).

§ 43

Lorsque l'essence est posée dans un possible, les affections sont posées (§ 41, 30).

§ 44

Lorsque les affections sont posées dans un possible, une essence est posée (§ 41, 29).

14 | § 45

Lorsque l'essence est supprimée, les affections sont supprimées (§ 41, 31).

§ 46

Lorsque les affections sont supprimées, l'essence est supprimée (§ 41, 32).

§ 47

Les déterminations internes d'un possible sont toutes liées les unes aux autres – chaque détermination avec chacune des autres déterminations. En effet, chaque affection est liée aux déterminations essentielles (§ 39) et

1. Selon G. Gawlick et L. Kreimendahl, ce terme serait un *hapax legomenon* dans l'œuvre de Baumgarten (*Alexander Gottlieb Baumgarten. Metaphysica/Metaphysik, op. cit.,* n. 160 p. 571).

celles-ci, à l'essence (§ 40, 14). Par conséquent, chaque détermination est liée à chacune des autres déterminations (§ 33).

§ 48

Une LIAISON UNIVERSELLE (harmonie) est la liaison qui existe entre chacun des éléments.

§ 49

Entre les déterminations internes d'un possible, il y a une liaison universelle (§ 47, 48).

§ 50

Les affections ont leur raison dans l'essence (§ 41) et, par conséquent, dans une raison qui est ou suffisante ou non suffisante (§ 21, 10). Les premières sont des ATTRIBUTS; les dernières sont des MODES (des accidents prédicables ou logiques, *cf.* § 191, des choses accessoires, des prédicats secondaires).

| § 51 15

Les ATTRIBUTS ont leur raison suffisante soit dans toutes les déterminations essentielles, soit seulement dans certaines d'entre elles (§ 50, 10). Les premiers sont des attributs PROPRES; les seconds, des attributs COMMUNS.

§ 52

Toute détermination d'un possible est soit une détermination essentielle (§ 39), soit un attribut, soit un mode (§ 42), soit une relation (§ 37).

§ 53

Tout possible est déterminé à l'égard de sa possibilité (§ 34, 8); par conséquent, le possible en soi est déterminé à l'égard de sa possibilité interne (§ 15). Comme la possibilité interne est l'essence (§ 40), tout possible a une essence et est déterminé à l'égard de l'essence. Il s'ensuit que ce qui est entièrement indéterminé n'est rien (§ 7).

§ 54

Hormis par l'essence (§ 53), le possible est ou bien déterminé à l'égard de toutes les affections qui sont compossibles en lui, ou bien il ne l'est pas. Le premier cas est appelé l'ÊTRE ACTUEL ; le second est appelé le NON-ÊTRE (le rien, *cf.* § 7) PRIVATIF (simplement possible).

§ 55

L'EXISTENCE (l'acte, *cf.* § 210, l'actualité) est l'ensemble des
16 affections qui sont compossibles en quelque chose, | c'est-à-dire le complément de l'essence ou de la possibilité interne, dans la mesure où elle n'est considérée que comme l'ensemble des déterminations (§ 40)[1].

§ 56

Toute détermination interne d'un possible renvoie soit à son essence, soit à son existence (§ 55, 42).

§ 57

Tout être actuel est intérieurement possible (§ 54) ; autrement dit, par la position de l'existence est posée la possibilité interne (§ 55, 40). De l'être au pouvoir être, la conclusion vaut.

§ 58

Rien de ce qui est intérieurement impossible n'est actuel (§ 57) ; par la suppression de la possibilité interne, l'actualité est supprimée (§ 55, 40). Autrement dit, d'un non-pouvoir être à un non-être, la conclusion vaut.

§ 59

Quelque chose de possible n'est pas actuel (§ 54) ; autrement dit, malgré la position de la possibilité, l'actualité peut être supprimée. Autrement dit encore, du pouvoir être à l'être, la conclusion ne vaut pas.

1. L'existence est un *complementum possibilitatis*, au sens où elle complète, achève, actualise la possibilité. Baumgarten est en cela fidèle à la pensée de Wolff, qui définit l'existence en des termes à peu près semblables (voir PpO, § 174 : « Je définis par conséquent l'existence comme un complément de la possibilité » ; l'existence est « l'actualité » de la possibilité). Mais il est également fidèle à Leibniz pour qui les possibles, étant eux-mêmes des réalités (du moins dans l'entendement de Dieu) tendent à s'actualiser en existence, en laquelle ils trouvent leur plénitude ontologique.

§ 60

Quelque chose de non actuel est possible (§ 59); par la suppression de
l'actualité, toute possibilité | n'est pas supprimée. Autrement dit, d'un non- 17
être au complet non pouvoir être, la conclusion ne vaut pas.

§ 61

Un possible qui est déterminable à l'égard de son existence est un ÊTRE[1].

§ 62

Un NON-ÊTRE (un négatif, *cf.* § 54) serait quelque chose de possible, mais de non déterminable à l'égard de l'existence (§ 61). Mais cela est impossible (§ 10) : si ce quelque chose paraît être un être, il s'agit d'un ÊTRE FICTIF (un être de la raison ratiocinante, *cf.* § 647).

§ 63

Tout être est possible (§ 61), a une raison (§ 20) suffisante (§ 22) et une conséquence (§ 23) et est, par conséquent, doublement lié (§ 24); il a une essence (§ 53) et des déterminations essentielles (§ 40) et, par conséquent, des affections (§ 43) et est dans une liaison universelle (§ 49). Toutes les

1. L'être ne se résume pas à l'existence, car il est *tout ce qui peut exister*. Wolff : « Est appelé être, ce qui peut exister, et conséquemment, ce à quoi l'existence ne répugne pas » (PpO, § 134). Jean Deschamps (1709-1767), dans son *Cours abrégé de la philosophie wolffienne en forme de lettres* (t. 1), présente fidèlement la pensée de Wolff : « Avant que de définir l'être, on établit deux propositions, voici la première. *Ce qui est impossible ne saurait exister*. Il est aisé de le démontrer. Ce qui est impossible renferme de la contradiction, et ainsi on pose qu'il est et qu'il n'est pas en même temps. Or comme il ne se peut qu'une chose soit et ne soit pas tout à la fois, il ne se peut non plus que *ce qui est impossible, existe*. Voici la seconde proposition. *Mais ce qui est possible peut exister*; car en le posant, on ne pose point qu'il est en même temps, et qu'il n'est pas; et ainsi, en posant qu'il est, on pose simplement qu'il est, et nullement qu'il n'est point en même temps. Il n'y a donc rien dans l'idée du *possible*, d'où l'on puisse inférer qu'il ne peut pas *exister*; et par cela même, il n'y a point de *raison suffisante* pourquoi ce qui est *possible* ne pourrait point *exister*. Et comme rien ne peut *exister* sans une *raison suffisante*, il ne se peut non plus que l'existence ne puisse convenir à ce qui est *possible*. Par conséquent, puisque l'*existence* ne lui répugne point, il peut *exister*. De là se forme naturellement la définition de l'*être*. C'est *ce qui peut exister*, et par conséquent *ce à quoi l'existence ne répugne point* » (*Christian Wolff Gesammelte Werke. Materialen und Dokumente*, hrsg. J. École *et al.*, Bd 13, Hildesheim, Olms Verlag, 1991, p. 114-115). Avec Samuel Formey (*La belle Wolffienne*, La Haye, 1741-1753, Hildesheim, Olms, 1983) et la Marquise du Chastelet (*Institutions de Physique*, t. I, Paris, 1740 ; Hildesheim, Olms, 1988), Jean Deschamps est l'un des principaux présentateurs de la pensée de Wolff en France.

déterminations d'un être sont ou des déterminations essentielles, ou des attributs, ou des modes, ou des relations (§ 52). Lorsqu'un être est posé, son essence est posée et par là, toutes ses déterminations essentielles. Lorsque l'essence est supprimée, l'être est supprimé. Par la suppression d'une détermination essentielle, l'essence est supprimée et, par conséquent, l'être lui-même (§ 53, 40). Enfin, toute détermination interne d'un être renvoie soit à son essence, soit à son existence (§ 56).

18 | § 64

Les attributs d'un être sont suffisamment déterminés par l'essence (§ 35, 50). Par conséquent, lorsque l'essence est posée, les attributs sont posés (§ 35). Il s'ensuit que lorsqu'un être est posé, ses attributs sont posés (§ 63) et, lorsqu'un attribut est supprimé, l'essence et l'être sont supprimés (§ 35, 63).

§ 65

Les modes d'un être ne sont pas suffisamment déterminés par l'essence (§ 50, 35). Par conséquent, ils ne sont pas déterminés à l'égard de l'existence (§ 55). Il s'ensuit qu'un être, à l'égard des modes actuels, est indéterminé par son essence (§ 34, 54), c'est-à-dire que *les modes peuvent être absents ou présents, sans préjudice à l'essence de la chose*.

§ 66

L'existence ne s'oppose pas à l'essence, mais est une réalité (§ 36) compossible avec elle (§ 50, 55).

§ 67

La connaissance de la diversité est la DISTINCTION et la raison de la distinction dans ce qui doit être distingué est la MARQUE DISTINCTIVE (la différence, le caractère, le caractère distinctif en un sens plus large, *cf.* § 350, la note, la note caractéristique). Maintenant, toute détermination d'un être est celle à partir de laquelle peut être connu que cet être ni n'est
19 indéterminé, ni ne peut être déterminé d'une autre façon (§ 36, | 34). Il s'ensuit que toute détermination est une marque distinctive d'un être (§ 38, 14).

§ 68

Les marques distinctives d'un être sont soit externes, autrement dit relatives, soit internes (§ 67, 37), et celles-ci sont soit les déterminations essentielles qui renvoient à l'essence, soit les déterminations accidentelles qui renvoient à l'existence (§ 56), et cela absolument ou relativement (§ 37).

§ 69

Les marques distinctives internes peuvent être représentées dans un être considéré en lui-même (§ 68, 37). Par conséquent, elles peuvent être connues de quelque manière, autrement dit ÊTRE DONNÉES. Soit nous pouvons CONCEVOIR et comprendre, c'est-à-dire connaître distinctement, les choses données sans admettre autre chose ou sans les mettre en relation à autre chose (sans la coprésence d'autre chose), soit nous ne le pouvons pas. Dans le premier cas, ce sont des QUALITÉS ; dans le second cas, des QUANTITÉS.

§ 70

Les choses qui sont les mêmes à l'égard de la qualité sont SEMBLABLES (~) ; à l'égard de la quantité, elles sont ÉGALES (=). À l'égard des deux, elles sont CONGRUENTES (≅). Les choses différentes à l'égard de la qualité sont DISSEMBLABLES (≁), à l'égard de la quantité, INÉGALES (≠) | et, à l'égard **20**
des deux, NON CONGRUENTES (≇).

§ 71

Les choses qui sont simplement semblables ne sont pas congruentes ; par conséquent, elles diffèrent en quantité (§ 70). Par conséquent, la quantité est la marque distinctive interne de ce qui est simplement semblable.

SECTION IV
L'UN

§ 72

Si certaines des déterminations d'un être qui sont posées en même temps sont supprimées, alors elles sont SÉPARÉES. Par conséquent, les déterminations sont INSÉPARABLES si aucune de celles qui sont posées en même temps ne peut être supprimée.

§ 73

Lorsqu'un être est posé, une essence est posée (§ 63) et donc l'ensemble des déterminations essentielles (§ 40). Par conséquent, par la position d'un être, sont posées en même temps toutes les déterminations essentielles et ce de telle sorte qu'aucune d'entre elles ne peut être supprimée (§ 63, 40). Il s'ensuit que les déterminations essentielles d'un être sont par soi inséparables (§ 72, 15). L'UN est ce dont les déterminations sont inséparables
21 et, plus encore, le TRANSCENDANTALEMENT UN est ce dont | les déterminations sont par soi inséparables. *Il s'ensuit que tout être est un un* transcendantal[1].

§ 74

Un A et un B, *etc.* qui sont en partie les mêmes et en partie différents sont MULTIPLES. Tout ce à quoi nous pouvons penser est multiple ou non (§ 10). La première détermination est la MULTITUDE CATÉGORIALE (pluralité), la seconde, l'UNITÉ CATÉGORIALE.

§ 75

Chacune des déterminations d'un être est une (§ 73). Elles sont en partie les mêmes, dans la mesure où elles sont les déterminations d'un même être et en partie différentes (§ 38) et, par conséquent, multiples (§ 74). Dans un

1. À lire avec les § 90 (« tout être est transcendantalement vrai »), § 99 (« Il s'ensuit que tout être est transcendantalement parfait ») et § 100 (« Il s'ensuit que tout être est transcendantalement bon »). Ces paragraphes évoquent la doctrine des transcendantaux, *i.e.* des attributs les plus généraux qui, dépassant toutes les catégories, sont des propriétés communes à tout ce qui est et sont convertibles l'une dans l'autre. Baumgarten ne reprend pas explicitement la doctrine médiévale des transcendantaux (dont les versions ne sont d'ailleurs pas unanimes), mais son ontologie admet selon toute évidence la thèse de la convertibilité de l'*ens*, du *verum*, et du *bonum*.

être considéré en lui-même, une multitude peut donc être donnée (§ 69); il s'agit là de sa marque distinctive interne (§ 37) que nous ne pouvons cependant comprendre sans admettre une autre chose (§ 74, 38). Par conséquent, la multitude est une quantité (§ 69).

§ 76

L'inséparabilité des déterminations, comme elle signifie l'impossibilité de la séparation (§ 72), est soit absolue, soit hypothétique (§ 15, 16). Par conséquent, l'unité est soit absolue, soit hypothétique (§ 73).

| § 77 22

Tout ce qui n'est pas multiple est UNIQUE[1] (un, exclusivement tel).

SECTION V
L'ORDRE

§ 78

Si des choses multiples sont posées les unes à côté des autres ou les unes après les autres, elles sont CONJOINTES. La conjonction de plusieurs choses est soit la même, soit différente (§ 10, 38). La première est la COORDINATION et son identité est l'ORDRE. La science de l'ordre fut jadis appelée la MUSIQUE EN UN SENS PLUS LARGE.

§ 79

La diversité dans la conjonction de plusieurs choses est la CONFUSION (le désordre). La conjonction de choses inséparables est l'UNIFICATION.

§ 80

Toute DÉTERMINATION a une raison (§ 20, 36) et ce qui peut être connu à partir d'une raison déterminée est dit être CONFORME À LA RAISON | (en 23
accord avec elle, en harmonie avec elle).

1. Wolff : « Est dit *unique* ce à quoi rien de semblable n'est donné, ou ce qui n'a rien de semblable à lui » (PpO, § 283).

§ 81

Si, lorsque A est posé, B est supprimé, alors A et B sont des CONTRAIRES.

§ 82

Une détermination contraire à celle qui est conforme à une raison est contraire à la raison (non conforme, disharmonieuse), autrement dit, est un DÉFAUT.

§ 83

Une proposition qui énonce une détermination conforme à une raison est une NORME (règle, loi) ou plutôt, cette dernière, EN UN SENS PLUS LARGE, est la représentation d'une détermination conforme à une raison.

§ 84

Partout où il y des déterminations, il y a des lois (§ 83, 80).

§ 85

Le rapport d'un être qui est déterminé par sa conjonction avec d'autres est sa POSITION. Il s'ensuit que là où il y a des positions, il y a des lois (§ 84, 37).

24 | § 86

La position est déterminée par la conjonction. Par conséquent, il y a des lois dans la conjonction (§ 85) et les mêmes lois se trouvent dans les mêmes conjonctions (§ 38). Il s'ensuit que dans un ordre, plusieurs choses sont conjointes conformément à une même raison (§ 83, 78). Ce qui est en A et en B leur est COMMUN. Ce qui est en A et non en B est, à l'égard de B, PROPRE à A. Il y a donc dans l'ordre des règles communes.

§ 87

Dans une conjonction différente, il y a des lois différentes (§ 86, 38). Il s'ensuit qu'il n'y a pas de lois communes dans une confusion (§ 79, 86).

§ 88

Si la loi d'un ordre est unique, celui-ci est appelé ORDRE SIMPLE; s'il y en a plusieurs, celui-ci est appelé ORDRE COMPOSÉ.

SECTION VI
LE VRAI

§ 89

La VÉRITÉ MÉTAPHYSIQUE (réelle, objective, matérielle) est l'ordre de plusieurs choses en une. La VÉRITÉ TRANSCENDANTALE est l'ordre dans les déterminations essentielles et les attributs | d'un être. 25

§ 90

Comme les déterminations de tout être sont conjointes – les déterminations essentielles selon le principe de contradiction (§ 40, 7), les déterminations accidentelles et les attributs selon les principes de contradiction (§ 64, 7), de raison (§ 20) et de raison suffisante (§ 22, 50), les modes selon les principes de contradiction (§ 65, 7) et de raison (§ 42, 20), les déterminations essentielles et les affections selon le principe de conséquence (§ 23, 41) et, par conséquent, toutes selon des règles communes – *tout être est* transcendantalement *vrai* (§ 89).

§ 91

La confusion contraire à la vérité transcendantale serait un RÊVE COMPRIS OBJECTIVEMENT (*cf.* § 593). Un agrégat de rêves serait un MONDE FABULEUX (*cf.* § 354).

§ 92

Les PRINCIPES (*cf.* § 307, 311) CATHOLIQUES (universels) sont communs à chacun des êtres. Les choses métaphysiquement vraies | sont 26
déterminées conformément (§ 90, 80) aux principes catholiques (§ 7, 20, 22, 23) et ce qui est déterminé conformément à ces principes est métaphysiquement vrai (§ 89). Par conséquent, la VÉRITÉ MÉTAPHYSIQUE peut être définie comme la convenance d'un être avec les principes catholiques.

§ 93

La CERTITUDE OBJECTIVE (*cf.* § 531) est l'aperceptibilité [*appercep-tibilitas*] de la vérité dans un être. Maintenant, la vérité de tout être peut être connue clairement (§ 90, 8). Il s'ensuit que *tout être est objectivement certain*.

SECTION VII
LE PARFAIT

§ 94

Si plusieurs choses prises ensemble constituent la raison suffisante d'une seule, alors ELLES S'ACCORDENT. L'accord lui-même est la PERFECTION[1], et la chose une en laquelle il y a accord est la RAISON DÉTERMINANTE DE LA PERFECTION (le foyer de la perfection).

27 | § 95

Dans la perfection, plusieurs choses sont déterminées conformément à la même raison (§ 94, 80). Il y a donc dans la perfection ordre (§ 78) et règles communes de la perfection (§ 86).

§ 96

Si la raison déterminante de la perfection est unique, celle-ci est une PERFECTION SIMPLE ; s'il y a plusieurs raisons déterminantes, la perfection est une PERFECTION COMPOSÉE (§ 88, 95).

§ 97

Des RÈGLES contraires sont dites ENTRER EN COLLISION et le défaut qui naît de la collision des règles de perfection s'appelle l'EXCEPTION, laquelle est soit vraie, soit apparente (§ 12), selon que les normes entrent en collision selon une opposition ou bien vraie ou bien seulement apparente (§ 81).

1. Le concept de perfection est fondamental dans l'ontologie de Wolff. Dans l'une des sections les plus importantes de sa *Philosophia prima sive Ontologia* intitulée « *De Ordine, Veritate et Perfectione* » (§ 472-530), dont Baumgarten, on le remarquera, reprend ici fidèlement le plan, plusieurs développements lui sont consacrés. Wolff, on l'a vu, définit la perfection comme accord dans le multiple (ou dans la variété) : « *Perfectio* est consensus in varietate » (PpO, § 503). Plus précisément : « La *perfection* est l'accord dans la variété, ou encore l'accord de plusieurs choses différentes les unes des autres en une chose. J'appelle *accord* la tendance de plusieurs choses à se maintenir en une. La perfection est appelée par les scolastiques *bonté transcendantale* ». Dans la Préface à la deuxième édition de sa *Métaphysique*, Baumgarten a déjà fait référence à cette définition du concept de perfection.

§ 98

L'accord des déterminations essentielles est la PERFECTION TRANSCENDANTALE (essentielle), l'accord des affections est la PERFECTION ACCIDENTELLE et les deux sont la PERFECTION INTERNE. L'accord des relations est la PERFECTION EXTERNE.

| § 99 **28**

Les déterminations essentielles de tout être s'accordent avec son essence (§ 63, 40) et ses attributs (§ 50, 94). Il s'ensuit que *tout être est* transcendantalement *parfait.*

§ 100

Est bon ce dont la position entraîne la position de la perfection. Il s'ensuit que *tout être est* transcendantalement *bon* (§ 99).

CHAPITRE II

LES PRÉDICATS INTERNES DISJONCTIFS DE L'ÊTRE

PREMIÈRE SECTION
LE NÉCESSAIRE ET LE CONTINGENT

§ 101

Est NÉCESSAIRE ce dont le contraire est impossible; le non nécessaire est CONTINGENT.

§ 102

Ce dont le contraire est en soi impossible est EN SOI (métaphysiquement, | intrinsèquement, absolument, géométriquement, logiquement) 29
NÉCESSAIRE. Ce dont le contraire est seulement extrinsèquement impossible est HYPOTHÉTIQUEMENT (sous un certain rapport) IMPOSSIBLE. La détermination d'un être par laquelle celui-ci est nécessaire est sa NÉCESSITÉ. Il s'ensuit que la nécessité est soit ABSOLUE (du conséquent), soit HYPOTHÉTIQUE (de la conséquence). Par la première, quelque chose est en soi et par soi nécessaire; par la seconde, quelque chose est nécessaire seulement de manière hypothétique.

§ 103

La possibilité implique le contraire (§ 81, 7) et, par conséquent, la possibilité d'un être est sa détermination nécessaire (§ 101) : la possibilité intrinsèque est intrinsèquement nécessaire; la possibilité extrinsèque est extrinsèquement nécessaire (§ 102).

§ 104

Ce dont le contraire est absolument possible est CONTINGENT EN SOI (par soi, intrinsèquement) ; ce dont le contraire est aussi hypothétiquement possible est aussi CONTINGENT EXTRINSÈQUEMENT (hypothétiquement). La détermination d'un être par laquelle celui-ci est contingent est sa CONTINGENCE. Il s'ensuit que la contingence est soit ABSOLUE, par laquelle
30 quelque chose est au moins | en soi et par soi contingent, soit HYPOTHÉTIQUE, par laquelle quelque chose est hypothétiquement contingent.

§ 105

Rien de ce qui est absolument nécessaire n'est de quelque manière contingent (§ 102, 104). Il s'ensuit que tout ce qui est de quelque manière contingent n'est pas absolument nécessaire. *Tout ce qui est hypothétiquement nécessaire est en soi et par soi contingent* (§ 18). Il s'ensuit que quelque chose qui est en soi et par soi contingent est hypothétiquement nécessaire. Tout ce qui est hypothétiquement contingent l'est aussi en soi (§ 104).

§ 106

Les essences des choses sont en elles absolument nécessaires (§ 40, 103)[1].

§ 107

Par la suppression des déterminations essentielles et des attributs, l'essence est supprimée (§ 63, 64) et, par là, l'impossibilité interne d'un être est posée (§ 81, 40). Il s'ensuit que les déterminations essentielles, autant que les attributs, sont les déterminations absolument nécessaires d'un être (§ 103).

1. Wolff : « *Les essences des choses sont nécessaires*. Les essences des choses consistent en la non-répugnance des choses qui sont une dans la même chose, mais qui cependant ne sont déterminées par aucune autre qui réside en cette même chose. Maintenant, comme il est impossible qu'une même chose soit et ne soit pas en même temps, il n'est pareillement pas possible que les mêmes choses qui, prises ensemble, ne se répugnent pas mutuellement […], se répugnent l'une à l'égard de l'autre. Cette non-répugnance est d'après cela nécessaire et conséquemment, les essences des choses sont nécessaires » (PpO, § 299).

§ 108

Le contraire des modes dans un être est absolument possible (§ 65, 81); par conséquent, les modes sont des déterminations | en soi contingentes 31 d'un être (§ 104) et donc non absolument nécessaires (§ 105). Ce qui est contraire aux déterminations absolument nécessaires dans un être est en ce même être absolument impossible (§ 102). Il s'ensuit que celles-ci sont absolument possibles dans un être (§ 81) et, par conséquent, représentables en cet être considéré en soi (§ 15). En revanche, les relations ne sont pas représentables dans un être considéré en lui-même (§ 37). Il s'ensuit qu'aucune des relations d'un être n'est absolument nécessaire, mais que toutes sont contingentes (§ 101).

§ 109

Comme le contraire de l'existence en quelque chose est possible (§ 54, 55), l'existence sera soit absolument nécessaire, soit en soi contingente (§ 102, 10). Un être dont l'existence est absolument nécessaire est un ÊTRE NÉCESSAIRE et un être dont l'existence est intrinsèquement contingente est un ÊTRE CONTINGENT.

§ 110

Toutes les déterminations internes d'un être nécessaire sont absolument nécessaires. Elles se rattachent en effet soit à l'essence, soit à l'existence (§ 56). Tant celle-ci que celle-là sont absolument nécessaires dans un être nécessaire (§ 109, 106).

§ 111

Dans un être nécessaire, il n'y a pas de modes (§ 110, | 108). Il s'ensuit 32 qu'un être dans lequel il y a des modes est un être contingent (§ 109).

§ 112

Tout être contingent a des modes. Supposons en effet que, dans un être contingent, il n'y ait aucun mode, alors toutes ses affections seraient absolument nécessaires (§ 52, 107) et, par conséquent, son existence serait aussi absolument nécessaire (§ 55), ce qui est absurde (§ 109).

§ 113

Les déterminations d'une chose une sont inséparables (§ 73) et, par conséquent, le contraire de quelqu'une d'entre elles est impossible (§ 72, 81). Il s'ensuit que les déterminations d'une chose une sont nécessaires (§ 101) et, plus encore, que les déterminations d'une chose absolument une sont absolument nécessaires et que celles d'une chose hypothétiquement une sont hypothétiquement nécessaires (§ 102, 176). Les choses réunies sont nécessairement conjointes (§ 79), ou bien en soi, ou bien hypothétiquement (§ 102).

§ 114

Les choses nécessaires ne sont déterminables que d'une seule et unique manière ou mode. Car elles sont soit A, soit non-A. Une troisième manière ou mode de déterminabilité est impossible (§ 10). Supposons maintenant qu'une chose nécessaire soit déterminable par A; non-A est alors le contraire de cette détermination (§ 81) et est, par conséquent, impossible (§ 101). Il s'ensuit qu'il n'y a pas d'autres manières ou modes de déterminabilité, hormis l'unique A (§ 77). Si le déterminable d'une seule et unique manière ou mode était A, alors son contraire serait | non-A (§ 81),
33 mais cela est impossible (§ 77). Si ce déterminable était non-A, son contraire serait A, mais cela est impossible (§ 77). Il n'y a donc pas de tiers possible [*Tertium non datur*] (§ 10). Il s'ensuit que le contraire de ce qui est déterminable d'une seule et unique manière ou mode est impossible et que, par là, celle-ci est nécessaire (§ 102). Les choses contingentes ne sont pas nécessaires et, par conséquent, elles ne sont pas déterminables d'une seule et unique manière ou mode, ni par plus de deux (§ 10). Elles sont donc déterminables d'une double manière. Ce qui est déterminable d'une double manière ou mode n'est pas nécessaire et est, par conséquent, contingent (§ 102). C'est pourquoi on peut définir : 1) le NÉCESSAIRE, par ce qui est déterminable d'une seule et unique manière, 2) le CONTINGENT, par ce qui est déterminable d'une double manière, 3) la NÉCESSITÉ, par l'unicité de sa déterminabilité et 4) la CONTINGENCE, par la dualité de sa déterminabilité.

§ 115

Ce qui est hypothétiquement un comme tel a des déterminations en soi séparables (§ 76, 18); par conséquent, son unité est intrinsèquement contingente (§ 104).

§ 116

L'unité transcendantale est absolument nécessaire (§ 73, 102) et, par conséquent, rien ne lui est contraire (§ 102, 15).

§ 117

Comme le contraire de l'ordre est la confusion (§ 79, 78) | et la 34
conjonction non réalisée (§ 78, 81), l'ordre est absolument nécessaire dans les choses conjointes nécessairement par soi, et cela de la même manière (§ 102). Il s'ensuit que là où ni la conjonction ni l'identité de la conjonction ne sont absolument nécessaires, l'ordre est en soi contingent (§ 104).

§ 118

La vérité transcendantale est l'ordre dans les déterminations essentielles et dans les attributs (§ 89) et, par conséquent, dans les choses conjointes nécessairement par soi (§ 78, 107), et cela de la même manière (§ 7, 22). Par conséquent, la vérité transcendantale est absolument nécessaire (§ 117) et n'a aucun contraire (102, 15).

§ 119

L'ordre de plusieurs choses en une, dont la non-conjonction ou la confusion est intérieurement possible dans un être, est une vérité en soi contingente (§ 117, 89).

§ 120

Un rêve compris objectivement et un monde fabuleux sont des non-êtres (§ 118, 91) et, s'ils paraissent être des êtres, ils sont des êtres fictifs (§ 62).

§ 121

Le contraire de la perfection est l'IMPERFECTION et, qui plus est, 1) le simple désaccord, qui est l'IMPERFECTION AU SENS PRIVATIF, si, parmi plusieurs choses prises ensemble, certaines ne sont pas les raisons de l'une
et 2) la dissension, | qui est l'IMPERFECTION AU SENS D'UN CONTRAIRE si, 35
parmi plusieurs choses prises ensemble, certaines s'accordent avec une et certaines avec son contraire (§ 81, 94).

§ 122

La perfection des choses pour lesquelles le désaccord – et par conséquent aussi la dissension – est en soi impossible (§ 121, 102) est absolument nécessaire. En revanche, la perfection des choses pour lesquelles le désaccord – et aussi la dissension – est en soi possible (§ 104, 121) est en soi contingente.

§ 123

La perfection transcendantale est absolument nécessaire (§ 122, 94) et, par conséquent, elle n'a aucune imperfection qui lui soit contraire (§ 121, 102).

SECTION II
LE VARIABLE ET L'INVARIABLE

§ 124

Des êtres SE SUCCÈDENT (sont successifs l'un à l'autre) lorsque l'un d'eux existe après l'autre. La détermination des êtres par laquelle ceux-ci sont successifs l'un à l'autre est leur SUCCESSION.

36 | § 125

Si les déterminations d'une chose se succèdent l'une à l'autre, cette chose est CHANGÉE et, par conséquent, si les déterminations d'une chose peuvent se succéder l'une à l'autre, celle-ci est VARIABLE (changeante). Si les déterminations d'une chose ne peuvent pas se succéder l'une à l'autre, celle-ci est INVARIABLE (fixe, non changeante, constante). D'autre part, la succession même des déterminations dans un être est sa VARIATION et, en même temps, la variation de ses déterminations.

§ 126

La VARIATION d'un être est soit une VARIATION INTERNE de ce qui est intérieur, soit une VARIATION EXTERNE, autrement dit une variation relative des relations (§ 125, 37).

§ 127

La VARIABILITÉ d'un être, autrement dit la possibilité d'une variation en lui, est soit absolue (§ 125, 150), soit hypothétique (§ 125, 16). L'INVARIABILITÉ d'un être, autrement dit l'impossibilité d'une variation en lui, est soit absolue (§ 125, 15), soit hypothétique (§ 125, 17).

§ 128

Rien de ce qui est par soi invariable n'est hypothétiquement variable. Il s'ensuit que rien de ce qui est hypothétiquement | variable n'est abso- 37
lument invariable. *Tout ce qui est hypothétiquement invariable est en soi variable.* Tout ce qui est hypothétiquement variable est en soi variable. Il s'ensuit que ce qui est absolument invariable n'est hypothétiquement ni variable ni invariable. Une chose absolument variable est hypothétiquement invariable (§ 127, 18).

§ 129

Les déterminations des choses variables peuvent se succéder (§ 125) et, par conséquent, les choses variables sont déterminables de plusieurs manières (§ 74, 34). Les choses nécessaires ne sont pas déterminables de plusieurs manières (§ 114). Il s'ensuit que les choses nécessaires sont invariables (§ 125).

§ 130

Les choses absolument nécessaires sont absolument invariables; les choses hypothétiquement nécessaires sont hypothétiquement invariables (§ 129, 127).

§ 131

Rien de ce qui est variable n'est nécessaire (§ 129) et, par conséquent, tout ce qui est variable est contingent (§ 101). Qui plus est, ce qui est en soi variable est en soi contingent et ce qui est hypothétiquement variable est hypothétiquement contingent (§ 104, 127).

§ 132

L'essence des choses (§ 106), leurs déterminations essentielles et leurs attributs (§ 107), l'existence d'un être nécessaire | (§ 109), toutes les déter- 38
minations internes de celui-ci (§ 110), l'unité (§ 116), la vérité (§ 118) et la

perfection (§ 123) transcendantales sont absolument et intérieurement invariables (§ 130, 126).

§ 133

Les modes d'un être considéré en lui-même peuvent se succéder les uns aux autres en lui (§ 124, 65); par conséquent, et les modes eux-mêmes et l'être dans lequel ils sont absolument variables (§ 125, 127). Maintenant, tout être contingent a des modes (§ 112). Il s'ensuit que tout être contingent est absolument et intérieurement variable. Les relations d'un être sont intrinsèquement contingentes (§ 108). Il s'ensuit qu'elles peuvent se succéder l'une à l'autre dans cet être considéré en lui-même (§ 124, 104). Par conséquent, elles sont absolument variables en tout être (§ 127). Tout être, à l'égard de toutes ses relations, est variable (§ 125).

§ 134

L'essence n'est pas variable (§ 132); par conséquent, tout être contingent est variable à l'égard de l'existence (§ 133, 56). Par conséquent, l'existence d'un être contingent est variable (§ 125) et ainsi elle n'est ni une détermination essentielle ni un attribut (§ 132), bien qu'elle soit une détermination interne (§ 55) et donc un mode (§ 52). Lorsque l'existence d'une chose est un mode, son existence est absolument variable (§ 133) et, par conséquent, intrinsèquement contingente (§ 131). Il s'ensuit que l'être dont l'existence est un mode est un être contingent (§ 109). Par conséquent, un ÊTRE CONTINGENT peut être défini comme un être dont l'existence est un mode.

39 | SECTION III

LE RÉEL ET LE NÉGATIF

§ 135

Lorsqu'une négation est posée, une réalité est supprimée (§ 36, 10). Par conséquent, les négations et les réalités sont contraires entre elles (§ 81). Autant les réalités elles-mêmes que les êtres qui sont en celles-ci sont appelés des ÊTRES RÉELS, autrement dit positifs. Les négations, d'autre part, sont appelées des ÊTRES NÉGATIFS.

§ 136

Un être purement négatif en serait un qui ne renferme aucune réalité et, par conséquent, aucune possibilité (§ 8), connexion [*rationalitas*] (§ 19), actualité (§ 55), unité (§ 73), vérité (§ 89), perfection (§ 94), ni aucunes réalités (§ 36). Il s'ensuit qu'un être purement négatif est un non-être et, s'il semble être un être, c'est un être fictif (§ 62). Il s'ensuit que, comme en tout être il se trouve une certaine réalité, tout être est réel (§ 135).

§ 137

Comme tout être est réel (§ 136), ou bien il ne se trouvera en lui aucune négation, ou bien une certaine négation s'y trouvera en commun avec ses réalités (§ 10) et cette négation sera ou bien absolument nécessaire, ou bien en soi contingente (§ 102, 104). Le premier cas est une NÉGATION AU SENS
STRICT (un être négatif | au sens strict). Le second cas est une PRIVATION, **40**
autrement dit un être privatif. Les déterminations essentielles et les attributs négatifs sont des négations au sens strict (§ 106, 107) et les modes négatifs sont des privations (§ 108).

§ 138

Aucune privation n'est dans un être absolument nécessaire (§ 137, 105) et, par conséquent, ces privations internes ne sont ni des déterminations essentielles ni des attributs (§ 107). Elles sont donc des modes (§ 52). C'est pourquoi un être nécessaire n'a pas de privations internes (§ 111) et un être où il s'en trouve est un être contingent (§ 111).

§ 139

Un être négatif, en tant que tel, n'est pas positif (§ 135). Mais si, dans la mesure même où il est une négation, il devait s'accorder avec une réalité, il sera alors une réalité (§ 94, 36). Par conséquent, un être négatif, en tant que tel, ne s'accorde pas avec une réalité dans l'être réel où il se trouve (§ 137).

§ 140

Les réalités, en tant que telles, ne s'accordent qu'avec des réalités. En effet, être la conséquence de pures réalités est une réalité (§ 36, 14).

§ 141

Tout être est parfait (§ 99) et réel (§ 137) et, par conséquent, sa perfection, en tant que telle, est l'accord de réalités dans une réalité (§ 94, 140).

41 | § 142

Lorsque des négations sont posées dans un être, un désaccord est posé (§ 141, 139) et, par conséquent, une imperfection (§ 121). Par conséquent, lorsque des négations au sens strict sont posées dans un être, une imperfection absolument nécessaire est posée (§ 137).

§ 143

L'imperfection absolument nécessaire d'un être est soit son attribut, soit sa détermination essentielle (§ 107, 108). Mais, puisque dans les réalités ne se trouve aucune raison suffisante des négations (§ 139), il n'y a pas d'imperfection dans les attributs d'un être s'il n'y en a pas une aussi dans ses déterminations essentielles (§ 50), pas plus qu'il n'y a d'imperfection dans les déterminations essentielles d'un être s'il n'y en a pas une aussi dans ses affections (§ 23).

§ 144

Lorsque des privations sont posées dans un être, une imperfection est posée (§ 142), mais une imperfection qui est en soi contingente (§ 138).

§ 145

Il n'y a pas de perfection essentielle sans perfection accidentelle (§ 98, 140), ni de perfection accidentelle sans perfection essentielle (§ 98). Il n'y a pas d'imperfection essentielle sans imperfection accidentelle, ni d'imperfection accidentelle sans imperfection essentielle (§ 143, 98); il n'y a pas de perfection et d'imperfection essentielles qui soient des contraires (§ 81, 142).

§ 146

La chose par la position de laquelle une imperfection est posée est un
42 MAL et, par conséquent, les négations sont un mal (§ 142). | Ces dernières sont ou bien au sens strict, c'est-à-dire un MAL MÉTAPHYSIQUE par la position duquel une imperfection absolument nécessaire est aussi posée (§ 142), ou bien des privations, c'est-à-dire un MAL CONTINGENT (un mal

physique au sens large, *cf.* § 778) par la position duquel une imperfection en soi contingente est aussi posée (§ 144).

§ 147

Lorsque les réalités d'un être sont posées, sa perfection est aussi posée (§ 141) et, par conséquent, les réalités sont bonnes (§ 100) ; plus encore, les réalités absolument nécessaires sont un BIEN MÉTAPHYSIQUE et les réalités en soi contingentes sont un BIEN CONTINGENT (un bien physique au sens large, *cf.* § 787).

SECTION IV
LE SINGULIER ET L'UNIVERSEL

§ 148

L'ensemble de toutes les déterminations compossibles dans un être est sa DÉTERMINATION ENTIÈRE. Par conséquent, un être est soit entièrement déterminé, soit il ne l'est pas (§ 10). Dans le premier cas, il est SINGULIER (un être individuel), dans le second cas, il est UNIVERSEL. L'un et l'autre sont dits INFÉRIEURS à l'égard de toutes les choses moins déterminées qu'ils contiennent en eux, | alors qu'à leur égard, les choses moins déter- 43
minées sont dites SUPÉRIEURES.

§ 149

Un ÊTRE universel considéré dans son être inférieur et un être singulier considéré à l'égard de ses autres prédicats au-delà d'un certain universel SONT CONSIDÉRÉS IN CONCRETO et s'appellent alors des ÊTRES CONCRETS. L'ÊTRE universel auquel on prête attention, mais sans le considérer dans son être inférieur, et l'être singulier en lequel on ne prête attention qu'à un certain prédicat supérieur, sont CONSIDÉRÉS IN ABSTRACTO et s'appellent alors des ÊTRES ABSTRAITS. L'universel *in concreto* est l'UNIVERSEL PHYSIQUE (en plusieurs, dans la chose) ; l'universel *in abstracto* est l'UNIVERSEL LOGIQUE (après plusieurs, après la chose).

§ 150

L'universel qui ne peut être représenté *in concreto* que dans les individus, autrement dit qui ne renferme sous lui que des individus,
44 est l'ESPÈCE; celui | qui peut aussi être représenté *in concreto* dans des universels, autrement dit qui renferme aussi sous lui des universels, est le GENRE. Parmi tous les genres, LE PLUS BAS est celui qui n'est dans aucun [autre] genre, autrement dit qui ne renferme sous lui aucun genre; LE GENRE SUPRÊME est celui en lequel il n'y a aucun [autre] genre, autrement dit celui qui n'est renfermé sous aucun genre; les genres SUBORDONNÉS, enfin, sont ceux qui ne sont pas le genre suprême.

§ 151

Les déterminations d'un être inférieur qui sont indéterminées dans son supérieur sont sa DIFFÉRENCE. Par conséquent, la DIFFÉRENCE GÉNÉRIQUE est l'ensemble des déterminations qui sont déterminées dans le genre et indéterminées dans son supérieur. La DIFFÉRENCE SPÉCIFIQUE est l'ensemble des déterminations d'une espèce qui sont indéterminées dans son genre le plus bas. La DIFFÉRENCE NUMÉRIQUE (eccéité, principe d'individuation) est l'ensemble des déterminations d'un individu qui sont indéterminées dans l'espèce (§ 148).

§ 152

Les êtres singuliers sont intérieurement entièrement déterminés (§ 148) et, par conséquent, ils sont actuels (§ 54).

45 | § 153

Comme le supérieur est dans l'inférieur (§ 149, 148), l'espèce, le genre le plus bas, les genres subordonnés, le genre suprême sont dans l'individu; les genres sont dans l'espèce; les genres supérieurs sont dans le genre le plus bas et dans les genres subordonnés; et le genre suprême est dans tous les genres inférieurs (§ 150)[1].

§ 154

Les déterminations du genre suprême sont dans les genres inférieurs de celui-ci (§ 148), c'est-à-dire dans les genres subordonnés, dans le genre le plus bas, dans les espèces et les individus; les déterminations du genre subordonné sont dans les genres qui lui sont inférieurs, dans les espèces et les individus; les déterminations du genre le plus bas sont dans les espèces et les individus; les déterminations de l'espèce sont dans les individus (§ 153, 35), c'est-à-dire : *les déterminations du supérieur sont dans ce qui lui est inférieur, qu'elles soient positives ou négatives* (§ 36). *Cette proposition s'appelle le principe du tout et du rien* [*dictum de omni et nullo*][2].

1. Les différents degrés allant du genre suprême à l'être singulier peuvent être représentés par cette figure :

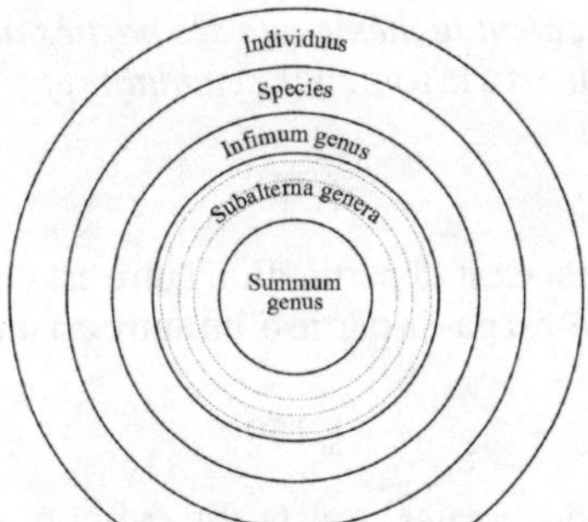

Les cercles concentriques grandissants désignent les degrés de détermination : c'est l'être singulier, individuel, qui renferme le plus grand nombre de déterminations, des attributs essentiels aux modes de son existence, et c'est le genre suprême qui, par définition, en renferme le moins.

2. Le *dictum de omni et nullo* est ce principe fondamental de la syllogistique aristotélicienne qui veut que tout ce qui peut être affirmé ou nié à propos d'un certain ensemble ou d'une certaine classe, peut être affirmé ou nié à propos de tout ce qui appartient à cet ensemble ou à cette classe. Ce principe, qui n'est pas explicitement formulé par Aristote, se réfère aux *Premiers Analytiques*, livre I, 24b 26-30 : « Dire qu'un terme est contenu dans la totalité d'un autre terme, ou dire qu'un terme est attribué à un autre terme pris universellement, c'est la même chose. Et nous disons qu'un terme est *affirmé universellement* quand on ne peut trouver dans le sujet aucune partie dont on ne puisse affirmer l'autre terme; pour l'expression *n'être attribué à aucun*, l'explication est la même » (trad. Tricot).

SECTION V
LE TOUT ET LA PARTIE

§ 155

L'un qui est entièrement le même que des choses multiples prises ensemble est un TOUT et les choses multiples prises ensemble qui sont entièrement les mêmes que le tout sont ses PARTIES. Ces parties qui doivent être prises ensemble avec une partie donnée, afin d'être entièrement les
46 mêmes que le tout | sont ses co-parties, autrement dit les COMPLÉMENTS POUR LE TOUT (suppléments).

§ 156

Toute partie, quelle qu'elle soit, prise ensemble avec ses compléments pour le tout [avec ses co-parties] est une PARTIE ACTUELLE ; toute partie prise ensemble avec d'autres est une PARTIE POTENTIELLE.

§ 157

Le tout est entièrement le même que ses parties actuelles (§ 155,156). Par conséquent, il leur est à la fois *égal*, *semblable et congruent* (§ 70).

§ 158

L'être dont l'essence est la partie d'un autre est un ÊTRE INCOMPLET et l'être dont l'essence n'est pas la partie d'un autre est un ÊTRE COMPLET.

§ 159

Une multitude de parties est la GRANDEUR (absolue, *cf.* § 161), autrement dit la quantité (§ 75) continue. Une multitude de touts est le NOMBRE (absolu, *cf.* § 161), autrement dit la quantité (§ 75) discrète. Si les touts en lesquels consiste le nombre sont en revanche considérés comme
47 des parties, le nombre est alors un | NOMBRE BRISÉ (une fraction, une très petite partie) ; si ce n'est pas le cas, il est un NOMBRE ENTIER.

§ 160

La chose dont la partie est égale au tout est plus grande (>). Celle dont le tout est égal à une partie est plus petite (<).

§ 161

Le MINIMUM est ce qui n'est plus grand qu'à l'égard de rien; autrement dit, un plus petit que lui est impossible. Le MAXIMUM est ce qui n'est plus petit qu'à l'égard de rien; autrement dit, un plus grand que lui est impossible. Une multitude plus grande est une MULTITUDE COMPARATIVE (*cf.* § 74), une multitude plus petite est une PETITE QUANTITÉ. Une grandeur plus grande est une GRANDEUR COMPARATIVE (*cf.* § 159), une grandeur plus petite, une PETITE CHOSE. Un nombre plus grand est un NOMBRE COMPARATIF (*cf.* § 159), un nombre plus petit, une RARETÉ.

§ 162

Être changé en quelque chose de plus petit, c'est ÊTRE DIMINUÉ. Être changé en quelque chose de plus grand, c'est ÊTRE AUGMENTÉ. Il s'ensuit que tout ce qui peut être augmenté ou diminué est variable (§ 125), et | cela **48**
quant à la quantité (§ 160, 70), et est par conséquent intérieurement variable (§ 126, 69).

§ 163

Les essences des choses, les déterminations essentielles et les attributs, l'ensemble des déterminations internes d'un être nécessaire, l'unité dans les êtres, la vérité et la perfection transcendantales ne peuvent pas être intrinsèquement augmentés ni diminués (§ 162, 132).

§ 164

La détermination interne d'un être qui peut être augmentée ou diminuée est un mode (§ 163, 52), et ce en quoi se rencontre une telle détermination interne, qui peut en lui être augmentée ou diminuée, est un être contingent (§ 111).

SECTION VI
LES PREMIERS PRINCIPES DE LA MATHÉMATIQUE DES GRANDEURS INTENSIVES

§ 165

La plus petite possibilité est la non-répugnance des choses les plus petites et les moins nombreuses (§ 161, 8). Par conséquent, plus les compossibles sont nombreux et grands, plus la possibilité est grande (§ 160), jusqu'à être la possibilité la plus grande, en laquelle se trouvent les compossibles les plus nombreux et les plus grands (§ 161). Il s'ensuit que toute possibilité hypothétique d'un être est plus grande que sa possibilité intrinsèque (§ 16, 15).

§ 166

La raison la plus petite est celle qui a une seule et unique conséquence
49 la plus petite (§ 161). | Par conséquent, plus les conséquences sont nombreuses et grandes, plus la raison est grande (§ 160), jusqu'à être la raison la plus grande ayant les conséquences les plus nombreuses et les plus grandes (§ 161). La grandeur d'une raison provenant du nombre de ses conséquences est la FÉCONDITÉ, et celle provenant de la grandeur de ces conséquences est le POIDS (importance, dignité, noblesse).

§ 167

La plus petite liaison appartient à la seule et unique raison la plus petite (§ 166, 14). Il s'ensuit que plus les raisons sont nombreuses et grandes, plus la liaison est grande (§ 160), jusqu'à être la liaison la plus grande des raisons les plus nombreuses et les plus grandes, c'est-à-dire des raisons les plus fécondes et les plus importantes (§ 166). Une plus grande liaison est l'HARMONIE.

§ 168

La plus petite possibilité hypothétique est celle par laquelle un seul et unique être le plus petit jouit de la plus petite liaison (§ 16, 161). Il s'ensuit que plus les êtres possibles sont nombreux et grands, et ce dans une liaison plus grande, alors plus la possibilité hypothétique est grande (§ 160), jusqu'à être la possibilité hypothétique la plus grande, là où les êtres les plus nombreux et les plus grands sont possibles dans la liaison la plus grande (§ 161), c'est-à-dire les conséquences les plus fécondes et les plus importantes des raisons les plus fécondes et les plus importantes (§ 167).

§ 169

La raison suffisante est la plus féconde des raisons (§ 166, 21); parmi les raisons suffisantes, la plus petite est cependant celle qui est suffisante pour une seule et unique conséquence la plus petite (§ 166, | 161). 50
Il s'ensuit que plus les conséquences à laquelle suffit cette raison sont nombreuses et grandes, plus cette raison est grande (§ 160), jusqu'à être la raison la plus grande, suffisante pour les conséquences les plus nombreuses et les plus grandes (§ 161) et, par là, la raison la plus féconde et la plus noble (§ 166).

§ 170

La raison plus lointaine est plus grande que la raison plus proche (§ 166, 27); par conséquent, une raison suffisante simplement telle est plus grande que toutes les raisons suffisantes sous un certain rapport (§ 169, 28).

§ 171

L'essence la plus petite est l'ensemble des déterminations essentielles les moins nombreuses et les plus petites (§ 40, 161). Plus les déterminations essentielles sont nombreuses et grandes, plus l'essence est grande (§ 160), jusqu'à être l'essence la plus grande, comme ensemble des déterminations essentielles les plus nombreuses et les plus grandes (§ 161).

§ 172

La plus petite liaison universelle est celle en laquelle chaque chose est soit la raison la plus petite, soit la conséquence de celle-ci (§ 48, 167). Il s'ensuit que plus chaque chose est soit une plus grande raison, soit la conséquence de plus grandes raisons, soit les deux, alors plus la liaison universelle est grande (§ 160), jusqu'à être la liaison la plus grande, en laquelle chaque chose est la raison la plus grande (§ 161), c'est-à-dire la raison la plus féconde et la plus importante (§ 166).

§ 173

L'unité est la plus petite si les déterminations les plus petites et les moins nombreuses d'une seule et unique chose la plus petite sont inséparables (§ 73, 161). Il s'ensuit que plus nombreuses et plus grandes sont les déterminations | qui sont inséparables de choses plus nombreuses et plus 51
grandes, alors plus grande est l'unité (§ 160), jusqu'à être l'unité la plus grande, en laquelle les déterminations les plus nombreuses et les plus

grandes des choses les plus nombreuses et les plus grandes sont inséparables (§ 161). L'unicité la plus petite est celle en laquelle une chose très petite se distingue des choses les moins nombreuses et les plus petites par une seule et unique marque distinctive la plus petite (§ 77, 161). Il s'ensuit que plus est grande la chose qui est distinguée des choses plus nombreuses et plus grandes par des différences plus nombreuses et plus grandes, alors plus grande est l'unicité (§ 160), jusqu'à être l'unicité la plus grande, par laquelle l'être le plus grand est distingué de tous les êtres qui sont aussi les plus grands dans leur genre, par les différences les plus nombreuses et les plus grandes (§ 161).

§ 174

L'identité est la plus petite si une seule et unique détermination la plus petite est commune aux choses les moins nombreuses et les plus petites (§ 38, 161). Il s'ensuit que plus les déterminations plus nombreuses et plus grandes sont communes aux choses plus nombreuses et plus grandes, alors plus grande est l'identité (§ 160), jusqu'à être l'identité la plus grande, qui est la communauté des déterminations les plus nombreuses et les plus grandes avec les choses les plus nombreuses et les plus grandes (§ 161).

§ 175

L'ordre le plus petit est la plus petite identité dans une conjonction (§ 78, 161). Il s'ensuit que plus grande est l'identité d'une conjonction, plus l'ordre est grand (§ 160, 174), jusqu'à être l'ordre le plus grand, en lequel se trouve là plus grande identité d'une conjonction (§ 161), c'est-à-dire là où les choses les plus nombreuses et les plus grandes sont conjointes aussi souvent et autant que possible de la même manière (§ 174). L'unification la
52 plus petite est la conjonction | la moins nécessaire des choses les moins nombreuses et les plus petites (§ 79, 113, 161). Il s'ensuit que plus sont nombreuses les choses conjointes, plus l'unification est extensivement grande; plus grandes sont les choses conjointes avec une plus grande nécessité, plus l'unification est intensivement grande, jusqu'à ce que la conjonction nécessaire des choses les plus nombreuses soit extensivement l'unification la plus grande ou jusqu'à ce que la conjonction la plus nécessaire qui peut être entre seulement deux ou trois choses, si elles sont les plus grandes, soit intensivement l'unification la plus grande.

§ 176

Comme la connaissabilité d'une DÉTERMINATION à partir de sa raison est LA CONFORMITÉ AVEC SA RAISON (§ 80), cette conformité sera la plus petite si la détermination peut seulement être connue à partir de la raison la plus petite (§ 161, 166), avec la plus petite possibilité de connaissance (§ 165). Plus est grande la raison à partir de laquelle peut être connue la détermination et plus cette connaissance est possible, alors plus grande est la conformité de la détermination avec la raison (§ 160), jusqu'à être la conformité la plus grande, qui est la plus connaissable à partir de la raison la plus grande (§ 161).

§ 177

La détermination conforme à une raison suffisante, plus féconde et plus importante (§ 166, 169) et, par là, plus lointaine et simplement telle (§ 170), a une plus grande conformité (§ 176) que la détermination conforme seulement à une raison insuffisante, moins féconde et moins importante (§ 166, 169), plus proche ou suffisante sous un certain rapport (§ 170).

| § 178 53

Le plus petit défaut est contraire à la détermination de la plus petite conformité avec la raison (§ 82, 161). Par conséquent, plus ce défaut est grand, plus est grande sa conformité avec le contraire, jusqu'à être le défaut le plus grand, qui est contraire à la détermination dans laquelle la conformité est la plus grande (§ 176, 161).

§ 179

Le défaut contraire à une raison suffisante plus féconde, plus importante, plus lointaine et simplement telle est plus grand que le défaut contraire à une raison insuffisante, moins féconde, moins importante, plus proche et suffisante seulement sous un certain rapport (§ 178, 177).

§ 180

La grandeur de la conformité avec la raison dans une détermination, que la loi énonce, est la FORCE DE LA LOI. La LOI énonçant une détermination d'une conformité comparativement plus grande avec la raison est FORTE; celle énonçant une détermination d'une conformité comparativement plus petite avec la raison est FAIBLE. Par conséquent, la loi la plus faible, autrement dit de la force la plus petite, est celle qui énonce une détermination de la conformité la plus petite avec la raison (§ 161, 176). Plus grande est la conformité avec la raison pour une détermination énoncée par la loi, plus la loi est forte (§ 160), jusqu'à être la plus forte, énonçant une détermination où se trouve la plus grande conformité (§ 161).

54 | § 181

Une loi énonçant une détermination conforme à une raison suffisante, plus féconde, plus importante, plus lointaine – dont elle serait la conséquence, autrement dit à laquelle serait subordonnée une raison plus proche qui doit lui être comparée – et simplement telle est plus forte qu'une loi plus faible énonçant une détermination conforme à une raison insuffisante, moins féconde, moins importante et plus proche – laquelle serait subordonnée à cette raison plus lointaine avec laquelle elle est comparée – et seulement suffisante sous un certain rapport.

§ 182

Une LOI énonçant une détermination conforme à une raison suffisante plus lointaine est appelée une loi SUPÉRIEURE, et une loi énonçant une détermination conforme à une raison plus proche est appelée loi INFÉRIEURE. *Il s'ensuit que les lois supérieures sont plus fortes que les lois inférieures, et la loi suprême est la plus forte* (§ 181).

§ 183

L'ordre le plus grand a le plus grand nombre de règles communes (§ 175, 86). Par conséquent, il est le plus composé (§ 88); ainsi, un ordre simple, aussi grand soit-il, n'est cependant pas le plus grand (§ 175, 88).

§ 184

La plus petite vérité métaphysique est le plus petit ordre de plusieurs choses en une (§ 175, 89), autrement dit la plus petite conformité avec les
55 principes catholiques (§ 176, 92). | Il s'ensuit que plus nombreuses et plus grandes sont les choses conjointes dans un être selon des règles plus nombreuses et plus fortes, alors plus grande est la vérité en celui-ci (§ 175, 180), jusqu'à être la vérité la plus grande, en laquelle les êtres les plus nombreux et les plus grands sont compris comme étant les plus convenables aux règles les plus fortes (des principes catholiques), § 182) (§ 160, 161).

§ 185

La plus petite perfection est le seul et unique accord le plus petit des choses les moins nombreuses et les plus petites en vue d'une seule et unique chose la plus petite (§ 94, 161). Par conséquent, plus nombreuses et plus grandes sont les choses dans lesquelles des choses plus nombreuses et plus grandes s'accordent davantage et plus souvent, alors plus grande est la perfection, jusqu'à être la perfection la plus grande, qui est le plus grand accord des choses les plus nombreuses et les plus grandes en une (§ 161, 169). D'autre part, comme la perfection suprême est la plus composée (§ 183, 96), la perfection simple, aussi grande soit-elle, n'est cependant pas la plus grande (§ 96).

§ 186

La plus petite exception est celle qui a été faite à la règle de perfection la plus faible au profit de la règle la plus forte (§ 178, 97). Il s'ensuit que plus forte est la règle de perfection à laquelle il est fait exception et plus est faible la règle au profit de laquelle l'exception est faite, alors plus grande est l'exception (§ 160), jusqu'à être l'exception la plus grande, qui est l'exception faite à la règle la plus forte et, par là, à la règle suprême de perfection (§ 182) au profit de la loi la plus faible (§ 161). Si une raison de perfection suffisante et une autre insuffisante entrent en conflit, alors l'exception à la raison suffisante est plus grande et l'exception à la raison insuffisante est plus petite. Si une raison de perfection plus féconde et une autre moins féconde entrent en conflit, l'exception à la plus féconde est plus grande | et l'exception à la moins féconde est plus petite. Si une raison 56 de perfection plus importante et une autre moins importante entrent en conflit, l'exception à la plus importante est plus grande et l'exception à la moins importante est plus petite. Si une raison de perfection plus lointaine et une autre plus proche qui doit lui être subordonnée entrent en conflit, l'exception à la plus lointaine est plus grande et l'exception à la plus proche est plus petite. Si une raison suffisante simplement telle et une raison suffisante sous un certain rapport entraient en conflit, l'exception à la raison simplement telle est plus grande et l'exception à la raison sous un certain rapport est plus petite (§ 181). Si une règle de perfection supérieure et une autre inférieure entrent en conflit, l'exception à la règle de perfection supérieure est plus grande et l'exception à la règle de perfection inférieure est plus petite (§ 182). Par conséquent, l'exception contraire à la loi suprême de perfection, c'est-à-dire celle qui a été faite à la règle suprême de perfection au profit de la règle de perfection la plus petite, c'est-à-dire l'exception conforme à la règle la plus petite, est l'exception la plus grande (§ 178, 182).

§ 187

Le bien le plus petit est celui dans lequel, une fois posé, la plus petite perfection est posée. (§ 100, 161). Plus grande est la perfection qui doit être posée lorsqu'un bien est posé, alors plus grand est ce bien (§ 160), jusqu'à être le MEILLEUR, en lequel, une fois posé, la perfection suprême est posée.

§ 188

Le plus petit être contingent est celui dont le contraire est le moins possible (§ 104, 161). Il s'ensuit que plus grande est la possibilité de l'un des contraires, plus grande est la contingence de l'autre (§ 160). La plus grande contingence est celle dont le contraire possède la plus grande possibilité (§ 161).

57 | § 189

Plus grande est la séparabilité des déterminations d'un être hypothétiquement un, plus grande est la contingence de son unité (§ 115, 188). Plus la non-conjonction autant que la confusion sont possibles, plus l'ordre contraire est contingent (§ 117, 188). Plus la non-conjonction ou la confusion des déterminations variées d'un être est possible, plus sa vérité contraire est contingente (§ 119, 188). Plus l'imperfection est possible, plus la perfection contraire est contingente (§ 122, 188).

§ 190

La plus petite variation est la succession d'un seul et unique être le plus petit dans un seul et unique être le plus petit (§ 161, 125). Il s'ensuit que plus nombreuses et plus grandes sont les choses qui se succèdent dans des choses plus nombreuses et plus grandes, alors plus grande est la variation (§ 160), jusqu'à être la variation la plus grande, qui est la succession des choses les plus nombreuses et les plus grandes dans les choses les plus nombreuses et les plus grandes. La plus petite possibilité de la plus petite variation dans un être est sa variabilité la plus petite (§ 161, 127). Il s'ensuit que plus est possible et grande la variation dans un être, plus grande est sa variabilité, jusqu'à être la variabilité la plus grande, qui est la plus grande possibilité de la plus grande variation (§ 161). La plus petite réalité dans un être est la rareté et la petitesse suprêmes des déterminations véritablement positives en lui (§ 135, 161). Plus nombreuses et plus grandes sont ses

déterminations véritablement positives, plus cet être est réel. Il s'ensuit que l'ÊTRE LE PLUS RÉEL est celui en lequel se trouvent les réalités les plus grandes et les plus nombreuses (§ 161, 36). Ces réalités absolument nécessaires sont le BIEN SUPRÊME, autrement dit LE MEILLEUR | MÉTAPHYSIQUE **58**
(§ 187, 147), alors que les réalités qui sont en soi contingentes sont le BIEN SUPRÊME CONTINGENT (physique au sens large).

SECTION VII
LA SUBSTANCE ET L'ACCIDENT

§ 191

Soit un être ne peut exister sans être la détermination d'un autre (dans un autre être), soit il le peut [exister sans être la détermination d'un autre] (§ 10). Le premier est l'ACCIDENT (un prédicable, autrement dit un être physique, *cf.* § 50, dont l'être [*esse*] est un être-dans [*inesse*], συμβεβηκός); le second est la SUBSTANCE (un être subsistant par soi, la forme, ἐντελέχεια, οὐσία, ὑπόστασις, ἐνέργεια), ce qui peut exister quand bien même il n'est pas dans un autre ou la détermination d'un autre être[1].

§ 192

L'existence d'un accident comme tel est l'INHÉRENCE; l'existence de la substance comme telle est la SUBSISTANCE[2].

§ 193

Si les accidents semblent subsister par eux-mêmes [*per se*], ils sont alors des PHÉNOMÈNES SUBSTANTIFIÉS[3].

1. Comme on l'a vu, Wolff définit en des termes différents la substance et l'accident : « Un sujet qui perdure et qui est modifiable est appelé *substance*. L'être qui toutefois n'est pas modifiable est appelé *accident* » (PpO, § 768). C'est donc le critère de la modification qui est ici déterminant : la substance est ce qui peut recevoir en elle des modifications et de la variété, contrairement à l'accident qui, comme tel, est une qualité sans substrat ou suppôt.

2. L'inhérence : donc ce qui n'existe que dans un autre ; la subsistance : donc ce qui subsiste par soi.

3. Le concept de phénomène substantifié se trouve dans la *Cosmologia Generalis Methodo Scientifica Pertractata* de Wolff et est ainsi présenté : « On appelle phénomène substantifié ce qui apparaît comme semblable à la substance » (CG, § 299). Sans doute inspiré par Leibniz, le naturaliste et philosophe Charles Bonnet (1720-1793) précise pour sa part que

59 | § 194

Les *accidents* ne peuvent exister que dans d'autres choses. Maintenant, rien n'est différent des accidents sauf les substances (§ 191). Il s'ensuit que les accidents ne peuvent exister que dans les substances ; autrement dit, *ils n'existent pas en dehors de leurs substances* (§ 58).

§ 195

Les déterminations essentielles, les attributs, les modes, les relations et les accidents (§ 191, 52) ne peuvent exister que dans les substances (§ 194).

§ 196

Ce à quoi les accidents peuvent être inhérents dans une substance, autrement dit la substance en tant que sujet (*cf.* § 344) auquel les accidents peuvent être inhérents, est appelé le SUBSTANTIEL et les accidents n'existent pas en dehors du substantiel (§ 194).

§ 197

Si les accidents sont inhérents à une substance, il y a alors une raison de l'inhérence (§ 20), autrement dit une FORCE AU SENS PLUS LARGE (efficacité, énergie, activité, *cf.* § 216) et donc une raison suffisante (§ 22). Cette dernière est la FORCE AU SENS PLUS STRICT (parfois appelée simplement FORCE, par motif de brièveté).

60 | § 198

La force au sens plus strict est soit une substance, soit un accident (§ 191). Maintenant, elle n'est pas un accident puisqu'elle est la raison suffisante de tous ceux-ci (§ 197). Il s'ensuit qu'elle est une substance et, dans la mesure où les accidents peuvent lui être inhérents comme à un sujet, elle est le substantiel (§ 196).

« Ce ne sont que des phénomènes substantifiés que nous apercevons ; les véritables substances nous demeurent voilées ». *Œuvres,* t. XVIII, p. 74. Le phénomène substantifié est donc ce qui, dans l'apparence sensible et à travers les accidents qui se présentent à nous, apparaît comme équivalant à la substance. Or la suite de l'exposé de Baumgarten va insister sur la différence entre la substance et le phénomène substantifié, en rappelant le caractère monadique de la substance, qui s'oppose à l'être composé qu'est toute apparence et perception sensible des accidents : voir entre autres § 234.

§ 199

Toute substance est pourvue d'un substantiel (§ 191, 196) et, par conséquent, d'une force (§ 198) ; elle est un substantiel (§ 196, 191) et, par là, une force autant au sens plus large qu'au sens plus strict (§ 198, 197)[1].

§ 200

Si les substances paraissent être des accidents, alors elles peuvent être des SUBSTANCES PRÉDIQUÉES ; les substances singulières sont des SUPPÔTS [*supposita*][2].

§ 201

La force est attribuée aux phénomènes substantifiés (§ 199, 193) et ceux-ci sont en outre des forces au sens plus large ou sont pourvus de forces au sens plus large (§ 197, 23). Si, par ailleurs, une force au sens plus strict est attribuée aux accidents, alors ceux-ci sont des phénomènes substantifiés (§ 198, 193).

§ 202

Toute substance a absolument et nécessairement des déterminations essentielles et des attributs (§ 107). Par conséquent, | toute substance a 61 des accidents (§ 191, 195). Mais elle a ou n'a pas de modes (§ 10). La substance qui a des modes est un être contingent ; celle qui n'en a pas, un être nécessaire (§ 111). Il s'ensuit que la substance est soit nécessaire, soit contingente. La subsistance d'une substance contingente est un mode (§ 134, 192).

§ 203

La force la plus petite est la raison seulement d'un unique accident inhérent le plus petit (§ 197, 166). Il s'ensuit que plus nombreux et grands

1. Ce paragraphe est le premier à associer aussi clairement, sinon à identifier la substance au concept de force (*vis*). L'influence de Leibniz est ici évidente. Si la monade est la seule substance, c'est qu'elle est un être qui peut subsister sans être la détermination d'un autre être : elle est ce à quoi les accidents sont inhérents. Or la raison suffisante de cette inhérence est la force, ou l'énergie, l'activité de la substance (§ 197). La substance n'est donc pas un simple réceptacle des accidents, mais elle est la raison active de leur inhérence.

2. Fugate et Hymers rappellent que le concept médiéval du *suppositum* (suppôt) a été repris par Leibniz dans son essai *Sur la Transubstantiation*, où il est identifié à la notion d'« individu substantiel » (p. 137, *infra*).

sont les accidents inhérents dont elle est la raison, plus la force est grande jusqu'à être la force la plus grande, comme raison des plus nombreux et des plus grands accidents inhérents. (§ 197, 166).

§ 204

La science des forces est autant la DYNAMIQUE philosophique que la DYNAMÉOMÉTRIE mathématique.

SECTION VIII
L'ÉTAT

§ 205

Un suppôt contingent est déterminé au moyen de ses modes et de ses relations (§ 184, 200). Par conséquent, des éléments fixes, autrement dit intrinsèquement invariables (107, 132) coexistent en lui avec des éléments
62 variables (§ 133). Une coexistence de ce genre est un | ÉTAT. Il s'ensuit qu'un suppôt contingent a un état. L'état des choses unies est l'UNION.

§ 206

La coexistence des modes avec des éléments fixes est l'ÉTAT INTERNE; par conséquent, un suppôt contingent a un état interne (§ 205).

§ 207

Les relations d'une substance sont intrinsèquement variables en elle (§ 133). Il s'ensuit que les relations coexistant avec des éléments fixes donnent ce qu'on appelle un ÉTAT EXTERNE (§ 205).

§ 208

Lorsqu'un mode est changé, l'état interne est changé (§ 125, 200) et lorsqu'une relation est changée, l'état externe est changé (§ 125, 207). Maintenant, les modes et les relations sont variables (§ 133, 207). Il s'ensuit que des variations d'état sont possibles dans une substance contingente (§ 206, 207).

§ 209

La variation d'un mode est une MODIFICATION. Il s'ensuit que la modification est une variation de l'état interne (§ 208) et qu'une substance contingente est modifiable | (§ 128). La variation d'une relation est une 63
VARIATION EXTERNE [*variatio*].

§ 210

Les variations d'un état sont des accidents (§ 191) et, par conséquent, elles ne peuvent exister que dans des substances (§ 194) et cela seulement lorsqu'une force – une force au sens plus strict – est posée (§ 197, 22). Cette force de variation ou, en général, la raison suffisante d'un accident inhérent (§ 197) est soit un substantiel qui change, c'est-à-dire en général ce à quoi l'accident est inhérent, soit une force différente de celui-ci (§ 10, 38). Dans le premier cas, la substance – dont l'état est changé ou, en général, ce à quoi l'accident est inhérent – AGIT ; dans le second cas, la substance – dont l'état est changé ou, en général, ce à quoi l'accident est inhérent – PÂTIT. Par conséquent, l'ACTION (l'acte, l'opération) est une variation de l'état et, en général, l'actualisation d'un accident dans une substance par le propre pouvoir de celle-ci; alors que la PASSION est une variation de l'état et, en général, l'actualisation d'un accident dans la substance par une force étrangère.

§ 211

Une substance agissant sur une substance qui est en dehors d'elle INFLUENCE cette dernière. Ainsi, l'INFLUENCE (l'action transitoire) est l'action d'une substance sur une substance en dehors d'elle. Une ACTION qui n'est pas influente est IMMANENTE.

| § 212 64

Si la passion d'une substance qui est influencée par une autre est en même temps l'action de la substance même qui pâtit, la PASSION et l'INFLUENCE sont dites IDÉALES. Si cependant la passion n'est pas aussi l'action de la substance qui pâtit, la PASSION et l'INFLUENCE sont dites RÉELLES.

§ 213

L'action d'une substance qui pâtit sur une substance qui agit est la RÉACTION et leur action ou réaction mutuelle est le CONFLIT.

§ 214

L'action, la passion et la réaction les plus petites sont celles par lesquelles seulement un unique accident le plus petit est actualisé (§ 161, 210). Il s'ensuit que plus sont nombreux et grands les accidents qui sont actualisés, plus grandes sont l'action, la passion et la réaction (§ 160, 213), jusqu'à être les plus grandes, lorsque les accidents les plus nombreux et les plus grands sont actualisés (§ 161, 210).

§ 215

Sont dites SIMPLES, l'ACTION et la PASSION qui ne sont pas des touts formés d'autres actions ou passions, alors que sont dites COMPOSÉES, l'action et la passion qui sont de tels touts. Plus les actions partielles qui les constituent sont nombreuses, plus celles-ci sont composées (§ 160). Par conséquent, l'action ou la passion la plus grande est la plus composée (§ 214, 161).

65 | § 216

Toute substance existante agit (§ 210, 199) et, par conséquent, a la possibilité ou la FACULTÉ d'agir (puissance active, force, *cf.* § 197) (§ 57); si elle pâtit, elle a la possibilité de pâtir, c'est-à-dire la RÉCEPTIVITÉ (puissance passive, capacité) (§ 57).

§ 217

La FACULTÉ et la RÉCEPTIVITÉ des influences réelles sont RÉELLES, celles des influences idéales sont IDÉALES, celles des actions simples sont SIMPLES, et celles des actions composées sont COMPOSÉES.

§ 218

Les facultés et les réceptivités sont soit absolues (§ 216, 15), soit hypothétiques (§ 16). Ces dernières sont cependant toujours plus grandes que les premières (§ 165, 216).

§ 219

La faculté hypothétique la plus petite serait celle par laquelle seulement une unique action d'une substance serait possible dans la plus petite liaison (§ 216, 161). Plus sont nombreuses et grandes les actions d'une substance qui sont possibles dans une plus grande liaison, plus grande est la faculté hypothétique (§ 168, 160). Une faculté hypothétique plus grande est la DISPOSITION[1] (la promptitude, la dextérité).

| § 220 66

Bien que, par la position d'une faculté ou d'une réceptivité, une action ou une passion ne soit pas posée (§ 216, 59), elles le sont pourtant par la position d'une force au sens plus strict (§ 210, 30); celle-ci sera le complément de la faculté d'agir, c'est-à-dire ce qui s'ajoute à la faculté pour qu'une action existe. Par conséquent, une FORCE donnée et déterminée AU SENS PLUS STRICT est ou bien suffisante pour une action donnée et déterminée ou bien elle ne l'est pas (§ 21, 210). Dans le premier cas, elle s'appelle une force VIVE; dans le second cas, une force MORTE, une sollicitation.

§ 221

L'EMPÊCHEMENT (l'obstacle) est ce qui s'oppose à l'inhérence d'un accident. Par conséquent, l'empêchement est ce qui s'oppose aux variations (§ 210).

§ 222

La RÉSISTANCE est un empêchement de l'action. Et comme ce qui s'oppose à l'inhérence des accidents et des variations est un accident (§ 191, 81), les empêchements et les résistances ont leur raison suffisante dans une force (§ 197, 27). Par la position d'un empêchement, une force d'empêchement est posée et par la position d'une résistance, une force de résistance est posée (§ 22).

| § 223 67

Une substance qui influence de plus près une substance est PRÉSENTE à celle-ci et les substances qui sont présentes les unes aux autres le plus près SE TOUCHENT, sont contiguës, de sorte qu'une influence de plus près est la PRÉSENCE et la présence mutuellement immédiate, autrement dit le conflit immédiat, est le CONTACT. Dans la mesure où une chose n'en influence pas une autre ni ne pâtit d'elle de plus près, elle est dite être ABSENTE de celle-ci.

1. La disposition (ou l'aptitude) : l'*habitus*. Le terme est rendu dans la traduction allemande (autant celle de Meier que celle de Gawlick et Kreimendahl) par *Fertigkeit* et dans la traduction anglaise par *proficiency*.

SECTION IX

LE SIMPLE ET LE COMPOSÉ

§ 224

Un ÊTRE COMPOSÉ (au sens strict et pris simplement) est un tout constitué de parties extérieures les unes aux autres [*partes extra partes*]. Un ÊTRE non composé est SIMPLE (pris simplement et rigoureusement dit). Un ÊTRE COMPOSÉ AU SENS PLUS LARGE est tout ce qui renferme des parties et un ÊTRE COMPARATIVEMENT SIMPLE est moins composé.

68 | § 225

Soit les parties des êtres composés prises individuellement et ensemble sont des accidents, soit certaines de ces parties sont des substances (§ 10, 191). Dans le premier cas, l'être composé est un accident (§ 224,155) ; dans le second cas, il est un ÊTRE COMPOSÉ AU SENS PLUS STRICT (réel).

§ 226

Supposons que les choses posées les unes hors des autres ne puissent d'aucune façon constituer un tout, autrement dit ÊTRE COMPOSÉES, alors le composé sera intrinsèquement impossible (§ 224, 15). Il s'ensuit que, dans les êtres composés, le mode de la composition est le contraire de l'impossibilité interne (§ 81), c'est-à-dire qu'il est la possibilité interne et l'essence des êtres composés (§ 40).

§ 227

La NAISSANCE est la variation du non-existant dans l'existant. La variation de l'existant dans le non-existant est la DESTRUCTION. Par conséquent, la naissance et la destruction d'un être nécessaire et d'une substance nécessaire sont absolument impossibles (§ 132, 202).

§ 228

La NAISSANCE À PARTIR DU RIEN est la naissance de quelque chose dont
69 aucune des parties ne lui préexiste, et l'ANNIHILATION | est la destruction de quelque chose dont aucune partie ne demeure dans l'existence après lui. La naissance à partir du rien et l'annihilation d'un être et d'une substance nécessaires sont absolument impossibles (§ 227).

§ 229

Parce qu'elles sont des accidents (§ 210), la naissance et la naissance à partir du rien, la destruction et l'annihilation ne peuvent exister que dans des substances (§ 227, 228), mais non dans une substance nécessaire (§ 227, 228). Donc, elles n'existent que dans les substances contingentes (§ 202).

SECTION X
LA MONADE

§ 230

Une substance est soit simple, soit composée (§ 224). La première est appelée MONADE (atome, unité parfaite).

§ 231

Toute partie d'une substance composée est soit un substantiel, soit un accident. Les accidents n'existent pas en dehors du substantiel. Il s'ensuit que les substantiels d'une substance composée sont posés les uns hors des autres (§ 224).

§ 232

Une substance composée a des forces et, par conséquent, a des
substances posées les unes hors des autres comme ses parties | (§ 231, 198) ; **70**
par conséquent, elle est un être composé au sens plus strict (§ 225).

§ 233

Une substance composée ne peut exister que comme un ensemble d'autres substances posées les unes hors des autres (§ 232, 155) et composées d'une certaine manière (§ 226). Il s'ensuit qu'elle ne peut exister que comme détermination d'autres choses (§ 36, 38). Donc, elle est un accident (§ 191) et, si elle semble subsister par soi et si une force lui est attribuée, elle est un phénomène substantifié (§ 193, 201).

§ 234

Toute substance est une monade (§ 233, 230). Un être composé au sens plus strict n'est pas une monade. Donc, il est un phénomène substantifié (§ 193, 201).

§ 235

Un être composé au sens plus strict consiste en monades (§ 225, 234).

§ 236

Une monade ne peut naître qu'à partir du rien. En effet, ses parties[1] sont le substantiel et les accidents qui sont lui inhérents (§ 196). Le substantiel ne préexiste pas à la substance; quand il existe en effet, une force existe et, par conséquent, une substance (§ 198). Aucun accident ne préexiste à sa
71 substance | (§ 194). Donc, aucune partie ne préexiste à la monade qui doit naître et, par conséquent, celle-ci ne peut naître qu'à partir du rien (§ 228).

§ 237

Aussi longtemps que le substantiel subsiste, la substance n'a pas encore péri (§ 198). En effet, aucun accident ne subsiste à sa substance. Il s'ensuit donc qu'une monade ne peut périr que par annihilation (§ 228, 196).

§ 238

Lorsqu'ils sont posés les uns à côté les autres, les êtres conjoints sont SIMULTANÉS; lorsqu'ils sont posés les uns après les autres, ils sont SUCCESSIFS. Un tout constitué d'êtres simultanés est un ÊTRE SIMULTANÉ et le tout constitué d'êtres successifs est un ÊTRE SUCCESSIF.

§ 239

L'ordre des êtres simultanés qui sont posés les uns hors des autres est l'ESPACE; celui des êtres successifs est le TEMPS.

1. Lorsque Baumgarten parle, non sans risque, des *parties* de la monade, il fait référence aux éléments qui la constituent intrinsèquement et indivisiblement, c'est-à-dire le substantiel et les accidents qui lui sont inhérents. Il ne s'agit donc pas de parties posées les unes hors des autres, comme dans la « substance composée » (qui en fait n'est pas une substance mais est un simple phénomène substantifié, puisque pour Baumgarten « Toute substance est une monade », § 234).

§ 240

Lorsque des êtres simultanés sont posés hors d'eux-mêmes, l'espace est posé. Lorsque l'espace est posé, des êtres simultanés sont posés les uns hors des autres. Lorsque des êtres successifs sont posés, le temps est posé et lorsque le temps est posé, | divers êtres (§ 74) qui se succèdent l'un à l'autre 72
sont posés (§ 239, 78).

§ 241

Ce en quoi il y a de l'espace est ÉTENDU et l'on dit qu'il remplit l'espace ou le lieu (qu'il est dans l'espace ou en un lieu, et ce en le remplissant). Maintenant, il y a de l'espace en tout être composé au sens strict (§ 240, 224). Il s'ensuit donc que tout être composé au sens strict est étendu et remplit l'espace. Tout être étendu a des parties simultanées extérieures les unes aux autres (§ 240) et, par conséquent, est un être composé (§ 224).

§ 242

La monade n'est pas étendue ni ne remplit l'espace (§ 241, 230). Mais un tout constitué de monades (§ 235) est étendu (§ 241).

§ 243

Tout être composé a une grandeur (§ 159, 224). La grandeur d'un être composé au sens strict et au sens plus strict est QUANTITATIVE. Par conséquent, la monade n'a pas de grandeur quantitative (§ 230).

§ 244

La DIVISION PHYSIQUE est l'amoindrissement de la grandeur quantitative. De même que la division logique de l'individuel est impossible (§ 148), de même l'INDIVISIBLE | est ce dont la division physique est impos- 73
sible. Il s'ensuit donc que l'indivisibilité est soit absolue, soit hypothétique (§ 15, 17). Rien de ce qui est absolument indivisible n'est hypothétiquement divisible. Quelque chose d'absolument divisible est hypothétiquement indivisible (§ 18). Par conséquent, la monade est indivisible (§ 243) et à vrai dire elle est indivisible par soi (§ 15).

§ 245

Des êtres composés ne peuvent exister qu'en tant que déterminations d'autres êtres (§ 225, 233). Maintenant, à part les êtres composés, il n'y a rien d'autre que des êtres simples (§ 224, 38). Il s'ensuit que si des êtres composés existent, alors des monades existent. (§ 230, 233)[1].

SECTION XI
LE FINI ET L'INFINI

§ 246

La quantité d'une qualité est le DEGRÉ (la quantité d'une propriété). Par conséquent, nous ne pouvons comprendre un degré qu'en en admettant un autre (§ 69).

§ 247

Le degré le plus bas ou le plus petit est celui pour lequel un degré plus petit est impossible; le degré le plus grand est celui pour lequel un degré
74 plus grand est impossible | (§ 246, 161). Les degrés plus grands sont des touts constitués de plusieurs des plus petits degrés (§ 155, 160). Par conséquent, *de l'affirmation d'un degré plus grand à l'affirmation d'un degré plus petit et de la négation d'un degré plus petit à la négation d'un degré plus grand, la conclusion vaut* (§ 157). En tout degré plus grand, il y a une multitude de degrés, qui est appelée l'INTENSITÉ (§ 159). Si celle-ci croît, la QUALITÉ, dont elle est le degré, EST INTENSIFIÉE et si elle décroît, la qualité, dont elle est le degré, EST AFFAIBLIE.

§ 248

Être un être réel est une qualité (§ 69) convenant à tout être (§ 136). Et comme il y a en tout être un certain nombre de réalités (§ 136, 159), tout être a un certain degré de réalité (§ 246, 159). Par conséquent, ce degré sera le plus grand ou ne sera pas le plus grand (§ 10, 247). Et comme le

1. Ainsi qu'on l'a mentionné dans notre présentation, ce bref exposé sur la monade reste globalement conforme à *Monadologie* de Leibniz. Aux § 398-399, Baumgarten parlera cependant de l'impénétrabilité des monades, ce qui laisse entendre que les substances seraient elles-mêmes dans l'espace et contredit la doctrine leibnizienne. Nous reviendrons sur cette question.

degré de réalité pour lequel un plus grand degré est possible – autrement dit le degré qui n'est pas le plus grand (§ 247) – doit être appelé LIMITE (borne, *cf.* § 350, fin, *cf.* § 341), alors tout ce qui a une limite sera FINI (*cf.* § 341, limité) et ce qui n'en a pas sera INFINI (réel, illimité). Il s'ensuit donc qu'un être ayant le plus grand degré de réalité, autrement dit celui qui est l'être le plus réel (§ 190), est infini, alors que tous les autres sont finis. Un être fini dont nous ne pouvons pas | ou dont nous ne voulons pas déterminer les 75
limites, est INDÉFINI (infini imaginaire, infini mathématiquement tel).

§ 249

Les êtres finis ont une limite et, par conséquent, un degré (§ 248), donc aussi une quantité (§ 246). Par conséquent, la connaissance philosophique et mathématique[1] de tout être fini est possible (§ 93, 22). La limite d'un être fini donné, au-delà de laquelle il est impossible qu'autre chose soit en lui en raison de son essence, est la LIMITE ESSENTIELLE. La mathématique des êtres non-étendus est la MATHÉMATIQUE DES GRANDEURS INTENSIVES (§ 247).

§ 250

En tout être fini, une certaine réalité doit être supprimée (§ 248, 247). Il s'ensuit qu'une certaine négation doit être posée et, par là aussi, une imperfection (§ 142), essentielle ou accidentelle (§ 143) et, par conséquent, une négation (§ 36) absolument nécessaire (§ 107) au sens strict (§ 137), un mal métaphysique (§ 146).

1. La distinction, ici simplement affleurée, entre connaissance philosophique et connaissance mathématique, est ainsi présentée dans le *Discours préliminaire* de Wolff : « § 6. Définition de la connaissance philosophique. La *connaissance* de la raison [des choses] qui sont ou se produisent se nomme *philosophique* » (trad. fr. p. 71) ; « § 14. Définition de la connaissance mathématique. La connaissance de la quantité des choses est celle que nous appelons *mathématique* » (trad. fr. p. 77). Ainsi la connaissance philosophique (qui repose sur la raison suffisante) est incomplète si ne s'y ajoute pas la connaissance de la quantité des choses. En outre, Wolff distingue de la connaissance philosophique et mathématique un premier niveau de connaissance : la connaissance *historique* : « § 7. Différence de la connaissance historique et de la connaissance philosophique. *La connaissance philosophique diffère de la connaissance historique*. Celle-ci consiste en effet en la connaissance (*notitia*) nue du fait (§ 3) ; celle-là, en revanche, s'étant avancée plus loin, dévoile la raison du fait, de sorte que l'on comprend pourquoi quelque chose de cette sorte peut se produire (§ 6) » (trad. fr. p. 72).

§ 251

76 Le plus grand degré de réalité dans un être infini est | absolument nécessaire (§ 248, 102) et, par conséquent, absolument invariable (§ 130).

§ 252

Si un être infini était intérieurement variable, les déterminations, qui se succéderaient alors les unes aux autres, changeraient le degré de sa réalité (§ 246, 125). Mais ce degré est intérieurement invariable (§ 251). Il s'ensuit donc qu'un être infini est intérieurement invariable.

§ 253

Ce qui est intérieurement invariable, à l'égard de ses déterminations internes, est en acte tout ce qu'il peut être (§ 125). Il s'ensuit qu'un être infini, à l'égard de ses déterminations internes, est en acte tout ce qu'il peut être (§ 252).

§ 254

Ce qui, à l'égard de ses déterminations internes, n'est pas en acte tout ce qu'il peut être est un être fini (§ 253, 248).

§ 255

Ce qui est intérieurement variable est un être fini (§ 252, 126). Il s'ensuit donc que tout être contingent est fini (§ 133) bien qu'il puisse être indéfini de plusieurs manières et mathématiquement infini (§ 248).

§ 256

Un être infini est un être nécessaire (§ 225, 109).

77 | § 257

Dans un être qui a un degré de réalité en comparaison duquel un plus grand degré est possible, une certaine qualité (§ 248), et par conséquent une détermination interne, peut être intensifiée et, par là, être changée (§ 247, 162). Il s'ensuit qu'un être fini est intérieurement variable (§ 248, 126) et qu'il n'est pas par conséquent un être nécessaire (§ 132); son existence est un mode (§ 134) et l'être lui-même est contingent (§ 109).

§ 258

Un être nécessaire est infini (§ 257, 248).

§ 259

Ce qui, à l'égard de ses déterminations internes, est en acte tout ce qu'il peut être est un être nécessaire (§ 132), donc infini (§ 258). Par conséquent, l'être infini peut être défini comme un être qui, à l'égard de ses déterminations internes, est en acte tout ce qu'il peut être (§ 253).

§ 260

Un être contingent n'est pas, à l'égard de ses déterminations internes, en acte tout ce qu'il peut être (§ 133). Un être fini est un être contingent (§ 257). Il s'ensuit qu'un être fini peut être défini comme un être qui, à l'égard de ses déterminations internes, n'est pas en acte tout ce qu'il peut être (§ 254). Ceci est rendu évident par le fait que, lorsqu'un des deux termes s'opposant contradictoirement est défini affirmativement, | l'autre **78**
peut être défini, quoique négativement, par les mêmes notes (§ 81, 248).

§ 261

L'infinitude est une réalité (§ 38) dont la raison est le plus grand degré de réalité (§ 248, 14). La finitude ou la limitation est une négation (§ 36) dont la raison est une limite (§ 248, 14).

§ 262

Les modes et les relations d'un être sont soit des réalités, soit des négations (§ 36); par conséquent, si celles-ci sont changées dans un être fini, sa limite est changée (§ 248). Maintenant, toute variation d'un être fini est une variation du mode ou de la relation (§ 52, 132). Il s'ensuit donc que toute variation d'un être fini est une variation de ses limites et, par conséquent, de sa limitation (§ 261, 30).

§ 263

Un être fini a des modes (§ 257, 112). Ceux-ci sont soit des réalités, soit des négations (§ 36). Le contraire des unes et des autres est absolument possible dans un être fini (§ 108). Par conséquent, les privations sont absolument possibles en tout être fini (§ 137) et, par là aussi, l'imperfection et le mal contingent (mal physique au sens large) (§ 144, 146).

§ 264

Tout être fini est partiellement mauvais et partiellement bon (§ 147,
79 137) et, en tout être fini, | le bien et le mal contingents sont intrinsèquement possibles (§ 147, 263).

CHAPITRE III

LES PRÉDICATS RELATIFS D'UN ÊTRE

PREMIÈRE SECTION
LE MÊME ET LE DIFFÉRENT

§ 265

La plus petite similitude réside entre deux choses auxquelles une seule et unique qualité la plus petite est commune (§ 174, 70). Maintenant, dans tous les êtres se trouvent certaines qualités qui leur sont communes (§ 8-100). Il s'ensuit donc que tous les êtres sont semblables les uns aux autres à un certain degré (§ 246). Par conséquent, il y a entre les êtres une certaine similitude et ainsi une identité universelle (§ 70). Plus nombreuses et grandes sont les qualités qui sont communes à des êtres plus nombreux, plus grande est la similitude (§ 174, 70). La plus petite égalité réside entre deux choses auxquelles une seule et unique quantité la plus petite est commune ; il s'ensuit que plus nombreuses et grandes sont les quantités qui sont communes dans des êtres plus nombreux, plus est grande l'égalité (§ 174,70).

§ 266

La plus petite congruence est la plus petite similitude et la plus petite égalité. Plus celles-ci sont grandes en même temps, plus est grande | la 80
congruence (§ 265, 70). L'IDENTITÉ, la SIMILITUDE, l'ÉGALITÉ et la CONGRUENCE des déterminations essentielles sont appelées ESSENTIELLES, celles des déterminations essentielles et des attributs sont appelées NÉCESSAIRES ; celles des modes, CONTINGENTES, et celles des affections, ACCIDENTELLES.

§ 267

L'IDENTITÉ ou la DIFFÉRENCE à l'égard de chacun des prédicats est TOTALE; à l'égard de certains d'entre eux, elle est PARTIELLE. Il s'ensuit donc que la similitude, l'égalité et la congruence sont soit totales, soit partielles (§ 70).

§ 268

Comme il existe entre tous les êtres une similitude partielle (§ 265), les êtres ne sont pas totalement différents (§ 267). Nous pouvons appeler cette proposition le *principe de négation de la dissimilitude et de la différence totales*.

§ 269

L'identité totale des êtres singuliers est l'IDENTITÉ NUMÉRIQUE. *Il est impossible que deux êtres singuliers qui sont l'un hors de l'autre soient* entièrement ou totalement *les mêmes*. En effet, puisque deux êtres sont posés, plusieurs êtres sont posés et, par conséquent, des êtres qui sont en partie les mêmes et en partie différents (§ 74). Il s'ensuit qu'ils ne sont pas totalement les mêmes (§ 267). Les êtres singuliers qui sont totalement les mêmes sont les mêmes en nombre et ne sont donc pas partiellement les
81 mêmes et partiellement différents | (§ 267). Par conséquent, ils ne sont pas plusieurs ni ne sont deux (§ 74). *Cette proposition* est appelée *le principe* (d'identité) *des indiscernables au sens large* ou *de négation de l'identité totale*[1].

§ 270

Il est impossible que plusieurs êtres actuels qui sont les uns hors des autres soient totalement congruents. Car aussi longtemps qu'ils existent les uns hors des autres, chacun d'entre eux possédera sa propre existence (§ 86) qui sera différente de l'existence d'un autre (§ 38) et, par conséquent, il se trouverait en l'un au moins un attribut ou un mode (§ 77) et ainsi une qualité ou une quantité (§ 69) qui ne se retrouverait pas dans l'autre (§ 38, 55). Par conséquent, les deux êtres ne seraient pas totalement

1. Dans la *Monadologie*, Leibniz pose en ces termes le principe des indiscernables : « 9. Il faut même, que chaque Monade soit différente de chaque autre. Car il n'y a jamais dans la nature, deux Êtres, qui soient parfaitement l'un comme l'autre et où il ne soit possible de trouver une différence interne, ou fondée sur une dénomination intrinsèque ». Ce qui signifie pour Leibniz que des natures qui n'auraient entre elles que des différences quantitatives, mais aucune différence interne ou qualitative, seraient indiscernables pour l'entendement.

congruents (§ 70, 267). Des êtres totalement congruents sont les mêmes à l'égard de toutes leurs marques distinctives internes (§ 267, 70) et, par conséquent, l'existence de l'un n'est pas différente de l'existence de l'autre (§ 70). Il s'ensuit qu'ils n'existent pas l'un hors de l'autre. *Cette proposition* sera *le principe de négation de la congruence totale*.

§ 271

Il est impossible que plusieurs êtres actuels qui sont les uns hors des autres soient totalement semblables. Car ou bien ils seraient totalement égaux, ou bien ils ne le seraient pas. Dans le premier cas, ils seraient totalement congruents (§ 70, 267), ce qui est absurde (§ 270). S'ils n'étaient pas totalement égaux, alors il y aurait une quantité dans l'un qui ne se trouverait pas dans l'autre (§ 70, 38). Celle-ci aurait une raison suffisante (§ 22). Par conséquent, | il y aurait une qualité dans l'un des êtres totalement 82
semblables qui ne se trouverait pas dans l'autre (§ 69, 14), ce qui est absurde (§ 70, 267). *Cette proposition* est *le principe* (d'identité) *des indiscernables pris au sens strict* ou *de négation de la similitude totale*.

§ 272

Il est impossible que plusieurs êtres actuels qui sont les uns hors des autres soient totalement égaux. Car ou bien ils seront totalement semblables, ou bien ils le seront seulement partiellement (§ 265). Dans le premier cas, ils seraient totalement congruents (§ 70, 267), ce qui est absurde (§ 270). S'ils étaient seulement en partie semblables, il y aurait une qualité dans l'un qui ne se trouverait pas dans l'autre (§ 267, 70). Par conséquent, il n'y aurait pas totalement le même degré de réalité en chacun (§ 248) et ainsi il y aurait une quantité de l'un qui ne serait pas la quantité de l'autre (§ 246) et donc ils ne seraient pas totalement égaux. *Cette proposition* sera *le principe de négation de l'égalité totale* [1].

§ 273

Tous les êtres actuels qui sont les uns hors des autres sont partiellement différents (§ 268), non congruents (§ 270, 70), dissemblables (§ 271) et inégaux (§ 272).

1. La négation de l'identité totale, de la congruence totale, de la similitude totale et de l'égalité totale entre les êtres posés les uns hors des autres offre en quelque sorte toutes les déclinaisons possibles du principe général des indiscernables.

§ 274

Si A et C sont les mêmes qu'un tiers B, ils sont mêmes entre eux. Car les choses qui sont en B sont en A (§ 38) et les choses qui sont en C sont en B
83 (§ 38). | Il s'ensuit que les choses qui sont en C sont en A. Par conséquent, A et C sont les mêmes (§ 38).

§ 275

Les êtres qui sont congruents, semblables et égaux à un même tiers sont congruents, semblables et égaux entre eux (§ 70, 274).

§ 276

Lorsqu'une même raison suffisante congruente, semblable et égale est posée, alors une même conséquence congruente, semblable et égale est posée, et vice versa (§ 38, 70)

§ 277

Lorsqu'une même essence est posée, alors les mêmes attributs sont posés, et vice versa (§ 276, 50).

§ 278

Lorsqu'une raison suffisante différente, non congruente, dissemblable et inégale est posée, alors une conséquence différente, non congruente, dissemblable et inégale est posée, et vice versa. Par conséquent, lorsqu'une essence différente est posée, des attributs différents sont posés, et vice versa (§ 277, 276).

§ 279

L'identité et la différence (§ 38), la congruence et la non-congruence, la similitude et la dissimilitude, l'égalité et l'inégalité (§ 70) des êtres
84 actuels qui sont *les uns hors des autres*, ne sont représentables | dans l'un de ces êtres que si cet être est considéré en une liaison avec les êtres qui sont posés hors de lui (§ 14). Par conséquent, elles sont des relations (§ 37). Les êtres entre lesquels un tel rapport existe sont liés. Maintenant, un tel rapport existe entre tous les êtres actuels qui sont *les uns hors des autres* (§ 265-273). Il s'ensuit donc que chacun des êtres actuels est lié (§ 47). Par conséquent, il existe entre tous les êtres actuels une liaison universelle et même une harmonie universelle (§ 48, 167).

SECTION II
LES ÊTRES SIMULTANÉS

§ 280

Comme l'extension est une qualité de l'être composé en tant qu'il remplit l'espace (§ 69, 241) et que l'espace peut être plus grand ou plus petit (§ 239, 175), un degré d'extension est possible dans ce qui est étendu (§ 246), c'est-à-dire une FIGURE. Par conséquent, une monade n'admet pas de figure, mais un tout constitué de monades en admet (§ 242). Un être composé d'une plus grande extension est SPACIEUX, d'une plus petite extension, ÉTROIT.

§ 281

La position d'un être actuel qui est simultané avec d'autres êtres hors de lui est le LIEU ; la position d'un être actuel qui est successif à ces autres êtres est l'ÂGE.

| § 282 **85**

Le lieu de tout être simultané est déterminé par sa conjonction avec différents êtres actuels hors de lui (§ 85, 281). Par conséquent, il est différent du lieu des êtres coexistant avec lui (§ 38). Il s'ensuit que les êtres simultanés posés *les uns hors des autres* ne sont pas dans le même lieu (§ 281). L'âge de tout être successif est déterminé par sa conjonction avec des êtres actuels posés avant ou après lui (§ 85,78) et, par conséquent, il est différent de l'âge de ces derniers (§ 38). Par conséquent, des êtres qui se succèdent les uns aux autres ne peuvent être dans le même âge.

§ 283

La variation de lieu est le MOUVEMENT ; par conséquent, tout mouvement est une variation de relation (§ 281, 85) et ce mouvement serait le plus petit si seulement une unique position d'un seul et unique être le plus petit était modifiée en relation avec un seul et unique être actuel le plus petit hors de lui (§ 161). Par conséquent, ce mouvement est d'autant plus grand que sont plus nombreuses les positions des êtres plus nombreux et plus grands qui sont changées en rapport avec des mobiles extérieurs plus nombreux et plus grands. Les êtres qui ne se meuvent pas SE REPOSENT, et l'absence de mouvement est le REPOS.

§ 284

Les êtres coordonnés qui se touchent les uns les autres sont CONTIGUS et ceux qui ne sont pas contigus SONT DISTANTS. Le lieu des êtres qui sont
86 distants les uns des autres est la POSITION [*SITUS*]. | *Une action*, autrement dit une influence immédiate et très proche, *est, à distance, impossible* en elle-même et pour elle-même (§ 223, 15).

§ 285

Un être simultané et successif constitué de parties contiguës est CONTINU et un être simultané et successif constitué de parties distantes entre elles est INTERROMPU.

§ 286

Les parties d'un être étendu posées *les unes hors des autres* sont soit simples, soit composées (§ 224). Les premières, dans la mesure où elles ne sont pas étendues, sont appelées des POINTS. Une série continue de points interposés entre des points distants est une LIGNE.

§ 287

L'étendue d'une ligne est déterminée par le nombre de points dont elle est composée (§ 241, 286) et celle où se trouve le plus petit nombre de points interposés entre des points distants donnés est la LIGNE LA PLUS COURTE entre eux. La ligne la plus courte entre des points donnés est la LIGNE DROITE ; celle qui n'est pas droite est COURBE.

87 | § 288

La ligne droite entre des points distants est leur DISTANCE ; plus cette ligne est grande, plus ces points distants sont distants entre eux (§ 287, 284). Si la distance est plus grande, les points distants sont plus ÉLOIGNÉS et si elle est plus petite, ils sont plus PROCHES.

§ 289

Une série continue de lignes interposées entre des lignes distantes est une SURFACE. L'étendue d'une surface est déterminée par le nombre de lignes dont elle est composée (§ 241, 175) et la plus petite étendue entre des lignes distantes données est la SURFACE PLANE ; celle qui n'est pas plane est COURBE (convexe). Une série continue de surfaces interposées entre des surfaces distantes est un SOLIDE MATHÉMATIQUE (un corps mathématique, *cf.* § 296).

§ 290

La seule étendue possible dans la ligne est la LONGUEUR. Ce qui s'ajoute à la longueur dans une surface est la LARGEUR et ce qui s'ajoute à l'étendue des surfaces dans un solide mathématique | est la (hauteur ou) **88**
PROFONDEUR.

§ 291

Si, à l'aide d'une quantité prise comme unité, nous en concevons une autre comme homogène, autrement dit semblable, alors nous MESURONS cette QUANTITÉ MESURÉE à l'aide de cette MESURE; cette action s'appelle le MESURAGE.

§ 292

La ligne n'admet qu'une seule dimension de l'étendue (§ 291, 287); la surface, deux dimensions (§ 291, 289); le solide mathématique, trois dimensions (§ 280, 246).

§ 293

Comme les parties de l'espace sont dans des êtres simultanés posés les uns hors des autres (§ 239, 155), elles sont simultanées et l'espace est ainsi un être simultané (§ 238).

§ 294

Comme le mouvement est un accident (§ 283), il ne peut exister que dans des substances et encore lorsqu'une force est posée (§ 210), qui est appelée FORCE MOTRICE. Comme le repos est un empêchement | du **89**
mouvement (§ 281, 283), lorsque le repos est posé, une force est posée qui résiste au mouvement (§ 222), laquelle est appelée FORCE D'INERTIE (résistance, apathie, force inhérente).

§ 295

L'être étendu auquel est attribuée la force d'inertie est la MATIÈRE (*cf.* § 344) et il est un phénomène substantifié (§ 234, 201). La matière à laquelle seule cette force est attribuée est la MATIÈRE PREMIÈRE (purement passive) (*cf.* § 423).

§ 296

La matière à laquelle est attribuée la force motrice est le CORPS physique (*cf.* § 289, matière seconde, *cf.* § 295) et est un phénomène substantifié (§ 295, 201).

SECTION III

LES ÊTRES SUCCESSIFS

§ 297

Le TEMPS qui est simultané à la pensée de ce temps même est le PRÉSENT ; celui auquel succède le présent est le PASSÉ et celui qui succède au présent est le FUTUR.

90 | § 298

Les êtres actuels du temps présent sont des êtres EXISTANTS (des êtres présents dans le temps, des êtres en acte). Les êtres actuels du temps passé, s'ils ne sont pas en même temps des êtres en acte, autrement dit s'ils n'existent plus, sont des ÊTRES PASSÉS (des faits). Les êtres actuels du temps futur sont des ÊTRES FUTURS et, s'ils ne sont pas en même temps des êtres en acte, ils sont des ÊTRES EN PUISSANCE.

§ 299

La continuation de l'existence est la DURÉE. Ce en quoi la durée est possible est appelé DURABLE. Un être actuel qui n'est pas durable est quant à lui INSTANTANÉ (momentané). Un être durable qui est d'une durée plus grande est DE LONGUE DURÉE (stable, constant, perpétuel, éternel) et celui qui est d'une durée plus courte est BREF (éphémère, transitoire, inconstant).

§ 300

Le temps simultané au momentané est appelé INSTANT (moment). Le temps qui succède à d'autres instants est appelé POSTÉRIEUR et celui
91 auquel succèdent | d'autres instants est appelé ANTÉRIEUR ; celui qui est antérieur à tout est appelé PREMIER et celui qui est postérieur à tout est appelé DERNIER.

§ 301

La variation d'un être en quelque chose de présent est appelée le COMMENCEMENT et la variation d'un être en quelque chose de passé est appelée la FIN. L'unification est le commencement de l'unité (§ 79, 205) et le commencement du contact est le CHOC.

§ 302

L'ÉTERNITÉ (rigoureusement dite, *cf.* § 299) est la durée sans commencement ni fin. La durée qui est seulement sans fin est la PERPÉTUITÉ [*aeviternitas*] et la durée simultanée à tout temps est la SEMPITERNITÉ [*sempiternitas*].

§ 303

Ce qui continue son existence sans commencement est simultané à tout temps passé et présent (§ 301, 297) ; ce qui continuera son existence sans fin sera simultané à tout temps futur (§ 301, 297). Il s'ensuit que tout ce qui est éternel est sempiternel (§ 302).

| § 304 **92**

L'être en puissance a la plus proche raison suffisante de son existence dans des êtres en acte (§ 27, 10) ou il ne l'a pas. Dans le premier cas, l'être est un ÊTRE EN LA PLUS PROCHE PUISSANCE, dans le second cas, un ÊTRE EN PUISSANCE ÉLOIGNÉE.

§ 305

Un être en acte, aussi longtemps qu'il dure, ne peut pas ne pas durer (§ 9, 7) et, par là, il existe nécessairement (§ 299, 101). Autrement dit, *tout ce qui est, aussi longtemps qu'il est, existe nécessairement*.

§ 306

Les êtres qui déterminent mutuellement le lieu et l'âge de chacun sont liés (§ 281, 85). Par conséquent, les êtres simultanés sont liés à l'égard de l'espace et les êtres successifs le sont à l'égard du temps (§ 238, 239). Maintenant, tous les êtres actuels posés *les uns hors des autres* sont soit simultanés, soit successifs (§ 238, 298). Il s'ensuit qu'il y a une liaison et une harmonie universelles entre chacun des êtres actuels (§ 48, 167).

SECTION IV
LA CAUSE ET LE CAUSÉ

§ 307

Ce qui contient la raison d'un autre être est son PRINCIPE. Ce qui dépend
93 d'un principe | est le PRINCIPIÉ. Le principe de l'existence est une CAUSE et le principié d'une cause est le CAUSÉ. Ce qui ne peut exister que s'il est causé par un autre être posé hors de lui est un ÊTRE PAR UN AUTRE (dépendant); mais ce qui peut exister même s'il n'est pas causé par un autre être posé hors de lui est un ÊTRE PAR SOI [*ENS A SE*] (indépendant).

§ 308

L'existence d'un être contingent et, par conséquent, d'un être fini, est un mode (§ 134, 257). Par conséquent, elle n'est pas suffisamment déterminée par l'essence d'un être contingent et fini (§ 65) ni, donc, par ses attributs (§ 64, 25). Il s'ensuit que la raison suffisante de l'existence d'un être contingent et fini ne se trouve pas dans ses déterminations internes (§ 52). Mais une raison suffisante est cependant nécessaire à l'être contingent et fini pour qu'il existe (§ 22, 101). Il est donc nécessaire que la raison suffisante de l'existence d'un être contingent et fini soit hors de lui et, comme il y a des causes qui la contiennent (§ 307), l'être contingent et fini ne peut exister que comme un être causé par quelque chose posé hors de lui, c'est-à-dire qu'il est un être par un autre (§ 307) [1].

§ 309

94 L'être par soi n'est ni contingent ni fini | (§ 308,307); il est par conséquent nécessaire (§ 109) et infini (§ 258).

1. Wolff : « Puisqu'il est contingent, *l'être contingent* est celui qui n'est pas nécessaire (§ 294), qui n'a pas la raison suffisante de son existence en son essence, autrement dit qui a la raison de son existence hors de lui, en un être autre, ou bien en un être par soi différent de lui » (PpO, § 310).

§ 310

Un être nécessaire et infini (§ 258) peut exister même s'il n'est pas causé par un autre posé hors de lui (§ 109,102); il s'ensuit donc qu'il est un être par soi et indépendant (§ 307)[1].

§ 311

Le principe de possibilité est appelé PRINCIPE D'ÊTRE (de composition); la cause est appelée PRINCIPE DE DEVENIR (de génération); le principe de connaissance est appelé PRINCIPE DE CONNAÎTRE et si, de là, de lui rien de plus ou de moins ne peut être connu qu'un principié donné, ce principe est dit ADÉQUAT à ce principié. L'essence est à la fois le principe d'être et le principe de connaître des modes (§ 65, 50)[2].

§ 312

Le principe des êtres qui sont en relation est appelé TERME DE LA RELATION, alors que l'être dépendant est appelé SUJET DE LA RELATION. Les êtres dont l'un peut devenir le terme de la relation de l'autre sont des CORRÉLATS.

| § 313 95

Entre la cause et le causé, il y a une liaison (§ 307, 14) qui est appelée LIAISON CAUSALE; dans la mesure où celle-ci est attribuée à la cause, elle est appelée CAUSALITÉ, mais dans la mesure où elle est attribuée à ce qui est causé, elle est appelée DÉPENDANCE.

1. Wolff: « *Si la raison suffisante de l'existence est contenue dans l'essence d'un être, cet être existe nécessairement, et son existence est absolument nécessaire*. [...] » (PpO, § 308). La distinction ontologique entre l'être contingent et l'être nécessaire, on le devine, ne trouvera son éclairage final que dans la *Théologie*, mais l'on peut aussi raisonnablement supposer que l'*Ontologie* de Wolff (et de Baumgarten) est déjà déterminée dans ses concepts par la théologie.

2. Wolff: « Si un principe contient en soi la raison de la possibilité d'un autre, il est appelé *principe d'être*; mais d'autre part, s'il contient la raison de l'actualité d'un autre, il est nommé *principe de devenir* » (PpO, § 874) et « Une proposition par laquelle la vérité d'une autre proposition peut être comprise s'appelle un *principe de connaître* » (PpO, § 876).

§ 314

Lorsqu'il y a plusieurs causes d'un seul et même être causé, celles-ci sont des CAUSES CONCOURANTES et elles sont dites concourir à l'être causé. La CAUSE qui n'a pas de cause concourante est une CAUSE SOLITAIRE. Celle parmi les causes concourantes qui renferme la plus grande raison de l'être causé est la CAUSE PRINCIPALE (primaire). Les causes concourantes de la cause principale sont les CAUSES SECONDAIRES (non principales). Toutes les causes concourantes sont liées entre elles (§ 313, 33).

§ 315

L'une des causes concourantes est soit la cause des autres, soit elle ne l'est pas (§ 10). Dans le premier cas, les CAUSES CONCOURANTES sont SUBORDONNÉES ; dans le second cas, elles sont COORDONNÉES. Parmi
96 toutes les causes subordonnées, | il y en a une qui est la CAUSE PREMIÈRE et toutes les autres sont des CAUSES SECONDAIRES.

§ 316

Parmi les causes concourantes subordonnées, ou bien cela même qui est dans la cause plus proche dépendra d'une cause plus lointaine dont dépend la chose causée par la cause plus proche, ou bien quelque chose d'autre en dépendra. Dans le premier cas, les CAUSES CONCOURANTES SONT ESSENTIELLEMENT SUBORDONNÉES ; dans le second cas, elles sont ACCIDENTELLEMENT SUBORDONNÉES.

§ 317

La cause d'une cause qui lui est essentiellement subordonnée est aussi la cause de ce qui est causé (§ 316, 25).

§ 318

Une cause est soit suffisante, soit insuffisante (§ 307, 21) et cela, soit sous un certain rapport, soit simplement telle (§ 28). Une cause est soit médiate, en quel cas un être causé donné en dépend au moyen d'une autre, soit immédiate, en quel cas un être causé donné en dépend, mais non au moyen d'une autre (§ 27).

| SECTION V 97
LA CAUSE EFFICIENTE

§ 319

La cause d'une réalité au moyen d'une action est une CAUSE EFFICIENTE; celle d'une négation est quant à elle une CAUSE DÉFICIENTE. Tant la cause efficiente que la cause déficiente agissent et elles sont, par conséquent, des substances (§ 210). Les accidents, lorsque considérés comme causes efficientes, sont ainsi des phénomènes substantifiés (§ 201, 200). Les êtres causés par une cause efficiente ou déficiente sont des EFFETS.

§ 320

La cause efficiente ou déficiente est soit médiate, laquelle actualise un effet au moyen d'une autre cause efficiente ou déficiente, soit immédiate, laquelle actualise un effet, mais non au moyen d'une autre cause efficiente ou déficiente. Une cause efficiente ou déficiente coordonnée avec une autre cause efficiente ou déficiente est appelée CAUSE ASSOCIÉE de celle-ci et si l'autre cause, autrement dit la cause associée, est en elle-même insuffisante pour un effet donné, cette autre cause associée est appelée CAUSE AUXILIAIRE.

| § 321 98

L'AIDE est le complément d'une cause associée insuffisante en vue d'un effet. Être une cause auxiliaire veut dire AIDER. Il s'ensuit donc que la cause aidante n'est pas une cause solitaire (§ 320) et que la cause solitaire n'aide pas (§ 314).

§ 322

Une cause efficiente ou déficiente non principale, subordonnée à une cause efficiente ou déficiente, est une CAUSE INSTRUMENTALE (servante, qui aide).

§ 323

Une action singulière accompagnée de son effet est appelée un ÉVÉNEMENT. La relation qui appartient à un événement est la CIRCONSTANCE. L'ensemble des relations qui concourent à un événement est l'OCCASION et sa cause est la CAUSE OCCASIONNELLE. La plus petite occasion est le plus petit accord des circonstances les moins nombreuses et les plus petites

pour un événement donné (§ 161). Plus sont nombreuses et grandes les circonstances et plus elles s'accordent dans un événement, plus est grande l'occasion (§ 160) jusqu'à être l'occasion la plus grande, qui serait le plus grand accord des circonstances les plus nombreuses et les plus grandes pour un événement donné (§ 161). La plus grande occasion à l'égard du lieu est la SITUATION OPPORTUNE et son contraire est la SITUATION INOPPOR-
99 TUNE; la plus grande occasion à l'égard | du temps est le MOMENT OPPORTUN, et son contraire est le MOMENT INOPPORTUN.

§ 324

Si la plus petite circonstance est dans l'événement A et qu'elle n'est pas dans l'événement B, alors les événements A et B ne sont pas totalement les mêmes (§ 267, 323) et, par conséquent, ils sont partiellement différents (§ 267), ce qui veut dire que *la plus petite circonstance modifie la chose extérieurement.*

§ 325

Si les événements A et B sont en un certain degré intérieurement les mêmes et sont considérés dans des circonstances très différentes, alors la différence qui en dépend ne réside que dans les relations (§ 323) et est par conséquent extérieure (§ 37). Il s'ensuit que l'identité interne des événements n'est ni augmentée ni diminuée par la différence des circonstances, du lieu, de l'âge, etc., ce qui veut dire que *le lieu et le temps ne modifient pas la chose intérieurement.*

§ 326

Lorsqu'un principe est posé, un principié est posé (§ 307, 30). *Lorsqu'une cause est posée, un être causé est posé* (§ 311). *Lorsqu'une cause efficiente ou déficiente est posée, un effet est posé* (§ 319). *Lorsqu'une cause occasionnelle est posée, une occasion est posée* (§ 323) *et vice versa* (§ 29).

| § 327

100 *Lorsqu'un même principe, semblable, égal et congruent est posé et que, par conséquent, les causes* (§ 307) *efficientes, déficientes* (§ 319) *et occasionnelles* (§ 323) *sont aussi posées, alors les mêmes principiés* (§ 276, 307), *semblables, égaux et congruents, les êtres causés, les effets ainsi que les occasions sont posés et vice versa.*

§ 328

Lorsque le principe est supprimé et que, par conséquent, les causes (§ 307) *efficiente, déficiente* (§ 319) *et occasionnelle* (§ 323) *sont aussi supprimées, alors sont supprimés le principié, l'être causé, l'effet ainsi que l'occasion* (§ 307, 31) *et vice versa* (§ 32).

§ 329

Tout effet est semblable à sa cause déficiente ou efficiente (§ 265), c'est-à-dire *telle est la cause, tel est l'effet* (§ 70). L'effet est ou bien semblable à la cause efficiente à l'égard de la différence spécifique entre les deux, ou bien il ne l'est pas (§ 10). Le premier est appelé EFFET UNIVOQUE et le second, EFFET ÉQUIVOQUE.

§ 330

L'effet qui a la raison la plus proche de son existence dans une action donnée est l'EFFET IMMÉDIAT (le plus proche et continu, *cf.* § 285) de cette action. Les effets MÉDIATS (éloignés) sont ceux qui ont seulement une raison plus lointaine de leur existence | dans une action donnée. Tous les **101**
effets d'une action pris en toute intensité sont le PLEIN EFFET. L'effet MOINS PLEIN est soit seulement un certain effet, soit un effet considéré à un moindre degré.

§ 331

Le plein effet est aussi grand que l'action par laquelle il est actualisé (§ 330, 214) et, par conséquent, il est égal à l'action (§ 70). Maintenant, l'action est aussi grande que la force vive par laquelle elle est actualisée (§ 220, 166) et, par conséquent, l'action est égale aux forces vives par lesquelles elle est actualisée (§ 70). Il s'ensuit donc que l'action de la cause efficiente est égale à ses forces vives (§ 319). Par conséquent *le plein effet est égal* (proportionné) *aux forces vives de la cause efficiente* (§ 275).

§ 332

La noblesse ou la dignité d'un effet qui doit être subordonné essentiellement à une cause efficiente renvoie à son plein effet (§ 330, 317, 166). Il s'ensuit donc que *l'effet n'est pas plus noble que la cause efficiente à laquelle il est subordonné essentiellement* (§ 331, 160).

§ 333

Les qualités (§ 329) et les quantités (§ 331) et, par conséquent,
102 | les déterminations d'une cause, peuvent être connues à partir de l'effet (§ 70, 67). Il s'ensuit donc que l'effet est le principe de connaissance de la cause (§ 311), c'est-à-dire que *l'effet témoigne de la cause*.

§ 334

Tout être contingent et fini est un être par un autre (§ 308). Il s'ensuit donc que l'existence de l'être existant n'est pas inhérente à sa propre force (§ 307) ; par conséquent, une force étrangère posée hors de l'être réel fini et contingent est la raison suffisante de l'existence inhérente à cet être réel fini et contingent (§ 210). Il s'ensuit donc qu'une substance posée hors de cet être agit sur lui en lui attribuant l'existence (§ 211). Par conséquent, tout être réel contingent et fini est un effet (§ 319) et a une cause efficiente (§ 326).

§ 335

La liaison causale entre la cause efficiente ou déficiente et l'effet est appelée LIAISON EFFECTIVE. Par conséquent, les causes associées sont liées par une liaison effective (§ 320, 314).

SECTION VI
L'UTILITÉ

§ 336

Ce qui est UTILE est bon pour autrui ; ce qui n'est pas bon pour autrui est
103 INUTILE et ce qui est mauvais pour autrui est NUISIBLE. | Par conséquent, l'UTILITÉ est une bonté relative (§ 37), qui peut être appelée PASSIVE si elle est attribuée à une chose à laquelle une autre peut servir et ACTIVE si elle est attribuée à ce qui peut servir.

§ 337

La plus petite utilité est celle par laquelle un seul et unique être le plus petit pose une seule et unique perfection la plus petite dans un autre être unique le plus petit (§ 336, 161). Par conséquent, l'utilité est augmentée dans la mesure même où des êtres plus nombreux et plus grands posent des perfections plus nombreuses et plus grandes dans des êtres plus nombreux et plus grands (§ 187). Le degré d'utilité est appelé VALEUR et le jugement sur la valeur est appelé PRIX (estimation). Par conséquent, l'estimation, de même que le prix, est soit vraie, soit apparente, autrement dit imaginaire (§ 12).

§ 338

L'USAGE est l'actualisation de l'utilité. L'ABUS est soit un usage apparent, soit un usage en lequel ce qui est utile périt. Et comme la perfection de ce à quoi sert une chose peut être connue à partir de l'utile (§ 336, 100), alors l'utile et ce à quoi sert une chose sont liés | et leur liaison **104**
peut être appelée LIAISON D'UTILITÉ.

§ 339

Si quelqu'un use de quelque chose d'utile, la perfection d'un autre être se trouve actualisée par ceci (§ 338, 100) et l'utile, par l'usage, devient la cause de perfection de ce à quoi il sert (§ 307). Cette liaison causale peut être appelée LIAISON D'USAGE. Ce dont on use est utile (§ 336, 57) et personne n'use de ce qui est parfaitement inutile (§ 338, 58). Certaines choses qui sont pourtant utiles manquent d'usage et, par conséquent, certaines choses dont personne n'use sont néanmoins utiles (§ 60).

§ 340

Les choses utiles à une seule et même chose sont liées à celle-ci (§ 339). Il s'ensuit que toutes les choses utiles à une chose sont liées entre elles (§ 314). Si la chose A est utile à la chose utile B qui lui est essentiellement subordonnée, alors elle est aussi utile à la chose C à laquelle sert B (§ 317).

105 | SECTION VII

LES AUTRES GENRES DE CAUSES[1]

§ 341

Si quelqu'un use ou abuse de quelque chose afin d'actualiser ce qui lui semble bon, cette même chose qui semble bonne à l'agent est appelée une FIN (*cf.* § 248). Les causes de la fin, dont il peut user ou abuser en vue de la fin, sont appelées MOYENS (destinés, limités, *cf.* § 248, les remèdes) et la représentation de la fin est appelée l'INTENTION. Maintenant, la fin est le principe de l'usage ou de l'abus (§ 338, 307) et, par conséquent, elle est la cause finale (§ 338, 307).

§ 342

Les raisons d'une intention chez celui qui a cette intention sont appelées CAUSES D'IMPULSION. La fin est l'effet de l'action et des moyens dont l'agent use ou abuse (§ 341, 319). Par conséquent, la pleine fin est égale à l'action et aux moyens. Les moyens et l'action sont égaux (proportionnés) à la pleine fin (§ 331). La saisie d'une occasion (§ 323) et l'éloignement des empêchements (§ 221) sont des moyens (§ 341).

106 | § 343

La liaison causale des moyens et des fins est la LIAISON FINALE; toutes les fins concourantes sont liées entre elles (§ 314, 341). La fin des fins qui lui sont essentiellement subordonnées est aussi la fin des moyens (§ 317, 341). La fin première, autrement dit celle à laquelle sont subordonnées toutes les fins concourantes, est appelée la FIN DERNIÈRE ou le BUT. Cette fin est dernière soit simplement, soit sous un certain rapport dans une subordination donnée de fins (§ 28). Les autres fins sont des FINS INTERMÉDIAIRES.

1. Comme le remarquent Fugate et Hymers (p. 162, *infra*), on peut s'étonner que Baumgarten, tout influencé qu'il est par Leibniz, consacre quasiment tout son exposé sur la causalité à la cause efficiente et soit si peu disert sur la cause finale, qui n'aura droit ici qu'à de brefs paragraphes. Dans le chapitre de son *Ontologia* portant sur les causes (partie II, section III, chapitre II : § 866-951), il est vrai que Wolff insiste lui aussi beaucoup sur la notion de cause efficiente, mais non sans consacrer quelques paragraphes à la cause finale (§ 932-943), quelques autres à la cause formelle (§ 944-947) et même deux paragraphes (§ 948-949) à ce qui s'apparente à la cause matérielle. Voir par exemple PpO, § 932 : « Ce en vue de quoi la cause efficiente agit est appelé *fin*, et de même : *cause finale* ».

§ 344

Si un être est conçu comme déterminable, il est appelé MATIÈRE (§ 295, 296) DE QUOI. S'il est conçu dans l'acte même de détermination, il est appelé MATIÈRE À PROPOS DE QUOI (l'objet, le sujet d'occupation). S'il est conçu après que la détermination a été accomplie, il est appelé MATIÈRE EN QUOI et ceci, avec la matière de quoi, est appelé le SUJET.

§ 345

La matière et la forme, comme elles contiennent la raison d'une détermination actuelle (§ 344, 40), sont des causes (§ 307). Celle-là est la cause matérielle; celle-ci, la cause formelle. Les causes matérielles | et formelles **107**
concourantes sont liées entre elles. La liaison de ces causes concourantes avec leurs principiés (§ 307) et des causes concourantes les unes avec les autres peut être appelée LIAISON SUBJECTIVE dans le premier cas et LIAISON FORMELLE (essentielle) dans le second cas.

§ 346

Un EXEMPLAIRE est ce vers quoi tend le semblable et, comme il est une cause d'impulsion (§ 342), il est une cause (§ 307) qui est appelée exemplaire et son être causé est appelé un EXEMPLARIÉ (un ectype, une copie)[1]. Un EXEMPLAIRE qui n'a pas d'autre modèle est un ARCHÉTYPE (un original), l'exemplaire, l'exemplarié et les co-exemplaires sont liés par une liaison causale (§ 313), laquelle est une LIAISON EXEMPLAIRE (typique).

SECTION VIII
LE SIGNE ET LE SIGNIFIÉ

§ 347

Le moyen de connaître l'existence d'une autre chose est le SIGNE et la fin du signe est le SIGNIFIÉ. Par conséquent, le signe est le principe de connaissance du signifié (§ 311) et la liaison entre le signe et le signifié est la LIAISON SIGNIFICATIVE | qui est appelée SIGNIFICATION (force, pouvoir) **108**
lorsqu'elle est attribuée au signe.

1. Autrement dit, l'exemplarié provient de l'exemplaire, qui est à son égard la cause formelle.

§ 348

Le signifié actuel (§ 347) est soit présent, en quel cas le signe est appelé DÉMONSTRATIF ; soit passé, en quel cas le signe est appelé MNÉMONIQUE (remémoratif, μνημόσυνον) ; soit futur (§ 298), en quel cas le signe est appelé PRONOSTIQUE.

§ 349

La science des signes (sémiotique, sémiologie philosophique, symbolique) est la CARACTÉRISTIQUE et cette science est (I) l'HEURISTIQUE lorsqu'elle concerne l'invention des signes, tant des signes PRIMITIFS qui n'ont pas d'autres signes comme parties que des signes DÉRIVÉS qui sont composés d'autres signes. Si leur mode de composition est semblable à l'essence du signifié, ils sont alors des signes ESSENTIELS. L'heuristique des signes dérivés est la COMBINATOIRE. La science des signes est
109 (II) l'HERMÉNEUTIQUE, lorsqu'elle concerne la connaissance | des choses signifiées par des signes. Celle-ci est l'HERMÉNEUTIQUE UNIVERSELLE. La caractéristique des signes pronostiques est la MANTIQUE.

§ 350

Le signe d'une représentation est un TERME (*cf.* § 248, un symbole). Les termes plus communément utilisés par la voix humaine sont des MOTS. Une série de mots signifiant des représentations liées est le DISCOURS (au sens plus large). L'ensemble des mots plus communément utilisés dans une certaine région plus grande est une LANGUE PARTICULIÈRE. Une langue plus communément utilisée dans une certaine région plus petite, qui est différente de celle plus communément utilisée dans d'autres régions plus petites, est un IDIOME. Un idiome plus parfait est un DIALECTE. Les tracés qui, dans un terme, doivent être observés des yeux, sont des CARACTÈRES AU SENS PLUS STRICT (*cf.* § 67). Ceux-ci sont soit des caractères de mots – et ils sont alors NOMINAUX –, soit des caractères immédiats de choses qui doivent être signifiées par des mots – et ils sont alors RÉELS. Si ces derniers
110 signifient | quelque chose d'autre que ce à quoi ils sont les plus semblables, ils sont HIÉROGLYPHIQUES ; s'ils sont des signes de sociétés, ils sont des INSIGNES ; et si ces caractères peuvent être lus dans toutes les langues particulières, leur ensemble est alors une LANGUE UNIVERSELLE

DEUXIÈME PARTIE

COSMOLOGIE

PROLÉGOMÈNES

§ 351

La COSMOLOGIE GÉNÉRALE est la science des prédicats généraux du monde. Celle-ci, lorsqu'elle se fonde sur l'expérience plus proche, est EMPIRIQUE ou, lorsqu'elle se fonde sur le concept du monde, elle est RATIONNELLE[1].

1. Wolff : « La *cosmologie générale* est la science du monde ou de l'univers, dans la mesure, à vrai dire, où celui-ci est un être composé et modifiable » (*Cosmologia rationalis, methodo scientifica pertractata* [désormais CG], § 1 ». Sur la distinction entre cosmologie empirique et cosmologie rationnelle : « [...] La *cosmologie générale scientifique* est celle qui présente une théorie générale concernant le monde à partir des principes de l'Ontologie ; à l'inverse, la *cosmologie générale empirique* est celle qui tire des observations une théorie établie ou qui doit être établie par la cosmologie scientifique » (CG, § 4). La cosmologie sera donc une théorie du monde en tant qu'être composé, dont les prémisses résident dans l'ontologie. Pour Baumgarten, cela signifie : une théorie du monde comme être composé érigée sur les bases de la théorie de la monade. Pour Wolff, qui n'adhère pas à la monadologie, les monades se ramènent à des êtres simples : « *Les substances simples sont les éléments des corps*. Les corps sont des agrégats de substances simples (§ 176, *Ontol.*) » (CG, § 182).

§ 352

La cosmologie contenant les premiers principes de la psychologie, des théologies, de la physique, de la téléologie et de la philosophie pratique,
111 c'est à juste titre qu'elle se rapporte | (§ 2) à la métaphysique (§ 1)[1].

§ 353

La cosmologie enseigne 1) le concept, 2) les parties, 3) la perfection du monde.

1. On comprend que les principes de la cosmologie, qui est une branche de la « métaphysique spéciale », seront conformes à ceux de l'ontologie, ou de la « métaphysique générale », et qu'ils ne sauraient y contredire. Mais en quoi Baumgarten peut-il affirmer qu'ils renferment (*continens*) aussi ceux de la psychologie, de la théologie, de la téléologie, de la physique et de la philosophie pratique ? C'est que l'enjeu central de la cosmologie sera d'expliquer la liaison intégrale des êtres actuels qui forment une totalité (une série complète). Or cette question est intimement liée à d'autres, qui définissent le programme même de la métaphysique : quel est le rapport des substances les unes avec les autres ? ; quel est le fondement de l'être composé ? ; du rapport entre l'âme et le corps ? ; du rapport entre l'être fini et l'être infini ? ; du naturel et du surnaturel ? Pour qu'une métaphysique soit possible comme science rationnelle, il faut que la réponse à toutes ces questions puisse reposer sur des principes communs et parfaitement cohérents.

CHAPITRE PREMIER

LE CONCEPT DU MONDE

PREMIÈRE SECTION
LE CONCEPT AFFIRMATIF

§ 354

Le MONDE (*cf.* § 91, 403, 434, l'univers, τὸ πᾶν) est la série (la multitude, le tout) des êtres actuels finis qui n'est pas la partie d'une autre [1].

§ 355

Ce monde existe. Il s'ensuit que le monde est en soi possible (§ 57, 18).

§ 356

Dans ce monde, les êtres actuels sont posés les uns hors des autres ; par conséquent, il existe une liaison universelle et actuelle.

| § 357 112

En tout monde, il y a des parties actuelles (§ 354, 155) ; chacune d'entre elles est liée au tout (§ 14, 157) et, par conséquent, chacune est liée à chacune (§ 33). Il s'ensuit donc qu'il y a en tout monde une liaison universelle des parties et une harmonie universelle (§ 48), c'est-à-dire qu'*il n'y a pas d'île dans le monde*. Autrement dit : les parties d'un monde sont soit

1. Le concept du monde est donc celui d'une *totalité* : de la totalité des êtres finis actuels.

des êtres actuels posés les uns hors des autres – et chacun d'entre eux est lié à tous les autres (§ 279, 306) –, soit des déterminations internes d'un monde qui ne sont pas posées les unes hors des autres (§ 10, 37) – et chacune d'entre elles est liée à toutes les autres (§ 49). Οὐκ ἐστίν ἐπεισοδιώδης, ἐστίν ὥσπερ στράτευμα [le monde n'est pas incohérent, mais il est comme une armée][1].

§ 358

Il existe en ce monde une liaison effective (le règne du pouvoir) (§ 335), une liaison d'utilité (§ 338) et d'usage (§ 339), une liaison finale (le règne de la sagesse) (§ 343), une liaison subjective et une liaison formelle (§ 345), une liaison exemplaire (§ 346) et une liaison significative (§ 347). Par conséquent, les liaisons de ce genre sont possibles dans le monde (§ 57).

§ 359

Comme tout monde est un être (§ 355, 62), il sera un (§ 73 [§ 354, 155]) et vrai (§ 90 [§ 357, 355, 354, 92]). Par conséquent, en tout monde, il y a un ordre (§ 89) et des règles communes (§ 86). Un monde de fables n'est pas un monde (§ 120).

113 | § 360

Tout monde est parfait (§ 99, 359) et bon (§ 100).

§ 361

Les parties de tout monde sont toutes des êtres contingents (§ 354, 257). Par conséquent, leur existence est un mode (§ 134). Maintenant, l'existence de chacune des parties d'un monde, prises ensemble, est l'existence d'un monde (§ 155). Il s'ensuit donc que l'existence d'un monde est un mode et que tout monde est un être contingent (§ 111). Autrement dit : supposons qu'un certain monde est un être nécessaire. Toutes ses déterminations internes seront alors absolument nécessaires et, par conséquent,

1. Baumgarten fait ici allusion à la *Métaphysique* d'Aristote (L, 10, 1075a11-a18) : « En effet, le bien de l'armée est dans son ordre, et le général qui la commande est aussi son bien, et même à un plus haut degré, car ce n'est pas le général qui existe en raison de l'ordre, mais c'est l'ordre qui existe grâce au général. Toutes choses sont subordonnées ensemble d'une certaine façon, mais non de la même manière, poissons, volatiles, plantes ; et les choses ne sont pas arrangées de façon telle que l'une n'ait aucun rapport avec l'autre, mais elles sont en relations mutuelles : car toutes sont ordonnées à une seule fin » (trad. fr. Tricot, Paris, Vrin, [1970], 1981, t. 2 p. 706-707).

aucune partie de ce monde n'aura de modes (§ 108, 157), ni ne sera un être contingent (§ 134), mais toutes les parties de ce monde seront plutôt un être nécessaire (§ 109) et, par là, infini (§ 258), ce qui est absurde (§ 354).

§ 362

Tout monde est un (§ 359), mais a cependant des modes (§ 361, 112) et, par conséquent, des déterminations en soi séparables (§ 72, 65) et donc une unité hypothétique (§ 76) et intrinsèquement contingente (§ 115).

§ 363

En aucun monde, la conjonction des parties n'est absolument nécessaire (§ 362, 102), mais il y a cependant | une coordination (§ 78). Il s'ensuit 114
qu'il y a en tout monde un ordre en soi contingent (§ 117) et, par conséquent, aussi une vérité intrinsèquement contingente (§ 119).

§ 364

Comme toutes les parties réelles d'un monde (§ 136) s'accordent au degré de réalité qui doit être attribué à leur monde (§ 248, 140) – de sorte toutefois que, puisqu'elles sont des êtres contingents (§ 354, 257), elles puissent aussi en soi ne pas s'accorder ou ne s'accorder que partiellement –, alors en tout monde, il y a une perfection en soi contingente (§ 122).

§ 365

Tout monde est absolument et intérieurement variable (§ 361, 133).

§ 366

En tout monde, il y a des réalités absolument nécessaires (§ 359, 360), par conséquent, un bien métaphysique (§ 147) et aussi des réalités en soi contingentes (§ 362-364), par conséquent, un bien physique au sens large (§ 147).

§ 367

Ce monde est un (§ 359) et en soi contingent (§ 362). Il y a en ce monde un ordre (§ 359) et une vérité (§ 363) intrinsèquement contingents et aussi une perfection et une bonté intrinsèquement contingentes (§ 364), un bien métaphysique et un bien physique au sens large | (§ 366). Ce monde est 115
absolument et intérieurement variable (§ 365, 154).

§ 368

Le monde le plus petit serait un tout constitué des êtres actuels les moins nombreux et les plus petits (§ 161, 354). Par conséquent, plus nombreux et plus grands sont les êtres finis qui en constituent les parties, plus le monde est grand (§ 160), jusqu'à être le monde le plus grand qui serait l'agrégat des parties les plus nombreuses et les plus grandes dans les êtres finis (§ 161).

§ 369

L'ÉTAT D'UN MONDE est le tout de tous les états simultanés dans ses parties. Maintenant, ce monde a des parties, en lesquelles des parties fixes coexistent avec des parties variables (§ 367). Il s'ensuit donc que ce monde a un état (§ 205).

§ 370

L'existence de tout monde et donc de celui-ci est un mode (§ 361, 134). Par conséquent, ce mode peut être présent ou absent alors que demeure intacte l'essence du monde (§ 65). Et comme l'actualité de tout monde et donc de celui-ci (§ 133) est absolument variable, le commencement et la fin de tout monde sont absolument possibles (§ 301, 65).

§ 371

Un monde ne peut naître qu'à partir du rien. Supposons en effet qu'un
116 monde naisse bien qu'une certaine partie de celui-ci | lui préexiste. Puisque et aussi longtemps que cette partie a existé, ce monde a été en partie existant, tout comme il sera toujours quelque chose qui ne sera pas véritablement non existant s'il venait à exister. Par conséquent, un monde qui semble naître après une partie préexistante ne naît pas. Bien qu'un tel monde ne fût pas encore né, il n'était toutefois plus simplement possible tant et aussi longtemps qu'il était le tout de la partie existante et que, par là, il était déjà déterminé quant à l'existence. Il s'ensuit qu'un monde qui ne naît pas à partir du rien ne naît pas. Ainsi, un monde qui n'est pas annihilé ne périt pas tant et aussi longtemps qu'il demeure en partie existant dans la partie subsistante, tout comme il fut toujours, s'il a existé. Par conséquent, il ne se change pas en quelque chose de non existant. Il s'ensuit qu'un monde ne peut périr que par annihilation.

§ 372

Tout monde, et donc celui-ci, est un être fini (§ 255, 361) et, par conséquent, une connaissance philosophique et mathématique de celui-ci est possible (§ 249). Tout monde, et donc celui-ci, renferme un mal métaphysique (§ 250) et contingent, autrement dit un mal physique au sens large, une imperfection en soi contingente et absolument possible (§ 263), et est donc partiellement bon, partiellement mauvais (§ 264).

§ 373

Tous les mondes sont partiellement semblables à la fois à l'être infini, entre eux et à chacune de leurs propres parties. | (§ 265, 267). Mais il est 117
impossible qu'il y ait plusieurs mondes actuels les uns hors des autres qui soient totalement les mêmes (§ 269), différents (§ 268), congruents (§ 270), semblables (§ 271) et égaux (§ 272).

§ 374

Comme les parties d'un monde sont soit simultanées, soit successives (§ 238, 354), si elles sont posées les unes hors des autres, alors elles sont liées en un monde soit par le temps, soit par l'espace, soit par les deux (§ 239, 306).

§ 375

Tout monde est un être à partir d'un autre (§ 361), autrement dit, un être dépendant (§ 308) et ce monde a une cause efficiente posée hors de lui dont il est l'effet (§ 334) et qui témoigne de la cause (§ 333)[1].

§ 376

Les parties de tout monde sont actuelles (§ 354)-et, par conséquent, chacune d'entre elles a, dans son propre monde, une vérité (§ 90) et une certitude (§ 93), en tant que déterminations internes (§ 37, 93) déterminées (§ 54) et, à plus forte raison, chacune des parties de ce monde dans ce monde.

1. Ce paragraphe et ceux qui précèdent annoncent une thèse fondamentale de la cosmologie telle que la conçoit Baumgarten (à la suite de Leibniz et de Wolff) : le monde – ce monde – n'est pas une réalité absolue, mais est une réalité contingente qui ne renferme pas en lui-même ses principes. Déjà se profile en ces paragraphes la critique, plutôt le combat, de la cosmologie d'inspiration leibnizienne et wolffienne contre Spinoza : *Deus sive natura* !

§ 377

Des êtres finis qui ne sont pas seulement absolument possibles ni simplement hypothétiquement possibles dans quelque liaison que ce soit, mais qui le sont aussi dans la liaison universelle d'un CERTAIN MONDE, quel
118 qu'il soit, sont appelés | des ÊTRES POSSIBLES de ce monde. Par conséquent, les êtres possibles de ce monde sont ceux qui, lorsque considérés dans la liaison universelle de celui-ci, sont néanmoins hypothétiquement possibles et, par conséquent, ont un plus grand degré de possibilité (§ 165, 246).

§ 378

Si même une seule partie de ce monde était autre que ce qu'elle est, ce monde ne serait pas totalement le même que ce qu'il est (§ 155, 267). Maintenant, toutes les parties de cet univers peuvent être autres que ce qu'elles sont (§ 354, 260). Il s'ensuit donc que sont possibles des mondes qui sont en partie différents de ce monde-ci (§ 38) et en partie les mêmes que lui (§ 265), c'est-à-dire que plusieurs mondes sont possibles (§ 74).

§ 379

Ce monde est uniquement singulier (§ 77). Supposons en effet qu'il y ait plusieurs mondes, alors ils formeraient avec celui-ci une multitude, autrement dit une série (§ 74). Par conséquent, ce monde ne serait pas un monde (§ 354), ou tous ces mondes seraient des parties de ce monde, seul et unique (§ 354, 77)[1].

SECTION II
LE CONCEPT NÉGATIF DU MONDE

§ 380

Une PROGRESSION (régression) À L'INFINI serait une série d'êtres
119 contingents | posés les uns hors des autres, dont l'un est la cause de l'autre sous un certain rapport sans qu'il y ait de cause simplement telle. Une progression à l'infini en laquelle l'être causé est pris comme cause de lui-

1. En effet, puisque le concept affirmatif du monde est celui de la totalité des êtres actuels finis, il ne peut pas y avoir une multitude, mais un seul et unique monde existant parmi tous les mondes possibles.

même serait CURVILIGNE (circulaire); et celle en laquelle l'être causé n'est pas pris comme cause de lui-même serait RECTILIGNE.

§ 381

Une progression à l'infini, aussi grande soit-elle posée, serait un être contingent (§ 380, 155) et, par conséquent, aurait une cause efficiente posée hors d'elle-même (§ 334). Celle-ci ne pourrait pas être un être contingent, car, dans la mesure où elle serait à son tour un être par un autre (§ 308), elle ne serait la cause de la progression à l'infini que sous un certain rapport (§ 28). Donc, elle ne serait pas posée hors de la progression elle-même, mais n'en serait que l'une des parties (§ 155, 380). Il s'ensuit donc que la cause efficiente d'une progression à l'infini devrait être un être nécessaire (§ 109) et indépendant (§ 310). De quelque manière que cet être puisse exister, il existe de cette manière (§ 259). Il peut cependant exister sans être causé par un autre être posé hors de lui (§ 310). Il s'ensuit donc qu'il n'est pas causé par un autre être posé hors de lui, mais qu'il est plutôt la cause simplement telle de ses effets (§ 28). Par conséquent, une progression à l'infini, qui devrait être sans une cause simplement telle | (§ 380), mais qui pourtant devrait en avoir une, est impossible (§ 7) et ne **120**
doit être posée ni en ce monde, ni en aucun monde (§ 354, 58).

§ 382

Le DESTIN est la nécessité des événements dans le monde. Le destin qui reposerait sur la nécessité absolue du monde serait le DESTIN SPINOZISTE, un non-être (§ 361, 105), qui ne doit être posé ni en ce monde, ni en aucun monde (§ 354, 58).

§ 383

Un événement dans le monde dont on ignore la raison suffisante est le HASARD. Un hasard qui n'aurait aucune raison suffisante serait un PUR HASARD, ce qui est impossible (§ 22) et ne doit être posé ni en ce monde, ni en aucun monde (§ 354, 58).

§ 384

Un événement ORDINAIRE est celui dont l'existence est déterminée selon les règles d'un certain ordre. Un événement EXTRAORDINAIRE n'est pas ordinaire. Un événement ABSOLUMENT EXTRAORDINAIRE serait celui dont l'existence ne serait déterminée selon aucune règle de quelque ordre

que ce soit; un événement RELATIVEMENT EXTRAORDINAIRE, celui qui ne survient pas selon les règles d'un certain ordre donné. Un événement qui
121 est extraordinaire | à cause d'une confusion est DÉSORDONNÉ.

§ 385

L'absolument extraordinaire ne serait pas vrai (§ 384, 89); par conséquent, il serait impossible et ne doit être posé ni en ce monde, ni en aucun monde (§ 354, 58).

§ 386

Un événement sans aucune raison suffisante très proche serait un SAUT ABSOLU. Un événement sans une raison suffisante ordinaire très proche est un SAUT RELATIF.

§ 387

Ce qui existerait sans aucune raison suffisante très proche (§ 27) existerait par pur hasard (§ 22, 383); par conséquent, un saut absolu est impossible (§ 386, 284) et ne doit être posé ni en ce monde, ni en aucun monde (§ 354, 58). En outre, tout saut relatif, s'il n'est pas désordonné, est néanmoins quelque chose d'extraordinaire (§ 384)[1].

122 | § 388

Le monde n'est ni une substance infinie (§ 372, 248), ni une détermination interne d'une telle substance (§ 365, 252); par conséquent, le monde n'est ni l'essence (§ 40), ni l'attribut, ni le mode (§ 50), ni la modification (§ 209) de l'être infini. Par conséquent, tout monde doit être posé hors de la substance infinie et, par là, ce monde existe aussi hors de l'être infini qui, pour cette raison, est appelé ÊTRE EXTRAMONDAIN, lequel est un être actuel hors de ce monde[2].

1. Le concept négatif du monde exclut donc d'entrée de jeu trois cas de figure : 1) l'idée d'un *regressus ad indefinitum* dans la série des événements du monde (puisqu'un être nécessaire doit être posé hors de la série comme sa cause efficiente elle-même auto-causée); 2) le destin spinoziste, qui revient à faire du monde un être absolument nécessaire (ce qui contredit son caractère contingent); 3) le pur hasard et l'absolument extraordinaire, puisqu'ils vont à l'encontre du principe de raison suffisante. Mais comme on va le voir dans le prochain paragraphe, c'est le rejet du spinozisme qui est au cœur de ce concept négatif du monde.

2. L'être infini actuel posé comme existant hors de la série complète des êtres finis actuels est l'une des thèses centrales de la cosmologie de Baumgarten. Mais elle a déjà ses assises dans l'ontologie (distinction de l'être contingent et de l'être nécessaire, multiplicité des

§ 389

Tout monde, et par conséquent celui-ci, est soit une substance, soit un accident (§ 191). Si ce monde était une substance, alors il subsisterait hors de la substance infinie (§ 388), de sorte que la substance infinie ne serait pas l'unique substance (§ 77).

§ 390

Si ce monde était un accident, il ne serait cependant pas l'accident d'une substance infinie, car autrement il n'existerait pas hors de son être substantiel (§ 196, 388) et ne pourrait exister que dans une substance ou dans des substances (§ 194). Il s'ensuit que si ce monde est un accident, alors la substance infinie n'est pas l'unique substance (§ 77, 389). Maintenant, l'un ou l'autre de ces cas est nécessaire (§ 191, 10). Il s'ensuit donc que la substance infinie n'est pas l'unique substance.

| § 391 **123**

La force infinie n'est pas l'unique force (§ 390, 178); en tout monde et donc en ce monde, il y a des forces finies (§ 390, 388).

substances simples : donc rejet de la doctrine spinoziste de la substance unique, etc.), et rejaillira bien sûr dans la théologie et dans la thèse de la création du monde *ex nihilo*.

CHAPITRE II

LES PARTIES DE L'UNIVERS

PREMIÈRE SECTION
LES PARTIES SIMPLES DE L'UNIVERS

§ 392

Tout monde est soit un être simple, soit un être composé (§ 224). Ce monde est un être composé. Celui qui considère ce monde comme un être simple et considère qu'il est lui-même cet être est un ÉGOÏSTE.

§ 393

Les parties d'un monde composé prises individuellement et ensemble ne peuvent pas être des accidents. Car, comme un tel monde ne pourrait exister que dans des substances (§ 155, 191), bien qu'il ne pourrait être inhérent ni à une substance infinie (§ 388), ni à une unique substance finie (§ 224, 194), il requerrait plusieurs substances finies auxquelles il serait inhérent (§ 77). Mais celles-ci constitueraient une série d'êtres actuels finis et cette série, si elle n'était pas partie d'un monde composé de simples
accidents, | constituerait encore avec ce monde une série d'êtres actuels 124
plus grande que ce monde (§ 160) et, par conséquent, ce monde ne serait pas un monde (§ 354). Mais si cette série, constituée par des substances finies, était une partie de ce monde, alors ce monde ne serait pas composé de simples accidents (§ 155). Par conséquent, un monde composé de simples accidents est impossible (§ 61, 62). Tout monde composé est composé au sens plus strict (§ 225). Tout monde est soit une substance (§ 389, 392), soit quelque chose de composé au sens plus strict.

§ 394

Les parties d'un monde composé sont soit substantielles, soit accidentelles (§ 393) et les premières sont en vérité des monades (§ 235). Par conséquent, tout monde composé, et donc ce monde, consiste en des monades (§ 392). Et de là, il est à nouveau évident que tout monde ne peut naître qu'à partir du rien (§ 236) ni ne peut périr que par annihilation (§ 237, 393).

§ 395

Ce monde, qui est composé au sens plus strict (§ 393), consiste en des monades et il n'y a rien de substantiel en lui outre les monades (§ 394). Celui qui nie l'existence des monades est un MATÉRIALISTE UNIVERSEL. Celui qui nie l'existence des monades comme parties d'un univers, par exemple de cet univers, est un MATÉRIALISTE COSMOLOGIQUE (*cf.* § 757).

125 | § 396

Les monades de tout monde composé, et par conséquent de ce monde, sont des êtres (§ 63) possibles (§ 8), rationnels (§ 24), uns (§ 73), vrais (§ 90), objectivement certains (§ 93), parfaits (§ 99), bons (§ 100), contingents (§ 257), variables (§ 133), réels (§ 136), universellement liés (§ 357); elles sont dotées de force et sont en cela des forces, aussi au sens plus strict (§ 199); elles ont un état interne (§ 206) et externe (§ 207); elles sont modifiables (§ 209); elles sont non étendues; aucune d'entre elles ne remplit l'espace, alors que leurs agrégats au contraire le remplissent (§ 242); elles n'ont pas de grandeur quantitative (§ 243); elles sont indivisibles (§ 244), finies (§ 354); par conséquent, elles ont une certaine limite quant à leurs forces (§ 249); elles sont un mal métaphysique (§ 250); elles sont partiellement semblables entre elles (§ 265, 268), mais sont néanmoins partiellement dissemblables et inégales (§ 273); individuellement, elle n'admettent pas de figure, mais sont toutefois telles que leur tout en admet une.

§ 397

Comme les monades de tout monde composé, et par conséquent de ce monde, sont des êtres actuels posés les uns hors des autres (§ 354, 224), elles sont soit simultanées, soit successives, soit les deux (§ 238); par conséquent, les monades singulières ont une position (§ 148) qui est soit un lieu dans des monades simultanées, soit un âge dans des monades successives, soit les deux (§ 281), bien qu'aucune monade ne remplisse individuellement l'espace (§ 396).

| § 398 126

Chacune des monades finies de tout univers, et par conséquent de celui-ci (§ 354), si elle est posée comme subsistante, subsistera (§ 192) hors de toutes les autres monades; elle ne peut occuper totalement le même lieu avec aucune autre (§ 282). Une substance au lieu de laquelle aucune autre substance hors d'elle-même ne peut se trouver est IMPÉNÉTRABLE (solide). Il s'ensuit donc que toute substance et, par conséquent, les monades autant de ce monde que de tout monde composé sont impénétrables (§ 230).

§ 399

Les monades de ce monde et de tout monde composé, par conséquent de tout monde étendu (§ 241, 393), sont des POINTS (§ 286), mais ne sont d'aucune façon des points MATHÉMATIQUES en lesquels rien n'est posé outre leur non-extension (§ 396-398); elles ne sont ni congruentes ni ne coïncident lorsque posées les unes à côté des autres (§ 70, 396). Mais lorsque plusieurs d'entre elles sont posées comme coexistantes et puisque chacune est impénétrable (§ 398), elles sont alors posées comme simultanées et les unes hors des autres en un certain ordre (§ 396, 78) et, par conséquent, il y a de l'espace dans leur agrégat (§ 239). Il s'ensuit donc que tout agrégat de monades de ce monde et de tout monde composé est étendu (§ 241). Le point mathématique, qui est un point possible et abstrait (§ 149), serait, si l'on en imaginait l'existence, un POINT ZÉNONIQUE, un être fictif | (§ 62). Si tu entends par POINT PHYSIQUE un être actuel et complètement 127
déterminé au-delà de la simplicité, alors certaines monades de cet univers sont des points physiques, de l'agrégat desquelles provient en effet l'être étendu[1].

1. Comme on l'a vu dans notre texte de présentation, les § 398-399 identifiant les monades à des points physiques impénétrables ne vont pas sans difficultés et paraissent s'éloigner de la conception leibnizienne de la monade. Mais la notion de point physique, si elle prête à confusion, n'est finalement pas si différente de la notion leibnizienne de « point réel », par laquelle Leibniz distinguait les points mathématiques (fictifs) des points physiques divisibles (Leibniz, *Système nouveau de la nature et de la communication des substances* [1695],Gerhardt, IV, 483). Plus troublante est la notion d'impénétrabilité des monades, qui laisse entendre que celles-ci seraient elles-mêmes dans l'espace, ce qui va bien sûr à l'encontre de l'exposé leibnizien. Baumgarten est en fait en contradiction avec lui-même sur ce point, car les § 242 et 280 ont clairement affirmé que la monade n'a ni étendue ni figure. Mais de ce passage isolé, on ne saurait conclure à un désaccord de fond entre Baumgarten et

§ 400

Toutes les monades d'un monde composé, et par conséquent de ce monde, sont dans une liaison universelle (§ 357). Par conséquent, chacune des monades est de chacune autre soit la raison, soit la conséquence, soit les deux (§ 14, 48). La raison peut être connue par la conséquence (§ 29). Il s'ensuit donc qu'à partir de n'importe quelle monade de tout monde composé, et par conséquent de ce monde, chacune des parties du monde à laquelle renvoie cette monade peut être connue (§ 14), c'est-à-dire que chacune des monades de tout monde composé, et par conséquent de ce monde, est une force (§ 199) de représentation *de son propre univers* (*elles sont les miroirs actifs* de cet univers (§ 210), sont *indivisibles* (§ 244), *des microcosmes, des mondes en abrégé, et des concentrés de leur propre monde*, autrement dit, elles ont une force, elles sont dotées d'une force de représentation de leur propre univers).

§ 401

Les monades qui représentent leur monde (§ 400) se le représentent à elles-mêmes soit en étant conscientes, au moins en partie, de leurs perceptions, soit en ne l'étant pas (§ 10). Par conséquent, les monades de cet univers représentent ce monde soit seulement de manière obscure, soit
128 clairement au moins en partie. | Les premières sont des MONADES NUES (endormies).

§ 402

Les monades qui représentent clairement le monde soit se le représentent à elles-mêmes distinctement, au moins en partie, soit non. Les premières comprennent (§ 69). Il s'ensuit qu'elles ont la faculté de connaître distinctement (§ 216), c'est-à-dire l'ENTENDEMENT (au sens plus strict, *cf.* § 519). Une substance INTELLECTUELLE, c'est-à-dire une substance dotée d'entendement, est un ESPRIT (une intelligence, une personne). Il s'ensuit que les monades intellectuelles de ce monde sont des esprits (§ 230)[1]. Celui qui n'admet que des esprits en ce monde est un IDÉALISTE.

Leibniz. Encore une fois, voir à ce sujet l'article d'A. Pelletier : « Monades sans monadologie ? », art. cit., p. 209-227 ; en part. p. 221-222.

1. Les § 400-402 reprennent plusieurs thèses essentielles de la monadologie de Leibniz. Chaque monade est d'abord un miroir vivant, représentatif de tout l'univers, selon son point de vue. La monade est donc une *force de représentation de l'univers*. Ensuite, les monades ont des degrés de perfection : a) le plus bas degré est celui des perceptions inconscientes qui sont

§ 403

La liaison des esprits d'un certain monde entre eux est une LIAISON PNEUMATIQUE. Maintenant, en tout monde et en celui-ci où il y a des esprits, chaque esprit est lié à chaque autre. Il s'ensuit donc qu'en ce monde et en tout monde où il y a des esprits, il y a une liaison pneumatique universelle (§ 357, un monde (*cf.* § 354) pneumatique, intellectuel et moral (*cf.* § 723), un règne de la grâce).

| § 404 129

Toute substance est une monade (§ 234). Tout esprit est une substance (§ 402). Il s'ensuit donc qu'un esprit est une monade et un être simple (§ 230).

§ 405

Tous les esprits de tout monde et de celui-ci où il y a des esprits sont des monades (§ 404), des forces de représentation de leur monde, au moins en partie distinctement (§ 402) ; ils sont inétendus et ne remplissent pas individuellement l'espace ; ils sont sans grandeur quantitative, sont indivisibles et finis, sont dotés seulement d'un certain degré de forces, sont soumis au mal métaphysique, sont partiellement semblables entre eux, mais, individuellement, sont aussi partiellement dissemblables et inégaux ; individuellement, ils n'admettent pas de figure (§ 396) et l'un est le plus parfait de tous (§ 77, 185).

SECTION II
LA PREMIÈRE GÉNÉRATION DES CORPS

§ 406

Un tout constitué de monades est un MONADÉ [*monadatum*]. Il s'ensuit donc que ce monde et tout monde composé est un monadé.

la marque des monades nues, lesquelles néanmoins renferment toutes les informations sur l'état de toutes les autres (les monades des minéraux et des végétaux) ; b) le degré suivant est celui des monades sensitives, dotées de perceptions conscientes et de mémoire et qui en cela se rapprochent de la raison (les monades des animaux) ; c) enfin, les monades raisonnables, ou les âmes au sens strict, se caractérisent par la conscience réfléchie (aperception) et intellectuelle de leurs perceptions (les monades humaines, mais aussi tout le monde des esprits).

§ 407

130 Les monades dans un monde composé soit ont | les parties de celui-ci comme leurs propres monadés, soit elles ne les ont pas. Dans les deux cas, un monadé de cette sorte sera une ÉTENDUE (§ 396) de parties impénétrables (§ 398) et partiellement dissemblables (§ 396), c'est-à-dire une étendue PARTIELLEMENT HÉTÉROGÈNE (disparate, dissemblable). Par conséquent, il ne sera pas une ÉTENDUE TOTALEMENT HOMOGÈNE (uniforme, semblable), c'est-à-dire une étendue de parties totalement semblables (§ 271).

§ 408

Les monades simultanées de ce monde déterminent mutuellement le lieu des unes et des autres et les monades successives déterminent mutuellement l'âge des unes et des autres (§ 281, 85); par conséquent, elles s'influencent mutuellement les unes les autres (§ 211) et sont posées en conflit (§ 213). Il s'ensuit donc qu'en ce monde, l'influence et le conflit sont universels (§ 48, 306, *une guerre de tous contre tous, une concorde discordante, une discorde concordante,* § 364).

§ 409

Certaines monades en ce monde s'influencent mutuellement de manière plus éloignée (§ 408, 27); certaines, étant présentes les unes aux autres, s'influencent mutuellement de manière plus proche (§ 223) et, puisqu'un saut absolu dans le monde est impossible (§ 387), certaines monades, qui se touchent les unes les autres, s'influencent mutuellement de la manière la plus proche (§ 223).

§ 410

Parce que toutes les monades de ce monde s'influencent mutuellement
131 les unes les autres (§ 408), *il n'y a pas d'action* transitoire de celles-ci | ou d'influence *sans réaction* (§ 213).

§ 411

Une action transitoire ou une influence de parties du monde sur d'autres qui leur sont extérieures est soit simple, soit composée (§ 215). L'action simple est aussi la plus petite (§ 247, 214). À celle-ci répond soit la plus petite réaction, soit une plus grande (§ 160,161). Si c'est la plus petite, alors elle est égale à l'influence (§ 70). Si une réaction plus grande est posée, la mesure dans laquelle elle dépasse l'influence pose une réaction de la monade influente (§ 410) ; par conséquent, son influence ne sera pas simple (§ 215), ce qui est contraire à l'hypothèse. Il s'ensuit qu'à une influence simple répond une réaction égale (§ 70).

§ 412

Une influence composée de parties du monde sur d'autres qui leur sont extérieures est un tout de plusieurs influences simples (§ 215, 214). À chacune de celles-ci répond une réaction égale. Maintenant, si tu ajoutes des égaux aux égaux, les sommes sont égales (§ 70). Il s'ensuit donc qu'à toute influence composée des parties du monde répond une réaction égale. Par conséquent, toute *réaction* des parties du monde sur d'autres qui leur sont extérieures *est égale* à l'influence ou à l'*action* transitoire (§ 411).

§ 413

Les forces vives des monades dans le monde – monades qui sont en conflit les unes avec les autres par leur contact mutuel | – sont égales (§ 412, 132
331) et, parce que ces mêmes forces ne peuvent pas être les raisons les plus proches des [forces] qui leur sont contradictoires (§ 140, 36), elles déterminent mutuellement au plus près le lieu des unes et des autres (§ 408, 409), par conséquent leur conjonction (§ 281, 85) et ne contiennent pas la raison la plus proche de leur séparation mutuelle (§ 72). Par conséquent, à moins que n'intervienne une force tierce, les monades se touchent inséparablement (§ 386), constituent un être (§ 73) et sont unies (§ 79).

§ 414

Ainsi, les êtres qui se touchent mutuellement, de telle sorte qu'ils ne peuvent être séparés les uns des autres que par une force tierce, FORMENT UNE COHÉSION [*cohaerent*]. Il s'ensuit donc que les monades du monde se touchant mutuellement forment une cohésion (§ 413). *Il n'y a pas de contact sans cohésion*. Il s'ensuit donc que certaines monades de ce monde forment une cohésion, constituent un être (§ 413) et quelque chose d'étendu (§ 407).

§ 415

Dans un monde composé, aucune variation ne survient sans mouvement. Car admettons que A doive être changé en passant de B à non-B. Il avait auparavant coexisté avec les choses qui lui sont simultanées et qui sont posées hors de lui en tant que B et, désormais, il coexistera avec

elles en tant que non-B; par conséquent, il entrera dans une relation différente (§ 37, 38) avec ces choses, dans une position différente (§ 85) et dans un lieu différent (§ 281) et un mouvement se produira (§ 283, 125). Toutes les fois que survient dans le monde composé une telle variation ou un tel
133 mouvement, l'état de l'être modifié, et de l'univers | dont il est une partie, est en partie le même que les états précédents (§ 265) et en partie différent d'eux (§ 125). Par conséquent, de même qu'un certain mouvement est survenu dans la mesure où l'état nouveau diffère de l'état précédent, de même, dans la mesure où l'état reste le même, cette durée de l'état est dans le monde composé en même temps une durée de lieu (§ 299), l'absence d'un certain mouvement et un repos (§ 283); il y eut empêchement d'un certain mouvement (§ 221) et une résistance (§ 222).

§ 416

Les monades qui constituent un être étendu (§ 410) dans l'univers agissent toujours (§ 216, 285) par leur propre force (§ 400); elles représentent chacun des états de leur univers, tout comme leurs propres états, même futurs (§ 298). Dans la mesure où ces états sont les mêmes et perdurent avec les états antécédents, leur force empêche un certain mouvement ou résiste à un certain mouvement (§ 415, 210); dans la mesure cependant où ces états sont différents des états antécédents, leur force produit un autre mouvement, autrement dit meut (§ 415, 210). L'agrégat des prédicats convenant à chacune des parties est attribué au tout (§ 155). Par conséquent, certaines monades de cet univers constituent quelque chose d'étendu à quoi est attribuée la force d'inertie (§ 294) et, par là, une matière (§ 295). La matière ni de cet univers ni d'aucun autre ne peut être totalement homogène (§ 407).

134 | § 417

Les monades de cet univers qui constituent une matière ne produisent pas celle-ci au sens d'une matière première (§ 295) et purement passive, mais comme une matière à laquelle une force motrice est attribuée (§ 416), c'est-à-dire comme une matière seconde et un corps physique (§ 296). Si une partie de ce monde est mue, sa relation à chacune des autres parties simultanées du monde est changée (§ 283, 281). Par conséquent, il n'y a pas dans le monde de MOUVEMENT PARTICULIER, c'est-à-dire de mouvement de quelque partie du monde sans mouvement universel (§ 283). Par conséquent, dans ce monde, toute matière est en mouvement (§ 415) et le REPOS en celui-ci n'est que RELATIF, c'est-à-dire absence d'un certain mouvement déterminé (§ 283). Si celle-ci était grande au point qu'aucun mouvement d'un être en repos ne puisse être observé, le mouvement serait un MOUVEMENT ÉVANESCENT. *Il n'y a pas dans le monde de* REPOS ABSOLU, d'absence totale de mouvement.

§ 418

Un être étendu, ou un agrégat de monades impénétrables les unes aux autres, résistera maintenant de ce fait au mouvement des êtres qui occupent son lieu et qui sont posés hors de lui (§ 398, 222); | par conséquent, il exer- **135**
cera maintenant une force d'inertie (§ 294). Un être étendu, ou un agrégat de monades dont aucune force n'est totalement égale à aucune autre posée hors de lui et dont aucun tout n'est totalement égal en force à aucun autre monadé précédemment posé hors de lui (§ 272, 406), n'est jamais en ÉQUILIBRE total, ou dans une égalité de forces entre les parties conflictuelles; par conséquent, il exercera maintenant une force motrice (§ 294). Or, tout monadé dans ce monde est un tel être étendu (§ 414, 396). Il s'ensuit qu'en raison d'une seule et même force de représentation de leurs monades (§ 400) et dans la mesure où cette force renferme dans les monades impénétrables la raison du lieu qui dure, du repos, de l'absence d'un certain mouvement, les monadés en ce monde produisent une force d'inertie et, dans la mesure où cette même force de représentation renferme la raison du changement de lieu et d'un certain mouvement dans les monades qui ne sont jamais totalement en équilibre, ces monadés produisent une force motrice, en tant que matière (§ 416) et corps physiques (§ 417). Il s'en faut donc de beaucoup que ces deux forces [force d'inertie et force motrice] soient à ce point contraires l'une à l'autre que, lorsque l'une est posée à l'égard d'un mouvement différent, l'autre ne puisse pas être posée en même temps dans le même sujet (§ 87); en tout être étendu de ce monde, ces forces sont plutôt simultanées à l'égard des différents mouvements (§ 417); la même force, qui est attribuée à un être étendu donné, est une force motrice à l'égard d'un mouvement donné et, à l'égard du mouvement qui lui est contraire, elle est une force d'inertie, et vice versa.

| § 419 **136**

Comme des forces sont attribuées aux corps (§ 296), ceux-ci sont des composés au sens plus strict (§ 225, 198); le mode de la composition est par conséquent leur essence (§ 226); ils consistent en des monades (§ 235) et ont une grandeur quantitative (§ 243).

§ 420

Les corps ont des parties qui sont extérieures les unes aux autres (§ 296, 224). Les premières parties actuelles des corps qui sont les unes hors des autres sont appelées ÉLÉMENTS.

§ 421

Les éléments sont ou bien les parties absolument premières des corps, c'est-à-dire celles qui, à nouveau, n'ont pas elles-mêmes de parties extérieures les unes aux autres, ou bien les parties relativement premières, au-delà desquelles, lorsqu'on prête attention à la composition, il ne nous plaît pas d'aller (§ 420). Les premiers sont des êtres simples, autrement dit des monades (§ 419, 224).

§ 422

Ce qui n'est pas matière est appelé IMMATÉRIEL alors que ce qui est matière est appelé MATÉRIEL. Les éléments absolument tels des corps sont immatériels (§ 421, 295). Est INCORPOREL ce qui n'est pas un corps alors que ce qui est un corps est CORPOREL. Maintenant, tout être corporel est matériel (§ 296). Il s'ensuit donc que les éléments absolument tels des
137 corps sont incorporels. | Par conséquent, aucun élément simple n'est un corps (§ 296).

§ 423

Une philosophie qui tient le relativement premier pour l'absolument premier s'appelle une PHILOSOPHIE DE PARESSEUX. Comme celle-ci est fausse, les éléments relativement tels (§ 421), qui sont matériels et corporels (§ 422), ne doivent pas être tenus pour des éléments absolument tels, c'est-à-dire immatériels et incorporels (§ 422). Par conséquent, ceux-ci sont plus commodément appelés ÉLÉMENTS simplement tels, et ceux-là, MATIÈRE PREMIÈRE (*cf.* § 295).

§ 424

Un être indivisible par soi est appelé ATOME. Toute monade est indivisible par soi (§ 244). Par conséquent, toute monade est un atome. Il s'ensuit donc que les éléments sont des atomes (§ 423) et sont, par conséquent, appelés atomes de la nature.

§ 425

Nous appelons (phénomènes) OBSERVABLES ce que nous pouvons connaître (plus confusément) par le moyen des sens. Les corps trop petits pour être observables par nous sont appelés CORPUSCULES. La philosophie qui explique les phénomènes des corps à partir de corpuscules, | est la 138
PHILOSOPHIE CORPUSCULAIRE.

§ 426

Les corpuscules ont soit d'autres corpuscules à nouveau comme parties, soit n'en ont pas (§ 10, 155). Ceux-ci sont dits CORPUSCULES PRIMITIFS, ceux-là CORPUSCULES DÉRIVÉS.

§ 427

Toute matière, telle celle qui est en ce monde, est constituée d'éléments (§ 418, 419). Par conséquent, la grandeur quantitative qui doit lui être attribuée (§ 419, 423) est la multitude des éléments réunis pour constituer une matière déterminée (§ 159, 413). Par conséquent, les éléments, comme parties d'une certaine matière, occupent le même lieu que cette matière, tout comme ils occupent le même lieu que leur monadé (§ 155, 406). Il s'ensuit que, si le lieu de ceux-ci était changé de sorte qu'ils n'occuperaient plus le même lieu de la matière qu'ils constituaient antérieurement, alors ces éléments ne seraient plus des parties de cette matière (§ 155). Maintenant, toute variation d'une relation est en fait possible dans un être considéré en soi (§ 133). Il s'ensuit que toute variation de lieu dans tous les éléments considérés en soi est possible (§ 281, 85). Il s'ensuit donc que ce mouvement, par lequel les parties cessent d'être les parties de la matière dont elles avaient été les parties, est aussi possible (§ 283). Si elles sont mues ainsi, | alors la matière est divisée (§ 244, 162). 139
Il s'ensuit donc que *toute matière*, telle celle qui est en ce monde, est *divisible*, au moins en et par elle-même (§ 18).

§ 428

Si la *matière dans le monde* est dite être *divisible à l'infini*, alors ceci est soit compris absolument, au sens où il n'y a pas en elle de parties indivisibles, et cela est faux (§ 424, 419), soit compris relativement, au sens où, en divisant cette matière, nous ne pouvons observer d'autres parties de celle-ci que celles qui sont à nouveau divisibles (§ 248), et il est alors vrai que la matière est indéfiniment divisible (§ 425).

§ 429

Un ATOME MATÉRIEL serait un corpuscule indivisible par soi, ce qui n'est rien (§ 427, 425). Il s'ensuit que la PHILOSOPHIE ATOMISTIQUE, qui explique les phénomènes des corps à partir de leurs atomes matériels, s'abuse elle-même[1].

SECTION III
LA NATURE DES CORPS

§ 430

La NATURE (*cf.* § 431, 466) d'un être est, parmi ses déterminations internes, l'ensemble de celles qui sont les principes de ses variations ou,
140 en général, des accidents qui sont inhérents à cet être. Se rattachent | par conséquent à la nature d'un être : 1) ses déterminations essentielles (§ 39), 2) son essence (§ 40), 3) ses facultés, 4) ses réceptivités (§ 216) et 5) toutes les forces dont il est doté (§ 197). Le début d'une nature est l'ORIGINE, sa durée est la VIE, et sa fin est la MORT (*cf.* § 556).

§ 431

La nature des corps est le mode de leur composition (§ 419) ainsi que toute faculté, réceptivité, force d'inertie et motrice dont ceux-ci sont riches (§ 296, 430). Elle est parfois dite simplement nature (§ 430, 466).

§ 432

Comme il y a dans le monde une vérité universelle (§ 363, 90), toutes les variations de celui-ci ont des normes communes (§ 86, 89) selon lesquelles la nature de ses parties est déterminée (§ 431), par conséquent aussi le mouvement des corps dans le monde (§ 283). Les normes supérieures sont appelées LOIS DU MOUVEMENT et les normes inférieures, RÈGLES DU MOUVEMENT[2].

1. La position antimatérialiste de Baumgarten consiste donc à rappeler que les principes indivisibles des corps ne sont pas matériels (comme avec l'hypothèse de l'atome physique), mais monadiques (donc intelligibles), puisque la matière est toujours un composé, qui ressortit par là à l'ordre des monades.

2. Ou encore, si l'on se réfère aux indications de Meier, les normes supérieures seront appelées lois générales du mouvement et les normes inférieures, lois particulières du

§ 433

Une MACHINE est un être composé au sens strict, lequel est mobile selon les lois du mouvement. Par conséquent, *tout corps* dans le monde *est une machine* (| § 419, 432). Toute machine dans le monde est un être 141
contingent (§ 361). La nature d'une machine déterminée par les lois du mouvement est le MÉCANISME. En revanche, rien de ce qui est non composé n'est une machine et, par conséquent, aucune monade n'est une machine (§ 230).

§ 434

La liaison des machines est la LIAISON MÉCANIQUE et, par conséquent, la liaison des corps dans le monde est mécanique (§ 433) (le monde corporel (*cf.* § 354), matériel, le règne de la nature). En revanche, dans un monde où il y a des esprits et des corps, les corps sont aussi liés aux esprits (§ 357) et, par conséquent, dans un monde où il y a des esprits et des corps, il y a une liaison 1) des corps entre eux, 2) des esprits entre eux (§ 403), et 3) une liaison réciproque des corps et des esprits, une liaison pneumatico-mécanique et mécanico-pneumatique (une harmonie du règne de la nature et du règne de la grâce)[1].

§ 435

La PHILOSOPHIE MÉCANIQUE explique les phénomènes des corps à partir de leur mécanisme. Le destin qui découle du mécanisme des corps est un DESTIN PHYSICO-MÉCANIQUE (simplement physique ou mécanique). En revanche, si quelque événement du monde est déterminé par ce destin, il est en soi contingent | (§ 361, 354) et n'est qu'hypothétiquement nécessaire 142
(§ 382, 105).

mouvement (Gawlick et Kreimendahl, *Alexander Gottlieb Baumgarten. Metaphysica/Metaphysik, op. cit.*, p. 230).

1. L'un des principaux enjeux de la *Cosmologie* va justement consister à expliquer comment la liaison des corps entre eux et des corps et des esprits est possible, ce qui va soulever la délicate question de l'influence des substances les unes sur les autres, et d'abord la question de savoir si cette influence est elle-même concevable. Comme on va le constater bientôt, sur cet épineux débat, Baumgarten prendra le parti de l'harmonie préétablie de Leibniz, d'où déjà la mention furtive dans ce paragraphe de l'harmonie du règne de la nature et du règne de la grâce. À lire avec le § 357.

CHAPITRE III

LA PERFECTION DE L'UNIVERS

PREMIÈRE SECTION
LE MONDE LE MEILLEUR

§ 436

Le monde le plus parfait est celui en lequel les plus grandes des parties les plus nombreuses et les plus nombreuses des parties les plus grandes qui sont compossibles dans un monde s'accordent en un seul être autant que cela est possible dans un monde. Par conséquent, le monde le plus parfait possède la perfection la plus composée, et dès lors un monde auquel ne convient qu'une perfection simple n'est pas le monde le plus parfait (§ 185).

§ 437

Lorsque le monde le plus parfait est posé, la perfection suprême qui est possible dans un monde est posée (§ 436). Par conséquent, *le monde le plus parfait* est aussi *le meilleur* de tous les mondes possibles (§ 187). Maintenant, les parties du monde sont actuelles (§ 354) et elles sont soit simultanées, soit successives (§ 306). Il s'ensuit donc que *le monde le plus parfait* | comprend en lui 1) autant d'êtres simultanés, 2) autant d'êtres 143
successifs et 3) autant d'êtres nombreux et grands qui sont compossibles dans le monde le meilleur, c'est-à-dire qu'il est 1) *extensivement*,

2) *protensivement*, 3) *intensivement le meilleur et le plus grand* des mondes (§ 436, 368)[1].

§ 438

Même si seulement deux êtres contingents posés l'un hors de l'autre sont compossibles dans le monde en tant qu'êtres soit simultanés, soit successifs – dont la perfection de chacun n'enlève rien à la perfection de l'autre ou ne lui en enlève pas autant qu'elle n'en ajoute à la perfection du tout –, alors le MONDE ÉGOÏSTE, tel que l'égoïste le pose, n'est pas le plus parfait. Même si seulement une seule et unique monade non intellectuelle et en soi possible est compossible avec les esprits dans le monde – dont la perfection n'enlève rien à la perfection des esprits ou ne lui en enlève pas autant qu'elle n'en ajoute à la perfection du tout –, alors le MONDE IDÉALISTE, tel que l'idéaliste le pose, n'est pas le plus parfait (§ 437).

§ 439

Le matérialiste nie qu'il y a des monades en ce monde (§ 395); par conséquent, il se crée un monde impossible (§ 394). Il s'ensuit que le MONDE MATÉRIALISTE, tel que se l'imagine le matérialiste, n'est ni un monde, ni le monde le plus parfait (§ 436).

144 | § 440

Même *le monde le plus parfait est* fini (§ 372) de même que sont finies toutes ses parties, même les plus parfaites (§ 354, 257). Il s'ensuit donc que ni le monde le plus parfait, ni aucun être en lui, quel qu'il soit, n'est réellement infini (§ 248). Pourtant, non seulement est-il possible que le monde le plus parfait et plusieurs de ses parties soient de plusieurs manières mathématiquement infinis, mais ce monde est bien d'une telle *extension*, *protension* et *intensité* mathématique *infinie* pour tous ceux qui ne peuvent ni ne veulent déterminer les limites de l'être contingent le plus grand. Autrement dit, ce monde est intensivement, extensivement et protensivement indéfini (§ 248, 437).

1. Le monde est un être composé (et non « spinoziennement » une substance à laquelle inhèrent tous les attributs et les modes). Dans l'ordre contingent qui est le sien, le monde le meilleur sera donc celui en lequel se retrouve un maximum de réalités (un maximum d'être) en une liaison universelle, comme actualisation du plus grand nombre et des plus grands des compossibles.

§ 441

Dans le monde le plus parfait se trouve la plus grande liaison universelle (§ 437, 94), la plus grande harmonie et le plus grand accord (§ 436, 357) qui sont possibles en un monde.

§ 442

Comme tout monde est parfait (§ 360), le monde le plus imparfait [le moins parfait] est celui dans lequel se trouve la plus petite perfection qui puisse être en un monde – c'est-à-dire le plus petit accord des êtres les moins nombreux et les plus petits en un seul être le plus petit (§ 354, 185) – et, par conséquent, une perfection simple (§ 96) sans exceptions (§ 97). Le monde le plus imparfait est le monde le plus petit (§ 368).

| § 443 145

Même si le monde le plus parfait est posé comme le meilleur des mondes (§ 437), il n'est cependant pas pour cela posé comme le bien suprême, autrement dit le meilleur métaphysique. Même si sont posées en lui les réalités les plus grandes et les plus nombreuses qui sont compossibles dans un monde, elles ne sont cependant pas les réalités absolument les plus grandes et les plus nombreuses (§ 190), et encore moins sont-elles absolument nécessaires, puisque l'existence de chacune d'entre elles est un mode (§ 361). Même si était attribué au monde le plus parfait le plus grand degré de réalité qui puisse être atteint dans un certain univers, celui-ci ne serait néanmoins dans un être contingent qu'une limite (§ 248, 250), laquelle est tout à fait différente (§ 38) du degré de réalité absolument le plus grand, nécessaire et invariable (§ 251) de l'être réellement infini [1].

1. Le monde peut être conçu comme mathématiquement infini, mais n'est pas un infini réel (§ 440) ; même s'il est le monde le plus parfait et le meilleur, il n'est pas le bien suprême ou le souverain Bien (§ 443) ; même s'il correspond au maximum des réalités conformes au maximum des compossibles dans un monde (§ 443), sa réalité n'est ni absolue ni absolument nécessaire, car tout ce qui existe en lui est un mode, etc. Dans ces paragraphes, on le voit, Baumgarten se montre soucieux de penser ensemble la thèse du monde le meilleur avec la thèse de la contingence du monde (indirectement au moins contre Spinoza), car il s'agira plus loin de montrer que les perfections du monde dépendent d'un principe qui n'est pas intramondain mais qui transcende le monde.

§ 444

En toute perfection, il y a de l'ordre (§ 95). Par conséquent, dans le monde le plus parfait, l'ordre est le plus grand qui soit possible dans un monde (§ 437, 175) et s'y trouvent donc les plus nombreuses règles communes de perfection, par exemple : *plus il y a de choses et plus elles sont grandes, spacieuses* (§ 280) *et durables* (§ 299)*, tout le reste étant égal, mieux cela est* (§ 437, 187). S'y trouve aussi l'ordre le plus composé de telle sorte, cependant, que toutes les règles inférieures et supérieures puissent être connues à la fin à partir d'une seule et même règle de perfection, suprême et la plus forte (§ 182, 185).

146 | § 445

Comme dans le monde le plus parfait se trouvent les plus nombreuses règles de perfection (§ 444), il peut aussi y avoir en lui de très nombreuses exceptions (§ 97, 372), pourvu qu'elles ne suppriment pas le plus grand accord (§ 440) ; par conséquent, ces exceptions possibles seraient, tout le reste étant égal, les moins nombreuses (§ 161) et les plus petites (§ 186).

§ 446

Si, dans le monde le plus parfait, une raison suffisante de perfection et une autre insuffisante entrent en conflit, il sera fait exception à la raison insuffisante. Si une raison plus féconde et une autre moins féconde entrent en conflit, il sera fait exception à la moins féconde. Si une raison plus importante et une autre moins importante entrent en conflit, il sera fait exception à la moins importante. Si une raison plus lointaine et une autre plus proche qui lui est subordonnée entrent en conflit, il sera fait exception à la plus proche. Si une raison suffisante simplement telle et une raison suffisante sous un certain rapport entrent en conflit, il sera fait exception à la raison suffisante sous un certain rapport. Si une raison inférieure et une autre supérieure entrent en conflit, il sera fait exception à l'inférieure. Enfin, si quelque règle de perfection dans le monde le plus parfait entre en conflit avec la règle suprême, il sera fait exception à la première (§ 186, 445).

§ 447

À propos du monde le plus parfait, non seulement les § 361-376, 354, 436 sont valides, mais, comme l'enseignent les § 380-388, 247, 354, les êtres qui sont absents de tout monde sont d'autant plus absents de celui-ci.
147 Par exemple, le destin spinoziste | est à ce point absent du monde le plus

parfait (§ 382) qu'une contingence et une variabilité indéfinies (§ 440, 437) et même hypothétiques (§ 104, 127) doivent plutôt lui être attribuées extensivement, intensivement et protensivement.

SECTION II
LE COMMERCE[1] DES SUBSTANCES MONDAINES

§ 448

Comme il y a en ce monde une harmonie (§ 357) et que s'y trouve une influence universelle (§ 408), celle-ci sera soit réelle partout, soit idéale partout, soit parfois réelle et parfois idéale (§ 212). L'harmonie des monades du monde s'influençant entre elles est le COMMERCE DES SUBSTANCES MONDAINES. Il s'ensuit donc que les substances de tout monde et de ce monde sont dans un commerce universel (§ 357). Les doctrines qui semblent capables d'expliquer ceci sont appelées les SYSTÈMES D'EXPLICATION DU COMMERCE ENTRE LES SUBSTANCES DU MONDE et si celles-ci sont appliquées pour expliquer tout commerce entre toutes les substances, elles sont appelées systèmes UNIVERSELS (généraux) (*cf.* § 761). Les variations des parties du monde posées comme étant en commerce, dont la raison suffisante des événements dans une partie du commerce peut être connue par la force de l'autre partie de ce commerce,
sont des VARIATIONS HARMONIQUES. | L'influence idéale de toutes les 148
substances du monde les unes sur les autres est l'HARMONIE UNIVERSELLE PRÉÉTABLIE (*cf.* § 462) ; celui qui la pose en ce monde est un HARMONISTE UNIVERSEL et son système est appelé SYSTÈME DE L'HARMONIE UNIVERSELLE PRÉÉTABLIE[2].

1. Le commerce (*commercium*), au sens, devenu un peu éloigné pour nous, de « rapport » ou de « relation ».

2. Le système de l'harmonie universelle préétablie sera pour Baumgarten le véritable système d'explication du rapport entre les substances du monde (*cf.* § 463). Mais est-il conforme à la pensée de Leibniz que de parler ici d'entrée de jeu d'un *commerce* entre les substances ou d'*influence* des substances les unes sur les autres, alors que pour Leibniz, on le sait, la substance (ou la monade) n'affecte qu'elle-même et que « Les Monades n'ont point de fenêtres, par lesquelles quelque chose y puisse entrer ou sortir » (*Monadologie*, § 7) ? *Stricto sensu*, il ne saurait donc y avoir de causalité réelle entre les substances (rappelons-nous par exemple que Leibniz rejette la théorie de Suarez d'un transfert des accidents d'une substance à une autre), puisque les monades renferment en elles-mêmes le principe de tous leurs états et variations. Il n'en demeure pas moins que les substances *paraissent* agir causalement les unes sur les autres. Or pour Leibniz, la raison de cette influence ou causalité apparente est que les monades ont été réglées et programmées par Dieu pour s'harmoniser les unes avec les autres

§ 449

Le système de l'harmonie universelle préétablie ne nie [*tollit*] pas l'influence des substances de ce monde les unes sur les autres, mais admet [*ponit*] plutôt celle-ci (§ 448); il ne nie pas qu'une substance du monde pâtit d'une autre (§ 448, 212), mais admet que n'importe laquelle des variations dont une substance pâtit d'une autre substance dans ce monde est produite par sa propre force (§ 210); il ne nie pas le conflit mutuel des parties de ce monde (§ 213), ni la faculté et la réceptivité des actions transitoires (§ 217) et encore moins l'influence de la substance infinie et la réceptivité de cette influence dans les substances finies (§ 448); non seulement, il ne nie pas
149 que les esprits | puissent agir sur les corps et les corps sur les esprits, mais il admet que, même en ce monde, les corps et les esprits s'influencent mutuellement entre eux (§ 408, 434) et peuvent se toucher mutuellement (§ 223, 409).

§ 450

L'influence réelle d'une substance comme partie du monde sur une autre partie du monde est l'INFLUENCE PHYSIQUE. Par conséquent, l'INFLUENCE PHYSIQUE UNIVERSELLE est l'harmonie universelle des substances dans le monde par laquelle une substance en influence réellement une autre et celui qui admet celle-ci en ce monde est un INFLUXIONNISTE UNIVERSEL. Son système est le SYSTÈME DE L'INFLUENCE PHYSIQUE UNIVERSELLE[1].

et c'est sur cette harmonie préétablie que repose finalement la liaison universelle des êtres dans le monde (tout comme l'harmonie préétablie sera au principe de l'interaction apparente de l'âme et du corps, ainsi qu'on le verra dans la *Psychologie*). L'influence est à ce titre non pas réelle, mais *idéale*. Les deux autres systèmes d'explication possibles du rapport entre les substances seront l'occasionnalisme et la théorie de l'influence (ou influx) physique, tous deux combattus par Leibniz et qui seront également rejetés par Baumgarten dans les paragraphes suivants.

1. Le système de l'influence (ou influx) physique est celui qui admet une influence et une causalité réelles des substances les unes sur les autres. Il est le plus ancien système d'explication du rapport entre les substances. Sous sa forme scolastique tardive, il affirme que l'action causale d'une substance sur une autre entraîne un passage des accidents de l'une à l'autre en même temps qu'un affaiblissement de la cause une fois l'effet produit. Or pour Leibniz « Les accidents ne sauraient se détacher, ni se promener hors des substances, comme faisaient autrefois les espèces sensibles des Scolastiques. Ainsi ni substance, ni accident peut entrer de dehors dans une Monade » (*Monadologie*, § 7). Ce système est en fait radicalement incompréhensible et inintelligible, parce qu'il procède d'une ignorance du caractère véritable de la substance, c'est-à-dire de la monade et de son autonomie complète. En tant que force, non seulement la monade renferme-t-elle en effet le principe interne de toutes ses modifi-

§ 451

Le système de l'influence physique universelle ne nie pas l'harmonie mutuelle et universelle (§ 450, 48) des substances du monde, mais plutôt l'harmonie préétablie (§ 448). Toute personne admettant que les substances de ce monde s'influencent mutuellement entre elles, qu'elles entrent en conflit les unes avec les autres, qu'elles pâtissent les unes des autres et qu'à la fois les corps à l'égard des esprits et les esprits à l'égard des corps peuvent mutuellement se toucher (§ 449, 450) n'est pas un influxionniste universel. L'influxionniste universel 1) nie qu'aucune substance de ce monde agisse lorsqu'elle pâtit d'une autre substance de ce monde et qu'elle produise ses passions par sa propre force (| § 450, 212), **150**
2) admet que les passions d'une substance de ce monde sont réellement produites par une autre substance de ce monde qui l'influence (§ 450). Par conséquent, selon le système de l'influence physique universelle, aucune substance comme partie du monde n'agit par sa propre force sur aucune de ses variations harmoniques (§ 448). Maintenant, toutes les variations d'une substance mondaine peuvent en fait être suffisamment connues par la force de n'importe quelle autre monade appartenant à ce même monde (§ 354, 400). Il s'ensuit que, selon le système de l'influence physique universelle, toutes les variations sont harmoniques (§ 448) et, par conséquent, aucune substance mondaine n'agit sur aucune de ses variations, mais au contraire pâtit réellement, dans toutes ses variations, d'autres substances mondaines, lesquelles cependant, pour la même raison, n'agiraient aucunement (§ 210) et, par là, ne seraient pas des forces (§ 197, ce qui contredit le § 199).

§ 452

Celui qui admet que seule la substance infinie influence réellement toutes les substances de ce monde qui semblent pâtir d'une autre substance de ce monde et qui, de fait, selon cette doctrine, en pâtissent réellement, est un OCCASIONNALISTE (un assistantiste)[1] UNIVERSEL et son système est le

cations, mais son action perpétuelle ne s'accompagne d'aucun amoindrissement ni perte de sa force.

1. Un assistantiste, c'est-à-dire celui qui adhère à la doctrine de l'assistance divine. Gawlick et Kreimendahl rappellent (*Alexander Gottlieb Baumgarten. Metaphysica/Metaphysik, op. cit.*, p. 575) que Baumgarten emprunte cette expression à Leibniz, qui caractérise parfois l'occasionnalisme comme « la voye de l'assistance » (voir par exemple *Extrait d'une Lettre de M.D.L. sur son hypothèse de philosophie* [...], *Die philosophischen Schriften*, Bd. IV, p. 501 *sq*. Mais il est plus plausible qu'il la tienne de Wolff qui, dans sa *Psychologia rationalis*, associe explicitement le système des causes occasionnelles à un *système de l'assistance* (§ 589).

SYSTÈME UNIVERSEL DES CAUSES OCCASIONNELLES (le système cartésien ou, mieux, le système de l'assistance de Malebranche), ce qui contredit les § 400, 408 et, par conséquent, est faux. La même chose est également
151 rendue évidente par le fait que | pour l'occasionnalisme, aucune variation harmonique dans aucune substance mondaine n'appartient à cette substance, mais est seulement l'action de la substance infinie (§ 448). Par conséquent aussi, ce système nie toute force et énergie dans les êtres finis (§ 451)[1].

§ 453

Le système des causes occasionnelles, s'il ne nie pas l'harmonie universelle, nie néanmoins une véritable influence universelle et mutuelle des substances de ce monde (§ 452, 448); il nie que cette influence soit physique (§ 450) et idéale (§ 212) (à moins de parler d'une influence apparente et imaginaire (§ 12)) et que cette harmonie soit préétablie (§ 448). Toute personne admettant que la substance infinie influence réellement toutes les passions des substances finies ou toute personne admettant que la substance infinie influence réellement et à elle seule ces dernières n'est pas un occasionnaliste universel; l'est plutôt celle qui admet 1) que toutes les passions des substances finies sont réelles et 2) qu'elles dépendent de la seule influence de la substance infinie (§ 452).

§ 454

Les systèmes de l'harmonie universelle préétablie et de l'influence physique universelle sont en ceci semblables (§ 70) 1) qu'ils ne nient ni l'influence mutuelle universelle des substances de ce monde, ni leur
152 harmonie universelle, | ni l'influence réelle universelle de la substance infinie sur celles-ci (§ 448, 450); 2) qu'ils admettent que les passions des substances de ce monde sont des actions de quelque autre substance finie. Ils sont dissemblables en ceci que le second exclut de l'action la substance qui pâtit, alors que le premier ne l'exclut pas (§ 449, 451).

1. L'occasionnalisme défend donc l'idée qu'aucune substance finie n'est la cause d'une action ou d'un mouvement et qu'aucune substance finie n'agit par elle-même. Dieu seul, dans sa toute-puissance, est la cause efficace de tout ce qui se produit; dans sa volonté immuable, il agit *à chaque fois*, *en chaque événement*, par décrets et lois universelles auxquels fait écho la causalité apparente de la nature.

§ 455

Les systèmes universels de l'harmonie préétablie et des causes occasionnelles sont en ceci semblables qu'ils nient l'influence réelle d'une substance de ce monde sur une autre partie de ce même monde (§ 70); ils sont dissemblables (§ 70) en ceci que le premier pose comme idéales certaines passions des substances, alors que le second les pose comme réelles (§ 449, 453).

§ 456

Les systèmes universels de l'influence physique et des causes occasionnelles sont en ceci semblables qu'ils posent tous deux comme réelles les passions d'une substance dans ce monde qui dépendent d'une autre partie de ce même monde; ils sont dissemblables en ceci que le premier nie que seule la substance infinie influence celles-ci, alors que le second l'admet (§ 451, 452).

§ 457

LES SYSTÈMES UNIVERSELS D'EXPLICATION DU COMMERCE DES SUBSTANCES MONDAINES | sont appelés SIMPLES s'ils expliquent d'une 153
manière semblable chacun des commerces de chacune des substances du monde. Il s'ensuit que les systèmes universels de l'harmonie préétablie, de l'influence physique et des causes occasionnelles sont des systèmes simples (§ 448, 456). LES SYSTÈMES UNIVERSELS COMPOSÉS sont ceux qui expliquent d'une manière différente des autres certains commerces de certaines substances du monde.

§ 458

En dehors des systèmes universels de l'harmonie préétablie, de l'influence physique et des causes occasionnelles, un quatrième système universel simple (§ 457) n'est pas possible (§ 448, 452), mais il peut y avoir un nombre infini, ou mieux, indéfini, de systèmes composés (§ 457, 248).

§ 459

Par l'harmonie préétablie ou l'influence idéale les unes sur les autres de plusieurs substances du monde posées comme étant en commerce, une plus grande liaison est actualisée que ce n'est le cas par leur influence physique (§ 167). Car dans l'influence | physique, la passion de la substance qui pâtit 154
réellement n'a pas de raison suffisante dans les forces de celle-ci (§ 450, 212). Dans l'harmonie préétablie, la passion de la substance qui pâtit a une

raison suffisante 1) dans ses propres forces, 2) dans la substance l'influençant idéalement (§ 449). Par conséquent, la substance qui influence est dans l'harmonie préétablie aussi féconde que dans l'influence physique, mais la substance qui pâtit est dans l'harmonie préétablie plus féconde que dans l'influence physique (§ 166).

§ 460

Par l'influence attribuée à la seule substance infinie sur les substances posées comme étant en commerce qui, dans toute leur passion, pâtissent réellement, la substance qui pâtit n'est pas plus féconde que par l'influence physique (§ 453). En revanche, l'autre partie finie du commerce est encore moins féconde (§ 453, 166). Il s'ensuit que par l'harmonie préétablie avec le concours de la substance infinie, une plus grande liaison est actualisée entre les substances posées comme étant en commerce que par l'influence attribuée à la seule substance infinie (§ 167).

§ 461

Dans le monde le plus parfait se trouve la plus grande liaison des possibles dans un monde (§ 441). Il s'ensuit que les substances qui sont possibles dans ce monde et autant qu'elles sont possibles en lui, sont liées
155 par l'harmonie | préétablie avec le concours de la substance infinie (§ 460, 459).

§ 462

Si l'harmonie préétablie universelle avec le concours de la substance infinie est possible dans le monde le plus parfait, alors ce monde est tel que le pose l'harmoniste universel (§ 448, 461) et non tel que le poserait quelqu'un qui, adoptant un autre système, le concevrait comme un monde composé (§ 451). Au contraire, toute HARMONIE PRÉÉTABLIE PARTICULIÈRE, c'est-à-dire celle de certaines parties du monde, doit être admise dans ce même monde le plus parfait (§ 154).

§ 463

Comme la condition *sine qua non* de l'harmonie préétablie universelle est sa possibilité dans le monde le plus parfait, cette possibilité doit être démontrée par celui qui entend démontrer l'harmonie préétablie selon le § 462. Il est ainsi d'autre part évident qu'à partir de n'importe quelle monade de n'importe quel monde, chacune des parties du monde lui appartenant peut être connue (§ 400) et donc aussi chacune des variations

mondaines (§ 354, 155). Par ailleurs, toutes les passions de n'importe quelle monade sont telles que cette monade pâtit d'une autre monade de son propre monde (§ 210). Mais une monade | qui pâtit est une force 156
(§ 199). Il s'ensuit donc que cette même monade qui pâtit d'une autre monade mondaine est elle-même la raison de sa propre passion et de chacune de ses parties (§ 354, 155) et, par conséquent, la raison suffisante de sa passion (§ 14, 21), si bien qu'une passion donnée de la monade qui pâtit est en même temps une action de celle-ci (§ 210). Il s'ensuit que toutes les passions des monades de n'importe quel monde – passions dont elles pâtissent d'autres monades mondaines – sont seulement idéales (§ 212). Ainsi, l'influence d'une monade mondaine sur une autre est toujours telle; elle n'est jamais réelle, jamais physique (§ 450). Par conséquent, même dans ce monde, toutes les substances de celui-ci sont seulement par l'harmonie préétablie dans un commerce universel (§ 448) et jamais aucune par l'influence physique. Le système de l'harmonie préétablie universelle est la doctrine vraie. Il s'ensuit donc aussi que toute harmonie préétablie particulière est vraie (§ 462) et que toute influence physique universelle et particulière, le système qui s'y rapporte (§ 450) de même que le système des causes occasionnelles (§ 452) sont faux.

§ 464

Dans le monde le plus parfait se trouve la plus grande liaison possible dans un monde (§ 441). Il s'ensuit donc que s'il y a des corps et des esprits dans le monde le plus parfait (§ 438), il se trouve dans ce même monde la plus grande liaison mécanique, pneumatique et pneumatico-mécanique (§ 441) (la plus grande | harmonie préétablie entre le règne de la nature et 157
le règne de la grâce (§ 434, 403)).

§ 465

Le DUALISTE est celui qui admet que ce monde consiste en des esprits et en des corps séparés les uns des autres. Par conséquent, le monde le plus parfait n'est ni un monde égoïste, ni un monde idéaliste (§ 438), mais il est tel que le dualiste le conçoit (§ 439).

SECTION III
LE NATUREL

§ 466

L'ensemble des natures dans les parties du monde prises individuellement et ensemble est la NATURE UNIVERSELLE (la nature naturée, *cf.* § 859). Par conséquent, la nature de cet univers et de l'univers le plus parfait est l'agrégat, autrement dit l'ensemble de toutes les déterminations essentielles, des essences, des facultés, des réceptivités et des forces, dont sont dotées toutes ses parties, ses monades, ses éléments, ses esprits, sa matière et ses corps (§ 430). Par conséquent, tout mode de composition de tous les corps en lui, toute force d'inertie, toute force motrice et tout mécanisme est une partie de la nature universelle (§ 431, 433).

158 |§ 467

L'essence du monde composé et le mode de sa composition (§ 226) ne sont, avec les essences de chacune de ses parties, qu'une partie, assez petite (§ 161), de la nature universelle (§ 466, 155).

§ 468

La nature universelle a des parties internes variables (§ 466) et la nature universelle du monde le plus parfait en a le plus grand nombre (§ 437). Par conséquent, la nature universelle de n'importe quel monde est un être contingent (§ 131) et fini (§ 255) et, plus encore, la nature universelle du monde le plus parfait a, mathématiquement, une triple contingence infinie (§ 447)[1].

§ 469

Un événement qui doit être actualisé par la nature de quelque être contingent est un ÉVÉNEMENT NATUREL DISTINGUÉ D'UN ÉVÉNEMENT SURNATUREL (*cf.* § 474). En revanche, un événement qui doit être actualisé par la nature déterminée d'un être contingent déterminé est un ÉVÉNEMENT NATUREL DISTINGUÉ D'UN ÉVÉNEMENT PRÉTERNATUREL (*cf.* § 474)[2]. Tout

1. C'est-à-dire que la contingence du monde le plus parfait ne contredit aucunement sa triple infinité mathématique : extensive, intensive et protensive.

2. *Praeternaturalis*, littéralement : ce qui est au-dessus de la nature. Baumgarten reprend ici la distinction théologique entre le surnaturel et le préternaturel. Le surnaturel est ce qui dépasse toute nature créée ou créable, alors que le préternaturel est ce qui n'excède qu'une

ce qui peut être actualisé par une certaine nature est PHYSIQUEMENT POSSIBLE pour cette même nature et ce qui ne peut pas l'être est PHYSIQUEMENT IMPOSSIBLE pour elle. Certaines choses possibles en soi ne peuvent cependant pas être actualisées par n'importe quelle nature (§ 15, 430). Il s'ensuit qu'elles peuvent | être physiquement impossibles pour 159
plusieurs natures. Tout ce qui est impossible physiquement pour quelques natures n'est pas absolument impossible. Ce qui est physiquement impossible pour une certaine nature contingente est impossible soit dans chaque état dans lequel la nature est considérée et est alors NATURELLEMENT IMPOSSIBLE SIMPLEMENT (purement, tout à fait, entièrement), soit, si sa nature est considérée seulement en un certain état, NATURELLEMENT IMPOSSIBLE SOUS UN CERTAIN RAPPORT (maintenant et de cette manière). L'impossibilité naturelle simplement telle des réalités est UNE IMPUISSANCE PUREMENT NATURELLE. Toute impossibilité naturelle n'est pas une impuissance purement naturelle ou une impossibilité absolue (§ 467). Le contraire du physiquement impossible est le PHYSIQUEMENT NÉCESSAIRE et le contraire du physiquement possible est le PHYSIQUEMENT CONTINGENT. Tout ce qui est physiquement nécessaire n'est pas absolument nécessaire (§ 102). Certaines choses qui sont en soi contingentes peuvent pour plusieurs autres être physiquement nécessaires (§ 104). Les choses physiquement nécessaires le sont soit simplement, soit sous un certain rapport.

§ 470

CE QUI EST NATUREL POUR UN CERTAIN CORPS est ce qui doit être actualisé par la nature déterminée de celui-ci. CE QUI EST NATUREL POUR UN CERTAIN MONDE CORPOREL est ce qui doit être actualisé à travers la nature universelle des corps d'un certain monde (§ 466). CE QUI EST NATUREL POUR UN CERTAIN ESPRIT CONTINGENT est | ce qui doit être actua- 160
lisé à travers la nature déterminée de cet esprit. CE QUI EST NATUREL POUR UN CERTAIN MONDE PNEUMATIQUE est ce qui doit être actualisé à travers la nature universelle des esprits d'un certain monde (§ 469).

nature donnée et n'est donc pas absolument au-delà de la nature. Ainsi ce qui est au-dessus de notre nature particulière, mais qui ne serait pas au-dessus de la nature d'une autre créature (supérieure à l'homme), est simplement préternaturel.

§ 471

La succession des êtres naturels dans le monde est le COURS DE LA NATURE. Par conséquent, le cours de la nature est opposé à la succession des êtres ou bien surnaturels ou bien préternaturels (§ 469) et il sera considéré soit en un certain corps, soit dans le tout d'un certain monde corporel, soit dans un certain esprit, soit dans le tout d'un certain monde pneumatique, soit dans la nature universelle (§ 470, 466).

§ 472

L'ordre des êtres naturels dans le monde est l'ORDRE DE LA NATURE et celui-ci est opposé à la conjonction des êtres ou surnaturels ou préternaturels. Il ne sera considéré que dans un certain corps ou un certain monde corporel ou un certain esprit ou un certain monde pneumatique (§ 469, 470) ou bien dans la nature universelle (§ 466). Tous ces ordres ont leurs normes communes (§ 86). Il s'ensuit donc qu'il y a dans ce monde des normes de l'ordre naturel, des lois et des règles communes (§ 432) qui sont différentes (§ 38), mais par ailleurs semblables (§ 70). L'ensemble des lois semblables est le DROIT (*cf.* § 971) (au sens plus large). L'ensemble des lois de l'ordre
161 de la nature est le DROIT DE LA NATURE | AU SENS LE PLUS LARGE, dont les parties sont les lois et les règles du mouvement (§ 432) et les lois de la nature des esprits.

§ 473

Si quelque chose de naturel suit quelque chose de naturel, il ARRIVE SELON LE COURS DE LA NATURE et, de plus, selon le cours de la nature ou d'un certain corps ou d'une certaine liaison dans un certain monde matériel ou d'un certain esprit ou même d'une certaine liaison dans un certain monde pneumatique (§ 471) ou, à tout le moins, selon le cours de la nature universelle (§ 466). Si quelque chose de naturel succède ou coexiste avec quelque chose de naturel, il ARRIVE SELON L'ORDRE DE LA NATURE et, de plus, selon l'ordre de la nature ou d'un certain corps ou d'une certaine liaison dans un certain monde matériel ou d'un certain esprit ou même d'une certaine liaison dans un certain monde pneumatique (§ 472) ou, à tout le moins, selon l'ordre de la nature universelle (§ 466). Il s'ensuit donc que quelque chose de naturel qui succède et coexiste avec des êtres naturels est actualisé selon les lois naturelles (§ 472). Quelque chose de naturel pour un certain corps ou pour une certaine liaison dans le monde matériel selon les lois et les règles du mouvement est actualisé à travers le mécanisme des corps (§ 433) et peut, par conséquent, être expliqué mécaniquement (§ 435, 433).

| SECTION IV 162
LE SURNATUREL

§ 474

Un événement du monde qui n'est actualisé par la nature d'aucun être contingent est un ÉVÉNEMENT SURNATUREL [1]. Un événement qui n'est pas actualisé par la nature déterminée d'un certain être contingent en lequel il arrive est, à l'égard de cet être, un ÉVÉNEMENT PRÉTERNATUREL. Par conséquent, les événements surnaturels sont à l'égard de la nature universelle des événements préternaturels et les événements préternaturels à l'égard de la nature universelle sont des événements surnaturels (§ 466). Un événement surnaturel, dans la mesure où il est considéré comme extraordinaire, est un MIRACLE. Par conséquent, le miracle est quelque chose de préternaturel à l'égard de la nature universelle. Tout miracle est surnaturel, mais tout ce qui est surnaturel ne réfère pas au miracle.

§ 475

Le surnaturel et les miracles sont les contraires du naturel et du naturellement ordinaire (§ 81, 474). Maintenant, le naturel et le naturellement ordinaire sont contingents en tout monde (§ 354, 257). Il s'ensuit donc que le surnaturel et les miracles sont possibles (§ 101).

| § 476 163

Ce qui est actualisé dans le monde à travers la nature d'un être contingent n'est ni surnaturel, ni un miracle (§ 474). Par conséquent, ce qui est actualisé à travers la nature d'un esprit qui est une partie du monde n'est ni surnaturel, ni un miracle (§ 354, 257).

1. Wolff : « Le *surnaturel* est ce dont la raison suffisante n'est pas contenue dans l'essence et la nature d'un être. A l'égard des corps considérés en ce monde et de ce monde lui-même est en outre appelé *surnaturel* ce dont la raison suffisante n'est pas contenue dans l'essence et la nature des corps. Ceci est aussi appelé *miracle* » (CG, § 510). Les § 510 à 534 de la *Cosmologia generalis* seront consacrés à ce concept de miracle, qui n'est de fait définissable que par son opposition à l'ordre naturel, ce qui en fait paradoxalement un thème de la cosmologie.

§ 477

Les actions des esprits finis sur d'autres parties du monde qui ne sont pas actualisées à travers la nature déterminée des êtres qui pâtissent et qui, par là, sont préternaturels (§ 474) et extraordinaires (§ 472, 384) à l'égard des êtres qui pâtissent, ne sont cependant ni surnaturelles, ni des miracles (§ 474). Par conséquent, si on les appelle MIRACLES COMPARATIFS, ces miracles comparatifs ne sont pas des miracles, lesquels, quant à eux, sont appelés MIRACLES RIGOUREUX pour les distinguer de ceux-là. Si de telles actions sont posées comme étant au-delà [*supra*] de la nature, alors ceci peut être uniquement concédé à propos d'une certaine nature d'un certain corps ou d'un certain monde corporel (§ 470).

§ 478

Un événement extraordinaire dont nous ne connaissons pas la cause
164 naturelle est un PRODIGE (un signe (*cf.* § 347), | une merveille, un signe miraculeux). Les prodiges sont soit des miracles rigoureux (§ 474, 477), soit des événements naturels qui sont POUR NOUS DES MIRACLES.

§ 479

Puisque le surnaturel et les miracles ne sont pas actualisés à travers la nature universelle (§ 474, 466), mais sont cependant des êtres contingents (§ 474, 354) et, par là, des effets, (§ 334) quand ils existent, ils ont comme cause efficiente un être extra-mondain (§ 388), dont ils témoignent (§ 333).

§ 480

Un événement non naturel qui succède à des événements naturels ARRIVE CONTRE LE COURS DE LA NATURE (§ 471, 473). Maintenant, le surnaturel et le miracle ne sont pas un événement naturel (§ 474, 469). Il s'ensuit donc que le surnaturel et le miracle qui succèdent à des événements naturels surviennent contre le cours de la nature et, plus encore, contre le cours de la nature universelle (§ 471). Ce qui est préternaturel pour un certain corps ou un certain monde corporel, pour un certain esprit ou un certain monde pneumatique survient seulement contre un certain cours de la nature (§ 474, 471). Par conséquent, ce n'est pas tout ce
165 qui arrive | contre un certain cours de la nature qui est surnaturel ou un miracle (§ 474).

§ 481

Le surnaturel et le miracle ne sont ni absolument extraordinaires (§ 475, 385), ni contre tout ordre du monde (§ 359, 7), ni ne sont cependant naturellement ordinaires (§ 472, 474). Et comme un événement non naturel qui coexiste ou qui succède à des événements naturels ARRIVE CONTRE L'ORDRE DE LA NATURE, le surnaturel et les miracles sont contre tout ordre de la nature universelle. Il s'ensuit qu'ils n'arrivent pas selon les normes communes d'un certain ordre de la nature (§ 472). Ils sont donc extraordinaires relativement à l'ordre de la nature (§ 384). Le surnaturel et les miracles sont extraordinaires à l'égard de l'ordre de la nature universelle (§ 472). Ce qui est préternaturel est extraordinaire à l'égard d'un certain corps ou monde corporel, à l'égard d'un certain esprit ou liaison pneumatique et à l'égard d'un ordre de la nature déterminé en eux (§ 474, 472), de sorte qu'ils arrivent contre cet ordre (§ 384). Il s'ensuit donc que ce n'est pas tout ce qui est extraordinaire à l'égard d'un ordre de la nature quel qu'il soit, ni tout ce qui est contre un ordre de la nature quel qu'il soit qui est surnaturel et encore moins un miracle (§ 474).

| SECTION V 166
LA POSSIBILITÉ HYPOTHÉTIQUE DU SURNATUREL

§ 482

Voici la loi de l'ordre dans le monde le plus parfait (§ 84), qui est une des lois supérieures (§ 182) : *que le meilleur des compossibles dans le monde le plus parfait soit joint au meilleur* (§ 444). *Cette loi* est appelée *la loi du meilleur dans le monde* (*cf.* § 822), à laquelle est subordonnée *la loi du meilleur dans la nature : que le meilleur des êtres naturels dans le monde le plus parfait soit joint au meilleur* (§ 469, 444).

§ 483

Supposons qu'il y ait dans le monde le plus parfait un événement naturel – qui, par conséquent, arrive selon l'ordre de la nature (§ 473) – compossible avec le reste. Supposons qu'il y ait dans les mêmes circonstances un événement surnaturel – qui, par conséquent, arrive contre tout ordre des événements de la nature (§ 481) – compossible avec le reste, mais meilleur que l'événement naturel. Comme des événements opposés, c'est-à-dire un événement naturel et un surnaturel, par exemple un événement miraculeux, ne peuvent pas exister en même temps (§ 81), dans ce cas, les règles de l'ordre de la nature universelle et la règle supérieure de la perfection (§ 482) entreront en conflit (§ 97).

167 | § 484

Comme dans le monde le plus parfait, les règles de l'ordre à la fois de la nature particulière et de la nature universelle sont inférieures et subordonnées à la loi du meilleur dans le monde (§ 182, 482), une exception aux lois de l'ordre de la nature (§ 446) serait faite dans le cas posé par le § 483 et quelque chose de surnaturel ou, plutôt, un miracle (§ 483), se produirait dans la plus grande convenance avec l'ordre suprême du monde le plus parfait (§ 444).

§ 485

Le surnaturel et les miracles seraient impossibles par un saut absolu (§ 387). Par conséquent, rien de surnaturel ni aucun miracle ne se produit par un saut absolu (§ 475). Cependant, comme la raison suffisante la plus proche et naturellement ordinaire des événements dans le monde est la nature d'un certain être contingent (§ 472, 469), lorsque quelque chose de surnaturel et des miracles arrivent, ils arrivent par un saut relatif (§ 474, 386).

§ 486

Le surnaturel et les miracles arrivant dans le monde corporel ne peuvent pas être expliqués mécaniquement (§ 435, 433) et encore moins les événements PNEUMATIQUES arrivant dans le monde pneumatique (dans le règne de la grâce) (§ 433, 403).

§ 487

Si, au lieu d'un événement naturel, un événement surnaturel et mira-
168 culeux est posé dans le monde, le monde n'est alors pas totalement | le même que ce qu'il aurait été si un événement naturel en avait été une partie (§ 267, 155). Il s'ensuit que, lorsqu'un événement surnaturel ou un miracle est posé dans le monde au lieu d'un effet naturel, l'état du monde coexistant avec l'événement surnaturel donné ou le miracle est posé comme étant partiellement autre que ce qu'il aurait été si l'événement surnaturel ou le miracle n'avait pas été accompli (§ 378, 369).

§ 488

Rien n'est entièrement stérile (§ 23) et, par conséquent, rien de surnaturel et aucun miracle ne sont sans corollaire ou sans conséquence : ceci posé, quelque chose d'autre est posé en retour (§ 14) et, par conséquent, une conséquence de ce dernier (§ 23) et ainsi de suite. Il s'ensuit que les conséquences de tout ce qui est surnaturel et de tout miracle sont posées indéfiniment (§ 248) à travers les états successifs du monde suivant l'événement surnaturel ou le miracle (§ 30, 369).

§ 489

Si un événement naturel avait été posé dans le monde au lieu d'un événement surnaturel et d'un miracle, comme dans les cas mentionnés aux § 487 et 488, alors celui-là aurait eu ses conséquences indéfiniment à travers tous les états du monde lui succédant (§ 23, 369). Mais les conséquences d'un effet naturel et d'un effet surnaturel ou miraculeux ne peuvent pas être totalement les mêmes (§ 267, 38). Il s'ensuit que, lorsqu'un effet surnaturel, ou un miracle, est posé dans le monde au lieu
d'un effet naturel, tous | les états du monde succédant à l'effet surnaturel ou 169
au miracle sont partiellement autres que ce qui aurait été si l'effet surnaturel donné ou le miracle n'avait pas été accompli (§ 369).

§ 490

Dans le système de l'occasionnalisme, toute passion d'une substance finie est surnaturelle (§ 474, 453), bien que puisse être conçue une certaine passion qui ne serait pas un miracle, dans la mesure où elle est considérée comme ordinaire (§ 384)[1].

§ 491

Comme le surnaturel, de même que le miracle, est une action (§ 474, 323), il sera soit simple, soit composé (§ 215) et ceci sera soit un être simultané, soit un être successif, soit les deux (§ 238). Aussi bien le simple

1. On trouve en creux ici la critique qu'adressera Leibniz au système de l'occasionnalisme. Puisque tous les événements singuliers du monde sont causés directement par Dieu, ils sont à chaque fois compris comme des miracles, ce qui rend impossible la distinction entre événement naturel et événement miraculeux. L'occasionnalisme de Malebranche serait ainsi le système du miracle perpétuel. L'objection de Leibniz est cependant un peu injuste, si l'on rappelle que pour Malebranche Dieu n'agit pas arbitrairement mais conformément aux décrets et aux lois universelles de sa volonté immuable.

que le composé, en tant qu'être simultané, arrivent en un instant dénué de parties antérieures et postérieures (§ 300).

§ 492

Plus féconds et plus nobles sont le surnaturel et le miracle (§ 166), plus ils sont grands (§ 491, 214); par conséquent, le plus grand sera le plus fécond, le plus noble et le plus composé (§ 214, 215).

§ 493

Un NATURALISTE AU SENS PLUS LARGE (*cf.* § 999) est celui qui nie tout
170 événement surnaturel | en ce monde. Il s'ensuit que le naturaliste nie l'existence des miracles en ce monde (§ 474); s'il le fait parce qu'il nie leur possibilité, alors il se trompe (§ 475).

§ 494

Lorsque la nature de ce monde est posée telle qu'elle est, c'est-à-dire comme extension, intensité et protension mathématiquement infinies (§ 440, 466), elle est aussi d'une contingence infinie de ce genre (§ 468, 361) et ne peut exister que comme l'effet d'une cause extra-mondaine dont elle témoigne (§ 375), tout comme le sont les choses surnaturelles et les miracles lorsqu'ils existent (§ 479). Par conséquent, celui qui ne confond pas les limites de sa théorie de la nature universelle de ce monde avec les limites de ladite nature elle-même et, par là, ne conclut pas négligemment de sa simple ignorance de la cause naturelle à l'entière négation de celle-ci, celui-là ne fait pas pour cette raison injure à l'idée d'une cause commune à la nature universelle, au surnaturel et aux miracles (§ 375, 479) et n'est pas un naturaliste (§ 493).

§ 495

Supposons qu'un événement naturel et un événement surnaturel dans le monde le plus parfait seraient, dans les mêmes circonstances, compossibles avec le reste des parties du monde, mais qu'ils seraient bons également quant à leurs conséquences. L'événement naturel satisfera alors à la
171 loi du meilleur dans le monde tout comme l'événement surnaturel | (§ 482), en même temps qu'il satisfera aux règles de perfection que prescrit l'ordre de la nature (§ 472); par conséquent, il satisfera à plus de règles que l'événement surnaturel (§ 481). Il s'ensuit donc que, dans ce cas, il ne

surviendrait ni événement surnaturel ni miracle dans le monde le plus parfait (§ 482, 445).

§ 496

Comme même la nature universelle du monde le plus parfait est finie (§ 468), elle n'est pas le principe suffisant de tous les accidents qui peuvent être inhérents au monde le meilleur (§ 430, 259). Supposons donc le meilleur événement qui soit compossible avec le reste des meilleurs événements dans le monde le meilleur, mais un événement qui ne doit pas être actualisé de manière naturelle et ordinaire, et supposons que cet événement puisse être actualisé de manière surnaturelle et extraordinaire : dans ce cas, tout comme au § 484, quelque chose de surnaturel, ou plutôt un miracle, se produirait dans la plus grande convenance avec l'ordre du monde le plus parfait (§ 482, 444).

§ 497

Aussi nombreux et grands que soient les événements les meilleurs qui peuvent arriver dans le monde le meilleur de façon naturelle et ordinaire, aussi nombreux et grands se produisent-ils naturellement en celui-ci (§ 495). Aussi nombreux et grands que soient les événements les meilleurs qui ne peuvent arriver absolument de manière naturelle et ordinaire dans ce monde le meilleur ou qui ne peuvent pas arriver aussi bien en celui-ci, aussi nombreux et grands se produisent-ils de manière surnaturelle et miraculeuse en lui (§ 484, 496). Les premiers de ces miracles peuvent être appelés | MIRACLES SUPPLÉTIFS et les seconds, CORRECTIFS. La raison du surnaturel **172**
est égale dans les deux.

§ 498

Le nombre des événements surnaturels et des miracles dans le monde le plus parfait est aussi grand que le nombre de ses événements possibles qui ne peuvent pas être actualisés aussi bien de manière naturelle et selon l'ordre de la nature (§ 159, 497); il n'est ni plus grand, ni moins grand (§ 160).

§ 499

Si jamais quelque événement surnaturel dans le monde le meilleur était meilleur, même à l'égard de ses conséquences, qu'un événement naturel, et si jamais quelque événement possible du monde le meilleur était naturellement impossible par la nature universelle, alors le monde le plus parfait ne serait pas tel que le naturaliste, au sens plus général, le conçoit (§ 498, 493).

§ 500

Toute personne niant que certains événements préternaturels (§ 474), que des effets extraordinaires d'esprits finis (§ 476), que des miracles comparatifs (§ 477), que des prodiges et des choses qui sont pour nous des miracles (§ 478) et qui arrivent contre le cours de la nature (§ 480) et contre
173 un certain ordre | (§ 481) sont en ce monde des miracles (§ 474), n'est pas un naturaliste au sens plus général (§ 493).

TROISIÈME PARTIE

PSYCHOLOGIE

PROLÉGOMÈNES

§ 501

La PSYCHOLOGIE est la science des prédicats généraux de l'âme[1].

§ 502

Comme la psychologie contient les premiers principes des théologies, de l'esthétique[2], de la logique et des sciences pratiques, c'est à juste titre (§ 501) qu'elle se rapporte (§ 2) à la métaphysique (§ 1).

1. Cette définition de la psychologie diffère de celle qu'en donne Wolff dans sa *Psychologia rationalis* (PR) : « La *psychologie rationnelle* est la science des choses qui sont possibles par l'âme humaine » (§ 1). Il est vrai que cette définition ne concerne que la psychologie rationnelle. Dans le *Discours préliminaire*, la psychologie, sans autre spécification, est pourtant présentée en termes semblables : « § 58 *Définition de la psychologie*. La partie de la philosophie qui s'occupe de l'âme, j'ai coutume de l'appeler *Psychologie*. La *Psychologie* est ainsi la science des [choses] qui sont possibles par les âmes humaines. La raison de cette définition est patente, comme précédemment. En effet, la philosophie en général est la science des possibles en tant qu'ils peuvent être (§ 29). C'est pourquoi, puisque la Psychologie est la partie de la philosophie qui s'occupe de l'âme, elle sera la sciences des [choses] qui sont possibles par l'âme humaine » (DP, trad. fr. p. 113-114).

2. Première occurrence du terme « esthétique » dans la *Métaphysique*. Toutes les autres se trouveront dans le texte de la *Psychologie empirique*, en rapport avec la faculté « inférieure » de connaître et ses prolongements, donc en rapport avec une connaissance sensible qui renferme ses propres règles et sa validité propre.

§ 503

La PSYCHOLOGIE déduit ses affirmations 1) de l'expérience, de manière plus proche – c'est la PSYCHOLOGIE EMPIRIQUE, 2) du concept de l'âme, à travers une série plus longue de raisonnements – c'est la PSYCHOLOGIE RATIONNELLE [1].

1. La division de la psychologie en *psychologie rationnelle* et en *psychologie empirique* se trouve déjà chez Wolff, qui publie à peu près en même temps deux importants traités s'y rapportant et de longueur semblable : la *Psychologia empirica* (1732) et la *Psychologia rationalis* (1734). Comme le précise Jean École : « Dans la *Psychologia empirica*, Wolff s'était donné pour tâche de dresser l'inventaire des facultés de l'âme et d'établir les lois et les règles auxquelles elles obéissent. Il s'agissait, pour lui, de présenter une analyse de l'âme basée principalement sur l'expérience privilégiée que constitue la conscience de ce qui se passe en nous, sans négliger l'observation externe, et en faisant appel aussi au raisonnement pour montrer comment ces facultés dépendent les unes des autres. [...] Dans la *Psychologia rationalis*, Wolff entreprend de rendre compte *a priori* de ces faits. Il se sert ici de la raison pour montrer, à partir du concept ou, si l'on veut, de l'essence de l'âme, pourquoi celle-ci possède les facultés décrites dans la *Psychologia empirica*, et pourquoi ces facultés obéissent aux lois et aux règles énoncées dans ce traité » (*Introduction de l'éditeur*, Wolff, *Psychologia rationalis*, Georg Olms Verlag, Hildesheim, New York, 1972, p. VII). Baumgarten comprend sensiblement de la même façon le programme de la *Psychologie empirique*, mais celle-ci va occuper environ les trois quarts du texte consacré à la psychologie dans sa *Métaphysique*, ce qui montre l'importance primordiale qu'il accordait à la théorie empirique et descriptive des facultés de l'âme, en laquelle Kant, on le sait, trouvera les prémisses de sa réflexion anthropologique.

LA PSYCHOLOGIE EMPIRIQUE

PREMIÈRE SECTION
L'EXISTENCE DE L'ÂME

§ 504

S'il y a quelque chose dans un être qui peut être conscient de quelque chose, c'est une ÂME. Existe en moi (§ 55) quelque chose qui peut être conscient de quelque chose (§ 57). Il s'ensuit donc qu'une âme existe en moi (moi, une âme, j'existe)[1].

§ 505

Je pense et mon âme est changée (§ 125, 504). Il s'ensuit que les pensées sont des accidents de mon âme (§ 210) dont au moins certaines ont leur raison suffisante en mon âme (§ 21). Il s'ensuit donc que mon âme est une force[2] (§ 197).

1. Pour établir l'existence de l'âme – sa première tâche et son premier geste – la psychologie empirique en appellera à l'expérience de la conscience que nous avons de nous-mêmes et des choses extérieures à nous. Cette expérience commune de la conscience est indubitable et irréfragable, et c'est d'elle qu'est tirée la certitude de l'existence de l'âme, puisque la pensée et la conscience sont indissociables de celle-ci. On comprend ainsi pourquoi la psychologie *empirique* est incluse dans la *Métaphysique*. En effet, c'est l'expérience qui constitue la donnée première et certaine à partir de laquelle il faudra rendre raison des choses, par le raisonnement et la déduction.

2. Le concept de force (*vis*) gît au cœur de la conception baumgartenienne de l'âme, comme c'est d'ailleurs aussi le cas chez Wolff. L'âme, comme substance simple et spirituelle,

§ 506

Les pensées sont des représentations. Il s'ensuit donc que mon âme est une force de représentation (§ 505).

§ 507

Mon âme pense au moins certaines parties de cet univers (§ 354).
175 Il s'ensuit donc que mon âme | est une force de représentation de cet univers, au moins partiellement (§ 155).

§ 508

Je pense certains corps de cet univers et leurs variations; je pense moins de variations de ce corps-ci, plus de ce corps-là; je pense le plus de variations d'un unique corps et ce dernier est à vrai dire une partie de moi-même (§ 155). Par conséquent, MON CORPS est celui dont je pense plus de variations que je ne le fais pour tout autre corps.

§ 509

Mon corps a une position déterminée en ce monde (§ 85), un lieu, un âge (§ 281) et une situation (§ 284).

§ 510

Je pense certaines choses distinctement et certaines autres confusément. Celui qui pense quelque chose confusément ne distingue pas ses notes bien que, cependant, il se les représente ou les perçoive. Car s'il distinguait les notes de ce qui est représenté confusément, alors il penserait distinctement ce qu'il se représente confusément. S'il ne percevait pas du tout les notes de ce qui est pensé confusément, alors il ne pourrait pas distinguer grâce à celles-ci la chose perçue confusément des autres choses. Il s'ensuit que celui qui pense quelque chose confusément se représente certaines choses obscurément.

176 | § 511

Il y a des perceptions obscures dans l'âme (§ 510). L'ensemble de ces perceptions est appelé FOND DE L'ÂME.

est d'abord et avant tout, comme on va la voir un peu plus loin, une *vis repraesentativa universi*, une force de représentation de l'univers.

§ 512

À partir de la position de mon corps dans cet univers, il peut être connu pourquoi je perçois ceci plus obscurément, cela plus clairement et autre chose plus distinctement (§ 306, 509), c'est-à-dire que JE ME REPRÉSENTE [quelque chose] SELON DE LA POSITION DE MON CORPS dans cet univers.

§ 513

Mon âme est une force (§ 505) de représentation (§ 506) de l'univers (§ 507) selon la position de son corps (§ 512).

§ 514

Le tout des représentations dans l'âme est la PERCEPTION TOTALE et ses parties sont les PERCEPTIONS PARTIELLES. L'ensemble des représentations obscures parmi celles-ci est le CHAMP D'OBSCURITÉ (de ténèbres) qui est le fond de l'âme (§ 511) et l'ensemble des représentations claires est le
CHAMP DE CLARTÉ (de lumière), |qui comprend les CHAMPS DE 177
CONFUSION, DE DISTINCTION, D'ADÉQUATION, etc.

§ 515

La connaissance vraie est une réalité (§ 12, 36), ses contraires – la non-connaissance, autrement dit le défaut de connaissance ou l'IGNORANCE et la connaissance apparente, autrement dit l'ERREUR – sont des négations (§ 81, 36). La plus petite connaissance est la connaissance la moins vraie d'un seul et unique être le plus petit (§ 161). Il s'ensuit donc que plus est vraie la connaissance d'êtres plus nombreux et plus grands, plus cette connaissance est grande (§ 160), jusqu'à être la plus grande, qui serait la connaissance la plus vraie des êtres les plus nombreux et les plus grands. Le degré de CONNAISSANCE auquel celle-ci connaît le plus de choses est sa RICHESSE (son abondance, son étendue, ses richesses, sa vastitude); le degré de connaissance auquel elle connaît le moins de choses est son ÉTROITESSE; celui auquel elle connaît de plus grandes choses est sa DIGNITÉ (sa noblesse, sa grandeur, son importance, sa majesté); le degré auquel elle connaît de plus petites choses est sa FAIBLE VALEUR (sa minceur, sa légèreté). Plus sont vraies les choses que la connaissance joint dans un plus grand ordre, plus est vraie cette connaissance (§ 184) et, par conséquent, plus elle est grande. La connaissance qui présente des choses plus vraies est la CONNAISSANCE EXACTE (raffinée) et celle qui montre des

choses moins vraies est GROSSIÈRE. Un plus grand ordre dans la connaissance, autrement dit la MÉTHODE, est la MÉTHODICITÉ (acroamatique,
178 disciplinaire) DE LA CONNAISSANCE | et un ordre plus petit est le TUMULTE de la connaissance. La connaissance et ses représentations dans mon âme sont soit plus petites, soit plus grandes (§ 214) et, dans la mesure où elles sont des raisons, elles sont des ARGUMENTS AU SENS PLUS LARGE, auxquels sont attribuées force et efficacité (§ 197). Aucune connaissance n'est totalement stérile (§ 23), mais une connaissance de plus grande efficacité, autrement dit de plus grande ROBUSTESSE, est PLUS FORTE et une connaissance de moindre robustesse, laquelle est la FAIBLESSE, est PLUS FAIBLE (lâche, inerte). Les représentations plus faibles qui naissent modifient moins l'état de l'âme et les plus fortes le modifient davantage (§ 208, 214).

§ 516

Les perceptions qui, avec quelque autre perception partielle, sont des parties du même tout sont appelées PERCEPTIONS ASSOCIÉES. La plus forte des perceptions associées RÈGNE (domine dans l'âme).

179 | § 517

Plus nombreuses sont les notes que renferme une perception, plus cette perception est forte (§ 23, 515). Par conséquent, la perception obscure comprenant plus de notes que la perception claire est plus forte que cette dernière. La perception confuse comprenant plus de notes que la perception distincte est plus forte que cette dernière. Les perceptions contenant en elles-mêmes de plus nombreuses perceptions sont appelées PERCEPTIONS PRÉGNANTES. Il s'ensuit donc que les perceptions prégnantes sont plus fortes. Par conséquent, les idées ont une grande force [*robur*] (§ 148). Les termes qui ont une signification prégnante sont EMPHATIQUES (des emphases). La science de ceux-ci est l'EMPHASÉOLOGIE. La force des noms propres n'est pas petite.

§ 518

L'état de l'âme en lequel les perceptions dominantes sont obscures est le RÈGNE DES TÉNÈBRES ; celui en lequel règnent les perceptions claires est le RÈGNE DE LA LUMIÈRE.

SECTION II

LA FACULTÉ DE CONNAÎTRE INFÉRIEURE[1]

§ 519

Mon âme connaît certaines choses (§ 506). | Il s'ensuit qu'elle a une 180
FACULTÉ DE CONNAÎTRE, c'est-à-dire la faculté de connaître certaines choses (§ 57, 216) (l'entendement au sens plus large, *cf.* § 402).

§ 520

Mon âme connaît certaines choses obscurément et en connaît certaines autres confusément (§ 510). Maintenant, tout le reste étant égal, l'âme qui perçoit une chose et la perçoit comme étant différente d'autres choses perçoit davantage que l'âme qui perçoit la chose, mais sans la distinguer (§ 67). Il s'ensuit donc que, tout le reste étant égal, la connaissance claire est plus grande que la connaissance obscure (§ 515). Par conséquent, l'obscurité est un degré de connaissance plus petit et la clarté, un degré plus grand (§ 160, 246) et, pour la même raison, la confusion est un degré de connaissance plus petit, autrement dit inférieur, et la distinction un degré plus grand, autrement dit supérieur. De là vient que la faculté de connaître quelque chose obscurément et confusément, autrement dit indistinctement, est la FACULTÉ DE CONNAÎTRE INFÉRIEURE. Il s'ensuit que mon âme a une faculté de connaître inférieure (§ 57, 216)[2].

§ 521

Une représentation non distincte est appelée REPRÉSENTATION SENSIBLE. Il s'ensuit que la force de mon âme représente les perceptions 181
sensibles par la faculté | inférieure (§ 520, 513).

1. Avec ce paragraphe débute l'examen des facultés de l'âme. Une faculté, c'est d'abord et avant tout une puissance active de l'âme (Wolff : « De même que nous avons coutume d'appeler *Faculté* une puissance active en général (§ 716, *Ontol.*), de même aussi les puissances actives de l'âme sont elles-mêmes appelées *Facultés* de celle-ci », PE, § 29).

2. Entre la faculté inférieure et la faculté supérieure de connaître, la différence en sera une de degré car, comme le précise Wolff, « de la partie inférieure à la partie supérieure, le progrès n'arrive pas par saut (*per saltum*) mais par degrés intermédiaires » (PE, § 233).

§ 522

Je me représente certaines choses de telle sorte que certains de leurs caractères sont clairs et d'autres sont obscurs. Une perception de ce genre est, à l'égard des notes claires, distincte, et, à l'égard des notes obscures, sensible (§ 521). Par conséquent, il y a une perception distincte à laquelle se mélange une certaine part de confusion et d'obscurité et une perception sensible en laquelle se trouve quelque chose de distinct. Celle-ci, en ce qui concerne sa partie de moindre qualité, est formée par la faculté de connaître inférieure (§ 520).

§ 523

Les notes d'une représentation sont soit médiates, soit immédiates (§ 67, 27). Ces dernières seulement sont considérées en jugeant de la clarté dans une perception.

§ 524

Les notes d'une perception sont soit suffisantes, soit insuffisantes (§ 21, 67), soit absolument nécessaires (§ 106, 107), soit en soi contingentes (§ 108), soit absolument invariables et constantes (§ 132), soit variables en soi, autrement dit changeantes (§ 133). Parfois, seules les premières de celles-ci sont appelées notes au sens éminent [*per eminentiam*].

182 | § 525

Les notes d'une représentation sont soit négatives, soit réelles (§ 135). La perception qui possède la première sorte de notes est appelée PERCEPTION NÉGATIVE; celle qui possède la seconde sorte de notes est appelée PERCEPTION POSITIVE. Les perceptions négatives seraient soit TOTALEMENT NÉGATIVES – dont chacune des notes serait négative et à partir desquelles rien ne serait perçu –, soit PARTIELLEMENT NÉGATIVES – dont certaines notes sont, ou vraiment ou apparemment, négatives (§ 12).

§ 526

Certaines notes sont plus fécondes et plus importantes que d'autres (§ 166) et les notes suffisantes sont les deux en comparaison des insuffisantes (§ 169, 524).

§ 527

Quelque chose est FACILE lorsque peu de forces sont nécessaires pour l'actualiser et quelque chose est DIFFICILE lorsque de plus grandes forces sont requises. Par conséquent, quelque chose est FACILE POUR UN CERTAIN SUJET lorsqu'une petite partie des forces dont jouit celui-ci est nécessaire pour l'actualiser et quelque chose est DIFFICILE POUR UN CERTAIN SUJET lorsqu'une grande | partie des forces dont jouit cette substance est requise **183**
pour l'actualiser. Il s'ensuit donc que la facilité et la difficulté admettent des degrés (§ 246).

§ 528

La perception la moins claire est celle dont les notes suffisent seulement à distinguer celle-ci, avec la plus grande difficulté, d'une seule et unique chose la plus différente (§ 161). Il s'ensuit donc que plus je suis facilement capable de distinguer une perception de choses plus nombreuses et plus semblables, plus cette perception est claire pour moi (§ 160), jusqu'à être pour moi la plus claire, qui serait la perception que je suis capable de distinguer avec la plus grande facilité de toutes choses, même des plus semblables (§ 161). La représentation la moins obscure est celle dont les notes sont seulement insuffisantes pour distinguer celle-ci, avec la plus grande facilité, d'une seule et unique chose la plus semblable (§ 161). Il s'ensuit donc que plus nombreuses et différentes sont les choses desquelles une perception ne peut toutefois pas être distinguée par l'usage d'une force plus grande, plus grande est l'obscurité de cette perception, jusqu'à être pour moi la plus obscure, qui est celle qui ne peut être distinguée de rien d'autre, même des choses les plus différentes, par l'usage de toute ma force (§ 161).

§ 529

À ce que je perçois plus clairement que d'autres choses, je PRÊTE ATTENTION. De ce que je perçois plus obscurément que d'autres choses, je FAIS ABSTRACTION. Il s'ensuit donc que j'ai la faculté de prêter attention et de faire abstraction (§ 216), mais toutes deux sont finies (§ 354) et, par conséquent, ne sont qu'à un certain degré et non au degré le plus grand (§ 248). | Plus on enlève à une quantité finie, moins il en reste. Il s'ensuit **184**
que plus je prête attention à une chose, moins je peux prêter attention à d'autres choses et donc qu'une perception plus forte qui occupe entièrement mon attention obscurcit une perception plus faible, autrement dit me fait faire abstraction (§ 528, 515) d'une perception plus faible.

§ 530

Une perception qui, outre les notes auxquelles elle prête plus attention, contient aussi d'autres notes moins claires est une PERCEPTION COMPLEXE. L'ensemble des notes d'une pensée complexe auquel je prête la plus grande attention est appelé PERCEPTION PRIMAIRE et l'ensemble des notes moins claires est appelé PERCEPTION ADHÉRENTE (secondaire). Par conséquent, une perception complexe est le tout de la perception primaire et adhérente (§ 155).

§ 531

Supposons deux pensées claires constituées de trois notes, mais dont les notes qui sont claires dans une pensée sont obscures dans l'autre : alors
185 la première pensée sera plus claire (| § 528). Il s'ensuit que la clarté d'une perception est augmentée par la clarté des notes au moyen de la distinction, de l'adéquation, etc. Supposons deux pensées claires constituées de notes également claires, la première ayant trois notes, la seconde, six : la seconde pensée sera alors plus claire (§ 528). Il s'ensuit donc que la clarté est augmentée par la multitude des notes (§ 162). La clarté plus grande au moyen de la clarté des notes peut être appelée CLARTÉ INTENSIVEMENT PLUS GRANDE ; la clarté plus grande au moyen de la multitude des notes peut être appelée CLARTÉ EXTENSIVEMENT PLUS GRANDE. Une perception extensivement plus claire est une PERCEPTION VIVIDE. La vividité des PENSÉES et du DISCOURS est l'ÉCLAT (la brillance) et son contraire est la SÉCHERESSE (une manière épineuse de penser et de parler). Ces deux types de clarté constituent la LIMPIDITÉ. Par conséquent, la limpidité est soit vivide, soit intellectuelle, soit les deux. Une PERCEPTION dont la force s'exprime dans la connaissance de la vérité d'une autre perception, ainsi que SA FORCE, est PROBANTE ; celle dont la force rend claire une autre perception, ainsi que SA FORCE, est une PERCEPTION EXPLICATIVE (*qui éclaire*) ; celle dont la force rend vivide une autre perception, ainsi que SA FORCE, est une PERCEPTION ILLUSTRATIVE (*qui dépeint*) ; et celle qui rend distincte une autre perception, ainsi que SA FORCE, est une PERCEPTION RÉSOLVANTE (*qui démêle*). La conscience de la vérité est la CERTITUDE (considérée subjectivement, *cf.* § 93). La certitude sensible est la PERSUASION ; la certitude intellectuelle est la CONVICTION. Celui qui pense
186 une chose et la vérité de celle-ci, tout le reste étant égal, pense plus | que celui qui pense la chose seulement. Par conséquent, une PENSÉE et une CONNAISSANCE certaines, tout le reste étant égal, sont plus grandes qu'une pensée et une connaissance INCERTAINES, c'est-à-dire qui ne sont pas certaines (§ 515). Une connaissance qui est plus incertaine que juste est une

CONNAISSANCE SUPERFICIELLE ; une connaissance qui est aussi certaine qu'il est requis est une CONNAISSANCE SOLIDE. Plus claire, plus vivide, plus distincte et plus certaine est la connaissance, plus celle-ci est grande. Une PERCEPTION ayant la certitude d'une autre pour corollaire, ainsi que SA FORCE, est soit PERSUASIVE, soit CONVAINCANTE. La limpidité certaine est l'ÉVIDENCE.

§ 532

Tant la perception intensivement plus claire que la perception extensivement plus claire peuvent être des perceptions sensibles (§ 522, 531) et alors, | la perception plus vivide est plus parfaite que la moins vivide (§ 531, **187**
185). La perception plus vivide peut être plus forte que la perception intensivement plus claire et même que la perception distincte (§ 517, 531).

§ 533

La science de la connaissance et de la présentation sensibles est l'ESTHÉTIQUE (la logique de la faculté de connaître inférieure, la philosophie des Grâces et des Muses, la gnoséologie inférieure, l'art de penser bellement, l'art de l'analogon de la raison)[1].

1. Il y a pour Baumgarten une perfection propre et une spécificité de la connaissance sensible qui empêche de considérer celle-ci uniquement comme un degré inférieur de connaissance par rapport au degré supérieur de la connaissance intellectuelle, comme c'est le cas de la conception plus intellectualiste de Wolff. Ce sera l'un des motifs centraux de cette nouvelle discipline dont Baumgarten est l'initiateur avec Georg Friedrich Meier : l'esthétique. Voir A. G. Baumgarten, *Aesthetica*, Frankfurt a.d. Oder, 1750-1758, Hildesheim, Olms, 1986), mais aussi, pour les premières percées de cette réflexion esthétique : A. G. Baumgarten, *Meditationes philosophicae de nonnullius ad poema pertinentibus* (« Méditations philosophiques sur quelques sujets se rattachant au poème » [ou : « à l'essence du poème »]), Halle, 1735. *Aesthetica*, § 1 : « L'esthétique […] est la science de la connaissance sensible ». La *Métaphysique* n'insistera cependant pas beaucoup par la suite sur la spécificité de l'esthétique, même si la réflexion esthétique de Baumgarten colorera certains développements consacrés à la faculté inférieure de connaître (notamment celui sur l'imagination).

SECTION III
LES SENS

§ 534

Je pense mon état présent. Il s'ensuit que je me représente mon état présent, c'est-à-dire que JE SENS. Les représentations de mon état présent, autrement dit les SENSATIONS (les apparitions), sont des représentations de l'état présent du monde (§ 369). Il s'ensuit que ma sensation est actualisée par la force de représentation de l'âme selon la position de mon corps (§ 513).

188 | § 535

J'ai la faculté de sentir (§ 534, 216), c'est-à-dire le SENS. Le sens représente soit un état de mon âme, comme SENS INTERNE, soit un état de mon corps, comme SENS EXTERNE (§ 508). Par conséquent, la sensation est soit une SENSATION INTERNE par le sens interne (la conscience au sens plus strict), soit une SENSATION EXTERNE, actualisée par le sens externe (§ 534).

§ 536

Les parties du corps dont le mouvement qui leur convient coexiste avec une sensation externe sont les OUTILS DES SENS [*aestheteria*] (les organes des sens). Par ceux-ci, j'ai la faculté de sentir 1) n'importe quel corps touchant le mien – le TOUCHER ; 2) la lumière – la VUE ; 3) le son – l'OUÏE ; 4) les effluves des corps qui montent au nez – l'ODORAT ; 5) les sels qui sont dissous par les parties internes de la bouche – le GOÛT.

§ 537

Plus un organe des sens est mû convenablement, plus la sensation est
189 forte et claire | et moins cet organe est mû convenablement, plus la sensation externe est faible et obscure (§ 513, 512). Le lieu en lequel les corps constitués peuvent encore mouvoir un organe des sens assez convenablement pour qu'ils soient clairement sentis est la SPHÈRE DE SENSATION. Le lieu le plus convenable dans la sphère de sensation est le POINT DE SENSATION.

§ 538

Plus les choses à sentir sont petites et éloignées du point de sensation, plus la sensation de ces choses est obscure et faible ; cette sensation est d'autant plus forte et claire que les choses à sentir sont plus grandes et plus proches du point de sensation (§ 537, 288).

§ 539

Le sens le plus petit serait celui qui représenterait un seul et unique être le plus grand, présent de la manière la plus proche et la plus convenable, avec le plus petit degré de vérité, de lumière et de certitude (§ 531, 538). Par conséquent, plus l'organe des sens représente véritablement, clairement et certainement des choses plus nombreuses, plus petites, plus éloignées et qui le meuvent moins convenablement, alors plus cet organe est grand (§ 219, 535).

§ 540

Un sens plus grand est dit AIGUISÉ et un sens plus petit est dit ÉMOUSSÉ. Plus les organes des sens sont aptes ou sont rendus aptes à un mouvement
| qui leur convient, plus le sens externe est aiguisé ou plus il s'aiguise. Plus 190
les organes des sens sont ineptes ou sont rendus ineptes, plus le sens externe est émoussé ou plus il s'émousse (§ 537, 539).

§ 541

La loi de la sensation est : *de même que les états du monde et mes états se succèdent les uns aux autres, de même les représentations de leurs états présents doivent se suivre les unes les autres* (§ 534). Par conséquent, la règle de la sensation interne est : *de même que les états de mon âme se succèdent les uns aux autres, de même les représentations de leurs états présents doivent se suivre les unes les autres* ; et la règle de la sensation externe est : *de même que les états de mon corps se succèdent les uns aux autres, de même les représentations de leurs états présents doivent se suivre les unes les autres*.

§ 542

La force des sensations est grande en comparaison de chacune des autres perceptions (§ 512, 517). Par conséquent, les sensations obscurcissent chacune des autres perceptions (§ 529). Néanmoins, plusieurs autres sensations prises ensemble peuvent devenir plus fortes que telle ou telle autre sensation, en particulier qu'une sensation plus faible, et peuvent

à leur tour obscurcir celle-ci ; plus encore, une sensation peut être obscurcie
191 par une autre sensation plus forte | ou par plusieurs autres qui, individuellement, sont plus faibles, mais qui, lorsque prises ensemble, sont plus fortes (§ 529, 517).

§ 543

La sensation externe est facilitée 1) lorsqu'elle appartient à un organe bien préparé (§ 536) ; 2) lorsque le corps [qui doit être senti] est rapproché de la sphère de sensation, ou plus encore 3) du point de sensation, autant que faire se peut (§ 537) ; 4) lorsque ce corps est particulièrement apte, aussi bien selon la qualité (§ 536) 5) que selon la quantité (§ 538), à provoquer en l'organe des sens le mouvement approprié à la sensation ; et lorsque sont empêchées 6) non seulement des sensations hétérogènes plus fortes, mais aussi 7) toutes les sensations plus faibles, mais plus nombreuses, ou encore 8) lorsque des perceptions hétérogènes tout à fait autres sont aussi empêchées (§ 542). La sensation externe est empêchée : 1) en empêchant l'organe des sens de se mouvoir convenablement ; 2) ou, du moins, en faisant en sorte que cet organe soit moins mû (§ 537) ; 3) en éloignant l'objet sensible ; 4) en l'amoindrissant ; 5) en empêchant entièrement qu'il ne devienne présent ; 6) en provoquant une sensation plus forte ; 7) en détournant l'attention au moyen de plusieurs autres sensations ou 8) de plusieurs autres perceptions de sorte que, bien qu'elles soient individuellement plus faibles, elles obscurcissent, lorsque prises ensemble, la sensation qui doit être empêchée (§ 542, 221).

§ 544

Comme les sens se représentent les êtres singuliers [1] de ce monde et, par
192 conséquent, les êtres entièrement déterminés | (§ 535, 148) en tant que tels et, par là, se les représentent dans une liaison universelle (§ 357) et comme les liaisons – surtout les liaisons relatives – ne peuvent être représentées sans l'un et l'autre des éléments liés (§ 14, 37), alors, en toute sensation, chacune des choses qui sont liées au senti, autrement dit à ce qui est senti, est représentée non pas clairement, mais bien obscurément pour la plus grande part et la plupart du temps. Il s'ensuit donc qu'il y a quelque chose d'obscur en toute sensation et que, par conséquent, il y a toujours un mélange de confusion dans une sensation, même distincte. De là vient que

1. Comme le précise Wolff, la connaissance sensible porte sur les singuliers et est intuitive et *a posteriori*, alors que la connaissance intellectuelle porte sur les espèces et les genres et est symbolique et *a priori*. Voir PE, § 434-435.

toute sensation est une perception sensible qui doit être formée par la faculté de connaître inférieure (§ 522). Et comme l'EXPÉRIENCE est une connaissance claire au moyen du sens, l'ESTHÉTIQUE de la préparation et de la présentation de l'expérience est EMPIRIQUE.

§ 545

LES TROMPERIES DES SENS sont des représentations fausses qui dépendent des sens[1]. Elles sont soit elles-mêmes des sensations, soit des raisonnements dont la sensation est une prémisse, soit des perceptions qui, par vice de subreption[2], sont tenues pour des sensations (§ 30, 35).

§ 546

Comme les sensations elles-mêmes représentent l'état présent ou du corps, ou de l'âme, ou des deux (§ 535), | les sensations tant internes **193**
qu'externes perçoivent des états actuels (§ 205, 298) et, par là, des états possibles (§ 57) et plus encore des états possibles de ce monde (§ 377). Il s'ensuit qu'elles sont les sensations les plus vraies du monde entier (§ 184) et qu'aucune d'elles n'est une tromperie des sens (§ 545). Aussi, lorsqu'une tromperie des sens mène à un raisonnement, le vice de celui-ci

1. La perfection propre à la connaissance sensible n'exclut donc aucunement la tromperie des sens pour Baumgarten. Celle-ci est en quelque sorte l'erreur propre à la connaissance sensible, ou l'équivalent de ce qu'est le vice logique pour la connaissance rationnelle.

2. Le vice de subreption est un terme issu du droit romain et est souvent mis en rapport avec le vice d'obreption. Selon M. Merlin (*Répertoire universel et raisonné de jurisprudence*, t. 21, Bruxelles, H. Terlier Librairie, 1827, p. 428 : « On appelle *Obreption*, la fraude qu'on a commise dans l'obtention de quelque grâce, titre ou concession d'un supérieur en lui taisant une vérité qu'il était nécessaire d'énoncer pour la validité de sa concession. La *subreption* est, au contraire, la fraude qu'on commet dans l'obtention des mêmes actes, en avançant des faits contraires à la vérité. [...] Cependant, s'il faut en croire Denisart, le mot *subreption* signifie omission d'une vérité qu'on a tue pour obtenir une grâce qui n'aurait pas été accordée si cette vérité eût été connue, et le mot *Obreption* signifie faux exposé ».

Mais la subreption a aussi un sens logique et philosophique, que Wolff définit en ces termes : « Nous appelons *Vice de subreption* l'erreur commise dans l'acte d'expérimenter lorsque nous semblons expérimenter pour nous-mêmes ce que nous expérimentons [en fait] le moins » (*Philosophia rationalis sive Logica Methodo Scientifica Pertractata*, § 668). De manière générale, Wolff associe le vice de subreption à l'erreur des jugements intuitifs qui n'ont pas subi l'épreuve de l'entendement et qui ne sont en réalité que des généralisations hâtives, basées sur une expérience insuffisante. Kant fera à son tour plusieurs fois référence à ce concept, qu'il mentionne pour la première fois dans sa *Dissertation de 1770* (Ak. II, 412). Dans ses ouvrages ultérieurs, il parlera même de vice de subreption transcendantal, moral ou esthétique (voir notamment CRP, A 643/B 671 et Ak. V, 116). Nous reprenons ici les indications de Fugate et Hymers, *Métaphysique, op. cit.*, p. 208.

se cache ou bien dans sa forme, ou bien dans les autres prémisses [et non dans la sensation]. Si une perception d'un autre genre est tenue pour une sensation par vice de subreption, une double erreur naît à cause de la précipitation de celui qui juge, laquelle peut cependant facilement être réduite au second cas (§ 545).

§ 547

Les ILLUSIONS sont des artifices pour tromper les sens. Si les tromperies des sens naissent de ces illusions, alors celles-ci sont EFFICACES; sinon, elles sont INEFFICACES. Il s'ensuit donc que plus quelqu'un est troublé par de nombreux préjugés ayant un terme commun avec les sensations et moins il prend garde au vice de subreption, plus nombreuses sont les illusions qui peuvent être efficaces chez lui (§ 545). Chez celui qui est libre de tout préjugé et de tout vice de subreption, toutes les illusions seront inefficaces (§ 546).

194 | § 548

Des propositions telles que « *tout ce que je n'*expérimente *pas, autrement dit que je ne sens pas clairement* (§ 544), *n'existe pas* (autrement dit le PRÉJUGÉ DE THOMAS)[1] ou *est impossible* », « *tout ce qui est* (partiellement) *le même qu'une autre représentation est cette perception même* », « *l'une des choses qui coexistent ou se succèdent l'une à l'autre influence réellement l'autre* (autrement dit le *sophisme : après ceci, donc à cause de ceci* [*post hoc, ergo propter hoc*]) » sont des prémisses majeures aptes à tromper les sens (§ 546) et, par conséquent, à être des illusions efficaces (§ 547).

§ 549

Pour la même raison qu'une perception différente plus forte obscurcit une perception plus faible (§ 529), des perceptions différentes plus faibles éclairent une perception plus forte (§ 531). Par conséquent, une perception différente et claire plus forte qui succède à la perception plus faible de quelque objet, par le fait même qu'elle est nouvelle dans le champ des perceptions claires, est perçue davantage (§ 529). Il s'ensuit donc qu'une sensation claire plus forte succédant à une sensation différente plus faible est éclairée du fait même de sa nouveauté (§ 542, 534). Par conséquent,

1. Allusion au Thomas de l'Évangile qui refuse de croire en la résurrection de Jésus à moins de voir celui-ci de ses propres yeux et de toucher ses plaies (Jn, 20, 24-29).

les contraires plus faibles éclairent la chose (§ 81, 531). *Les contraires posés les uns à côté des autres brillent plus clairement.*

| § 550 195

Si exactement la même sensation, dans la mesure où elle est observée, est contenue dans plusieurs perceptions totales venant immédiatement les unes après les autres, on trouve la lumière de la nouveauté dans la première de celles-ci (§ 549). Cette lumière fait en partie défaut dans la deuxième perception, plus encore dans la troisième et ainsi de suite. Par conséquent, à moins que la sensation ne soit éclairée par autre chose, elle sera moins claire dans la deuxième perception totale et encore moins dans la troisième, puisqu'elle succède toujours à une autre qui l'obscurcit davantage (§ 529). Il s'ensuit que les sensations, dans la mesure où elles sont observées comme étant longtemps les mêmes, sont obscurcies par le temps lui-même (§ 539).

§ 551

Les sensations ne demeurent pas dans une force égale (§ 550). Il s'ensuit donc que lorsqu'elles ont été les plus fortes qu'elles pouvaient être, elles s'affaiblissent (§ 247).

§ 552

JE VEILLE pendant que je sens clairement un être externe ; lorsque que je commence à sentir ainsi, JE M'ÉVEILLE. Si chacune des sensations a un degré de clarté qui est habituel chez un homme sain, celui-ci est dit être MAÎTRE DE SOI. Si certaines de ces sensations deviennent chez lui si vivides qu'elles obscurcissent le reste de manière remarquable, alors cet homme est HORS DE SOI (il s'oublie lui-même, n'est pas auprès de lui-même). L'état d'un homme hors de soi à cause de sensations internes est | l'EXTASE (une 196
vision, un esprit agité, un ravissement).

§ 553

Une extase naturelle de l'âme sera actualisée par sa propre nature (§ 552, 470) ; une extase de l'âme qui n'est pas actualisée par sa propre nature sera préternaturelle (§ 474). Celle-ci, si elle n'est pas actualisée par la nature universelle, sera surnaturelle (§ 474). Les extases miraculeuses sont possibles (§ 475, 552), même hypothétiquement (§ 482, 500).

§ 554

Si le degré de clarté dans les sensations de l'homme éveillé est affaibli de manière remarquable à cause des vapeurs de boisson qui lui montent au cerveau, cet homme est ENIVRÉ, autrement dit IVRE. Si cela arrive à cause de la maladie, son état est appelé VERTIGE, lequel est soit simple, soit obscur, autrement dit, dans ce dernier cas, un scotome.

§ 555

Si les sensations externes claires cessent, ou bien les mouvements vitaux du corps, dans la mesure où ils sont observés, demeurent à peu près
197 les mêmes – et alors JE M'ENDORS | (je dors) –, ou bien ceux-ci sont affaiblis de manière encore plus remarquable – et alors JE M'ÉVANOUIS.

§ 556

L'état des sensations externes obscures, en lequel les mouvements vitaux du corps demeurent, dans la mesure où cet état est observé, à peu près les mêmes que ceux qui sont dans l'état d'éveil, est le SOMMEIL et celui qui est placé dans cet état DORT. L'état dans lequel ces mouvements sont affaiblis de manière plus remarquable est l'ÉVANOUISSEMENT (la syncope, la lipothymie, la lipopsychie, l'ecthlipse). L'état dans lequel ces mouvements vitaux cesseront entièrement sera la MORT. Il s'ensuit que le sommeil, la syncope et la mort sont tout à fait semblables entre eux (§ 265).

SECTION IV
L'IMAGINATION

§ 557

Je suis conscient de mon état passé et, par là, de l'état passé du monde (§ 369). La représentation de l'état passé du monde et, par là, de mon état passé est une IMAGE (une imagination, une vue, une vision). Il s'ensuit
198 donc que je forme des images, | autrement dit que j'imagine, par la force de l'âme de se représenter l'univers selon la position de mon corps (§ 513).

§ 558

J'ai la faculté d'imaginer, autrement dit l'IMAGINATION (§ 557, 216). Et comme mes imaginations sont des perceptions de choses qui avaient jadis été présentes (§ 557, 298), elles sont des perceptions des sens [de choses] qui, tandis que j'imagine, sont absentes (§ 223)[1].

§ 559

Une PERCEPTION qui devient moins obscure dans l'âme EST PRODUITE (est développée) alors que celle qui devient plus obscure EST VOILÉE ; une perception qui jadis était voilée et qui maintenant est produite EST REPRODUITE (revient). Maintenant, les choses qui ont été senties sont produites par les imaginations (§ 558) ; par conséquent, elles ont jadis été produites (§ 542) et, par après, voilées (§ 551). Il s'ensuit donc que les perceptions sont reproduites par l'imagination et qu'il n'y a rien dans l'imagination qui ne fut d'abord dans les sens (§ 558,534)[2].

§ 560

Les mouvements du cerveau qui coexistent avec les représentations successives de l'âme sont appelés IDÉES | MATÉRIELLES[3]. Par conséquent, 199

1. Wolff : « La faculté de produire des perceptions de choses sensibles absentes est la *Faculté d'imaginer*, autrement dit l'*Imagination* » (PE, § 92). L'imagination décrite par Baumgarten dans ces paragraphes est *l'imagination reproductrice*, que Wolff conçoit comme pure reproduction des idées sensuelles (*i.e.* des représentations ou images des choses singulières) sous la forme des phantasmes. Tous les actes de l'imagination dépendront en fait d'une condition première et *sine qua non* : la sensation, et c'est pourquoi ils sont une modalité de la connaissance sensible. On verra par ailleurs un peu plus loin que l'imagination n'est pas seulement reproductrice, mais qu'elle est aussi créatrice et productrice dans la *faculté d'invention* (§ 589 *sq.*).

2. Ce passage fait évidemment écho à la formule scolastique, déjà présente chez Thomas d'Aquin (*De veritate* II, 3 ; q. 2, a. 3, 19 : « *Nihil est in intellectu, quod non sit prius in sensu* ») : « Rien n'est dans l'intellect qui ne fut d'abord dans les sens », et que Leibniz, comme on le sait, va modifier pour la retourner contre Locke en affirmant plutôt : « Rien n'est dans l'intellect qui ne fut d'abord dans les sens, si ce n'est l'intellect lui-même » (*Nouveaux essais sur l'entendement humain*, livre II, chap. I).

3. Sur cet étrange oxymore, voir le commentaire de Jean École sur la théorie de la connaissance de Wolff : « Sous l'expression *ideae materiales* dont les termes jurent ensemble, [Wolff] range des réalités aussi diverses que sont certains produits de l'art, comme les peintures et les sculptures, et les changements nés dans le cerveau à la suite de ceux produits dans les organes des sens par les objets extérieurs. Il y a certes une analogie entre les peintures et les sculptures d'une part, les idées sensuelles et les phantasmes d'autre part, du fait qu'ils sont les uns et les autres des représentations. Et c'est ce qui peut expliquer qu'il étend aux deux

il y a dans le corps des idées matérielles appartenant à l'âme qui sent ou qui imagine (§ 508).

§ 561

L'imagination et la sensation se rapportent à des êtres singuliers (§ 559, 534) et, par là, à des êtres se trouvant dans une liaison universelle (§ 357). D'où la loi de l'imagination : *lorsqu'une idée partielle est perçue, son idée totale revient* (§ 306, 514). Cette proposition est aussi appelée *association des idées*[1].

§ 562

Comme je me représente et, par conséquent aussi, imagine (§ 557), selon la position de mon corps (§ 512), mais que les êtres que je sens extérieurement sont plus proches de mon corps que ceux que j'imagine (§ 535, 558), il est évident pourquoi les premiers peuvent être plus clairs et plus forts que les seconds (§ 538). En effet, aussi longtemps que les sensations qui coexistent avec les imaginations obscurcissent encore celles-ci (§ 542), je n'imagine rien aussi clairement que ce que j'ai senti, mais de sorte toutefois que les degrés de clarté dans l'imagination dépendent du degré de clarté dans la sensation (§ 561).

§ 563

Les choses que j'ai plus souvent senties et plus souvent reproduites sont des parties d'idées totales plus nombreuses que celles que j'ai plus rarement senties ou reproduites (§ 514). Il s'ensuit que les images des premières choses sont perçues dans une plus grande liaison (§ 561) et avec

premières le nom d'*idea* en lui ajoutant l'adjectif *materialis*, afin de marquer ce qui les différencie des deux autres. Mais qu'il fasse de même pour les changements en question dans le cerveau relève de la pure équivocité » (*La métaphysique de Christian Wolff*, *op. cit.*, t. 1, p. 99).

1. Il n'est pas invraisemblable de croire que Baumgarten s'inspire ici de Locke, qui consacre un chapitre, à la fin du second Livre de son *Essay Concerning Human Understanding*, à ce « principe » de l'association des idées. Dans la traduction française de Pierre Coste (*Essai philosophique concernant l'entendement humain*, Amsterdam, 1700) que Baumgarten possédait dans sa bibliothèque, on lit par exemple ceci : « quelques-unes de nos idées ont entre elles une correspondance et une liaison naturelle. [...] [D]es idées qui d'elles-mêmes n'ont absolument aucune connexion naturelle, viennent à être si fort unies dans l'esprit de certaines personnes, qu'il est fort difficile de les séparer. Elles vont toujours de compagnie, et l'une n'est pas plutôt présente à l'entendement, que celle qui lui est associée paroît aussi-tôt; et s'il y en a plus de deux ainsi unies, elles vont aussi toutes ensemble, sans se séparer jamais » (livre II, chap. XXXIII, § 5). Voir à ce sujet Gawlick et Kreimendahl, *Alexander Gottlieb Baumgarten. Metaphysica/Metaphysik, op. cit.*, p. 576.

des notes adhérentes plus nombreuses | que les images des secondes 200 (§ 530); par conséquent, elles sont extensivement plus claires, autrement dit plus vivides (§ 531), que celles-ci. Pour la raison opposée (§ 81), les choses que j'ai plus rarement senties et plus rarement reproduites, si elles sont senties, ont une plus grande lumière de nouveauté que celles que j'ai plus souvent senties (§ 549). Il s'ensuit donc que les sensations de ce qui est plus rarement senti et reproduit sont, tout le reste étant égal, plus vivides que celles de ce qui est plus souvent senti et reproduit (§ 531).

§ 564

De même que la sensation obscurcit les imaginations, de même, et pour la même raison, l'imagination plus forte de quelque chose plus récent obscurcit l'imagination plus faible de quelque chose plus ancien (§ 562); par conséquent, parmi toutes les choses senties de manière également claire, j'imagine plus clairement la plus récente, à moins d'en être empêché par ailleurs.

§ 565

La plus petite imagination serait celle qui représenterait le plus obscurément une seule et unique chose sentie le plus fortement (§ 562), reproduite le plus souvent (§ 563) et le plus récemment (§ 564) avec les perceptions hétérogènes, antécédentes et associées, les plus faibles (§ 529). Il s'ensuit donc que plus l'imagination peut reproduire vraiment, clairement et certainement de plus nombreuses choses qui sont senties plus faiblement et reproduites plus rarement après un temps plus long avec des perceptions antécédentes et associées plus fortes, alors plus l'imagination est forte (§ 219).

| § 566 201

Plus est émoussé ou aiguisé le sens à partir duquel j'imagine la chose qui a été sentie, plus obscure ou plus claire peut être l'imagination de cette chose (§ 562, 540).

§ 567

Je distingue les imaginations des sensations 1) par leur degré de clarté (§ 562), 2) par l'impossible coexistence de l'état passé, que fixent les imaginations, avec l'état présent, que fixent les sensations (§ 298). Par conséquent, si des imaginations plus fortes et des sensations plus faibles sont, dans la mesure où cela est observé, égales en clarté, une autre distinction demeure cependant, à savoir la différence de leurs circonstances (§ 323). Dès qu'il est évident à partir de ceci que ces perceptions ne sont pas toutes deux des sensations, je tiens pour une sensation celle en laquelle je perçois clairement la plus grande compossibilité et liaison avec les sensations associées et les imaginations – en particulier celles tout juste passées – et avec les perceptions des choses futures – en particulier des choses imminentes (§ 544). Il s'ensuit que je connais clairement que l'autre perception n'est pas une sensation (§ 38, 67).

§ 568

L'imagination est facilitée (§ 527) 1) lorsque ce qui doit être imaginé est senti plus clairement (§ 562), 2) est reproduit plus souvent (§ 563),
202 3) par des intervalles de représentations plus faibles, de sorte qu'il | ait toujours la lumière de la nouveauté (§ 549); 4) lorsque cela s'est passé il n'y pas si longtemps (§ 564); 5) lorsque l'imagination suit des perceptions plus faibles et 6) accompagne des perceptions hétérogènes (§ 516, 549) et, par conséquent, des sensations hétérogènes qui soit ne sont pas du tout claires, soit ne sont pas tout à fait claires (§ 562) et lorsque, d'autre part, 7) elle suit ou accompagne des représentations qui ont été plus souvent associées avec cela même qui doit être imaginé (§ 561).

§ 569

L'imagination est empêchée 1) en empêchant un peu ou totalement la sensation de ce qui ne doit pas être imaginé selon le § 543 et 2) en empêchant sa reproduction, particulièrement 3) celle qui est interrompue par des perceptions plus faibles parce qu'une continuation non-interrompue obscurcit en elle-même (§ 550); 4) par le délai même de la reproduction lorsque de nombreuses choses sont entre-temps pensées de manière plus vivide (§ 564); 5) lorsque l'imagination suit des perceptions plus fortes ou 6) accompagne des perceptions hétérogènes et, par conséquent, des sensations, des imaginations ou des perceptions qui sont telles lorsque prises individuellement ou ensemble (§ 542) et qui 7) n'ont jamais été ou qui ont été plus rarement associées à ce qui ne doit ni un peu ni totalement être imaginé (§ 561, 221).

§ 570

Comme en toute sensation il y a quelque chose d'obscur (§ 544) et que l'imagination est toujours moins claire que la sensation de la même chose
203 (§ 562), il y aura beaucoup | de confusion dans une imagination, même distincte. Toute imagination est sensible (§ 522) et doit être formée par la

faculté de connaître inférieure (§ 520). La science qui consiste à penser par l'imagination et à présenter ce qui est ainsi pensé est l'ESTHÉTIQUE DE L'IMAGINATION.

§ 571

Si l'imagination représente totalement les mêmes choses que j'ai senties, alors les imaginations sont vraies (§ 546, 38) et ne sont pas des IMAGES VIDES, autrement dit des imaginations fausses, bien qu'elles ne soient pas perçues avec une clarté totalement égale (§ 558, 562). La disposition à former des images vides est l'IMAGINATION DÉBRIDÉE; la disposition à imaginer avec vérité est, en revanche, l'IMAGINATION DOMPTÉE.

SECTION V

LA PERSPICACITÉ[1]

§ 572

Je perçois les identités[2] et les différences des choses. Il s'ensuit donc que j'ai la faculté de percevoir les identités et les différences des choses (§ 216). La première faculté serait la plus petite si elle suffisait à peine à représenter très faiblement une seule et unique identité la plus petite de seulement deux des êtres les plus semblables et perçus le plus fortement parmi les perceptions hétérogènes, associées et antécédentes, les plus faibles. | Il s'ensuit donc que plus clairement cette faculté perçoit les iden- **204**
tités plus nombreuses et plus grandes des choses qui sont plus nombreuses, moins connues et plus différentes et que, par conséquent, [plus elle perçoit] leurs congruences, leurs égalités et donc leurs égalités de relations, autrement dit leurs PROPORTIONS, et leurs similitudes, parmi les perceptions hétérogènes, associées et antécédentes plus fortes, alors plus cette faculté est grande (§ 219). La disposition à observer les identités des choses est l'ESPRIT[3] AU SENS PLUS STRICT.

1. En latin : *perspicacia*, qu'on aurait pu rendre aussi par « finesse d'esprit ».

2. *Identitates*, que Gawlick et Kreimendahl traduisent (en suivant Meier) par *Übereinstimmung*, et Fugate et Hymers par *correspondences*. Les identités des choses se rapportent en effet à ce qui, en celles-ci, s'accorde, s'unit ou se ressemble.

3. Le terme latin utilisé ici par Baumgarten est *ingenium*, au sens de l'esprit ingénieux, de l'esprit qui fait preuve d'imagination (*Witz*, en allemand, et *Wit*, en anglais).

§ 573

La plus petite faculté de percevoir les différences des choses serait celle qui perçoit de la façon la plus relâchée une seule et unique différence la plus petite de seulement deux des êtres les plus différents et perçus le plus fortement parmi les perceptions hétérogènes, antécédentes et associées, les plus faibles. Il s'ensuit donc que plus cette faculté représente fortement les différences plus nombreuses et plus grandes des choses qui sont plus nombreuses, moins connues et plus semblables et, par conséquent, [plus elle représente] leurs incongruences, leurs inégalités et donc leurs inégalités de relations, autrement dit leurs DISPROPORTIONS, et leurs dissimilitudes, parmi les perceptions hétérogènes, antécédentes et associées, plus fortes, alors plus cette faculté est grande (§ 219). La disposition à observer les différences des choses est l'ACUITÉ. L'esprit aiguisé est la PERSPICACITÉ.

205 | § 574

Voici la loi de la faculté de percevoir clairement [*perspicere*] les identités des choses et, par conséquent, la loi de l'esprit (§ 572) : *si une note de A est représentée comme une note de B, A et B sont représentés comme mêmes* (§ 38). Et voici la loi de la faculté de percevoir les différences des choses et, par conséquent, la loi de l'acuité (§ 573) : *si une note de A est représentée comme incompatible avec B, A et B sont représentés comme différents* (§ 38).

§ 575

Je perçois les identités et les différences des choses de manière soit distincte, soit sensible (§ 521). Par conséquent, les facultés de percevoir les identités et les différences et, par là, l'esprit, l'acuité et la perspicacité (§ 572, 573), sont soit sensibles, soit intellectuelles (§ 402). L'ESTHÉTIQUE DE LA PERSPICACITÉ est la partie de l'esthétique qui concerne la pensée et la présentation des choses avec esprit et acuité.

§ 576

Comme tous les êtres de ce monde sont en partie les mêmes et en partie différents (§ 265, 269), les représentations des identités et des différences en ces êtres, par conséquent les JEUX (fruits) D'ESPRIT – c'est-à-dire les pensées qui dépendent de l'esprit – et les SUBTILITÉS – c'est-à-dire les pensées qui dépendent de l'acuité –, sont actualisées par la force de l'âme
206 de se représenter l'univers | (§ 513). Les faux jeux D'ESPRIT sont appelés

ILLUSIONS de l'esprit et les fausses subtilités sont appelées VAINES ARGUTIES.

§ 577

Comme les degrés plus grands des facultés de l'âme sont des dispositions (§ 219) et comme la répétition fréquente d'actions homogènes, autrement dit semblables à l'égard de la différence spécifique, est l'EXERCICE, les dispositions de l'âme sont augmentées par l'exercice (§ 162). Les DISPOSITIONS de l'âme qui ne dépendent pas de l'exercice, mais qui sont naturelles, sont appelées INNÉES (dispositions naturelles); celles qui dépendent de l'exercice sont appelées ACQUISES; celles qui sont surnaturelles sont appelées INFUSES et les dispositions des facultés cognitives sont appelées THÉORÉTIQUES.

§ 578

L'acuité et l'esprit pris au sens plus strict et, par là, la perspicacité (§ 572, 573), sont des dispositions théorétiques (§ 577, 519). Plus grandes sont les dispositions innées, plus facilement celles-ci sont augmentées par l'exercice (§ 577, 527). Il en va de même de la disposition à sentir et à imaginer (§ 535, 558). Celui qui manque plus remarquablement d'esprit est STUPIDE | (un esprit épais) et celui qui manque plus remarquablement 207
d'acuité est une TÊTE OBTUSE. Celui qui manque plus remarquablement des deux est un HOMME INSIPIDE. Comme toute erreur réside dans le fait de tenir pour mêmes le faux et le vrai (§ 515), elle est une illusion de la faculté de percevoir les identités des choses (§ 576, 572) et elle doit être empêchée par l'acuité (§ 573, 221). Par conséquent, les erreurs sont une occasion [de faire preuve] de subtilité (§ 576, 323).

SECTION VI
LA MÉMOIRE

§ 579

Je perçois une représentation reproduite comme étant la même que celle que j'avais jadis produite (§ 572, 559), c'est-à-dire que JE la RECONNAIS (je me la rappelle). Il s'ensuit donc que j'ai la faculté de reconnaître des perceptions reproduites, autrement dit la MÉMOIRE (§ 216), laquelle est soit sensible, soit intellectuelle (§ 575).

§ 580

La loi de la mémoire est : *si plusieurs perceptions successives sont représentées qui, jusqu'à présent, ont quelque chose de partiellement commun, alors quelque chose de partiellement commun est représenté*
208 *comme contenu dans l'antécédente et la suivante* (§ 572) et, ainsi, | la mémoire est actualisée par la force de l'âme de se représenter l'univers (§ 557, 576).

§ 581

Les choses qui sont perçues de telle façon qu'elles peuvent plus facilement être reconnues à l'avenir, je les GRAVE DANS MA MÉMOIRE. Par conséquent, les choses qui sont plus souvent et plus clairement reproduites – selon les § 537, 538, 549 et 568 – en étant attentif aux identités et aux différences des perceptions singulières (§ 580) sont profondément gravées dans la mémoire[1] (§ 527).

§ 582

Si une perception revient, ou bien je peux la reconnaître clairement et alors je suis dit TENIR EN MÉMOIRE son objet; ou bien je ne le peux pas (§ 10) et alors J'AI OUBLIÉ son objet. Par conséquent, l'impuissance à reconnaître des perceptions reproduites est l'OUBLI. Ce par quoi je me souviens de quelque chose que j'avais oublié RAPPELLE QUELQUE CHOSE À MA MÉMOIRE. Je rappelle quelque chose à ma mémoire par des idées associées, c'est-à-dire que JE ME REMÉMORE. Il s'ensuit donc que j'ai la faculté de me remémorer, autrement dit la RÉMINISCENCE (§ 216).

209 | § 583

La réminiscence est la mémoire (§ 582, 579) qui suit cette règle : *je me souviens d'une perception reproduite par l'intermédiaire d'idées associées* (§ 580, 516). La réminiscence se produisant au moyen des idées associées de lieu est la MÉMOIRE LOCALE et celle se produisant au moyen des idées associées de temps est la MÉMOIRE SYNCHRONIQUE.

1. La mémoire sensible, à laquelle s'intéressent de plus près ces paragraphes, présuppose donc la sensation et l'imagination, dans la mesure où nous ne pouvons nous souvenir que des choses déjà perçues et reproduites dans une image.

§ 584

La mémoire la plus petite serait celle qui reconnaîtrait de la façon la plus relâchée une seule et unique chose la plus petite reproduite le plus intensément, le plus souvent et le plus récemment parmi les perceptions hétérogènes, antécédentes et associées, les plus faibles. Il s'ensuit donc que plus la mémoire reconnaît intensément des choses plus nombreuses et plus grandes qui ont été reproduites plus rarement et de manière plus relâchée après qu'un temps plus long ait passé entre les perceptions hétérogènes les plus fortes (§ 564), et parmi des perceptions hétérogènes, antécédentes et associées, plus fortes, alors plus cette mémoire est grande (§ 219).

§ 585

Une plus grande mémoire est dite BONNE et HEUREUSE, et dans la mesure où elle peut reconnaître plusieurs grandes choses, elle est dite ÉTENDUE (riche, vaste). Dans la mesure où elle peut aussi reconnaître quelque chose reproduit de manière plus relâchée parmi des représentations hétérogènes, associées et antécédentes, suffisamment fortes, la mémoire est dite FERME; dans la mesure où | elle peut reconnaître 210
quelque chose après un plus long intervalle de temps occupé par des perceptions hétérogènes suffisamment fortes, elle est dite TENACE; dans la mesure où la mémoire peut reconnaître quelque chose reproduit plus rarement, elle est dite CAPABLE; dans la mesure où elle est en état de reconnaître quelque chose plus intensément, elle est dite VIGOUREUSE; et dans la mesure où elle a besoin de très peu pour se souvenir, elle est dite PROMPTE.

§ 586

Le défaut remarquable de bonne mémoire est l'OUBLI [*obliviositas*]. Une erreur dépendant de la mémoire est dite une DÉFAILLANCE [*lapsus*] DE LA MÉMOIRE. Maintenant, la mémoire peut déterminer qu'une perception antécédente est identique à une autre qui la suit, mais à un degré toutefois où elle ne l'est pas [en réalité]. Il s'ensuit que la mémoire est DÉFAILLANTE, c'est-à-dire qu'en elle, des défaillances sont possibles. La mémoire qui n'est pas particulièrement défaillante est FIDÈLE. La mémoire de celui qui a de l'esprit n'est pas particulièrement fidèle (§ 576), mais sa fidélité est augmentée par l'acuité (§ 573).

§ 587

L'ensemble des règles de perfectionnement de la mémoire est l'ART
211 MNÉMONIQUE. La mnémonique | de la mémoire sensible (§ 579) est la partie de l'esthétique (§ 533) qui prescrit les règles en vue de confirmer, de conserver, d'exciter et de restaurer une mémoire plus capable et plus fidèle (§ 586, 585).

§ 588

Si une image antécédente est considérée comme étant identique à une sensation ou à une imagination qui la suit à un degré où elle ne l'est pas [en réalité], alors une image vide naîtra (§ 571) par une défaillance de la mémoire (§ 586) découlant de la source des erreurs (§ 578). Et si, par cette même origine (§ 586, 578), elle est considérée comme une sensation (§ 548), alors une tromperie des sens naîtra (§ 546, 545).

SECTION VII
LA FACULTÉ D'INVENTION

§ 589

En combinant et en SÉPARANT les images, c'est-à-dire en ne prêtant attention seulement qu'à une partie d'une perception, J'INVENTE. Il s'ensuit que j'ai la faculté POÉTIQUE d'invention (§ 216). Comme la combinaison est la représentation de plusieurs choses en tant qu'une et qu'elle est, par là, actualisée par la faculté de percevoir les identités des choses (§ 572, 155), la faculté d'invention est actualisée par la force de l'âme de se représenter l'univers[1] (§ 557, 576).

1. Il y a une fonction créatrice de l'imagination qui va consister en des représentations d'objets qui n'ont jamais été perçus par les sens : c'est la faculté d'invention. Celle-ci suppose une spontanéité et une liberté dont est dépourvue l'imagination reproductrice. Mais comme elle est par ailleurs une modalité de la faculté de connaître inférieure, la faculté d'invention ne produit pas à partir de rien, mais reste dépendante des données sensibles de l'expérience, qu'elle recompose dans l'invention. Wolff : « La faculté de produire des images de choses qui n'ont jamais été perçues par les sens, par la division et la composition des images, est appelée la faculté d'invention » (PE, § 144).

| § 590 212

Voici la règle de la faculté d'invention: *des parties d'images sont perçues comme un tout* (§ 589). Par conséquent, les perceptions qui en sont nées sont dites des FICTIONS (des créations) et celles qui sont fausses sont dites des CHIMÈRES, des images vides (§ 571).

§ 591

Supposons qu'en inventant, on combine des choses qui ne peuvent pas être associées (§ 589) ou qu'on sépare des choses dont la suppression supprime aussi ce qui doit être imaginé – comme les déterminations essentielles, l'essence (§ 63), les attributs (§ 64) – ou qu'en inventant, on supprime tous les modes et toutes les relations ou certains modes et certaines relations sans les remplacer par d'autres qui sont nécessaires pour constituer un être actuel et individuel, mais qu'on représente néanmoins ce qui doit être inventé comme un être individuel et actuel (§ 54, 148) : alors naîtront, en chacun de ces cas, des chimères (§ 590) par l'illusion de la faculté de percevoir les identités des choses (§ 576, 578) et, à plus forte raison, des images vides (§ 590) qui peuvent être grandement renforcées par une défaillance de la mémoire due à une fausse recognition (§ 588, 515).

§ 592

La plus petite faculté d'invention serait celle qui combinerait de la façon la plus relâchée seulement les deux images les plus petites et les plus fortes ou celle qui séparerait le plus légèrement | une seule et unique partie 213
la plus petite d'une seule et unique image la plus grande (§ 530, 589). Il s'ensuit donc que plus nombreuses, plus grandes et moins fortes sont les images qu'elle combinera, plus nombreuses et plus grandes sont les parties d'images plus nombreuses et plus petites qu'elle séparera, plus elle fait l'un et l'autre et cela plus fortement, alors plus grande est cette faculté (§ 219, 590). Une plus grande faculté d'invention peut être dite FERTILE (féconde) ; celle qui est sujette aux chimères peut être dite EXORBITANTE (extravagante, rhapsodique) et celle qui évite celles-ci peut être dite ARCHITECTONIQUE. L'ESTHÉTIQUE DU MYTHIQUE est la partie de l'esthétique qui traite de l'invention et de la présentation de ses produits.

§ 593

Si, en dormant, j'imagine clairement, alors JE RÊVE. Les imaginations d'un rêveur sont des RÊVES COMPRIS SUBJECTIVEMENT (*cf.* § 91), lesquels sont soit vrais (§ 571), soit faux (§ 588, 591); soit des rêves naturels (§ 470) – actualisés par la nature de l'âme selon les § 561, 574, 580, 583, 590 –, soit non naturels à l'âme – qui sont préternaturels pour elle. Si ces derniers ne sont pas actualisés par la nature universelle, ils seront des rêves surnaturels (§ 474).

214 | § 594

L'imagination de celui qui dort est plus débridée (§ 571) et sa faculté d'invention, plus exorbitante que chez celui qui est éveillé (§ 592). Ceux qui dorment produisent des imaginations et des fictions plus vivides, qui ne sont pas obscurcies par des sensations plus fortes (§ 549). Ceux dont les rêves ont l'habitude d'être accompagnés de mouvements externes du corps plus observables, associés à des sensations qui sont semblables chez ceux qui sont éveillés, sont des SOMNAMBULES. Ceux qui, lorsqu'ils sont éveillés, ont l'habitude de tenir certaines imaginations pour des sensations sont des FANTAISISTES (des visionnaires, des exaltés) alors que ceux qui les confondent entièrement avec des sensations sont DÉLIRANTS, en sorte que le DÉLIRE est l'état de l'homme éveillé prenant habituellement les imaginations pour des sensations et les sensations pour des imaginations.

SECTION VIII
LA PRÉVISION

§ 595

Je suis conscient de mon état futur et, par conséquent, de l'état futur du monde (§ 369). La représentation de l'état futur du monde et, par conséquent, du mien est la PRÉVISION. Je prévois et, par conséquent, j'ai la
215 faculté de prévoir (§ 216), laquelle doit être actualisée | par la force de l'âme de se représenter l'univers d'après la position de mon corps (§ 513).

§ 596

La loi de la prévision est : *si une sensation et une imagination ayant en commun une perception partielle sont perçues, il en résulte une perception totale de l'état futur en lequel les parties des différentes sensations et imaginations sont conjointes*, c'est-à-dire *que le futur naît à partir du présent imprégné du passé*[1].

§ 597

Comme je me représente et, par conséquent, prévois (§ 595) d'après la position de mon corps (§ 512), les choses que je sens extérieurement sont en vérité plus proches du corps que celles que je prévois et que je ne vais sentir qu'un jour à venir (§ 535, 595). De là, il est évident pourquoi les premières peuvent être plus claires et plus fortes que ces dernières (§ 529). Par conséquent, parce que les sensations qui coexistent avec les prévisions obscurcissent encore celles-ci (§ 542), je ne prévois rien aussi clairement que ce que je suis sur le point de sentir, mais de telle sorte que le degré de clarté dans la prévision dépend du degré de clarté dans la sensation future (§ 596).

§ 598

Les choses que j'ai plus souvent senties et plus souvent imaginées, je les prévois plus clairement que celles que j'ai senties et imaginées plus rarement | (§ 563, 596). Maintenant, les imaginations établissent des objets **216**
qui ont déjà été sentis, c'est-à-dire qui ont été le plus fortement perçus (§ 542, 558). Par conséquent, les imaginations sont aussi plus fortes que les prévisions qui établissent des objets qui n'ont pas encore été perçus le plus fortement (§ 597) et, de concert avec les sensations, elles obscurcissent complètement les prévisions (§ 529). Comme la prévision d'un instant plus proche peut être plus claire que la prévision d'un instant plus éloigné (§ 597), dans ce cas, la prévision de l'instant plus proche obscurcira aussi la prévision de l'instant plus éloigné (§ 597) et l'obscurité de l'instant plus éloigné éclairera la prévision de l'instant plus proche (§ 549). Il s'ensuit donc qu'entre deux instants qui doivent être sentis de manière également claire, je prévois plus clairement l'instant plus proche que l'instant plus éloigné (§ 549).

1. Tout comme la mémoire, la prévision présuppose la sensation et l'imagination. La mémoire du passé et la prévision de l'avenir s'articulent donc l'une à l'autre par l'intermédiaire du présent, décrivant une temporalité de la connaissance sensible en laquelle se révèle le continuum de mes états passés, présents et futurs.

§ 599

La plus petite faculté de prévoir serait celle qui cependant représenterait de la manière la plus relâchée une seule et unique chose qui doit être sentie très fortement et de très près (§ 597, 598) et qui a été sentie très souvent et reproduite par l'imagination parmi des perceptions hétérogènes, associées et précédentes, les plus faibles (§ 595). Il s'ensuit donc que plus elle représente fortement les choses senties de manière plus relâchée, plus ces choses sont éloignées et plus elles sont rarement senties et reproduites par l'imagination parmi des perceptions précédentes et associées plus fortes, alors plus cette faculté de prévoir est grande (§ 219).

§ 600

Plus est émoussé ou aiguisé le sens par lequel je prévois une chose déjà
217 sentie en partie et plus est petite | ou grande l'imagination (§ 565) de celui qui est sur le point de prévoir, alors plus la prévision sera obscure ou claire (§ 596).

§ 601

Je distingue les prévisions des sensations et des imaginations 1) par le degré de clarté qu'elles concèdent à la fois aux sensations et aux imaginations (§ 597, 598), 2) par leur impossible coexistence avec des états passés et avec l'état présent. Mais si une prévision plus forte et une imagination, ou même une sensation, plus faible, pour autant que cela puisse être observé, sont d'égale clarté, elles peuvent néanmoins être distinguées par un second caractère (§ 67). En effet, si je connais à partir des circonstances lesquelles ne sont pas des sensations selon le § 567, alors je connais aussi clairement (§ 38, 67) que n'est pas une imagination ce qui est reconnu comme n'étant pas lié aux imaginations associées, précédentes et suivantes, et même aux sensations (§ 557, 357) et ce qui n'aurait pas pu être senti en même temps (§ 377).

§ 602

La prévision est facilitée (§ 527) quand ce qui est à prévoir 1) doit être senti plus clairement (§ 597), 2) est pour une grande part déjà senti et 3) est reproduit par l'imagination (§ 598), 4) a déjà été prévu plus souvent (§ 563), et ceci 5) par des intervalles de perceptions plus faibles, de sorte qu'il a toujours eu la lumière de la nouveauté (§ 549) et 6) de telle manière
218 qu'il ne doit pas être senti beaucoup plus tard (§ 598) ; | 7) quand ce qui est à prévoir a des perceptions hétérogènes, précédentes et associées, plus

faibles et quand, par conséquent, il ne suit ni n'accompagne aucunes sensations et imaginations claires ou tout à fait claires (§ 597, 598), mais plutôt 8) suit et accompagne des imaginations et des sensations plus fortes qui ont en commun des perceptions partielles avec ce qui est à prévoir (§ 596, 597).

§ 603

La prévision est empêchée 1) quand une sensation future de ce qui est à prévoir est empêchée selon le § 543; 2) quand une sensation présente de choses qui sont pour une grande part semblables à ce qui est à prévoir et 3) leur imagination sont empêchées selon le § 569; 4) quand les premières prévisions sont empêchées, particulièrement 5) quand celles-ci ne sont pas[1] interrompues par des perceptions plus faibles parce que la continuation même obscurcit les prévisions (§ 550); 6) quand ce qui est à prévoir est remis à plus tard (§ 598); 7) quand il a des sensations et des imaginations hétérogènes, précédentes et associées, plus fortes, ou bien 8) des sensations et imaginations semblables plus faibles qui ont une perception en commun avec ce qui est à prévoir (§ 602, 221).

§ 604

Comme il y a quelque chose d'obscur en toute sensation (§ 544) et imagination (§ 570), et que la prévision est moins claire que la sensation et l'imagination d'une même chose (§ 597, 598), il se trouve, même dans la prévision distincte, un mélange | de confusion et d'obscurité. Toute ma prévision est sensible (§ 522) et doit être actualisée par la faculté de connaître inférieure (§ 520). La mantique (§ 349), qui dirige la connaissance et la présentation de cette faculté, est une partie de l'esthétique (§ 533). **219**

§ 605

Si les choses prévues sont totalement les mêmes que les choses à sentir, alors les prévisions sont véridiques, autrement dit sont des PRESSENTIMENTS [*praesensiones*], bien qu'elles ne soient pas perçues de la même

1. Le texte latin des diverses éditions de la *Métaphysique* dit « *interruptae* ». Avec Gawlick et Kreimendahl, que suivent sur ce point Fugate et Hymers, nous retenons l'interpolation suggérée (<u>*non*</u> *interruptae*) sans laquelle le sens de ce passage serait difficilement compréhensible. En effet, la non-interruption ou la continuation des premières prévisions, comme c'est le cas de tous les flux de perceptions, obscurcit ou affadit ces prévisions, qui perdent de ce fait de leur force et de leur nouveauté, et sont donc par là empêchées, du moins partiellement.

manière, ni de manière aussi claire, que les sensations (§ 597). Si le pressenti est senti, alors la PRÉVISION EST REMPLIE. Une prévision qui ne peut être remplie est TROMPEUSE et est une source d'erreurs pratiques (§ 578).

SECTION IX
LE JUGEMENT

§ 606

Je perçois la perfection et l'imperfection des choses, c'est-à-dire JE JUGE. Il s'ensuit que j'ai la faculté de juger (§ 216). La plus petite faculté de juger serait celle qui représente de la manière la plus relâchée une seule et unique perfection ou imperfection la plus petite d'un seul et unique être le plus petit qui est le plus fortement perçu parmi les perceptions hétérogènes,
220 | précédentes et associées, les plus faibles. Il s'ensuit donc que plus fortement la faculté de juger représente de plus nombreuses et de plus grandes perfections ou imperfections d'êtres plus nombreux et plus grands, mais aussi perçus de manière plus relâchée parmi des perceptions hétérogènes, associées et précédentes, plus fortes, alors plus cette faculté est forte (§ 219). La disposition à juger les choses est le JUGEMENT ; celui-ci est appelé PRATIQUE s'il concerne des choses qui sont prévues et THÉORIQUE, s'il concerne les autres choses. Dans la mesure où il découvre de nombreuses perfections ou imperfections dans les choses qui sont pourtant perçues plus obscurément, le jugement est PÉNÉTRANT.

§ 607

La loi de la faculté de juger est : *lorsque les différentes caractéristiques d'une chose sont perçues comme étant ou en accord ou en désaccord, alors est perçue ou la perfection ou l'imperfection* (§ 94, 121). Comme cela arrive soit distinctement, soit indistinctement, la faculté de juger et, par conséquent, le jugement (§ 606), seront soit sensibles, soit intellectuels (§ 402, 521)[1]. Le jugement sensible est le GOÛT AU SENS PLUS LARGE

1. C'est bien sûr la faculté de juger sensible, à travers la notion de goût, qui intéressera surtout Baumgarten dans cette courte section qui ressortit encore à la connaissance sensible et à la faculté inférieure de connaître. On reconnaîtra ici la trace de sa réflexion esthétique, qui donne à sa conception du jugement sensible une tonalité qu'on ne retrouve pas dans l'exposé wolffien. En effet, le jugement sensible revient pour l'essentiel chez Wolff à reconnaître et à attribuer explicitement les propriétés individuelles des choses sensibles qu'on a précé-

(la saveur, le palais, le nez). La CRITIQUE AU SENS LE PLUS LARGE est l'art de juger. Par conséquent, l'art de former le goût, autrement dit l'art qui concerne le fait de juger de manière sensible et de présenter son jugement, est la CRITIQUE ESTHÉTIQUE (§ 533). Celui qui trouve plaisir dans le jugement intellectuel est | un CRITIQUE AU SENS PLUS LARGE et, de là, 221
la CRITIQUE AU SENS GÉNÉRAL est la science des règles pour juger distinctement de la perfection ou de l'imperfection.

§ 608

Le goût, au sens plus large, à propos des CHOSES SENSIBLES, c'est-à-dire des choses qui sont senties, est le JUGEMENT DES SENS ; il est attribué à l'organe sensoriel par lequel est senti ce qui doit être jugé. Par conséquent, il y a un jugement des yeux, des oreilles, etc. Celui-ci, comme toute faculté de juger, est actualisé par la force de l'âme de se représenter l'univers (§ 513) puisque toutes les choses en ce monde sont en partie parfaites et en partie imparfaites (§ 250, 354). Des jugements faux sont des DÉFAILLANCES [*eclipses*] DU JUGEMENT. | La faculté de juger qui est encline aux 222
défaillances est dite un JUGEMENT PRÉCIPITÉ. Un GOÛT [*gustus*] de cette sorte est CORROMPU. La disposition à éviter les éclipses du JUGEMENT est la MATURITÉ. Un GOÛT [*sapor*] de cette sorte est NON COMMUN (plus pur, cultivé) ; lorsque de plus petites congruences et non-congruences sont aussi découvertes dans le jugement, ce jugement perspicace est le GOÛT DÉLICAT. Les défaillances du jugement des sens sont les tromperies de ces mêmes sens (§ 545).

§ 609

Plus grands sont la mémoire (§ 579), la réminiscence (§ 582), la faculté d'invention (§ 589), la disposition à la prévision (§ 595) et le jugement innés, plus facilement ils sont augmentés par l'exercice (§ 577, 606).

demment perçues, en en faisant autant de prédicats d'un même sujet singulier. Voir notamment PE, § 343.

SECTION X
LE PRESSENTIMENT

§ 610

Celui qui se représente une perception prévue comme étant la même que celle qu'il percevra plus tard PRESSENT; donc, il a la faculté de pressentir, autrement dit le PRESSENTIMENT EN UN SENS PLUS LARGE. Les perceptions actualisées par un pressentiment de cette sorte sont des PRÉSAGES AU SENS PLUS LARGE, soit sensibles, soit intellectuels (§ 402, 521). Les PRÉSAGES AU SENS PLUS STRICT et le PRESSENTIMENT sont seulement sensibles. Les présages sensibles sont l'objet de la mantique esthétique (§ 604).

223 | § 611

Voici la loi du pressentiment : *Si, dans des perceptions qui succèdent à une perception présente, quelques-unes sont représentées qui ont quelque chose partiellement en commun avec les perceptions antécédentes, alors ce qui est partiellement en commun est représenté comme étant contenu dans les perceptions antécédentes et suivantes.* Il s'ensuit donc que le pressentiment se rapporte à la prévision comme la mémoire se rapporte à l'imagination (§ 579, 610).

§ 612

Le pressentiment sensible est l'EXPECTATION DES CAS SEMBLABLES dont voici la règle : *Je sens, j'imagine ou je prévois A qui a beaucoup de choses en commun avec un autre B prévu; par conséquent, je me représente que B sera le même que* A (§ 611). L'esprit qui, par le moyen des idées associées à ce qui a été prévu, pressent ce qu'il n'avait pas pressenti auparavant PRÉSUME; par conséquent, il a la faculté de présumer (§ 216), qui se rapportera au pressentiment comme la réminiscence se rapporte à la mémoire (§ 582, 610).

§ 613

La faculté de présumer est un pressentiment qui suit cette règle : *L'esprit pressent une perception qui est prévue par l'intermédiaire d'idées associées.*

| § 614 224

Le plus petit pressentiment serait celui qui cependant percevrait de la manière la plus relâchée une seule et unique chose la plus petite et la plus proche qui a été prévue le plus fortement et le plus souvent parmi des perceptions hétérogènes, précédentes et associées, les plus faibles (§ 610, 161).

§ 615

Plus le pressentiment perçoit fortement de plus nombreuses et de plus grandes choses qui sont à prévoir de manière plus rare et plus relâchée parmi des perceptions hétérogènes, précédentes et associées, plus fortes, et ce avant un temps plus long qui doit passer avec d'autres perceptions très fortes (§ 564), alors plus ce pressentiment est grand (§ 219) et moins il a besoin de présomptions (§ 613).

§ 616

La disposition remarquable à pressentir est la FACULTÉ DIVINATRICE, laquelle est soit naturelle (ou innée), soit acquise, soit infuse (§ 577). Ce dernier cas est le DON DE PROPHÉTIE. Le présage provenant de la faculté divinatrice est la DIVINATION et, lorsque celle-ci provient du don de prophétie, elle est une VATICINATION (une prophétie).

§ 617

Les erreurs dépendant du pressentiment sont de VAINS PRÉSAGES ; elles sont des prévisions trompeuses | confondues avec les prévisions véridiques 225
à cause d'une illusion de la faculté de percevoir les identités des choses (§ 578, 605). Si j'ai quelque présage, quelque expectation de cas semblables (§ 612), quelque présomption (§ 613), ceux-ci sont actualisés par la force de l'âme de se représenter l'univers (§ 595, 576).

§ 618

Si ce qui est prévu est considéré comme étant identique à un certain objet antécédent déjà senti, à une image ou à quelque chose d'autre déjà prévu à un degré où il ne l'est pas [en réalité], alors naîtra une prévision trompeuse (§ 605) au moyen d'un vain présage (§ 617, 576).

SECTION XI
LA FACULTÉ DE CARACTÉRISATION

§ 619

Je perçois les signes en même temps que les signifiés ; il s'ensuit donc que j'ai la faculté de joindre les signes aux signifiés par la représentation, qui peut être dite FACULTÉ DE CARACTÉRISATION (§ 216). Comme il y a une liaison significative en ce monde (§ 358), les perceptions de la faculté de caractérisation sont actualisées par la force de l'âme de se représenter l'univers (§ 513). La liaison significative est connue soit distinctement, soit indistinctement et, par conséquent, la faculté de caractérisation sera soit sensible (§ 521), soit intellectuelle (§ 402).

226 | § 620

Si le signe est joint au signifié par la perception et si la perception du signe est plus grande que la perception du signifié, une telle CONNAISSANCE est dite SYMBOLIQUE ; si la représentation du signifié est plus grande que celle du signe, la CONNAISSANCE sera INTUITIVE (intuition)[1]. Dans ces deux sortes de connaissance, voici la loi de la faculté de caractérisation : *l'une des perceptions associées devient le moyen de connaître l'existence de l'autre* (§ 347).

§ 621

Supposons qu'à cause d'une illusion de la faculté de connaître les identités des choses, quelque chose est tenu pour un signe, mais ne l'est pas, et que quelque chose est tenu pour un signifié, mais ne l'est pas (§ 576), alors naîtront une fausse connaissance symbolique et une fausse connaissance intuitive. De la même manière, supposons que quelque chose est tenu pour un pronostic, mais ne l'est pas, alors naîtront des prévisions trompeuses qui seront de beaucoup renforcées par des présomptions et présages apparents (§ 605, 515).

1. C'est la première fois que Baumgarten distingue explicitement la connaissance intuitive (première occurrence du terme) de la connaissance symbolique. Cette distinction est pourtant sous-entendue depuis le début et marque la différence entre la connaissance sensible et la connaissance intellectuelle. Sur la connaissance intuitive, voir Wolff, PE, § 286 : « La *connaissance*, qui est achevée par l'intuition même des idées, est dite *intuitive*, ou encore nous sommes dits *connaître une chose intuitivement* dans la mesure où nous sommes conscients de l'idée que nous en avons ».

§ 622

La plus petite faculté de caractérisation serait celle qui joindrait de la manière la plus relâchée un seul et unique signe le plus petit à un seul et unique signifié le plus petit parmi les perceptions hétérogènes, précédentes et associées, les plus faibles. Il s'ensuit donc que plus fortement la faculté de caractérisation joint des signes plus nombreux et plus grands à des signifiés plus nombreux et plus grands parmi des perceptions hétérogènes, précédentes et associées, plus fortes, | alors plus cette faculté est grande 227
(§ 219). La science de la connaissance sensible qui s'occupe des signes et la science de ce genre de présentation est l'ESTHÉTIQUE DE LA CARACTÉRISATION, laquelle est aussi bien heuristique qu'herméneutique (§ 349). La caractérisation du discours est la PHILOLOGIE (la grammaire au sens plus large). La philologie qui enseigne les choses communes à plusieurs langues particulières est UNIVERSELLE. La philologie qui enseigne I) les règles générales qu'il faut observer en tout discours eu égard : 1) aux mots et à leur parties, est l'ORTHOGRAPHE AU SENS PLUS LARGE ; 2) à leur modification, est l'ÉTYMOLOGIE (analogie); 3) à leur liaison, autrement dit à leur construction, est la SYNTAXE; 4) à leur quantité, est la PROSODIE. L'ensemble de ces disciplines est la GRAMMAIRE (au sens plus strict). La philologie qui enseigne les règles générales eu égard 5) au signifié, est le LEXIQUE (lexicographie) et 6) à leur écriture, est la GRAPHIE. La philologie qui enseigne II) les règles spéciales qu'il faut observer dans le discours sensible, c'est-à-dire l'ÉLOQUENCE, autrement dit les règles de perfection de ce discours : 1) considéré en général, est l'ART ORATOIRE ; 2) considéré spécialement, est la RHÉTORIQUE (concernant le discours libre) ou la POÉTIQUE (concernant le discours lié). Ces disciplines avec chacune de leurs branches sont UNIVERSELLES dans la mesure où elles démontrent les règles qui sont communes à plusieurs langues particulières.

| § 623 228

Puisque les sensations externes de celui qui dort ne sont pas claires (§ 556), même un sommeil fait d'images plus faibles sera plus apte à la prévision sensible que l'état de celui qui est éveillé (§ 598, 539). L'ensemble des règles du pressentiment à partir des prévisions des songes est l'ONIROCRITIQUE [l'art d'interpréter les rêves].

SECTION XII
L'ENTENDEMENT

§ 624

Mon âme connaît certaines choses distinctement (§ 522). La faculté de connaître quelque chose distinctement est la FACULTÉ DE CONNAÎTRE SUPÉRIEURE (esprit), l'entendement (§ 402) qui m'appartient[1] (§ 216).

§ 625

Comme j'ai la faculté de prêter attention – l'ATTENTION –, la faculté d'abstraire – l'ABSTRACTION – (§ 529) et la faculté de séparer ou bien d'abstraire la partie du tout (§ 589) et que ces facultés se manifestent dans les sensations, les imaginations, les prévisions, etc. dans la même mesure que leurs objets se rapportent à mon corps (§ 538, 600), elles sont actua-
229 lisées par la force de l'âme de se représenter l'univers | selon la position du corps (§ 513)[2].

1. Wolff : « La faculté de se représenter les choses distinctement est l'entendement » (PE, § 275). Avec l'examen de l'entendement commence l'examen de la faculté supérieure de connaître et des traits qui la distinguent de la connaissance sensible : elle est une connaissance claire et distincte, d'une clarté que n'atteint pas la connaissance sensible bien que celle-ci soit capable de représentations plus ou moins distinctes ; elle est une connaissance des espèces et des genres, et non une connaissance du singulier ; elle est une connaissance symbolique, par concepts (ou notions), et non une connaissance par perceptions sensibles.

2. Dans sa *Psychologia empirica* (§ 234-265), Wolff conçoit l'abstraction et la réflexion comme des degrés intermédiaires entre la connaissance sensible et la connaissance intellectuelle. En effet, comme il n'y a pas de saut d'un type de connaissance à l'autre, mais succession de degrés entre eux, l'abstraction et la réflexion, en contribuant à rendre nos perceptions plus distinctes, préparent le terrain aux opérations de l'entendement. Wolff : « La direction successive de l'attention vers ces choses [diverses] perçues dans une chose est appelée *Réflexion*. Par où il est en même temps évident ce qu'est la *Faculté de réflexion*, à savoir qu'elle est la faculté de diriger son attention, selon l'arbitre, vers ces choses qui existent dans une chose perçue. C'est pourquoi, puisqu'il est évident que nous sommes constamment capables de déplacer notre attention successivement vers d'autres parties d'une perception totale, tout comme tout ce qui sera vu par nous (§ 256), *l'âme a la faculté de réflexion au-delà* [*supra*] *des choses perçues* » (§ 257). Sur la faculté d'abstraction : « Si nous regardons les choses distinguées dans une perception comme séparées de la chose perçue, nous sommes dits les *abstraire*. Une *faculté d'abstraction* est donc attribuée à l'esprit dans la mesure où nous considérons les choses qui existent dans la chose perçue comme séparées de celle-ci » (PE, § 281).

§ 626

L'attention dirigée successivement vers les parties d'une perception totale est la RÉFLEXION. L'attention prêtée à une perception totale après la réflexion est la COMPARAISON. Je réfléchis. Je compare. Il s'ensuit que j'ai la faculté de réfléchir et de comparer (§ 216), lesquelles sont actualisées par la force de l'âme de se représenter l'univers selon la position du corps (§ 625).

§ 627

La loi de l'attention est : *Ce dont je perçois des notes plus nombreuses et moins obscures qu'en d'autres choses, je le perçois plus clairement que ces autres choses* (§ 528). Par conséquent, la règle de la réflexion est : *Si, dans la perception du tout, je perçois des notes plus nombreuses et moins obscures d'une partie, je prête à celle-ci davantage attention qu'à tout le reste* (§ 626) ; et voici la règle de la comparaison : *En réfléchissant aux parties d'une perception totale, je perçois des notes plus nombreuses et plus claires en elle et j'y prête par après une plus grande attention* (§ 529).

| § 628 230

L'attention la plus petite serait celle qui rendrait, par un unique degré seulement, une seule et unique perception la plus petite plus claire que le reste des perceptions les plus obscures. Par conséquent, plus nombreuses et plus grandes sont les perceptions qu'elle rend plus claires que celles qui sont déjà plus claires, plus grande est l'attention (§ 219). La disposition à apercevoir des choses plus nombreuses est l'EXTENSION DE L'ATTENTION ; la disposition à apercevoir des choses beaucoup plus clairement que d'autres choses qui sont déjà plus claires est l'INTENSITÉ [*intentio*] DE L'ATTENTION et la disposition à prêter attention plus longtemps à la même chose est la PROTENSION DE L'ATTENTION.

§ 629

Voici la loi de l'abstraction : *Ce dont je perçois des notes moins nombreuses et moins claires que ne le sont les notes d'autres choses est représenté plus obscurément que ces autres choses* (§ 528). Par conséquent, voici la règle de la séparation : *Dans une perception, la partie du tout en laquelle les notes sont moins nombreuses et moins claires que celles des autres parties est perçue plus obscurément que les autres* (§ 625).

§ 630

L'abstraction la plus petite serait celle qui rendrait, par un unique degré seulement, une seule et unique perception la plus petite plus obscure que le
231 reste des perceptions les plus claires. Par conséquent, | plus nombreuses et
plus grandes sont les perceptions qu'elle rend plus obscures que celles qui sont déjà plus obscures, plus grande est l'abstraction (§ 219).

§ 631

Voici la loi de mon entendement : *Si, en comparant, je fais abstraction des choses qui ne sont pas comparées, alors le reste est perçu distinctement* (§ 627). Comme mon entendement est fini (§ 248), cette loi est la loi de l'entendement fini qui, en prêtant attention, en réfléchissant, en comparant, en abstrayant et en séparant, est actualisée par la force de l'âme de se représenter l'univers (§ 625, 626).

§ 632

La représentation d'une chose par l'entendement est sa CONCEPTION. Par conséquent, est CONCEVABLE ce dont une perception distincte peut être formée et est CONCEVABLE EN SOI ce qui, considéré en soi, peut être conçu distinctement. Maintenant, dans tout possible se trouvent des essences et des affections (§ 53, 43) qui ne sont pas totalement les mêmes (§ 267, 41) et qui, jusqu'à un certain point, peuvent être distinguées les unes des autres (§ 67). Il s'ensuit donc qu'en tout possible se trouvent des notes (§ 67) qui peuvent être connues clairement et, par conséquent, que tout possible est concevable en soi.

§ 633

Ce qui est EN SOI (absolument) INCONCEVABLE serait une chose,
232 considérée en soi, dont la perception distincte | serait voilée. Ce n'est
simplement rien (§ 632, 7). En revanche, ce qui est RELATIVEMENT CONCEVABLE est quelque chose que les forces d'un entendement donné suffisent à connaître distinctement ; et ce qui est RELATIVEMENT INCONCEVABLE (ce qui est posé au-delà d'un entendement donné) est quelque chose que les forces d'un entendement donné ne suffisent pas à comprendre. Par conséquent, plusieurs choses parfaitement concevables en soi (§ 632) peuvent être posées au-delà de mon entendement (§ 631).

§ 634

Comme la distinction est la clarté d'une chose et de ses notes, elle peut être augmentée par la multitude et la clarté, tant intensives qu'extensives, des notes (§ 531). Ce qui a des notes plus nombreuses et plus vivides que d'autres perceptions distinctes sera la PERCEPTION EXTENSIVEMENT PLUS DISTINCTE et la perception qui a des notes intensivement plus claires que d'autres perceptions distinctes sera PLUS PURE (intensivement plus distincte)[1].

§ 635

Plus, en réfléchissant et en comparant, je prête attention à une chose, plus ma compréhension de celle-ci devient extensivement | plus distincte 233
(§ 634, 631). Plus, en réfléchissant et en comparant, je prête à nouveau attention aux notes d'une chose déjà comprise et plus j'abstrais [d'elle] tout ce qui n'a pas été comparé, plus pure est la compréhension qui est produite (§ 634, 559).

§ 636

Moins je prête attention à une chose, ou moins je réfléchis tout en lui prêtant cependant encore assez d'attention, ou moins je compare tout en y réfléchissant cependant encore assez, alors moins extensivement distincte devient ma compréhension de cette chose. Moins je répète ces mêmes actes à l'égard des notes de ce qui a déjà été compris et moins j'abstrais [de la chose] tout ce qui n'a pas été comparé, alors plus ma perception distincte reste impure (§ 634, 631).

§ 637

L'entendement le plus petit serait celui qui distinguerait seulement les notes les moins nombreuses et les moins claires d'une seule et unique chose la plus petite parmi les perceptions hétérogènes, précédentes et associées,

1. Wolff : « Puisque nous avons coutume de terminer l'analyse de nos notions dans ces choses que, par la richesse des sens, nous percevons certes clairement, mais cependant confusément, l'*entendement* n'est jamais libre des sens et de l'imagination, et par conséquent *n'est jamais entièrement pur* (§ 314) » (PE, § 315). Ce passage marque bien encore une fois le *continuum* allant de la connaissance sensible jusqu'à la connaissance intellectuelle « plus pure ». Pour Wolff, toute connaissance, même la plus pure pour nous, entretient un lien avec l'expérience et est en définitive un *connubium rationis et experientiae*, un mariage de la raison et de l'expérience. C'est dire que la connaissance *a priori* s'enracine elle-même dans la connaissance *a posteriori*, dont elle est l'élucidation rationnelle.

les plus faibles. Il s'ensuit donc que plus nombreuses et plus claires sont les notes de choses plus nombreuses et plus grandes que l'entendement distingue parmi des perceptions hétérogènes, précédentes et associées, plus fortes, alors plus grand est cet entendement (§ 219). La perfection de l'entendement à former des notes intensivement distinctes est sa PROFONDEUR et la plus grande profondeur est sa PURETÉ. La perfection de l'entendement à former des notes extensivement distinctes est la BEAUTÉ DE L'ENTENDEMENT.

234 | § 638

Si l'attention envers un certain objet est diminuée alors que je prête attention à plusieurs perceptions hétérogènes associées, JE SUIS DISTRAIT. Par conséquent, les sensations elles-mêmes sont obscurcies par la distraction (§ 543) et toute attention envers un certain objet est empêchée par la distraction (§ 221). L'abstraction de l'esprit distrait par de nombreuses perceptions hétérogènes, par laquelle l'attention envers un certain objet est augmentée, est le RECUEILLEMENT DE L'ESPRIT. Par conséquent, le recueillement de l'esprit, de même que l'abstraction, est l'empêchement de la distraction (§ 221). Maintenant, l'empêchement de l'empêchement est un moyen en vue d'une fin (§ 342). Par conséquent, le recueillement de l'esprit, de même que l'abstraction, favorisera l'attention, ce qui est évident à partir du § 549. L'attention favorisera l'abstraction et, par conséquent, le recueillement de l'esprit (§ 529).

§ 639

Celui qui actualise des perceptions distinctes au moyen de l'entendement se sert de l'entendement (§ 338). La disposition à se servir de l'entendement est dite l'USAGE DE L'ENTENDEMENT qui, en moi, est une disposition acquise (§ 577). Celui qui n'a pas encore acquis l'usage de l'entendement autant qu'il est requis pour parler est un ENFANT; celui qui n'a pas encore assez acquis cet usage autant qu'il est ordinairement requis pour les affaires plus sérieuses de la vie en commun est NATURELLEMENT
235 | MINEUR; alors qu'est NATURELLEMENT MAJEUR celui qui a acquis l'usage de l'entendement autant qu'il est ordinairement requis pour les affaires plus sérieuses de la vie en commun. Celui qui se sert de son entendement notablement moins que la plupart des gens du même âge est SIMPLE AU MAUVAIS SENS. Ceux chez qui aucun ou presque aucun usage de l'entendement n'est observé à cet âge où il devrait proprement être observé sont des FOUS.

SECTION XIII
LA RAISON

§ 640

Je perçois la liaison de certaines choses confusément et de certaines autres distinctement. Il s'ensuit que j'ai un entendement qui perçoit clairement [*perspicere*] la liaison des choses (§ 402, 216), c'est-à-dire que j'ai la RAISON[1], de même que des facultés qui connaissent plus confusément la liaison, telles que 1) la faculté inférieure de connaître les identités des choses (§ 572, 279) à laquelle renvoie l'esprit [*ingenium*] sensible (§ 575), 2) la faculté inférieure de connaître les différences des choses (§ 572, 279) à laquelle renvoient l'acuité sensible (§ 575), 3) la mémoire sensible (§ 579, 306), 4) la faculté d'invention (§ 589), 5) la faculté de juger (§ 606, 94) | à laquelle renvoient le jugement sensible (§ 607) et le jugement 236 des sens (§ 608), 6) l'expectation des cas semblables (§ 610, 612), 7) la faculté de caractérisation sensible (§ 619, 347). Toutes celles-ci, dans la mesure où elles sont semblables à la raison en représentant la liaison des choses, constituent l'ANALOGON DE LA RAISON (§ 70), l'ensemble des facultés de l'âme représentant confusément la liaison des choses.

§ 641

La raison (§ 640) est la faculté de percevoir distinctement les identités et les différences des choses (§ 572, 579) et elle est, par conséquent, l'acuité et l'esprit intellectuels (§ 575), la mémoire intellectuelle, autrement dit la PERSONNALITÉ (§ 579, 306), la faculté de juger distinctement (§ 606, 94) à laquelle renvoie le jugement intellectuel (§ 607), le pressentiment intellectuel, autrement dit la PROVIDENCE (prévoyance) (§ 610), et la faculté intellectuelle de caractérisation (§ 619).

§ 642

Comme toutes les choses en ce monde sont dans une liaison universelle (§ 356-358), la raison est actualisée par la force de l'âme de se représenter l'univers selon la situation du corps (§ 631) et cela, selon cette loi : *Si, en A, je connais clairement un C, c'est-à-dire quelque chose à partir de quoi je*

1. Wolff : « La *raison* est la faculté d'intuitionner ou de percevoir la liaison des vérités universelles » (PE, § 483).

237 *connaîtrai clairement | pourquoi on doit connaître clairement quelque chose en B, alors je conçois A et B comme étant liés* (§ 14, 632).

§ 643

Ce qui peut être connu par quelque raison est dit RAISONNABLE ; ce qui ne peut être connu par aucune raison est dit DÉRAISONNABLE (contraire à la raison). Maintenant, tout possible est doublement rationnel et lié (§ 24). Tant la raison de celui-ci que sa conséquence [*rationatum*], de même que la liaison entre les deux, sont concevables en soi (§ 632, 14). Il s'ensuit donc que tout possible est raisonnable. Tout ce qui est déraisonnable, tout ce qui est contraire à la raison, est impossible (§ 7, 8).

§ 644

Lorsque les forces d'une raison donnée ne suffisent pas pour comprendre la liaison de quelque chose, cette chose est posée HORS DE LA SPHÈRE D'UNE RAISON DONNÉE (elle est tantôt en dessous, tantôt au-dessus d'une raison donnée, tantôt ni en dessous ni au-dessus, mais néanmoins hors de son horizon). Il s'ensuit que plusieurs choses raisonnables peuvent être posées (§ 643) hors de la sphère de la raison de celui dont la raison, comme la mienne (§ 631, 640), est limitée.

§ 645

La plus petite raison serait l'entendement le plus petit qui perçoit clairement la plus petite liaison d'une seule et unique chose. Il s'ensuit que
238 | plus grand est l'entendement qui perçoit clairement une liaison plus grande de choses plus nombreuses, alors plus grande est la raison (§ 219). La disposition à percevoir clairement une plus grande liaison des choses est la SOLIDITÉ DE LA RAISON, alors que la disposition à percevoir clairement une liaison de choses plus nombreuses est la SAGACITÉ DE LA RAISON. Par conséquent aussi, la raison est soit plus pure, soit plus impure (§ 637).

§ 646

Les perceptions de la raison sont des RAISONNEMENTS [1]. Si ceux-ci sont vrais, la RAISON est dite SAINE; s'ils sont faux, elle est dite CORROMPUE. L'ensemble des raisonnements vrais est dit la RAISON COMPRISE OBJECTIVEMENT, distinguée de la raison comprise comme subjectivement définie (§ 640). L'USAGE DE LA RAISON est la disposition à se servir de la raison, laquelle, chez moi, est acquise (§ 577). Son intensité est la CULTURE DE LA RAISON. Par conséquent, toute connaissance philosophique de la vérité cultive la raison (§ 577). Une fausse règle syllogistique la corrompt grandement.

§ 647

Celui qui attribue les erreurs de l'analogon de la raison à la raison corrompue (§ 640, 646) est berné par la faculté | de connaître les identités 239
des choses à cause d'un défaut d'acuité (§ 576). En revanche, des erreurs de ce genre peuvent néanmoins corrompre la raison si elles deviennent des prémisses (§ 646).

1. Wolff définit ainsi le raisonnement : « La *troisième opération de l'esprit* (et qui est appelée *Raisonnement*), est la formation de jugements à partir de jugements précédents » (PE, § 366). C'est que sa théorie de la connaissance reprend à son compte la conception, d'inspiration aristotélicienne, des trois opérations de l'esprit (PE, § 325) que sont : l'appréhension simple, le jugement et le raisonnement. L'appréhension simple est le premier niveau de la connaissance intellectuelle. C'est par elle que nous nous formons les notions des choses, en saisissant leurs propriétés communes, la notion étant « La représentation des choses dans l'universel, autrement dit des espèces et des genres » (PE, § 49). L'appréhension simple est une intuition reposant sur l'abstraction et qui permet de se représenter les espèces et les genres des choses individuelles. Le jugement est quant à lui l'opération par laquelle nous attribuons ou non des prédicats (des notions) à un sujet grâce à la réflexion sur les propriétés communes des choses. Le jugement est discursif et porte sur des notions. Quant au raisonnement, il est l'opération à partir de laquelle le terme commun de deux ou de plusieurs propositions distinctes est dégagé. Le raisonnement porte sur les jugements eux-mêmes et est ce par quoi leur multiplicité se trouve représentée selon l'échelle des espèces et des genres (inférieurs, supérieurs). Il est l'affaire de la syllogistique. Les raisonnements sont donc composés de jugements et les jugements, de notions, lesquelles sont formées par intuition ou appréhension simple.

L'exposé de Baumgarten sur la faculté supérieure de connaître n'a pas le même ordonnancement et revêt un caractère plutôt elliptique. C'est en vain qu'on y chercherait les distinctions ténues qu'on retrouve à ce sujet dans la *Psychologia empirica* de Wolff, même si par ailleurs les développements de Baumgarten ne contredisent pas celle-ci.

§ 648

Comme toute faculté de connaître en moi est limitée et a, par conséquent, une limite certaine et déterminable (§ 248, 354), les facultés de connaître de l'âme comparées entre elles admettent une certaine relation [*ratio*] et une certaine proportion déterminées (§ 572), selon lesquelles l'une est soit plus grande, soit plus petite que l'autre (§ 160). La proportion déterminée des facultés de connaître les unes envers les autres est chez quelqu'un son ESPRIT AU SENS PLUS LARGE. L'esprit qui a plusieurs dispositions est VIF; celui qui en a peu ou aucune est LENT. L'esprit qui, de lent qu'il était, est changé en esprit vif, est EXCITÉ, et celui qui, de vif qu'il était, est changé en esprit lent, S'ENGOURDIT. La faculté qui, en un esprit pris au sens plus large, est plus grande que le reste, donne son nom au sujet dont l'esprit au sens plus large est objet d'attention. Par conséquent, il est évident quels sont, EN UN SENS PLUS ÉMINENT, LES GENS D'ESPRIT, LES ESPRITS AIGUISÉS, DE BONNE MÉMOIRE, PRÉVOYANTS, JUDICIEUX, INTELLIGENTS, RAISONNABLES, etc.

240 | § 649

Parce que les facultés de connaître qui se réfèrent les unes aux autres dans une proportion déterminée sont plus aptes à la connaissance d'un certain genre de choses qu'à d'autres (§ 648), l'esprit, au sens plus large, qui est plus apte à la connaissance d'un certain genre de choses qu'à d'autres, reçoit le nom de ce genre de connaissances. Par conséquent, il est évident qu'il y a des ESPRITS EMPIRIQUES, HISTORIQUES, POÉTIQUES, DIVINATOIRES, CRITIQUES, PHILOSOPHIQUES, MATHÉMATIQUES, MÉCANIQUES, MUSICAUX, etc. Les esprits, compris au sens plus large, qui sont notablement plus aptes que plusieurs autres à la connaissance de tous les genres de choses, sont des ESPRITS UNIVERSELS et, dans la mesure où ils excèdent de beaucoup plusieurs autres quant au degré de la plupart de leurs facultés de connaître, ils sont appelés ESPRITS SUPÉRIEURS.

§ 650

L'HABITUDE est la disposition qui diminue la nécessité de l'attention en certaines actions. Maintenant, toute disposition théorique acquise change l'esprit compris au sens plus large (§ 577, 648). Par conséquent, l'esprit, au sens plus large, peut être beaucoup et plus souvent changé par les exercices et l'habitude; par là, il peut être soit excité, soit engourdi (§ 648). Par conséquent, il est évident comment une personne d'esprit peut devenir

judicieuse, etc. | et comment quelqu'un, à partir de son esprit poétique, peut 241
devenir un esprit philosophique, etc. (§ 649).

SECTION XIV
L'INDIFFÉRENCE

§ 651

Par la faculté de juger, je perçois soit la perfection, soit l'imperfection de quelque chose (§ 606). Je connais la perfection ou l'imperfection soit symboliquement, soit intuitivement (§ 620). Par conséquent, ou bien j'intuitionne la perfection d'un objet et cela me PLAÎT; ou bien j'intuitionne son imperfection et cela me DÉPLAÎT; ou bien encore je n'intuitionne ni sa perfection, ni son imperfection, c'est-à-dire que cela ne me plaît ni ne me déplaît, et M'EST INDIFFÉRENT (je suis indifférent à son égard). Ce qui me plaît, je l'intuitionne comme bon, sous l'aspect du bien (§ 100); ce qui me déplaît, je l'intuitionne comme mauvais, sous l'aspect du mal (§ 146). Ce qui m'est indifférent, je ne l'intuitionne ni comme bon, ni comme mauvais, ni sous l'aspect du bien, ni sous l'aspect du mal (§ 100, 146).

§ 652

Dans ce qui m'est indifférent, soit je n'intuitionne absolument aucune
perfection ou imperfection et cela m'est PLEINEMENT INDIFFÉRENT; | soit je 242
n'intuitionne en lui qu'une certaine perfection déterminée, ou que le contraire de celle-ci, et cette chose M'EST RELATIVEMENT INDIFFÉRENTE. Ce que je ne me représente pas M'EST INCONNU. De là vient le fait que, d'une chose inconnue, je n'intuitionne absolument aucune perfection ou imperfection (§ 651). Il s'ensuit donc que ce qui m'est inconnu est pleinement indifférent, qu'il ne plaît ni ne déplaît. Ce qui m'est partiellement inconnu m'est indifférent relativement aux perfections des parties inconnues. Ce que j'aperçois seulement de manière symbolique, même si je suis très conscient de lui comme étant symboliquement bon ou mauvais, je ne l'intuitionne cependant pas clairement comme tel (§ 620) et, par conséquent, cela ne me plaît ni ne me déplaît, mais m'est indifférent (§ 651) dans la mesure où il est observé.

§ 653

Un ESPRIT TOTALEMENT INDIFFÉRENT serait celui dont la perception totale ne contiendrait absolument rien de plaisant ni de déplaisant. Un ESPRIT PARTIELLEMENT INDIFFÉRENT est celui qui a des perceptions partielles qui sont pour lui pleinement ou relativement indifférentes. Il s'ensuit qu'un esprit auquel un seul et unique objet plaît ou déplaît le moins n'est pas totalement indifférent. Un esprit auquel ne plaisent ni ne déplaisent pas toutes ses perceptions partielles à l'égard de toutes les
243 perceptions possibles | est partiellement indifférent.

§ 654

Ce qu'une certaine force déterminée de représentation intuitionne comme n'étant ni bon ni mauvais est dit SUBJECTIVEMENT NEUTRE [*adiaphoron*] (indifférent) ; telles sont les choses qui me sont inconnues et celles qui ne sont clairement connues que symboliquement (§ 652). Est OBJECTIVEMENT NEUTRE ce qui n'est ni bon ni mauvais. Ceci serait par ailleurs soit ABSOLUMENT INDIFFÉRENT – il ne poserait absolument aucune perfection ni imperfection, il est un non-être (§ 100) –, soit RELATIVEMENT INDIFFÉRENT – il ne contribue en rien à une certaine perfection ou à son contraire. Rien de tel ne se trouve dans le monde le meilleur (§ 441). Il s'ensuit que celui qui intuitionne la chose telle qu'elle est n'est absolument indifférent envers aucune chose (§ 651).

SECTION XV
LE PLAISIR ET LE DÉPLAISIR

§ 655

L'état de l'âme provenant de l'intuition de la perfection est le PLAISIR[1]
244 (satisfaction) et l'état de l'âme provenant de l'intuition | de l'imperfection est le DÉPLAISIR (insatisfaction). Par conséquent, l'ÉTAT D'INDIFFÉRENCE

1. Wolff : « Le *plaisir* est l'intuition ou la connaissance intuitive de la perfection, soit vraie, soit apparente, de quelque chose que ce soit » (PE, § 511) ; inversement : « Le *déplaisir* est l'intuition ou la connaissance intuitive de l'imperfection, soit vraie, soit fausse, de quelque chose que ce soit » (PE, § 518). Comme les paragraphes précédents sur l'indifférence le laissent déjà deviner, c'est par l'intermédiaire du plaisir et du déplaisir que s'accomplira le passage de la faculté de connaître à la faculté de désirer. La perfection est la source d'un plaisir et d'une satisfaction que nous révèle la faculté de connaître et que l'âme désire ; l'imperfection est la source d'un déplaisir et d'une insatisfaction que l'âme fuit et a en aversion.

est l'état de l'âme qui ne ressent ni déplaisir ni plaisir. Le plaisir et le déplaisir provenant d'une intuition vraie sont dits VRAIS ; ceux provenant d'une intuition fausse sont dits APPARENTS. Par conséquent, l'intuition de la perfection et des biens en tant que tels produit le plaisir ; l'intuition des vrais biens produit le vrai plaisir et celle des biens apparents, le plaisir apparent. L'intuition de l'imperfection et des maux en tant que tels produit le déplaisir ; l'intuition des vrais maux produit le vrai déplaisir et celle des maux apparents, le déplaisir apparent (§ 12).

§ 656

Le PLAISIR ou le DÉPLAISIR provenant de l'intuition de la perfection ou de l'imperfection simple est SIMPLE ; ceux provenant de l'intuition de la perfection ou de l'imperfection composée sont COMPOSÉS ; ceux provenant de l'intuition sensible sont SENSIBLES ; ceux provenant de ce qui est sensuel sont le PLAISIR OU LE DÉPLAISIR DES SENS et ceux provenant de quelque chose de distinct sont RATIONNELS (intellectuels) (§ 521, 640). Dans la perception totale de quelque chose qui n'est pas totalement indifférent, ou bien les choses plaisantes sont plus fortes que celles qui déplaisent et cet état est la PRÉDOMINANCE DU PLAISIR ; ou bien les choses déplaisantes sont plus fortes que celles qui ne déplaisent pas et cet état est la PRÉDOMINANCE | DU DÉPLAISIR ; ou bien les choses non plaisantes sont de force égale à 245
celles qui plaisent et les choses non déplaisantes sont de force égale à celles qui déplaisent et cet état est l'ÉTAT D'ÉQUILIBRE TOTAL (§ 516, *cf.* § 661).

§ 657

Un plaisir plus fort obscurcit les plaisirs et les déplaisirs hétérogènes, précédents et associés, plus faibles. Un déplaisir plus fort obscurcit les déplaisirs hétérogènes, précédents et associés à ce genre de plaisirs, plus faibles (§ 529). Par conséquent, dans la prédominance du plaisir, les déplaisirs précédents et associés sont obscurcis, alors que dans la prédominance du déplaisir, les plaisirs précédents et associés sont obscurcis (§ 656). Un plaisir plus faible éclaire les plaisirs hétérogènes, précédents et associés à ce genre de déplaisirs, plus forts. Un déplaisir plus faible éclaire le déplaisir hétérogène, précédent et associé à ce genre de plaisirs, plus fort (§ 549).

§ 658

Les plus petits plaisir et déplaisir sont des états qui naissent de la plus
246 petite intuition, c'est-à-dire de l'intuition | la moins vraie, la moins claire et la moins certaine (§ 531, 620) qui puisse être d'une seule et unique perfection ou imperfection la plus petite parmi des plaisirs et des déplaisirs hétérogènes, précédents et associés, beaucoup plus forts (§ 651, 161). Il s'ensuit donc que plus ce genre de plaisirs et de déplaisirs naît d'une grande intuition – c'est-à-dire d'une intuition plus vraie, plus vivide, plus distincte, plus claire ou plus certaine (§ 531) – de perfections ou d'imperfections plus nombreuses et plus grandes parmi des plaisirs et des déplaisirs hétérogènes, précédents et associés, plus faibles, alors plus grands seront ces plaisirs et déplaisirs (§ 160, 657). La cause du plaisir RÉJOUIT. Ce qui augmente le plaisir est AGRÉABLE (plaisant); ce qui le diminue est DÉPLAISANT (non charmant). Ce qui augmente le déplaisir est PÉNIBLE ; ce qui le diminue est CHARMANT.

§ 659

Comme l'intuition des choses présentes est plus claire (§ 542), plus vraie, plus certaine (§ 546) et, par conséquent, plus grande (§ 531), les plaisirs et les déplaisirs provenant des choses présentes peuvent être plus grands que ceux qui proviennent des choses passées et futures (§ 658). Cependant, si l'une de celles-ci est représentée comme contenant des perfections ou des imperfections beaucoup plus grandes et beaucoup plus nombreuses ou si l'esprit est distrait par plusieurs choses plaisantes et déplaisantes passées et futures, le plaisir et le déplaisir provenant de ces
247 dernières peuvent devenir plus forts que ceux provenant | des choses présentes (§ 658, 543). Le plaisir ou le déplaisir sans lequel l'esprit est presque indifférent ou est en total équilibre est senti plus clairement (§ 658, 653).

§ 660

Sont BONNES POUR MOI les choses par la position desquelles une réalité est aussi posée en moi, et sont MAUVAISES POUR MOI les choses par la position desquelles une négation, comprise au sens plus large, est aussi posée en moi. Comme je suis plus conscient, c'est-à-dire plus vraiment, clairement et certainement (§ 531) conscient de mon état, de l'état de mon corps ou des deux que de plusieurs autres choses (§ 508), il est évident pourquoi ces choses que j'intuitionne comme étant bonnes ou mauvaises pour moi produisent de plus grands plaisirs et déplaisirs que plusieurs autres choses, bien que je juge celles-ci meilleures ou pires (§ 658). Parmi les choses qui sont bonnes et mauvaises pour moi, certaines existent hors de moi, d'autres non. Ces dernières sont pour moi des biens et des maux DOMESTIQUES (internes); les premières sont des biens et des maux ÉTRANGERS (externes) et me sont utiles [ou nuisibles][1] (§ 336). Les biens et les maux domestiques peuvent plaire ou déplaire davantage que les biens et les maux étrangers (§ 658).

§ 661

Si j'intuitionne quelque chose comme étant seulement bon, alors naît le PUR PLAISIR. Si j'intuitionne quelque chose comme étant seulement mauvais, alors naît le PUR ET SIMPLE [*merum*] DÉPLAISIR. | Si j'intuitionne 248
quelque chose comme étant en même temps et également bon et mauvais, alors naît l'ÉTAT D'ÉQUILIBRE PARTIEL (*cf.* § 656) à l'égard de son objet. Si j'intuitionne quelque chose comme étant en même temps, mais inégalement bon et mauvais, soit l'intuition de l'objet comme étant bon sera plus grande et alors naît le DOUX DÉPLAISIR; soit l'intuition de l'objet comme étant mauvais sera plus grande et alors naît le PLAISIR AMER. Maintenant, tout être fini est partiellement bon et partiellement mauvais (§ 264). Il s'ensuit donc que si j'intuitionne un être fini tel qu'il est, aucun plaisir pur et simple ni aucun déplaisir pur et simple ne proviendra de lui, car tous les êtres finis plairont et déplairont partiellement (§ 651, 654).

§ 662

La perfection phénoménale, autrement dit la perfection observable par le goût au sens plus large, est la BEAUTÉ, et l'imperfection phénoménale, autrement dit celle qui est observable par le goût au sens plus large, est la LAIDEUR[2]. Par conséquent, le beau comme tel réjouit celui qui l'intuitionne (§ 658) et le laid comme tel est pénible à celui qui l'intuitionne (§ 658). Lorsque l'intuition est changée, le plaisir et le déplaisir sont changés (§ 326, 328). Maintenant, toute mon intuition est en soi variable (§ 257). Il s'ensuit donc que tout mon plaisir et tout mon déplaisir sont en soi variables. | Ceux cependant qui sont plus difficilement changeables que la 249
plupart des autres sont dits des PLAISIRS ET DES DÉPLAISIRS CONSTANTS

1. Sans cet ajout, la phrase ne serait pas pleinement compréhensible : les biens et les maux étrangers ne peuvent être pour moi en effet qu'*utilia* ou *inutilia*.

2. Wolff : « Ce qui plaît est dit *beau*, alors que ce qui déplaît est dit *laid* » (PE, 543); « *La beauté consiste en la perfection d'une chose, dans la mesure où la force même de cette chose est apte à produire en nous le plaisir* » (PE, 544).

(durables) alors que ceux qui sont changeables plus facilement que les plaisirs et les déplaisirs constants sont dits TRANSITOIRES (brefs, fluctuants).

SECTION XVI
LA FACULTÉ DE DÉSIRER[1]

§ 663

Si j'essaie ou m'efforce de produire une certaine perception, c'est-à-dire si je détermine la force de mon âme ou me détermine à produire une certaine perception, alors JE DÉSIRE. Le contraire de ce que je désire, JE L'AI EN AVERSION. Il s'ensuit donc que j'ai la faculté de désirer et d'avoir [quelque chose] en aversion[2] (§ 216), c'est-à-dire la faculté de désirer (la volonté au sens plus large, *cf.* § 690). Les essais mêmes ou les efforts, autrement dit les déterminations de mes forces, sont les DÉSIRS (appétits)[3] de mon être qui désire et les AVERSIONS de mon être qui a [quelque chose] en aversion.

§ 664

Ce que je désire : 1) je le prévois comme devant être contenu dans les
250 séries futures de la totalité de mes perceptions ; 2) | je pressens qu'il existera par ma force déterminée vers lui ; 3) plaît. Les choses que je ne prévois aucunement et qui, par conséquent, sont inconnues (§ 652, 595), les choses dont je ne pressens aucunement qu'elles existeront par quelqu'une de mes forces et les choses qui ne me plaisent aucunement et qui, par conséquent, me sont pleinement indifférentes (§ 652), je ne les désire pas. J'ai en aversion les choses que 1) je prévois ; 2) dont je pressens qu'elles pourront être empêchées par un certain effort de ma part et qui 3) déplaisent. Je n'ai pas en aversion les choses que je ne prévois aucunement et qui, par conséquent, me sont inconnues, les choses dont je pressens qu'elles ne

1. Le latin dit *facultas appetitiva*, littéralement : la faculté appétitive ou la faculté d'appétition, qui est communément appelée la faculté de désirer.

2. Le latin dit *facultas appetendi et aversandi*, qu'on pourrait traduire par « faculté de désirer et d'aversion » ou encore « faculté de désirer et d'avoir en aversion ». Afin de conserver le verbe *aversari* et de tenir compte des tournures de phrases parfois très denses de Baumgarten, nous avons choisi de rendre le latin la plupart du temps par « faculté de désirer et d'avoir [quelque chose] en aversion ».

3. Wolff : « Le *désir* en général est l'inclination de l'âme vers un objet en raison du bien qui est perçu en lui » (PE, § 579).

pourront être empêchées par aucun de mes efforts et les choses qui ne déplaisent pas entièrement. Par conséquent, je n'ai pas en aversion les choses qui me sont pleinement indifférentes (§ 652).

§ 665

Voici la loi de la faculté de désirer : *Je m'efforce de produire les choses que je prévois être plaisantes et dont je pressens qu'elles existeront par mon effort* (§ 664, 663). *Je désire le contraire de ces choses que je prévois être déplaisantes et dont je pressens qu'elles pourront être empêchées par mon effort* (§ 664, 663). Par conséquent, je peux désirer plusieurs biens et maux sous l'aspect du bien et je peux avoir en aversion plusieurs maux et biens sous l'aspect du mal (§ 651)[1].

§ 666

Je peux ne pas désirer plusieurs biens qui 1) sont inconnus ; 2) me sont pleinement indifférents ; 3) sont déplaisants par erreur ; 4) sont sans doute plaisants, mais ne sont aucunement prévus ; 5) sont sans doute prévus, mais dont je ne pressens aucunement qu'ils existeront | par aucun de mes efforts. **251**
Je peux ne pas avoir en aversion plusieurs maux qui 1) sont inconnus ; 2) me sont pleinement indifférents ; 3) sont plaisants par erreur ; 4) sont sans doute déplaisants, mais ne sont aucunement prévus ; 5) sont sans doute prévus, mais dont je pressens qu'ils ne pourront être empêchés par aucun de mes efforts (§ 664, 665).

§ 667

Comme l'intuition (§ 619), les jugements (§ 608) et, par conséquent, le plaisir et le déplaisir (§ 655), les prévisions (§ 595), les présages (§ 610) sont actualisés par la force de l'âme de me représenter l'univers selon la position de mon corps et que, par eux, le désir et l'aversion sont actualisés, ceux-ci seront [également]actualisés par la force de l'âme de me représenter l'univers selon la position de mon corps (§ 513, 317).

1. Wolff : « *Cette proposition est la loi du désir : tout ce que nous nous représentons comme bon pour nous, nous le désirons* (PE, § 904) ; inversement : « *La loi de l'aversion est la proposition : tout ce que nous nous représentons comme mauvais pour nous, nous l'avons en aversion* » (PE, § 907).

§ 668

Plus petites et plus grandes sont les facultés de connaître requises pour le désir et l'aversion (§ 667), plus petite ou plus grande est la faculté de désirer ou d'avoir quelque chose en aversion qui suit celles-ci, autrement dit qui est déterminée par celles-ci (§ 331).

§ 669

Celui qui désire ou a quelque chose en aversion vise la production d'une perception (§ 331, 663); par conséquent, les perceptions qui contiennent la raison de ce genre d'intention sont les causes d'impulsion
252 | du désir et de l'aversion et, par là, elles sont appelées les MOBILES DE L'ESPRIT (§ 342). La CONNAISSANCE, dans la mesure où elle contient les mobiles de l'esprit, est MOTRICE (affectante, touchante, ardente, pragmatique, pratique et, plus largement, vive); dans la mesure où elle ne contient pas ces mobiles de l'esprit, elle est INERTE (théorétique et, plus largement, morte); lorsque cette connaissance est de surcroît assez parfaite, elle est dite une SPÉCULATION (spéculative, vaine, vide). Par conséquent, la connaissance symbolique, comme telle, est notablement inerte (§ 652) et seule la connaissance intuitive est motrice (§ 652). Par conséquent, dans l'état d'indifférence totale, la perception totale serait inerte (§ 653), alors qu'au contraire, dans l'état de pur plaisir ou de pur et simple déplaisir ou dans l'état où l'un ou l'autre prédomine, la perception totale est motrice (§ 656, 661). La connaissance qui a une force motrice, tout le reste étant égal, est plus grande que la connaissance inerte et aussi plus grande que la spéculation (§ 515). Il s'ensuit que plus vaste, plus noble, plus vraie, plus claire, par conséquent, plus vivide ou plus distincte, plus certaine et plus ardente est la connaissance, alors plus celle-ci est grande (§ 515, 531).

§ 670

L'état d'équilibre à l'égard d'un certain objet est l'état en lequel l'objet plaît et déplaît également (§ 661). Par conséquent, dans un tel état d'équi-
253 libre, | des mobiles égaux sont perçus pour désirer quelque chose et l'avoir en aversion (§ 669). Si, dans l'état d'équilibre, la connaissance qui meut vers le désir d'un certain objet était totalement égale à la connaissance qui meut vers l'aversion de ce même objet, alors l'état qui en naîtrait serait l'ÉTAT D'ÉQUILIBRE PARFAIT. Dans l'état d'équilibre, je désire ce qui est prévu sous l'aspect du bien, dans la mesure où cette chose plaît (§ 331) et j'ai en aversion ce qui est prévu sous l'aspect du mal, dans la mesure où cette chose déplaît (§ 667) et ce, non seulement dans la mesure où la chose

plaît ou déplaît en soi maintenant, mais aussi dans la mesure où elle plaît ou déplaît encore (§ 669) dans les circonstances où le futur est prévu (§ 664), sous l'intuition des forces qui, comme l'esprit le pressent, seront requises pour réaliser ou empêcher la chose (§ 665). La chose plaît et déplaît maintenant également. Il s'ensuit donc que je désire ou ai en aversion à ce moment la même chose également.

§ 671

Comme une perception est produite plus facilement qu'une autre (§ 527), n'importe quelle perception n'est pas actualisée par n'importe quel désir, mais pour n'importe quelle perception, un certain degré des forces de l'âme est requis (§ 331). S'il y a autant de DÉSIR ou d'AVERSION que la production de son objet ou de son contraire le requiert, ils sont EFFICIENTS. S'il n'y en a pas autant, ils sont INEFFICIENTS. S'il y a autant | de désir ou 254
d'aversion que celui qui désire ou a quelque chose en aversion pressent être requis pour la production de l'objet de ceux-ci ou de son contraire, alors ils sont PLEINS ; s'il y en a moins, alors ils sont MOINS PLEINS. La CONNAISSANCE QUI MEUT les désirs ou les aversions efficients – et SA FORCE MOTRICE (§ 220) – est VIVE (plus strictement, *cf.* § 669, brûlante, suffisante pour agir). La CONNAISSANCE – et SA FORCE MOTRICE (§ 220) – des aversions ou des désirs inefficients est MORTE (plus strictement, *cf.* § 669, insuffisante pour agir, une sollicitation). La CONNAISSANCE qui meut les pleins désirs ou les pleines aversions – et SA FORCE – est COMPLÈTEMENT MOTRICE et celle qui meut seulement les moins pleins désirs ou les moins pleines aversions est INCOMPLÈTEMENT MOTRICE. La connaissance vive, tout le reste étant égal, est plus grande que la connaissance morte et la connaissance incomplètement motrice est plus petite que la connaissance complètement motrice (§ 669).

§ 672

Comme, dans un vain présage, je tiens un certain degré de désir ou d'aversion pour suffisant en vue de la production de l'objet ou de son contraire, degré qui toutefois est insuffisant | (§ 617), mes pleins désirs et 255
mes pleines aversions peuvent toutefois être inefficients et, pour la même raison, tandis que je pressens que sont requis de plus grands désirs ou aversions que ceux qui sont suffisants, les moins pleins désirs et les moins pleines aversions peuvent être efficients (§ 671).

§ 673

Dans l'état d'équilibre après la prévision et le présage, le désir est égal à l'aversion (§ 670). Il s'ensuit qu'il y aurait dans une pleine aversion aussi un plein désir pour la même chose (§ 671) et, en même temps, il y aurait un moins plein désir, pendant qu'il y aurait une pleine aversion pour la même chose, et une moins pleine aversion, pendant qu'il y aurait un plein désir pour la même chose (§ 81, 671). Il s'ensuit que si je désirais pleinement ou avais pleinement en aversion quelque chose dans l'état d'équilibre, je désirerais moins pleinement ou aurais moins pleinement en aversion la même chose, ce qui est impossible (§ 7). Il s'ensuit donc que je ne désire pas pleinement, ni n'ai pleinement en aversion quelque chose dans l'état d'équilibre, ou total ou partiel (§ 656, 661), ou parfait ou imparfait, après la prévision ou le présage. C'est pourquoi, si je désire pleinement ou ai pleinement quelque chose en aversion, je ne suis pas dans un état d'équilibre après la prévision et le présage de l'objet à actualiser et de son opposé (§ 671).

§ 674

Si, pressentant qu'une chose prévue existera ou devra être empêchée par un effort déterminé de ma part, je l'intuitionne en même temps comme
256 étant bonne et mauvaise, | mais avec un plaisir ou un déplaisir prédominant, alors l'état de mon esprit qui naît de là est dit ÉTAT DE PRÉPONDÉRANCE. Dans l'état de prépondérance, des mobiles inégaux de désirer et d'avoir en aversion sont perçus (§ 669). Il s'ensuit que, dans l'état de prépondérance, autant le désir est plus fort que l'aversion ou l'aversion plus forte que le désir, autant le plaisir prédomine sur le déplaisir ou le déplaisir sur le plaisir (§ 331, 665). Ce plaisir ou déplaisir provient de l'objet considéré tantôt en soi, tantôt dans des circonstances futures et encore sous l'intuition des forces qui devront être dépensées pour le produire ou l'empêcher (§ 670).

§ 675

Les DÉSIRS et AVERSIONS EFFICACES sont dits : 1) sérieux, c'est-à-dire non simulés, alors que les désirs et les aversions INEFFICACES sont simulés ; 2) non simulés et sérieux dans la mesure où ils sont des raisons, dans la mesure où ils ont des conséquences et où quelque chose dépend d'eux (§ 197). Aucun d'entre eux n'est donc entièrement INEFFICACE, car autrement ils seraient totalement stériles (§ 23). Cependant, a) les aversions et les désirs moins pleins et inefficients sont d'une plus petite efficacité (§ 671) ; b) les pleins désirs et les pleines aversions sont

d'une plus grande efficacité même s'ils sont inefficients (§ 672) – en regard de ceux-ci, les moins pleins désirs et les moins pleines aversions sont parfois dits comparativement inefficaces de même que, s'ils sont inefficients, ils sont aussi dits inefficaces en regard de ceux qui sont efficients; c) les aversions et les désirs efficients sont de la plus grande efficacité – en regard | de ceux-ci, les aversions et les désirs moins pleins et inefficients **257**
sont parfois dits comparativement inefficaces (§ 671). Dans l'état d'indifférence, je ne désire aucunement ni n'ai aucunement quelque chose en aversion (§ 664, 665) et donc je ne le fais efficacement en aucun sens. Dans l'état d'équilibre qui subsiste après la prévision et le présage d'un objet et de son contraire, je ne désire ni n'ai en aversion efficacement quelque chose à ce degré que nous avons calculé comme moyen (§ 673). Ce degré d'efficacité dans les désirs et les aversions requiert soit le pur plaisir, soit le déplaisir pur et simple, soit l'état de prépondérance (§ 661, 674).

SECTION XVII
LA FACULTÉ DE DÉSIRER INFÉRIEURE

§ 676

Comme la FACULTÉ DE DÉSIRER suit la faculté de connaître (§ 665, 668), elle suit soit la faculté de connaître inférieure et est INFÉRIEURE (§ 520), soit la faculté de connaître supérieure (§ 624). Je désire ou ai en aversion certaines choses représentées de manière sensible (§ 521). Il s'ensuit que j'ai une faculté de désirer | inférieure (§ 216). Les DÉSIRS ET **258**
LES AVERSIONS qui sont actualisés par elle sont SENSIBLES et naissent de la force de l'âme de se représenter l'univers par la position du corps (§ 667). La faculté des désirs sensibles est la FACULTÉ CONCUPISCIBLE; la faculté des aversions sensibles est la FACULTÉ IRASCIBLE[1]; avec les facultés de connaître inférieures, elles sont parfois appelées CHAIR.

1. Baumgarten et Wolff reprennent les distinctions traditionnelles que l'on retrouvait chez les Scolastiques. D'une part, tout comme les facultés de connaître, les facultés d'appétition (ou de désirer) sont sensibles ou intellectuelles (inférieures ou supérieures). D'autre part, l'appétit sensible se divise en appétit concupiscible et en appétit irascible. Voir PE, § 583.

§ 677

Les désirs et les aversions sensibles naissent soit de représentations obscures, soit de représentations confuses (§ 676, 520)[1]. Les deux, dans la mesure où ils sont les causes d'impulsion du désir et de l'aversion, sont des STIMULI (§ 669). Un désir plus fort à partir de stimuli obscurs est l'INSTINCT (la sympathie, l'amour) et une aversion du même genre est la FUITE[2] (l'antipathie et la haine naturelles).

§ 678

Les désirs et les aversions (plus forts) à partir d'une connaissance confuse sont des AFFECTS (passions, affections, perturbations de l'esprit) et
259 la science de ceux-ci est 1) la PATHOLOGIE | PSYCHOLOGIQUE, expliquant la théorie de ces affects; 2) la PATHOLOGIE ESTHÉTIQUE, qui contient les règles indiquant comment ils doivent être excités, réfrénés et signifiés, et à laquelle renvoient les pathologies oratoire, rhétorique et poétique (§ 622); et 3) la PATHOLOGIE PRATIQUE, exhibant les obligations de l'homme en regard de ses affects.

§ 679

Comme les affects qui sont des désirs plus forts naissent d'un plaisir sensible plus fort (§ 678, 665), ce plaisir augmentera un plaisir associé (§ 162), d'où vient que les affects de ce genre sont appelés AFFECTS AGRÉABLES (§ 658); dans la mesure où le plaisir duquel ils naissent obscurcit un déplaisir associé (§ 529), ils sont appelés AFFECTS CHARMANTS (§ 658). Comme les affects qui sont des aversions plus fortes naissent d'un déplaisir sensible plus fort (§ 678, 665), ce déplaisir augmentera un déplaisir associé (§ 162), d'où vient que les affects de ce genre sont nommés AFFECTS PÉNIBLES; dans la mesure où le déplaisir duquel ils naissent obscurcit un plaisir associé, ils sont appelés AFFECTS non

1. L'appétit (ou le désir) et l'aversion sensibles, qui renvoient à ce que Wolff et Baumgarten appellent la faculté de désirer inférieure, suivent la connaissance sensible, c'est-à-dire la connaissance confuse du bien et du mal, qui en est la raison suffisante. Car en nous représentant une chose comme bonne ou mauvaise, nous la désirons ou l'avons en aversion, et ce par le plaisir ou le déplaisir (termes intermédiaires entre la connaissance et la faculté de désirer) que suscite en nous cette représentation.

2. *Fuga*, fuite, qu'il faut entendre comme l'action de fuir ou de se détourner (par aversion, et non par peur).

charmants (§ 658). Les affects composés d'affects charmants et non charmants sont MIXTES[1].

| § 680 260

Si les affects, en tant que sensations internes (§ 678, 535), ont été les plus forts qu'ils pouvaient être, ils s'affaiblissent par la suite (§ 551) et le temps est leur remède (§ 550). Comme les affects plus forts naissent d'une intuition plus forte (§ 655, 679), cette intuition obscurcira la connaissance symbolique de ce qui plaît ou déplaît (§ 529, 620). Par conséquent, les affects plus forts sont ineffables et si, de quelque manière, ils éclatent en mots, ils s'affaiblissent souvent pour cette raison même (§ 529).

§ 681

Tout ce qui augmente les plaisirs et les déplaisirs sensibles plus forts augmente les affects (§ 678). Par conséquent, plus composés, plus nobles (§ 515), plus vrais, plus vivides, plus certains et plus ardents sont le plaisir et le déplaisir d'où proviennent les affects (§ 658, 669), alors plus grands sont ces affects (§ 656). Si quelqu'un sentait seulement la cause d'un affect comme étant mauvaise ou bonne et qu'un autre en même temps l'imaginait et la prévoyait comme telle, alors l'affect de ce dernier, tout le reste étant égal, sera plus grand que celui du premier (§ 595, 557).

§ 682

Un affect agréable est la JOIE. La joie fondée sur le présent (en raison de conséquences futures) est l'ALLÉGRESSE. La joie fondée sur le passé (en raison de conséquences futures) est la SATISFACTION. La satisfaction fondée sur ce que l'homme joyeux a fait est | le REPOS EN SOI-MÊME. La joie 261
fondée sur le fait qu'un mal n'est plus imminent est la GAIETÉ.

§ 683

La joie fondée sur un futur plus incertain est l'ESPÉRANCE ; celle fondée sur un futur plus certain est la CONFIANCE ; et, dans la mesure où l'on désire

1. Dans sa *Psychologia empirica*, Wolff consacre plus de deux cents pages (§ 603-879, p. 457-662) à la théorie des affects, qu'il divise en trois classes : les affects agréables (*affectus jucundi*), les affects pénibles (*affectus molesti*) et les affects mixtes (*affectus mixti*), qui comprennent respectivement 12, 11 et 2 membres. Même s'il mentionne au passage plusieurs de ces affects, l'exposé de Baumgarten est forcément plus restreint et reste très en deçà des longues analyses de Wolff.

sa présence, elle est le DÉSIR ARDENT [*cupiditas*]. L'ardente confiance en un bien difficile est le COURAGE et le courage plus grand est l'AUDACE.

§ 684

La joie fondée sur l'honneur est la GLOIRE (*cf.* § 942) et celle fondée sur l'imperfection d'autrui est la MALVEILLANCE. La malveillance qui se réjouit du déshonneur d'autrui est la MOQUERIE. La joie fondée sur la perfection d'autrui est l'AMOUR. L'amour pour le bienfaiteur est la GRATITUDE (l'esprit reconnaissant); l'amour pour le malheureux est la MISÉRICORDE; pour celui qui est comparativement parfait, la FAVEUR; pour l'inférieur, la BIENVEILLANCE; pour celui qui n'est d'aucune utilité envers le bienveillant, la CLÉMENCE.

262 | § 685

Un affect pénible est la TRISTESSE. La tristesse fondée sur le passé (en raison de conséquences futures) est le DEUIL; celle fondée sur le présent (en raison de conséquences futures) est l'AFFLICTION (l'accablement) et le deuil fondé sur ce qu'a fait celui qui est en deuil est le REPENTIR.

§ 686

La tristesse fondée sur un futur plus incertain est la CRAINTE et celle fondée sur quelque chose d'imminent est la PEUR. La peur fondée sur quelque chose de plus grand est l'HORREUR; l'horreur fondée sur quelque chose de certain est le DÉSESPOIR et l'horreur fondée sur quelque chose d'imprévu est la TERREUR. La tristesse fondée sur un espoir incertain est la PUSILLANIMITÉ; celle fondée sur un retard [dans la réalisation] du désir est l'ASPIRATION et celle fondée sur une chose représentée auparavant comme bonne est le DÉGOÛT.

§ 687

La tristesse fondée sur le mépris est la HONTE; celle fondée sur l'imperfection d'autrui est la COMMISÉRATION et celle fondée sur la perfection d'autrui est la HAINE. La haine fondée sur le désir du bien d'autrui est l'ENVIE et la terreur fondée sur un préjudice est la COLÈRE.

| § 688 263

L'intuition d'une chose en tant que non reproduite est l'ÉTONNEMENT. L'instinct de connaître ce que nous ne connaissons pas encore est la CURIOSITÉ ; selon la diversité des esprits pris au sens plus large, la curiosité est soit HISTORIQUE, en ce qui concerne la connaissance historique, soit PHILOSOPHIQUE, en ce qui concerne la connaissance philosophique, soit MATHÉMATIQUE, en ce qui concerne la connaissance mathématique. Les fous dans l'âme desquels règnent seulement les affects pénibles sont MÉLANCOLIQUES ; ceux chez qui règne la colère sont des fous FURIEUX.

SECTION XVIII
LA FACULTÉ DE DÉSIRER SUPÉRIEURE

§ 689

La FACULTÉ DE DÉSIRER, dans la mesure où elle suit la faculté de connaître supérieure (§ 665, 668), est dite SUPÉRIEURE (esprit). Je désire et ai distinctement en aversion certaines choses qui sont représentées par la faculté intellectuelle de juger (§ 607). Il s'ensuit que j'ai une faculté de juger supérieure (§ 216). Les DÉSIRS ET LES AVERSIONS qui sont actualisables par celle-ci sont RATIONNELS | (§ 641) et naissent de la force de 264
l'âme de se représenter l'univers selon la position du corps (§ 667, 642).

§ 690

Le désir rationnel est la VOLITION. Je veux. Il s'ensuit que j'ai la faculté de vouloir, la VOLONTÉ (§ 216). L'aversion rationnelle est la NOLITION[1]. Je ne veux pas. Il s'ensuit que j'ai la faculté de ne pas vouloir, la NON-VOLONTÉ (§ 216). La faculté de désirer supérieure est soit une volonté, soit une non-volonté (§ 689). Les représentations qui sont les causes d'impulsion des volitions et des nolitions sont des MOTIFS.

1. Dans la mesure où elles procèdent d'une représentation distincte et intellectuelle du bien et du mal, la volition et la nolition – termes encore une fois empruntés à la Scolastique – seront les deux manifestations de la faculté supérieure de désirer. La nolition, il est important de le noter, n'est pas une simple absence de vouloir ou un manque de volonté, mais elle est un acte positif ayant sa propre raison suffisante, l'acte de ne pas vouloir.

Les mobiles de l'esprit (§ 669) sont soit des stimuli, soit des motifs[1] (§ 677, 521).

§ 691

Vouloir ou ne pas vouloir sans motifs, c'est déterminer sa propre force selon quelque chose de distinctement représenté ou selon son contraire (§ 663), lesquels cependant ne seraient pas représentés distinctement (§ 690). Comme ceci est impossible (§ 7), je ne veux ni ne veux pas sans motifs. Maintenant, dans l'état d'indifférence totale et complète,
265 je voudrais ou ne voudrais pas | sans motifs (§ 690, 655). Il s'ensuit donc que dans un état de ce genre, je ne veux ni ne veux pas. Les motifs sont soit vrais, soit apparents (§ 12).

§ 692

Comme les VOLITIONS et les NOLITIONS suivent la compréhension (§ 690), soit elles suivent la compréhension pure en laquelle il n'y a absolument aucun mélange de confusion – elles seront des volitions et nolitions PURES –, soit elles suivent la compréhension en laquelle il y a quelque mélange de confusion – elles seront des volitions et nolitions dans lesquelles il y a quelque mélange sensible. Les volitions et nolitions pures ne naissent que de la prévision et de la prévoyance pure (§ 641), de même que du jugement purement et simplement intellectuel (§ 665). Par conséquent, toutes mes volitions et nolitions sont telles qu'en elles, il y a quelque mélange sensible (§ 604)[2].

§ 693

Parmi les motifs qui me déterminent à vouloir ou à ne pas vouloir (§ 690), il y a toujours des stimuli (§ 692, 677). Or si certains stimuli associés à des motifs m'incitent au contraire de ce à quoi les motifs déterminent, alors un CONFLIT ENTRE LES FACULTÉS DE DÉSIRER INFÉRIEURE

1. Autrement dit, les mobiles seront soit sensibles, soit intellectuels. Ces derniers sont les motifs, c'est-à-dire les raisons suffisantes des diverses volitions et nolitions, qui ne font qu'un avec la représentation distincte du bien et du mal, car dès que nous nous représentons distinctement quelque chose comme bon ou mauvais, nous le désirons ou l'avons en aversion.

2. Il faut comprendre de ce paragraphe que seul un être purement rationnel pourrait vouloir ou ne pas vouloir par raison pure, alors que notre constitution à la fois sensible et intellectuelle, qui s'est révélée déjà dans le continuum de la connaissance sensible et de la connaissance intellectuelle, fait qu'il y a un mélange de stimuli et de motifs rationnels dans toutes nos volitions et nolitions, un mélange qui cependant doit se prêter à l'examen de notre jugement, afin d'apercevoir ce qui nous fait véritablement agir.

ET SUPÉRIEURE (un désaccord) naît (un conflit entre le désir sensible et rationnel, | entre la chair et la raison). Si, à l'inverse, aucun des stimuli 266
ne m'incite au contraire de ce à quoi déterminent les motifs, alors naît une HARMONIE DES FACULTÉS DE DÉSIRER INFÉRIEURE ET SUPÉRIEURE (un accord). La faculté de désirer par laquelle, après le conflit, je désire ou ai pleinement quelque chose en aversion EST VICTORIEUSE.

§ 694

L'accord des facultés de désirer naît en moi (§ 661, 693) du pur plaisir intellectuel et du pur et simple déplaisir intellectuel (§ 656). Dans l'état d'indifférence, les facultés de désirer ne sont ni en accord, ni en désaccord (§ 693, 691). Dans l'état d'équilibre qui subsiste même après la prévision et le présage de l'objet et de son contraire, les causes d'impulsion, en lesquelles se trouvent les motifs, seraient aussi fortes que les stimuli opposés (§ 670). Il s'ensuit qu'aucune des facultés de désirer ne serait victorieuse dans cet état (§ 693, 673). Il s'ensuit donc que je suis dans un état de prépondérance lorsque la faculté de désirer inférieure ou la faculté de désirer supérieure est victorieuse (§ 674).

§ 695

Les CAUSES D'IMPULSION des désirs ou des aversions qui sont suffisantes pour ces désirs et aversions pleins | sont COMPLÈTES; celles qui 267
sont insuffisantes sont INCOMPLÈTES. Par conséquent, les stimuli complets sont suffisants pour les désirs ou aversions sensibles pleins (§ 677). Les motifs complets suffisent pour la pleine volition ou nolition (§ 671). Les motifs complets avec des stimuli associés suffisent pour la pleine volition ou nolition en laquelle il y a quelque mélange sensible (§ 690, 692). La VOLITION OU NOLITION qui provient de seuls motifs incomplets ou de motifs incomplets avec des stimuli associés est ANTÉCÉDENTE (précédente, une inclination ou une excitation). Par conséquent, la volition antécédente est moins pleine (§ 671), bien qu'elle soit cependant efficace au premier et au second sens (du § 675), mais pas de la même manière et au même degré que la pleine volition. La VOLITION OU LA NOLITION qui provient de seuls motifs complets ou de motifs complets avec des stimuli associés, est CONSÉQUENTE (finale, décisive, définitive)[1]. La volition ou la nolition conséquente est un DÉCRET (un projet, un choix [*proaeresis*] au

1. Pareillement chez Wolff : « Le désir (appétit) rationnel qui naît de motifs incomplets est dit *volonté antécédente*; ce qui cependant naît de motifs complets est appelé *volonté conséquente*. La même chose doit être tenue à propos de l'aversion » (PE, § 920).

sens large). La décision est une pleine volition ou nolition (§ 671) et, par conséquent, elle est efficace au degré que nous avons nommé moyen, quoiqu'elle ne le soit pas toujours au troisième degré que nous avons observé (au § 675).

268 | § 696

L'ensemble des actions de la faculté de connaître concernant les motifs et les stimuli de ce qui est à décider est la DÉLIBÉRATION. Il s'ensuit que dans la délibération surviendront ces interrogations concernant tout ce qui est à décider : 1) est-ce que l'objet lui-même et son contraire sont possibles ? ; 2) est-ce que l'un ou l'autre objet est physiquement possible pour moi, c'est-à-dire, l'un ou l'autre peut-il ou non être actualisé par mes forces (§ 665), non seulement simplement, mais aussi sous un certain rapport (§ 469) ? ; 3) combien de forces a-t-on besoin pour actualiser l'objet lui-même et combien pour actualiser son contraire (§ 671) ? ; 4) combien de biens peuvent provenir de l'un des contraires ? ; 5) combien de l'autre ? ; 6) combien de maux peuvent provenir de l'un des contraires ? ; 7) combien de l'autre ? ; 8) combien grands sont les biens provenant de l'un des contraires ? ; 9) combien grands sont ceux provenant de l'autre ? ; 10) combien grands sont les maux provenant de l'un des contraires ? ; 11) combien grands sont ceux provenant de l'autre ? ; 12) qu'est-ce qui est mieux ? (§ 665) ?

§ 697

Dans la mesure où CELUI QUI DÉLIBÈRE vise la connaissance mathématique, il SUPPUTE (calcule) LES RAISONS. Donc, alors qu'il considère combien de biens et combien de maux sont à espérer de l'un ou de l'autre [choix], IL CALCULE LES CAUSES D'IMPULSION QU'IL PÈSE [DANS LA BALANCE]. Donc, alors qu'il juge combien grands sont les biens et les maux qui sont à espérer et alors qu'il pèse avec soin lequel est le meilleur, il
269 PRÉFÈRE | l'un à l'autre. S'il décide ce qu'il préfère, il CHOISIT. Si celui qui délibère décide quelque chose afin d'éprouver si ses forces suffiront pour l'actualiser ou combien grandes sont les forces qui suffiront pour l'actualiser, il TENTE cette chose. Si celui qui délibère tient toutes les causes d'impulsion qui lui semblent plus grandes lorsqu'il les pèse comme autant de très petites causes, connaissant les degrés de grandeur de chacune de celles-ci, et s'il les compare toutes ainsi, alors il ADDITIONNE les causes d'impulsion.

§ 698

Celui dont l'esprit est dépourvu de mobiles de manière remarquable est NONCHALANT. Celui dont l'esprit en est pourvu de manière remarquable est ACTIF. Celui chez qui le plaisir a l'habitude de prédominer est TOUJOURS JOYEUX (gai). Celui chez qui le déplaisir a l'habitude de prédominer est TOUJOURS TRISTE. Celui chez qui le changement de prépondérance d'un état vers un état contraire est facile est FLEXIBLE; celui chez qui cela est difficile est FERME.

§ 699

Celui qui a une forte disposition à délibérer est CIRCONSPECT (réfléchi), et celui qui a une disposition | à désirer ou à avoir quelque chose en aversion 270
sans délibération est IRRÉFLÉCHI. L'homme circonspect qui décide avec difficulté est HÉSITANT (indéterminé) et celui qui décide facilement est RÉSOLU (déterminé). L'homme circonspect qui change souvent ses propositions majeures dans les syllogismes pratiques, autrement dit ses MAXIMES, est CHANGEANT (inconstant, instable). L'homme circonspect qui change très rarement ses bonnes maximes est CONSTANT et celui qui change très rarement ses mauvaises maximes est OBSTINÉ. Celui qui, en tentant quelque chose, use du juste degré de forces, est VAILLANT; celui qui pèche par excès de forces est VÉHÉMENT et celui qui pèche par défaut de forces est LANGUISSANT (trop mou).

SECTION XIX
LA SPONTANÉITÉ

§ 700

Je suis changé (§ 505-699) intérieurement (§ 126). Il s'ensuit que je suis un être fini (§ 254) et contingent (§ 257). Il s'ensuit que mon existence est un mode (§ 134) et, plus encore, que tous mes états sont en soi contingents (§ 205, 108). Il s'ensuit que les variations | de tous ceux-ci sont aussi 271
contingentes (§ 124, 125). Il s'ensuit que toutes mes actions et toutes mes passions sont en soi contingentes (§ 210) et, par conséquent, aussi toutes mes actions futures (§ 298). Par conséquent, aucune de mes actions, aucune de mes passions n'est absolument ou intrinsèquement nécessaire (§ 105).

§ 701

La NÉCESSITATION[1] (contrainte) est la variation de quelque chose de contingent en quelque chose de nécessaire et, par conséquent, elle est soit ACTIVE, si elle se rattache à ce qui nécessite – ce qui n'est proprement rien d'autre qu'une substance (§ 198) –, soit PASSIVE, si elle se rattache à ce qui est nécessité. Cette nécessitation passive est attribuée tantôt aux accidents – à une action ou à une passion – qui, de quelque chose de contingent, sont changés en quelque chose de nécessaire, tantôt à la substance en laquelle se trouve ce genre d'accidents nécessités.

§ 702

La NÉCESSITATION (contrainte) ABSOLUE serait celle qui changerait quelque chose d'en soi contingent en quelque chose d'absolument nécessaire. Maintenant, rien ne peut être changé en quelque chose d'absolument nécessaire (§ 130). Il s'ensuit qu'aucune action, et donc aucune de mes actions, ne peut l'être. Il s'ensuit que la nécessitation absolue de quelqu'une de mes actions est impossible (§ 7). Toutes mes actions sont et demeurent toujours, dans l'acte même et après celui-ci, en soi contingentes
272 et, par conséquent, | le contraire de celles-ci est en soi possible (§ 700, 104).

§ 703

Il y a une extrêmement grande possibilité hypothétique du contraire de plusieurs de mes actions (§ 168). Par conséquent, la contingence, et aussi la contingence hypothétique, de plusieurs de mes actions est extrêmement grande (§ 188, 700). Par conséquent, mes actions futures sont des choses futures extrêmement contingentes (§ 298).

§ 704

L'ACTION qui dépend d'un principe suffisant qui est intérieur à l'agent est SPONTANÉE. D'où vient que la spontanéité est attribuée 1) à l'action qui dépend d'un principe suffisant qui est intérieur à l'agent; 2) à la substance

1. Ce terme, qu'on ne trouve pas chez Wolff, est forgé par Baumgarten et apparaît surtout dans sa philosophie pratique pour désigner le type de contrainte qui rend nécessaire une action (dont l'action morale) qui est en soi contingente. Voir à ce sujet C. Schwaiger, « The Theory of Obligation in Wolff, Baumgarten and the Early Kant », *in* K. Americks et O. Höffe (eds.), *Kant's Moral and Legal Philosophy*, Cambridge, CUP, 2009, p. 69-70 et notre traduction des *Initia philosophiae practicae primae* de Baumgarten : *Principes de la philosophie pratique première*, *op. cit.*, p. 43-44.

accomplissant des actions de ce genre. Maintenant, toute action proprement telle dépend d'un principe qui est intérieur à l'agent (§ 210, 370). Il s'ensuit que toute action proprement telle est spontanée. Cependant, alors que des variations composées d'actions et de passions sont parfois appelées « actions » *a potiori*, elles sont conçues, dans la mesure où elles sont des passions, comme n'étant pas spontanées (§ 210)[1].

| § 705 273

Plusieurs de mes actions, plus encore, toutes mes actions proprement dites et, par conséquent, toutes les actions de mon âme sont spontanées; ainsi, la spontanéité est véritablement attribuée tant à ces actions qu'à mon âme (§ 704). Si on appelle AUTOMATE quelque chose qui se change lui-même, alors l'âme sera un automate.

§ 706

La spontanéité est la plus petite lorsqu'un principe intrinsèque à l'agent suffit pour une seule et unique action la plus petite (§ 704, 161). Il s'ensuit que plus nombreuses et plus grandes sont les actions auxquelles suffit le principe intrinsèque à l'agent, alors plus grande est la spontanéité de celui-ci, jusqu'à devenir la spontanéité la plus grande en cet agent, en lequel elle suffit pour les actions les plus nombreuses et les plus grandes. À mon âme se rattache une spontanéité extrêmement grande (§ 705).

§ 707

La NÉCESSITATION EXTERNE (contrainte de l'extérieur) est ce qui dépend d'une force existant à l'extérieur de la substance nécessitée et elle est soit idéale, soit réelle (§ 701, 212). Une action réellement et extérieurement nécessitée ne serait ni spontanée, ni proprement une action (§ 704), mais serait une passion réelle (§ 210). Une nécessitation externe réelle est une NÉCESSITATION (contrainte) EXTERNE SIMPLEMENT TELLE. Il s'ensuit que les actions contraintes par une nécessitation externe simplement telle seraient | des passions réelles. La SUBSTANCE et les 274
ACTIONS qui ne sont pas absolument nécessitées sont LIBRES (*cf.* § 719) DE LA CONTRAINTE ABSOLUE. La SUBSTANCE et les ACTIONS qui ne sont pas nécessitées par une contrainte externe simplement telle sont LIBRES DE LA

1. Wolff : « La *spontanéité* est le principe intrinsèque de la détermination de soi-même à l'agir. *Et les actions* sont dites *spontanées* dans la mesure où l'agent les détermine par un principe à lui-même intrinsèque, sans principe de détermination extrinsèque » (PE, § 933).

CONTRAINTE EXTERNE SIMPLEMENT TELLE. Il s'ensuit que toutes mes variations sont libres de la contrainte absolue (§ 702) et que toutes mes actions, toutes les actions spontanées de mon âme, c'est-à-dire toutes mes actions proprement dites (§ 704) et mon âme, dans la mesure où celle-ci agit spontanément, sont libres de la contrainte externe simplement telle.

SECTION XX
L'ARBITRE

§ 708

Les ACTIONS qui sont physiquement possibles pour moi sont POSÉES COMME ÉTANT EN MON POUVOIR et les réalités qui sont physiquement impossibles pour moi sont POSÉES COMME ÉTANT HORS DE MON POUVOIR. Il s'ensuit qu'une action est posée comme étant en mon pouvoir soit
275 seulement | simplement, soit aussi sous un certain rapport ou qu'une action est posée comme étant hors de mon pouvoir soit aussi simplement, soit seulement sous un certain rapport (§ 469). Le contraire des actions posées comme étant dans le pouvoir d'un agent est posé soit comme étant dans le pouvoir de ce même agent, soit comme étant hors de son pouvoir (§ 9) et dans les deux cas, encore une fois, il est posé soit simplement, soit sous un certain rapport (§ 469). Ces mêmes actions qui, avec leur contraire, sont posées comme étant dans le pouvoir de quelqu'un au moins simplement sont pour celui-ci LIBRES (*cf.* § 719) À L'ÉGARD DE LEUR EXÉCUTION ; ces actions dont le contraire est posé comme étant simplement au-delà du pouvoir de quelqu'un sont pour celui-ci PUREMENT NATURELLES. Une ACTION libre à l'égard de son exécution et dont le contraire est une possibilité physique égale à l'égard d'un certain agent est pour celui-ci PHYSIQUEMENT INDIFFÉRENTE (indifférente quant à l'exercice de l'acte).

§ 709

Les actions purement naturelles sont naturellement nécessaires. D'où vient qu'à la différence de celles-ci, les actions libres à l'égard de leur
276 exécution sont physiquement contingentes (§ 708, 469). | Par conséquent, les actions futures sont parfois simplement appelées des FUTURS CONTINGENTS.

§ 710

La NÉCESSITATION (contrainte) INTERNE est celle qui dépend d'une détermination interne d'une substance nécessitée. Elle est attribuée aux substances et à leurs actions 1) parce que les actions des substances sont considérées comme nécessitées par leur seule essence, ce qui est la nécessitation ABSOLUE (essentielle). La nécessitation de ce genre, parce qu'elle changerait les actions en actions absolument nécessaires (§ 702, 107), est totalement impossible (§ 702); 2) parce que, par la nature de la substance, certaines actions qui sont par ailleurs physiquement contingentes à cette nature sont changées en actions qui sont physiquement nécessaires à celle-ci, soit simplement, soit sous un certain rapport (§ 469) : cette nécessitation est alors PHYSIQUE (naturelle). Par conséquent, des actions purement naturelles peuvent être dites des actions nécessitées par une contrainte interne physique (§ 709, 708). Des actions et des substances qui ne sont intérieurement contraintes en aucun de ces sens sont LIBRES (*cf.* § 719) DE LA NÉCESSITATION INTERNE TANT ABSOLUE QUE PHYSIQUE. Maintenant, les actions qui sont libres à l'égard de leur exécution et les substances qui réalisent des actions de ce genre, et dans la mesure où elles le font, ne sont intérieurement contraintes en aucun de ces sens (§ 709, 708). Il s'ensuit | qu'elles sont libres de la contrainte interne tant absolue que physique. **277**

§ 711

Plusieurs de mes actions et plusieurs actions spontanées de mon âme sont libres à l'égard de leur exécution (§ 708). Il s'ensuit que se rattachent à ces actions et à mon âme, dans la mesure où celle-ci les accomplit, la liberté de la contrainte externe simplement telle (§ 707) et la liberté de la contrainte interne, tant absolue que physique (§ 710).

§ 712

La PRÉFÉRENCE est la connaissance dont dispose une substance, à partir de laquelle peut être connu, selon les lois du désir et de l'aversion, pourquoi cette substance se détermine ainsi et non autrement en ce qui concerne une action libre à l'égard de son exécution. Or ceci peut être connu à partir de la prévision, du présage, du plaisir ou du déplaisir (§ 665), des stimuli et des motifs (§ 677, 690). Il s'ensuit que la prévision, le présage, le plaisir ou le déplaisir, les stimuli et les motifs qui sont connus par une certaine substance constituent sa préférence. Si une SUBSTANCE détermine sa force en ce qui concerne une action libre à l'égard de son exécution ainsi qu'elle peut être connue à partir de sa préférence, alors elle DÉSIRE OU A [quelque

278 chose] EN AVERSION PAR PRÉFÉRENCE. | Il s'ensuit que celui qui désirerait ou aurait en aversion sans aucun stimulus ni aucun motif quelque chose qu'il n'a pas prévu, quelque chose dont il n'a aucunement pressenti que cela existerait par l'un de ses efforts ou quelque chose qui ne plaît ni ne déplaît, alors celui-là NE DÉSIRERAIT PAS OU N'AURAIT PAS [quelque chose] EN AVERSION PAR PRÉFÉRENCE. Je désire ou ai plusieurs choses en aversion selon ma préférence. Il s'ensuit que j'ai la faculté de désirer et d'avoir quelque chose en aversion selon ma préférence, c'est-à-dire l'ARBITRE. Les actions dont la détermination est posée par l'arbitre comme étant dans le pouvoir d'une substance sont pour elle ARBITRAIRES. Plusieurs de mes actions sont arbitraires.

§ 713

JE DÉSIRE OU AI EN AVERSION VOLONTIERS 1) tout ce que je désire ou ai en aversion par préférence, et alors je ne désire rien ni n'ai rien en aversion contre mon gré, autrement dit À CONTRECŒUR (§ 712, 665); 2) si la préférence renferme un pur et simple déplaisir, un pur plaisir ou une très grande prépondérance. Je désire ou ai quelque chose en aversion À CONTRECŒUR (contre mon gré, contre ma préférence) lorsqu'il n'y a pas une très grande prépondérance dans la préférence, autrement dit lorsque de nombreuses et grandes choses paraissent me pousser vers le contraire de ce que je désire ou ai en aversion. Selon ce dernier sens du terme « à contrecœur », je désire ou ai quelque chose en aversion, mais néanmoins par préférence et, en ce
279 | sens, l'action faite à contrecœur est néanmoins arbitraire (§ 712).

§ 714

Comme la CONTRAINTE AU SENS STRICT (*cf.* § 701) est la production d'une action faite à contrecœur, l'ACTION CONTRAINTE, autrement dit FAITE À CONTRECŒUR À CAUSE D'UNE CONTRAINTE EXTERNE COMPRISE SIMPLEMENT, serait une action que j'accomplirais sans aucune préférence, contre toute préférence, ou à cause d'une contrainte externe comprise simplement. Mais alors ce ne serait pas une action proprement dite (§ 707). Si je fais quelque chose à contrecœur selon la préférence décrite au § 713, alors la prépondérance de ce que je désire ou ai en aversion est considérée comme étant produite soit par moi – et alors je suis dit M'Y CONTRAINDRE MOI-MÊME –, soit par quelque chose d'extérieur à moi (§ 22) – et l'action est dite FAITE À CONTRECŒUR, autrement dit CONTRAINTE À CAUSE D'UNE CONTRAINTE EXTERNE SOUS UN CERTAIN RAPPORT (une action mixte, à savoir une action qui résulte d'une action arbitraire et d'une action faite à contrecœur à cause d'une contrainte externe comprise simplement).

§ 715

Les actions faites à contrecœur auxquelles je suis dit me contraindre moi-même ou y être contraint extérieurement sous un certain | rapport par 280
d'autres, surviennent selon ma préférence (§ 714) et sont, par conséquent, arbitraires (§ 712). Elles sont appelées actions nécessitées dans la mesure où elles sont conçues comme étant non nécessaires si moi-même ou autre chose n'a pas produit la prépondérance qui les a produites (§ 701, 188).

§ 716

On appelle ACTIONS FAITES À CONTRECŒUR PAR IGNORANCE OU PAR ERREUR celles que je n'accomplirais pas par préférence à moins d'avoir été ignorant ou dans l'erreur à propos de quelque chose. Comme ces actions surviennent cependant par préférence, elles sont aussi arbitraires (§ 712).

§ 717

Le plus petit arbitre serait celui qui détermine une seule et unique action seulement selon la plus petite préférence (§ 161). Il s'ensuit que plus nombreuses et plus grandes sont les actions qu'il détermine selon une préférence plus grande, plus l'arbitre est grand (§ 160) jusqu'à être l'arbitre le plus grand, qui détermine les actions les plus grandes et les plus nombreuses à partir de la préférence la plus grande (§ 161, 712).

§ 718

Comme l'arbitre est la faculté de désirer ou d'avoir quelque chose en aversion selon sa préférence (§ 712), une substance douée d'arbitre aura soit seulement la faculté de désirer ou d'avoir quelque chose en aversion de manière sensible selon sa préférence, | soit seulement la faculté de 281
vouloir ou de ne pas vouloir selon sa préférence, soit, à la fois, la faculté de vouloir ou de ne pas vouloir selon sa préférence et la faculté de désirer ou d'avoir quelque chose en aversion de manière sensible selon sa préférence (§ 676, 689).

SECTION XXI
LA LIBERTÉ

§ 719

La faculté de désirer ou d'avoir quelque chose en aversion de manière sensible selon sa préférence est l'ARBITRE SENSIBLE; la faculté de vouloir ou de ne pas vouloir selon sa préférence est la LIBERTÉ[1] (le libre arbitre) (*cf.* § 707, 708, 710) (liberté morale, liberté simplement dite). La liberté de purement vouloir ou de ne pas vouloir est la LIBERTÉ PURE. Il s'ensuit qu'une substance douée d'arbitre aura soit seulement l'arbitre sensible, soit seulement la liberté pure, soit la liberté mélangée à l'arbitre sensible (§ 718). Les actions pour lesquelles le fait de se déterminer par la liberté est posé dans le pouvoir d'une substance sont des ACTIONS LIBRES et cette même substance, qui peut accomplir des actions libres et dans la mesure même où elle le fait, est une SUBSTANCE LIBRE.

§ 720

Je désire et ai plusieurs choses en aversion de manière sensible selon
282 | ma préférence. Il s'ensuit que j'ai un arbitre sensible (§ 216, 719). Je veux et je ne veux pas plusieurs choses selon ma préférence. Il s'ensuit que j'ai la liberté (§ 216, 719). Plusieurs de mes actions, plusieurs actions de mon âme et l'âme en plusieurs de ses actions sont libres. Quelque chose de sensible est mélangé à toutes mes volitions et nolitions (§ 692). Par conséquent, la liberté pure ne me convient pas[2]; en mes actions les plus libres, ma liberté est mélangée à l'arbitre sensible (§ 719). Tant l'arbitre sensible que le libre arbitre sont actualisés par la force de l'âme de se représenter l'univers selon la position de mon corps en lui (§ 712, 667).

1. Wolff : « La *liberté de l'âme* est la faculté de choisir spontanément ce qui lui plaît parmi plusieurs choses possibles, lorsqu'elle n'est déterminée par essence par aucune de celles-ci » (PE, § 941).

2. Tout comme les volitions et les nolitions, la liberté de l'être fini n'est pas absolue, mais est toujours mélangée à la sensibilité, ce qui est encore une fois une façon de rappeler que nous ne sommes pas des êtres de raison pure, mais de « raison non pure », ainsi que l'affirmait Wolff (voir PE, § 495), et en lesquels cohabitent le sensible et l'intellectuel. Ce n'est pas dire pour autant que notre liberté n'ait qu'une consistance sensualiste, puisque dans la faculté supérieure de désirer nous avons la possibilité d'adhérer à des représentations et à des motifs « intellectuels » prépondérants.

§ 721

Sont dites ACTIONS VOLONTAIRES 1) toutes celles qui sont déterminées par la faculté de désirer supérieure – et les actions INVOLONTAIRES sont alors celles qui ne sont pas déterminées par la faculté de désirer supérieure. Et en ce sens, toutes les actions volontaires sont libres, mais toutes les actions libres ne sont pas volontaires (§ 719). Supposons en effet que je me détermine moi-même par l'arbitre sensible alors qu'il est posé qu'il était en mon pouvoir de me déterminer par liberté, alors une action de ce genre sera involontaire, mais néanmoins libre (§ 719)[1].

| § 722 283

Sont dites ACTIONS VOLONTAIRES 2) toutes celles qui ne sont d'aucune manière déterminées à contrecœur par la faculté de désirer supérieure. Les actions INVOLONTAIRES sont alors celles que je veux à contrecœur. En ce sens, toutes les actions volontaires et involontaires sont libres (§ 719). Mais toutes les actions libres ne sont pas en ce sens volontaires ou involontaires (§ 721).

§ 723

Ce qui est lié de plus près à la liberté est MORAL AU SENS LARGE (*cf.* § 787). Par conséquent, les DÉTERMINATIONS LIBRES sont des DÉTERMINATIONS MORALES; les DISPOSITIONS aux actions libres sont les DISPOSITIONS MORALES et les LOIS des déterminations morales sont des LOIS MORALES; la PHILOSOPHIE et la THÉOLOGIE qui enseignent celles-ci sont la PHILOSOPHIE et la THÉOLOGIE MORALES et l'ÉTAT qui en résulte est l'ÉTAT MORAL. Par conséquent, 1) ce qui ne peut arriver que par liberté, autrement dit dans une substance libre comme telle, est MORALEMENT POSSIBLE AU SENS PLUS LARGE et 2) ce qui ne peut arriver que par une liberté déterminée conformément aux lois morales est MORALEMENT POSSIBLE, autrement dit PERMIS, AU SENS PLUS STRICT. Ce qui 1) ne peut arriver par la seule liberté dans une substance libre est MORALEMENT IMPOSSIBLE | AU SENS PLUS 284
LARGE et 2) ce qui est impossible par une liberté déterminée conformément aux lois morales est MORALEMENT IMPOSSIBLE, autrement dit INTERDIT, AU SENS PLUS STRICT. Ce dont le contraire est moralement impossible est MORALEMENT NÉCESSAIRE. Il s'ensuit donc que 1) ce dont le contraire n'est

1. Par où l'on voit que le concept de liberté est pour Baumgarten plus vaste et plus indéterminé que le concept de volonté, lequel ressortit uniquement à la faculté supérieure de désirer, donc à ma capacité de m'autodéterminer selon des motifs.

impossible que par la liberté, autrement dit dans une substance dans la mesure où elle est libre, est moralement nécessaire AU SENS PLUS LARGE, et 2) ce dont le contraire est interdit est moralement nécessaire AU SENS PLUS STRICT. La nécessitation morale est l'OBLIGATION. L'obligation à une action qui est faite à contrecœur sera la CONTRAINTE MORALE.

§ 724

Là où il n'y a pas de liberté, il ne peut y avoir de nécessité morale en aucun des deux sens (§ 723). Il s'ensuit donc que la nécessité morale ne supprime pas la liberté ni n'est son contraire (§ 81), mais elle en est la conséquence [*rationatum*], autrement dit la suite [*consectarium*] (§ 14). Par conséquent, les actions moralement nécessaires, nécessitées et contraintes peuvent non seulement être libres, mais sont nécessairement telles[1] (§ 723). Plus encore, lorsque la LOI MORALE LA PLUS UNIVERSELLE est posée, c'est-à-dire la loi déterminant toutes les actions libres de toutes
285 | les substances libres (*cf.* § 822), alors toutes les actions libres sont soit moralement nécessaires, soit interdites (§ 723).

§ 725

La liberté la plus petite est celle qui actualise seulement une unique volition ou nolition selon la plus petite préférence. Il s'ensuit donc que plus nombreuses et plus grandes sont les volitions ou nolitions qu'elle actualise selon une plus grande préférence, alors plus est grande la liberté, jusqu'à être la liberté la plus grande, qui actualise les plus grandes et les plus nombreuses volitions ou nolitions selon la préférence suprême (§ 719). Il s'ensuit donc que plus distincte est la préférence selon laquelle je veux ou ne veux pas quelque chose, plus librement je veux ou ne veux pas ceci. Il s'ensuit que plus je suis conscient de mes motifs, plus je veux librement (§ 712). Il est moralement nécessaire que celui qui veut ou ne veut pas le

1. Les actions moralement nécessaires seront des actions auxquelles je me contrains librement moi-même selon les seuls motifs des lois morales. Dans le registre moral, il n'y a donc pas d'opposition entre contrainte et liberté, si l'on entend par là que la volonté libre a le pouvoir de se contraindre elle-même et de répondre librement à l'obligation. La conception baumgartenienne de l'obligation et de l'action morale diffère passablement de celle de Wolff. Elle a un caractère nettement moins eudémoniste que chez celui-ci et tend à affirmer la valeur intrinsèque des devoirs moraux. La philosophie morale de Kant sera sur ce point grandement influencée par Baumgarten. Voir à ce sujet notre présentation de *Kant, Réflexions sur la philosophie morale. Baumgarten. Principes de la philosophie pratique première*, Paris, Vrin, 2014, p. 7-32.

plus librement perçoive le plus distinctement les motifs de son vouloir ou de son non-vouloir, toutes les fois qu'il veut ou ne veut pas (§ 723).

§ 726

Voici la loi de l'arbitre : *De toutes les choses qui sont libres à l'égard de leur exécution, je désire ce que je préfère et j'ai en aversion ce que je préfère*. Voici par conséquent la règle de la liberté : *De toutes les choses qui sont libres à l'égard de leur exécution, je veux ce que je préfère et je ne veux pas ce que je préfère*. Mes actions libres, aussi longtemps qu'elles sont déterminées par préférence, ne sont pas nécessitées, à travers leurs causes d'impulsion, leurs stimuli ou leurs motifs, par une contrainte physique, non externe | (§ 707), car les stimuli et les motifs sont mes représentations **286**
(§ 677, 690). Elles sont, par conséquent, mes déterminations internes (§ 37). Mes actions libres ne sont pas non plus nécessitées, à travers leurs causes d'impulsion, par une contrainte physique interne, aussi longtemps qu'elles sont et demeurent des actions libres à l'égard de leur exécution lorsque leurs motifs sont posés (§ 711, 710). Plus encore, pour parler précisément, les motifs et les stimuli n'agissent pas en effet sur l'âme et, par conséquent, ils ne la contraignent pas (§ 714) ni ne la nécessitent moralement (§ 723, 701) puisqu'ils ne sont que des accidents de mon âme (§ 505).

§ 727

Si je suis dit me contraindre moi-même, il est posé comme étant en mon pouvoir de me déterminer par liberté à ce à quoi je me contrains moi-même, d'où vient que je me contrains librement moi-même (§ 714, 719). Si je suis extérieurement contraint sous un certain rapport par quelque chose, je suis déterminé selon une préférence qui est conçue comme étant produite par quelque chose posé hors de moi (§ 714). Mais s'il était posé être en mon pouvoir de me déterminer par liberté à ce à quoi j'ai été extérieurement contraint sous un certain rapport, une action de ce genre est néanmoins libre (§ 719). Plusieurs de mes actions, auxquelles je me contrains ou auxquelles je suis extérieurement contraint sous un certain rapport, sont libres.

§ 728

Les contraintes externes sous un certain rapport seront 1) des productions de stimuli à partir de choses plaisantes – | des **287**
TENTATIONS ; 2) des productions de stimuli à partir de choses déplaisantes – des MENACES ; 3) des productions de motifs à partir de choses plaisantes

– des PERSUASIONS; 4) à partir de choses déplaisantes – des DISSUASIONS; 5) l'actualisation continuelle de choses déplaisantes jusqu'à ce que celui qui contraint puisse être certain qu'a été suivie la prépondérance en faveur de l'action faite à contrecœur – l'EXTORSION (§ 714). Plusieurs de mes actions, même si j'y suis contraint par des menaces et des tentations, par des persuasions et des dissuasions et même par des extorsions sont néanmoins libres (§ 727).

§ 729

Par le système de l'harmonie préétablie sont supprimées toutes les actions de l'âme faites à contrecœur qui peuvent être produites par quelque chose de fini au moyen d'une contrainte externe comprise simplement (§ 714, 449). Dans les actions qui sont contraintes sous un certain rapport par une force extérieure, la préférence même de laquelle elles naissent et qui est réellement produite par un autre être fini extérieur à l'âme est supprimée (§ 727, 449). Dans la mesure où, selon ce système, l'âme ne pâtit jamais réellement de quoi que ce soit de fini et, ainsi, ne pâtit dans aucune de ses actions libres, l'indépendance totale envers toute chose et envers le monde entier est en ce sens attribuée à l'âme[1] (§ 354, 307).

§ 730

288 Mes volitions et nolitions libres | sont appelées des ACTES TIRÉS DE L'ÂME, alors que les actions libres de toutes les autres facultés sont des ACTES COMMANDÉS et, dans la mesure où ils dépendent de la liberté de l'âme, l'AUTORITÉ sur ces actes est attribuée à l'âme. Par conséquent, l'autorité DE L'ÂME SUR ELLE-MÊME est la faculté de produire selon une préférence distincte les actions tantôt d'une faculté, tantôt d'une autre, et de produire tantôt aussi leurs contraires. Il s'ensuit donc que plus grande est la liberté, plus grande est l'autorité de l'âme libre sur elle-même (§ 725). Le défaut évident d'autorité sur soi-même est la SERVITUDE MORALE AU SENS LARGE. Tout ce qui fait augmenter l'autorité sur soi est LIBÉRAL (noble) et tout ce qui promeut la servitude morale est SERVILE.

1. C'est la conséquence du caractère monadique de l'âme, qui est une pure force ne pâtissant de rien.

§ 731

Les actions de l'âme qui ne dépendent de la liberté qu'à travers plusieurs actes intermédiaires lui SONT INDIRECTEMENT (médiatement) SOUMISES. En revanche, lui SONT DIRECTEMENT (immédiatement) SOUMISES les actions que je fais ou que j'omets par liberté sans plusieurs autres actes intermédiaires observables. Les actions qui sont soumises à la LIBERTÉ même très indirectement sont néanmoins libres (§ 719).

| § 732 289

La proportion déterminée des facultés de désirer entre elles dans un certain sujet est le CARACTÈRE de ce sujet, lequel est soit DROIT lorsque dominent habituellement chez lui les facultés de désirer supérieures, soit ABJECT lorsque dominent habituellement chez lui les facultés de désirer inférieures, dont la plus grande est appelée PASSION DOMINANTE. Comme une certaine proportion de ces facultés tendra plus facilement vers un certain genre de choses désirables ou dignes d'aversion, les différents genres de TEMPÉRAMENTS DE L'ÂME sont, par conséquent, constitués de cette façon. Il s'ensuit que le tempérament de l'âme peut être grandement changé et ce, le plus souvent, par l'exercice et l'habitude (§ 650, 577).

SECTION XXII
LE COMMERCE DE L'ÂME ET DU CORPS

§ 733

Plusieurs des mouvements de mon corps dépendent de mon arbitre (§ 14). Ceux qui dépendent de l'arbitre dont je suis conscient s'appellent MOUVEMENTS ARBITRAIRES DU CORPS (§ 712) et les mouvements arbitraires qui dépendent de la faculté supérieure sont VOLONTAIRES (§ 721). LA MAÎTRISE | DE L'ÂME SUR LE CORPS est la dépendance de ses 290
mouvements à l'égard de son arbitre. Par conséquent, mon âme a la maîtrise de mon corps.

§ 734

Dans les mouvements arbitraires et volontaires de mon corps, il peut suffisamment être connu à partir de l'âme pourquoi un événement arrive dans le corps en ce temps et en ce lieu, et non en un autre (§ 733). Il s'ensuit donc que l'âme agit sur le corps (§ 210) et influence celui-ci (§ 211).

§ 735

Dans les affects de l'âme coexiste un mouvement dans le corps qui est conforme à ceux-ci. Comme ce mouvement peut être suffisamment connu à partir de ces mêmes affects, ceci donne un nouvel argument en faveur de l'influence de l'âme sur le corps (§ 734).

§ 736

Dans les sensations externes, il peut suffisamment être connu à partir de la force du corps pourquoi une certaine variation survient dans l'âme. Il s'ensuit donc que le corps agit sur l'âme (§ 210) et influence celle-ci (§ 211). Donc, il y a une influence mutuelle (§ 734, 735), une harmonie mutuelle (§ 14) et un commerce entre mon âme et mon corps (§ 448)[1].

291 | § 737

Je n'expérimente pas le fait que les mouvements arbitraires du corps sont suffisamment déterminés par une force propre au corps et que les sensations sont suffisamment déterminées par une force propre à l'âme. Il s'ensuit que celui qui affirme cette proposition majeure « Tout ce que je n'expérimente pas n'existe pas » en conclut ceci : « Donc, les mouvements

1. « L'âme agit sur le corps et influence celui-ci » (§ 734); « le corps agit sur l'âme et influence celle-ci » (§ 736). Ces déclarations ne laissent pas d'étonner alors que Baumgarten a affirmé plus tôt que « Le système de l'harmonie préétablie universelle est la doctrine vraie » (§ 463). Or pour le système de l'harmonie préétablie, toute substance n'affecte qu'elle-même, est une représentation de l'univers entier et ne pâtit d'aucune autre, *même si toutes semblent interagir entre elles de manière causale*. En réalité, ces substances (les monades) sont programmées par Dieu pour être en harmonie, ce qui donne l'impression qu'il y a entre elles des relations causales. Appliqué au rapport de l'âme et du corps, ce système signifie que la série des états de l'âme et la série des états du corps, sans agir aucunement l'une sur l'autre, se déploient selon une harmonie qui a été préétablie par Dieu lors de la Création du monde. Elles sont en quelque sorte comme deux horloges identiquement réglées et parfaitement synchronisées, pour reprendre l'image de Leibniz, mais dont le réglage aurait été réalisé une fois pour toutes dès le commencement « par un artifice divin prévenant » (Voir : *Système nouveau de la nature et de la communication des substances aussi bien que de l'union qu'il y a entre l'âme et le corps*, présentation et notes C. Frémont, Paris, GF-Flammarion, 1994, p. 82). *Stricto sensu* donc, l'âme n'agit pas plus sur le corps que le corps n'agit sur l'âme. Il n'y a pas d'influence *réelle* de l'une sur l'autre, comme le suggérera le système de l'influence physique. C'est d'ailleurs ce que laisse entendre Baumgarten lui-même dans la suite du texte (voir les § 737-738). Si influence il y a, elle ne peut être qu'*idéale*, au sens où les séries concomitantes paraissent agir l'une sur l'autre du fait de leur harmonie, alors que leurs variations respectives ressortissent uniquement au principe de force inhérent à chaque substance. Mais il faut convenir que l'exposé de Baumgarten ne pèche pas par excès de clarté sur ce point.

arbitraires du corps ne sont pas suffisamment déterminés par une force propre au corps et les sensations externes ne le sont pas par une force propre à l'âme. Par conséquent, le corps influence réellement l'âme et l'âme influence réellement le corps (§ 212) par l'influence physique (§ 450) ([conclusion établie] par expérience) ». S'il tient cette conclusion pour une sensation, alors des tromperies de ses propres sens naissent par vice de subreption (§ 546) parce qu'il a admis une fausse proposition majeure (§ 548).

§ 738

Les variations du corps qui dépendent de l'âme et les variations de l'âme qui dépendent du corps sont harmoniques (§ 448). Dans les variations harmoniques de l'âme et du corps, une variation de l'âme coexiste avec une variation du corps, ou lui succède, et une variation du corps coexiste avec une variation de l'âme, ou lui succède (§ 733-736). Il s'ensuit que celui qui affirme cette proposition majeure, « Dans les choses qui coexistent ou se succèdent l'une à l'autre, l'une influence réellement l'autre », conclut par conséquent que « Donc, dans les variations harmoniques, | le corps influence réellement l'âme et l'âme influence **292**
réellement le corps ([conclusion établie] par expérience) ». S'il tient cette conclusion pour une sensation, alors des tromperies de ses propres sens (§ 548) naissent par vice de subreption (§ 546).

§ 739

Mon âme et mon corps me constituent comme être un. Il s'ensuit qu'ils sont unis entre eux (§ 73, 79). Leur commerce, dans la mesure où un homme perdure par lui, est une union (§ 205). Celle-ci, dans la mesure où elle est très grande (§ 734-736) et qu'il n'y en a pas d'aussi grande entre mon âme et aucun autre corps (§ 508), est la plus étroite.

CHAPITRE II

LA PSYCHOLOGIE RATIONNELLE

PREMIÈRE SECTION
LA NATURE DE L'ÂME HUMAINE

§ 740

L'ÂME HUMAINE est l'âme qui est en commerce le plus étroit avec le corps humain. Et comme l'âme et le corps avec lequel celle-ci est en commerce le plus étroit constituent un ANIMAL, l'âme humaine et le corps | avec lequel celle-ci est en commerce le plus étroit constituent l'animal que 293
nous appelons HOMME.

§ 741

L'âme humaine se représente son corps par l'arbitre (§ 740). Il s'ensuit qu'elle agit (§ 210) et qu'elle meut aussi son corps (§ 740, 734). Il s'ensuit qu'elle désire et a quelque chose en aversion (§ 712). Il s'ensuit qu'elle agit et est une force de représentation de son corps (§ 210). Le corps humain est matière (§ 296) ; par conséquent, il est divisible (§ 427) et, par là, intérieurement variable (§ 244) et, par là aussi, il est un être fini (§ 255), un être actuel et une partie du monde (§ 354). De la position du corps humain dans l'univers, il peut être connu pourquoi l'âme humaine représente ceci, et non autre chose, obscurément, clairement ou distinctement (§ 740, 736). Il s'ensuit donc que l'ÂME HUMAINE est la force de représentation de l'univers selon la position du corps humain dans celui-ci (§ 513, 515).

§ 742

Sont requises pour la pensée : 1) la perception d'une chose, 2) la perception des notes suffisantes pour la distinguer (§ 524), 3) la distinction même de la chose (§ 67). Or, la pensée est un accident (§ 191). Il s'ensuit
294 qu'elle ne peut exister que | dans une substance ou dans un agrégat de substances (§ 194). Un agrégat de substances d'où résulterait finalement une pensée dans le tout après avoir rassemblé les variations de ses parties ou de ses accidents dont il n'y avait auparavant aucune pensée, serait une MATIÈRE PENSANTE[1]. Elle serait un agrégat de substances finies dans le monde (§ 354) dont l'une contribuerait plus que toutes les autres à la pensée (§ 272) et pâtirait de leur aide (§ 210, 321). Mais elle ne pâtira qu'idéalement (§ 451, 463). Il s'ensuit donc qu'en toute matière pensante dans le monde, toutes les choses qui sont requises pour la pensée et qui doivent être fournies par ce qui est fini auraient leur raison suffisante (§ 210, 212) dans l'unique force d'une substance. Néanmoins, 1) cette substance dominant un agrégat donné ne penserait jamais par elle-même, ce qui va à l'encontre des § 30 et 220 ; 2) toutes les choses qui sont requises pour la pensée et qui doivent être fournies par ce qui est fini auraient, d'après ce qui a été démontré, leur raison suffisante dans la substance dominante donnée, mais en même temps, seulement si elles devaient être actualisées par l'agrégat des substances, c'est-à-dire seulement si elles avaient leur raison suffisante dans la force de plusieurs substances finies (§ 210), ce qui est absurde (§ 7). La matière pensante est impossible dans le monde. Tout ce qui peut penser est soit une substance, une monade (§ 234), soit un tout dont l'une des parties serait une substance qui peut penser. Il s'ensuit donc que toute âme
295 est une substance, | une monade (§ 504). Tout ce qui peut comprendre peut

1. C'est Locke qui évoque cette idée d'une matière pensante dans son *Essai concernant l'entendement humain* (livre IV, chap. III, sect. 6). Alors qu'elle ne joue pas un grand rôle dans son ouvrage, certains matérialistes français (D'Holbach, de La Mettrie, Helvetius, etc.) la reprendront à leur compte. Dans une lettre à son ami Formont, Voltaire se porte à la défense de ce concept lorsqu'il écrit : « En vérité, mon cher métaphysicien, y a-t-il un être raisonnable qui pour peu que son esprit n'ait été corrompu dans ces révérendes petites maisons de théologie puisse sérieusement s'élever contre M. Locke ? Qui osera dire qu'il est impossible que la matière puisse penser ? [...] Sommes-nous sûrs que nous sommes autre chose que matière pensante ? » (cité *in* J.-N. Missa (dir.), *Matière pensante. Études historiques sur les conceptions matérialistes en philosophie de l'esprit*, Paris, Vrin, 1999). Baumgarten réfute pour sa part l'idée d'une matière pensante. Ce concept est absurde, car en attribuant la pensée à la matière, on l'attribue à un agrégat ou à un composé de substances agissant les unes sur les autres, ce qui fait qu'aucune substance ne penserait par elle-même mais serait toujours conditionnée par les autres membres de l'agrégat. Or cela est contraire à l'idée même de la pensée qui ne peut être qu'une pensée par soi.

penser (§ 69). Il s'ensuit donc que tout ce qui peut comprendre est soit une substance, une monade, un esprit (§ 402), soit un tout dont l'esprit est une partie. Le tout des esprits est (une personne morale) un CORPS MYSTIQUE[1]. L'âme intellectuelle est un esprit (§ 504, *cf.* § 402, 296). L'âme humaine est une substance (§ 740). Donc, elle est une monade, un esprit (§ 741).

§ 743

L'âme humaine subsiste par elle-même (§ 742, 192). Il s'ensuit qu'elle n'est pas un phénomène substantifié (§ 193). Mais comme elle représente selon la position du corps humain dans l'univers, qui est en perpétuel mouvement (§ 417, 296) et que, par conséquent, sa position change toujours (§ 283, 281), les représentations de l'âme changent toujours (§ 512). Comme celles-ci sont des déterminations internes de l'âme humaine (§ 37, 741), l'âme humaine est une substance intérieurement variable et, par conséquent, contingente (§ 202) et finie (§ 255). Que toute âme humaine est une substance finie et contingente est encore évident par ceci : l'âme humaine représente par la position du corps (§ 741). Il s'ensuit qu'elle perçoit certaines choses distinctement, certaines choses moins distinctement. Maintenant, le fait de concevoir distinctement quelque chose est une réalité (§ 515, 531). Il s'ensuit que l'âme humaine n'a pas le plus grand degré de réalité | (§ 161) et qu'elle a, par conséquent, une limite **296**
(§ 248). Il s'ensuit donc qu'elle est une substance (§ 742) finie et contingente (§ 257).

1. Dans le Nouveau Testament, le corps mystique du Christ désigne l'Église comme unité des chrétiens en un seul corps. Dans son *Épitre aux Romains* (12, 4-5), Saint-Paul écrit : « En effet, comme nous avons plusieurs membres en un seul corps et que ces membres n'ont pas tous la même fonction, ainsi, à plusieurs, nous sommes un seul corps en Christ, étant tous membres les uns des autres, chacun pour sa part » (voir aussi 1Cor. 12, 12-13 et 1 Col. 1, 24). Cette théologie du corps mystique se retrouvera dans la *Somme théologique* de Thomas d'Aquin, où l'on peut lire : « De même que l'on donne à toute l'Église le nom de corps mystique par analogie avec le corps naturel de l'homme, dont les divers membres ont des actes divers, ainsi que l'enseigne l'Apôtre (Rm 12, 4 ; 1 Co 12, 12), de même on appelle le Christ tête de l'Église par analogie avec la tête humaine » (troisième partie, q. 8, a. 1 ; trad. fr. A.-M. Roguet, Paris, Cerf, 1986). Fugate et Hymers rappellent par ailleurs (voir *Alexander Baumgarten. Metaphysics*, *op. cit.*, p. 262) que Kant use à son tour à quelques reprises du terme *corpus mysticum*, par exemple dans la CRP (A 808/B 836) pour désigner l'unité systématique du monde moral, et dans la *Métaphysique des mœurs* (Ak. VI, 637) dans un contexte plus imprécis.

§ 744

L'âme humaine connaît, désire et a en aversion (§ 741). Ce sont des actions partiellement différentes (§ 267). Il s'ensuit que l'âme humaine a des facultés partiellement différentes (§ 216) qui, au sens strict, ne sont pas appelées des forces (§ 197, 59); elles sont plutôt conçues par l'unique force de représentation de l'âme strictement dite (§ 521, 720). Ces facultés ne sont pas non plus posées les unes hors des autres, puisque les accidents (§ 191) n'existent pas hors de leur substance (§ 194); on ne peut pas non plus dire exactement qu'elles agissent les unes sur les autres, puisque l'action n'est propre qu'à une substance (§ 210), et moins encore peut-on dire qu'elles s'influencent les unes les autres (§ 211).

§ 745

L'âme humaine, qui est une monade (§ 742), qui est contingente (§ 743), ne peut naître qu'à partir du rien (§ 236), ne peut périr que par annihilation (§ 237), n'est pas étendue ni ne remplit l'espace (§ 241), c'est-à-dire qu'elle ne remplit pas l'espace en un lieu (§ 241). Cependant, puisqu'elle coexiste avec des choses simultanées posées hors d'elle, l'âme est dans l'espace (§ 239) et dans un lieu (§ 281) de sorte que, parmi ces choses posées hors d'elle, certaines sont plus proches, certaines plus
297 éloignées (§ 288, 282). Si l'ensemble des choses simultanées | et plus proches de l'ÂME HUMAINE est appelé le SIÈGE de l'âme, alors le corps humain – avant tout autre corps – et certaines de ses parties – avant tout autre membre – sont le siège de l'âme (§ 409).

§ 746

L'âme humaine n'a pas de grandeur quantitative (§ 744, 243) et est indivisible (§ 244). La destruction par division est la CORRUPTION PHYSIQUE. Il s'ensuit donc que la corruption physique est, pour l'âme humaine, en soi impossible (§ 15, 745), c'est-à-dire que l'âme humaine est absolument INCORRUPTIBLE PHYSIQUEMENT.

§ 747

En vérité, l'âme humaine n'admet pas les trois dimensions des êtres étendus (§ 290, 745); néanmoins, une connaissance philosophique et mathématique de celle-ci, comme du corps humain, est possible (§ 743, 249). L'homme consiste en une âme et en un corps finis (§ 741, 743); il est par conséquent intérieurement variable (§ 740); il est un être fini et

contingent (§ 202, 257). Il s'ensuit que la connaissance philosophique et mathématique de l'homme est possible (§ 249) – c'est-à-dire l'ANTHROPOLOGIE philosophique et l'anthropologie mathématique, autrement dit l'ANTHROPOMÉTRIE –, tout comme sa connaissance empirique par l'expérience. | L'ensemble des règles devant être observées dans la connaissance 298
de l'homme est l'ANTHROPOGNOSIE.

§ 748

Si un être fini était changé en un être infini, l'infini naîtrait (§ 125, 227) et ne serait pas éternel (§ 302), ce qui est absolument impossible (§ 252). La variation de l'homme en un être infini est l'APOTHÉOSE. Il s'ensuit donc que l'apothéose est absolument impossible.

§ 749

La similitude et l'égalité totales des âmes humaines, ou même de seulement deux d'entre elles, est impossible (§ 271, 272). Il s'ensuit donc que la convenance, autrement dit l'identité totale des sens, des imaginations, des prévisions, des jugements, des goûts, des déplaisirs, des plaisirs, des stimuli, des motifs, des erreurs, des désirs, des aversions, des volitions, des nolitions – soit chez plusieurs hommes soit chez un très petit nombre d'entre eux – est une chimère (§ 590).

§ 750

L'âme humaine meut son corps (§ 740, 734). Il s'ensuit qu'elle a la faculté de mouvoir ce qui est posé hors d'elle, c'est-à-dire la FACULTÉ DE LOCOMOTION (§ 216) qui, comme pour le reste des facultés de l'âme (§ 744), est actualisée par | sa force de représentation de l'univers selon la 299
position du corps (§ 741, 417).

§ 751

L'âme humaine se représente certaines parties de cet univers comme des parties singulières (§ 740, 736) et, donc, comme des parties entièrement déterminées (§ 148). À l'entière détermination des parties de ce monde se rapporte la liaison de ces parties avec chacune des autres (§ 357). Il s'ensuit donc que l'âme humaine se représente certaines parties comme étant liées avec chacune des parties du monde. Maintenant, une chose ne peut être connue comme étant liée à une autre sans que cette autre chose soit connue de quelque façon (§ 14). Il s'ensuit donc que l'âme humaine perçoit chacune des parties de cet univers et donc qu'elle perçoit aussi chacun des états de cet univers (§ 369).

§ 752

L'âme humaine se représente par la position du corps l'état du monde : l'état présent, c'est-à-dire qu'elle sent (§ 534, 751) ; l'état passé, c'est-à-dire qu'elle imagine (§ 557) ; l'état futur, c'est-à-dire qu'elle prévoit (§ 595). Les sensations de l'âme humaine sont les représentations de chacune des parties qui lui sont simultanées ; elles sont plus ou moins distinctes, confuses ou obscures, selon la manière dont leurs objets sont en rapport avec le corps humain (§ 751). Les imaginations de l'âme humaine
300 sont les représentations de chacune des parties | passées du monde, qui précèdent l'âme sentante, autrement dit qui ont existé avant cet acte de sensation. De même, ces imaginations sont plus ou moins distinctes, confuses ou obscures, selon la manière dont leurs objets furent en rapport avec le corps humain (§ 751). Les prévisions de l'âme humaine sont les représentations de chacune des parties futures du monde qui existeront après l'acte de l'âme sentante ; celles-ci sont plus ou moins distinctes, confuses ou obscures, selon la manière dont leurs objets seront en rapport avec le corps humain (§ 751).

§ 753

Tout comme le § 752 a prouvé que la sensation, etc., est en toute âme humaine, la même chose peut être montrée du reste des actes de l'âme qui doivent être découverts en elle par l'expérience et qui sont énumérés par la psychologie empirique (§ 576 *sq.*).

§ 754

L'âme humaine représente distinctement par la position du corps (§ 741). Il s'ensuit qu'elle comprend (§ 402) et est un esprit (§ 742, 216). Par conséquent, il est à nouveau évident que toutes les âmes humaines sont inégales et que l'une est la plus parfaite de toutes (§ 405). L'âme humaine est un esprit fini (§ 743), une partie de ce monde (§ 355).

| § 755 301

Tout esprit est une substance (§ 402). Il est donc une force (§ 199) et, par conséquent, la raison suffisante de l'inhérence de certains accidents (§ 197); par là, il est un agent (§ 210). Comme il est une substance intellectuelle (§ 402), il a la faculté d'actualiser certaines représentations distinctes (§ 216). Il a donc la faculté de déterminer sa force envers elles (§ 210) et, par conséquent, la faculté de désirer (§ 663). Le contraire de tout ce qu'il désire, il l'a en aversion; par conséquent, l'esprit a une faculté d'avoir en aversion (§ 663). Les désirs et les aversions de l'esprit sont ses déterminations internes (§ 37). Ils sont donc dans une liaison universelle avec le reste de ses déterminations internes (§ 49). Il s'ensuit donc qu'ils sont aussi dans une liaison universelle avec le reste de sa connaissance, qui est une détermination interne (§ 37) et que, par là, ils se produisent selon la préférence de l'esprit (§ 712). Il s'ensuit donc que l'esprit a un arbitre (§ 712) et, comme sa préférence peut être distincte (§ 402), il est un libre arbitre, autrement dit il a la liberté (§ 719).

§ 756

L'âme humaine est un esprit (§ 754). Il a donc la liberté (§ 755). Comme la spiritualité, l'intellectualité, la personnalité (§ 641, 754), la liberté, la simplicité absolue (§ 744) et l'incorruptibilité lui appartiennent absolument et nécessairement (§ 746), elles ne sont pas ses modes (§ 108). Elles sont par conséquent ou bien des déterminations essentielles, ou bien des attributs, | parce qu'elles sont des déterminations internes (§ 37, 52). 302
Si l'une d'entre elles était niée, l'âme humaine serait niée (§ 63). Par conséquent, une âme humaine qui est entièrement incapable de concevoir quelque chose distinctement et de se déterminer elle-même selon une préférence distincte, qui perd toute personnalité et toute liberté, qui consiste en plusieurs forces posées comme étant des parties extérieures les unes aux autres et qui serait physiquement corruptible, est une chimère (§ 590).

§ 757

L'âme humaine est immatérielle et incorporelle (§ 744, 422). Celui qui nie que l'âme humaine est une substance immatérielle est un MATÉRIALISTE AU SENS PSYCHOLOGIQUE (*cf.* § 395) et se trompe, soit en prenant l'âme humaine pour un simple accident du corps (§ 742), soit en la prenant pour un atome matériel (§ 429), soit en la prenant pour quelque corpuscule très subtile (§ 426). Le matérialiste universel est aussi un matérialiste au sens psychologique (§ 395), mais toute personne pensant que l'âme humaine est une substance matérielle n'est pas nécessairement un matérialiste universel (§ 395).

§ 758

La force de représentation de l'univers selon la position du corps humain en lui, et avec elle les modes qui en dépendent, est l'ensemble des déterminations internes de l'âme qui sont les principes de ses variations
303 et de ses accidents | inhérents (§ 751-755). Il s'ensuit donc que cette force – avec ses déterminations qui dépendent de la position du corps – est la nature de l'âme humaine (§ 430). Par conséquent, tout ce qui est actualisé dans l'âme humaine par cette force déterminée selon les lois et les règles de chacune des facultés est naturel à l'âme humaine (§ 470) dans la mesure où il est distingué du surnaturel (§ 469). En ce sens, même les actions libres et morales de l'âme sont naturelles (§ 756, 755) bien qu'elles ne soient pas purement naturelles (§ 709). Hormis ce sens propre de « nature » dans l'âme humaine et, par conséquent, de ce qui est « naturel » en elle, il y a d'autres sens impropres et synecdotiques. Ceux-ci naissent à tort tantôt de la confusion des parties avec le tout, tantôt parce qu'un nom particulier a été accolé à ce qui se laisse concevoir dans l'âme humaine à partir d'un mode, d'une modification ou d'un état particulier de la nature, et qu'après cela, pour le reste des choses naturelles qui n'avaient pas de nom particulier mais qui ont dû en recevoir un pour être distinguées, le nom du genre au sens plus strict est demeuré. Ainsi, par exemple, ce qui est inné est quelquefois appelé naturel en distinction de ce qui est acquis; et ce qui est naturel est quelquefois distingué de ce qui est artificiel, associé, arbitraire ou, enfin, de ce qui est obtenu par habitude, etc. (*cf.* § 710).

§ 759

304 Les choses naturelles à l'âme humaine selon les lois | prescrites par sa force et qui se succèdent les unes aux autres dans l'âme humaine arrivent, à l'égard de l'âme humaine, selon le cours de la nature (§ 758, 471); avec ce qui coexiste dans l'âme humaine selon ces mêmes lois, elles se produisent, à l'égard de l'âme humaine, selon l'ordre de la nature (§ 473). Les choses préternaturelles qui ne sont pas actualisées par la force de représentation de celle-ci selon la position de son corps d'après les lois et les règles de ses facultés sont surnaturelles si elles ne sont pas actualisées par la nature universelle (§ 474).

§ 760

L'âme humaine est, dans le monde le meilleur, dans la plus grande liaison universelle pneumatique et pneumatico-mécanique (§ 464, 754). Il s'ensuit donc qu'elle est liée à tous les autres esprits et corps du monde le meilleur (§ 48), quoiqu'inégalement (§ 272) et donc qu'elle est liée le plus étroitement à un seul corps et à un seul esprit (§ 161).

SECTION II
LES SYSTÈMES PSYCHOLOGIQUES

§ 761

LES SYSTÈMES PSYCHOLOGIQUES sont des doctrines qui paraissent appropriées pour expliquer le commerce de l'âme et du corps en l'homme. Il s'ensuit donc que les systèmes psychologiques sont des systèmes particuliers (§ 462) qui sont soit | simples, soit composés (§ 457). Parmi eux ne 305
sont possibles que les systèmes psychologiques de l'harmonie préétablie, de l'influence physique et, peut-être, celui des causes occasionnelles (§ 458).

§ 762

Lorsque l'un des systèmes généraux simples est posé, alors l'un des systèmes psychologiques simples est aussi posé (§ 761, 457). Il s'ensuit donc que lorsque l'harmonie préétablie universelle est démontrée (§ 463), alors est démontrée en même temps l'harmonie préétablie psychologique. Lorsque, cependant, l'un des systèmes psychologiques simples est posé, l'un des systèmes généraux ne doit pas nécessairement être posé, pas même le plus semblable (§ 761, 457). Si l'âme humaine et le corps humain peuvent être en commerce le plus étroit par l'harmonie préétablie, ils sont aussi liés par l'harmonie préétablie dans le monde le meilleur (§ 461) de sorte que ni l'influence physique ni le système des causes occasionnelles ne doivent être admis, sauf là où le commerce par l'harmonie préétablie est impossible (§ 462).

§ 763

Le système psychologique de l'influence physique, parce qu'il est un système simple, admet que toutes les variations harmoniques de toutes les âmes humaines et de tous les corps humains arrivent par influence physique (§ 457). Il s'ensuit donc que si une seule et unique | variation 306 harmonique d'une seule âme humaine ou d'un seul corps humain peut être prouvée comme possible par l'harmonie préétablie dans le monde le meilleur, on ne peut plus alors défendre que le système de l'influence physique ait lieu dans le monde le meilleur (§ 762). Le système psychologique de l'harmonie préétablie, parce qu'il est un système simple, admet que toutes les variations harmoniques de toutes les âmes humaines et de tous les corps humains arrivent par harmonie préétablie; pour la même raison, le système psychologique des causes occasionnelles admet que ces mêmes choses arrivent par une force infinie seulement (§ 457). Il s'ensuit donc que si une seule variation harmonique d'une seule âme humaine ou d'un seul corps humain était impossible dans le monde le meilleur par harmonie préétablie, on ne pourrait plus défendre que son système psychologique ait lieu dans le monde le meilleur. Si une seule variation harmonique d'une seule âme humaine ou d'un seul corps humain est possible dans le monde le meilleur par harmonie préétablie ou par influence physique, alors on ne peut plus défendre que le système des causes occasionnelles ait lieu dans le monde le meilleur (§ 762, 460). Le système psychologique de l'influence physique n'est pas plus évident par l'expérience que le système de l'harmonie préétablie et que le système des causes occasionnelles (§ 737, 738).

307 | § 764

Le système psychologique de l'influence physique admet que, dans les variations harmoniques, l'âme humaine influence réellement son corps et le corps humain, son âme (§ 761, 450). Par conséquent, selon le système psychologique de l'influence physique, 1) en aucune des variations harmoniques se produisant dans le corps humain, le corps n'agit de sa propre force (§ 212). Maintenant, toutes les variations du corps humain, en tant que parties du monde que l'âme se représente, peuvent être connues suffisamment à partir de la force de l'âme (§ 354, 751). Selon le système psychologique de l'influence physique, il s'ensuit donc qu'elles sont toutes harmoniques (§ 448), qu'en aucune de ses variations le corps n'agit de sa propre force et qu'en toutes ses variations, le corps pâtit réellement de l'âme. Si le corps n'agit jamais, il ne réagit jamais (§ 213). Il s'ensuit que, selon le système de l'influence physique, il y a dans le monde une action transitoire de l'âme sur le corps humain sans réaction toutes les fois que l'âme agit sur son corps, ce qui, si cela arrivait ne serait-ce qu'une fois, irait à l'encontre du § 410.

§ 765

Il est admis par le système psychologique de l'influence physique que 2) le corps humain influence réellement son âme toutes les fois que se produit dans l'âme humaine une variation qui peut être | suffisamment 308
connue à partir de la force du corps (§ 764, 448). Il s'ensuit que pour le système psychologique de l'influence physique, le corps influence réellement les variations harmoniques qui se rencontrent dans l'âme; il faut cependant admettre selon ce même système que le corps n'agit jamais sur aucune de ses variations (§ 764). Pour le système de l'influence physique, l'âme n'agit aucunement sur le sentir (§ 212) bien qu'elle se représente l'état présent du monde, tout autant que le reste des états du monde, par sa propre force (§ 751).

§ 766

Le corps humain consiste en éléments (§ 420), en monades qui représentent son monde et dont chacune des parties peut être connue à partir de chacun de ses éléments (§ 400), et par conséquent aussi chacune des variations de l'âme, qui sont des parties du monde (§ 354). Il s'ensuit donc que toute action de l'âme est une variation harmonique (§ 448, 22). Maintenant, toute volition et nolition de l'âme est l'action de celle-ci (§ 210, 690). Donc, toute volition et nolition de l'âme humaine est une variation harmonique de celle-ci. Maintenant, selon le système psychologique de l'influence physique, l'âme humaine n'agit sur aucune de ses variations harmoniques de sa propre force, mais pâtit réellement du corps. Selon le système de l'influence physique, il s'ensuit donc que l'âme, n'agissant en rien sur aucune de ses volitions et nolitions, pâtit du corps, ce qui va à l'encontre de la liberté (§ 755).

| § 767 309

Selon le système psychologique des causes occasionnelles, 1) le corps humain n'agit sur aucune de ses variations harmoniques, mais un être infini le fait (§ 761, 452); d'où vient que, de la même manière qu'il fut montré au § 764, il est évident que selon le système de l'assistance, le corps n'agit sur aucune de ses variations, mais que seul un être infini le fait. 2) Selon ce même système, l'âme humaine n'agit pas sur ses variations harmoniques, mais seul un être infini le fait (§ 761, 452), d'où vient que, de la même manière qu'il fut montré au § 766, il est évident que selon le système psychologique de l'assistance, l'âme humaine n'agit en rien sur aucune de ses volitions et nolitions, mais pâtit réellement en elles d'un être infini, ce qui de la même manière va à l'encontre de la liberté (§ 755).

§ 768

Selon le système psychologique de l'harmonie préétablie, chacune des deux parties du commerce actualise par sa propre force les variations harmoniques qui arrivent en elles, et pâtit idéalement de l'autre partie (§ 761, 448). Selon le système psychologique de l'harmonie préétablie, il est par conséquent admis 1) que les mouvements arbitraires du corps, tout comme les mouvements simplement naturels et vitaux, sont suffisamment déterminés par son propre mécanisme et par celui des corps autour de lui et
310 2) que les sensations de l'âme, | tout comme n'importe quelle de ses pensées les plus libres, sont suffisamment déterminées par sa propre force de représentation (§ 758, 433).

§ 769

Supposons que l'harmoniste psychologique veuille donner la raison d'une certaine variation harmonique en l'homme et qu'il la cherche 1) dans la force de cette partie même du commerce en laquelle la variation harmonique est observée, 2) dans l'autre partie du commerce, qu'il suppose influencer idéalement [la première], 3) dans la force infinie, dont il affirme qu'elle est concourante. Et supposons, dis-je, qu'il se trompe : il a alors très certainement donné la vraie raison (§ 448, 450), bien qu'il en ait ajouté une fausse par une hypothèse. Supposons que, dans le même cas, un influxionniste ou un occasionnaliste se trompe. Alors non seulement l'un et l'autre omettent-ils une grande partie de la vraie raison, mais encore ils la nient (§ 450, 452).

SECTION III
L'ORIGINE DE L'ÂME HUMAINE

§ 770

Lorsqu'un homme est conçu, l'âme, qui sera en commerce le plus étroit avec son corps – tel qu'il est pour les hommes sur cette terre –, soit préexiste à la conception, soit commence à exister seulement avec la conception même, soit un peu plus tard. Celui qui admet le premier cas est appelé PRÉEXISTENTISTE.

| § 771 311

Ceux qui admettent que l'existence de l'âme humaine commence dès la conception ou un peu plus tard soit veulent la faire naître à partir des parents, et sont appelés TRADUCIENS[1], soit admettent que l'âme n'existe d'abord qu'à partir du rien, et sont appelés INDUCIENS (infusiens, coexistentistes).

§ 772

Celui qui admet que l'âme humaine est actualisée à partir du rien est appelé CRÉATIONNISTE. Par conséquent, l'inducien est un créationniste (§ 771). Le préexistentiste peut être un créationniste (§ 770). Le traducien n'est pas un créationniste, et vice versa (§ 771). Soit les traduciens font dériver la naissance de l'âme des parents, comme une petite flamme provenant d'une petite flamme, soit ils la font dériver du corps des parents; ils sont alors tenus d'admettre que la nouvelle âme naît soit d'une partie simple, soit d'une partie composée des parents (§ 224). Si c'est le premier cas qui prévaut, alors l'âme ne naît pas, mais préexiste (§ 227); si c'est le second cas, alors la nouvelle âme ne sera pas une monade, mais un être composé au sens strict (§ 225), ce qui va à l'encontre des § 756, 757. L'âme ne peut naître qu'à partir du rien (§ 745). Il s'ensuit donc qu'elle ne naît pas des parents (§ 228).

| § 773 312

Si la PROPAGATION DES ÂMES HUMAINES PAR TRANSMISSION [*per traducem*] est appelée l'unité des âmes humaines toujours différentes avec un corps (tel qu'il est pour les hommes sur cette terre) à travers la succession continue des parents et des descendants dans le monde, par laquelle le genre humain (tel qu'il est sur cette terre) se propage – de sorte que les âmes des descendants, avec leurs corps, se perpétuent et se transmettent à partir des corps des parents jusqu'à leur lieu propre où ils habitent de manière plus séparée –, alors cette propagation peut être conçue 1) comme impliquant en même temps la naissance de l'âme. C'est-à-dire qu'il est affirmé que l'âme qui va entrer en commerce le plus étroit avec un corps (tel qu'il est pour l'homme sur cette terre) naît en même temps qu'intervient l'acte de conception, et ceci soit à partir des parents, ce dont

1. Ce terme a d'abord une signification théologique (étrangère au propos de Baumgarten dans ce paragraphe). Du latin *traducere* (transmettre), traducien est le nom que donnaient les pélagiens aux chrétiens, parce que ceux-ci croient que le péché originel est transmis aux enfants par les parents.

traite le § 772, soit à travers les parents. [Dans ce dernier cas], il faut admettre que Dieu peut implanter dans l'âme humaine une force déterminée au moyen de laquelle, à partir du rien, elle ne peut produire que certains individus de sa propre espèce et que ceci s'accompagne de la force créatrice concourante de Dieu, qui réalise un grand nombre des réalités dans l'âme qui doit naître, puisque seulement quelques réalités très limitées émanent de l'âme des parents. Celui qui admet cette doctrine peut être appelé COCRÉATIONNISTE.

313 | § 774

La propagation des âmes humaines par transmission peut être conçue 2) comme n'impliquant pas la naissance de l'âme. Il est plutôt affirmé que l'âme préexistante, avant que n'intervienne l'acte de conception, existait déjà en commerce le plus étroit avec une partie de la semence ou, plus précisément, avec un animalcule spermatique. Ainsi, rétrospectivement à travers plusieurs générations, la force de représentation de cette même âme a peu à peu augmenté et s'est peu à peu développée, tout comme le corps de l'animalcule spermatique choisi, qui devait faire son entrée sur une plus grande scène, fut insensiblement amené de plus en plus près de sa grande transformation et de son accroissement (§ 773).

§ 775

La naissance de l'âme et sa propagation par transmission peuvent être distinguées (§ 773, 771). Ceux qui admettent qu'on doit dériver la naissance de l'âme par transmission à partir des parents peuvent aussi être distingués de ceux qui admettent qu'elle doit l'être à travers les parents (§ 773, 772). Il s'ensuit donc que ceux qui admettent la transmission, de quelque façon qu'ils la comprennent, ne sont pas tous coupables de matérialisme psychologique (§ 772, 757).

314

| SECTION IV
L'IMMORTALITÉ DE L'ÂME HUMAINE

§ 776

Aussi longtemps qu'une seule et unique variation la plus petite, qui est naturelle à un être, est inhérente à celui-ci ou, en général, aussi longtemps qu'un seul et unique accident le plus petit est naturellement inhérent à un être, la nature de cet être dure (§ 469, 29) et cet être vit (§ 430). Si toutes les variations qui sont naturelles à un être ou si, en général, tous les accidents naturellement inhérents à un être prennent fin, autrement dit cessent, alors sa nature prend fin (§ 469, 23) et cet être meurt (§ 430). Il s'ensuit donc que la VIE DU CORPS HUMAIN, autrement dit la durée de la nature qu'il possède en tant que corps humain, est continuée aussi longtemps que demeure un seul et unique mouvement vital ou arbitraire le plus petit, qui lui est naturel en tant que corps humain (§ 733, 740). La MORT DU CORPS HUMAIN, autrement dit la fin de la nature qu'il possède en tant que corps humain, est la cessation complète des mouvements vitaux et arbitraires. Donc, la mort définie au § 556 est la mort du corps humain.

§ 777

Comme l'animal est composé d'une âme et d'un corps avec lequel l'âme est en commerce le plus étroit | (§ 740), sa nature est composée de la 315
nature du corps et de l'âme, les deux posées comme étant en commerce le plus étroit (§ 430). Par conséquent, aussi longtemps qu'existent certaines variations harmoniques de l'âme et du corps, lesquels sont posés comme étant en commerce le plus étroit, l'ANIMAL VIT. La cessation de toutes les actions harmoniques de l'âme et du corps posés comme étant en commerce le plus étroit est la MORT DE L'ANIMAL. Maintenant, toutes les variations harmoniques de l'âme et du corps mourant, posés comme étant en commerce le plus étroit, cessent par la mort du corps (§ 776, 448). Il s'ensuit donc que la mort du corps est aussi la mort de l'animal et que la mort du corps humain est la mort de l'homme (§ 740). Donc, la mort définie au § 556 est la mort de l'homme (§ 776).

§ 778

La MORT DE L'ANIMAL est soit ABSOLUE, comme cessation de toutes les variations harmoniques de l'âme avec tout corps animal, soit seulement RELATIVE (transformation et métamorphose de l'animal), comme cessation des variations harmoniques de l'âme avec seulement un certain corps, avec lequel elle était en commerce le plus étroit. La mort de l'homme est soit absolue, soit seulement relative, c'est-à-dire que, lorsque le corps – tel qu'il est sur cette terre pour les hommes selon notre expérience – meurt, ou bien tout | commerce le plus étroit de l'âme humaine avec un 316
certain corps cesse, ou bien l'âme entre dans un nouveau commerce de ce genre avec un autre corps (§ 776, 777).

§ 779

Comme, à tous les jours, certaines parties du corps humain cessent d'être en commerce le plus étroit avec l'âme et que d'autres entrent en un tel commerce, il est évident en quel sens on peut dire que l'homme meurt et revit chaque jour (§ 777). La doctrine qui pose que la mort de l'homme n'est qu'une transformation de l'animal est appelée EXIL DE LA MORT (absolue)[1].

§ 780

La VIE DE L'ÂME HUMAINE, autrement dit la durée de sa nature, continue aussi longtemps que subsiste un seul et unique accident le plus petit qui lui est naturel en tant qu'âme humaine (§ 776). Maintenant, aussi longtemps que dure l'âme humaine, il y a perception ou représentation des états passés, présents et futurs du monde (§ 742, 400), laquelle, selon la position d'un certain corps, peut être distincte (§ 741), c'est-à-dire un accident (§ 191) qui lui est naturel (§ 758). Il s'ensuit donc qu'aussi longtemps qu'elle existe, l'âme humaine vit. La MORT DE L'ÂME HUMAINE, autrement
317 dit la fin de sa nature, | est en même temps la fin de son existence. Maintenant, l'existence, la nature, la vie de toute âme humaine sont en soi contingentes (§ 743, 430). Il s'ensuit donc que la mort de l'âme humaine est en soi possible (§ 81, 104).

§ 781

Est MORTEL ce qui peut mourir et la possibilité de mourir est la MORTALITÉ. Ce qui ne peut pas mourir est IMMORTEL et l'impossibilité de mourir est l'IMMORTALITÉ. La mortalité et l'immortalité sont soit absolues, soit hypothétiques (§ 15, 16). Dans le corps humain et en l'homme se

1. Il n'y a donc pas de mort absolue des êtres vivants. Baumgarten est manifestement inspiré sur ce point par Leibniz. Deux textes, l'un tiré de la *Monadologie*, l'autre du *Système nouveau de la nature* de 1695, le montrent clairement. Dans la *Monadologie*, Leibniz écrit en effet qu'« il n'y a jamais ni génération entière, ni mort parfaite prise à la rigueur, consistant dans la séparation de l'âme. Et ce que nous appelons *Générations* sont des développements et des accroissements ; comme ce que nous appelons *Morts*, sont des enveloppements et des diminutions » (*Monadologie*, § 73). On lit par ailleurs dans l'opuscule de 1695 un passage qui est au même effet : « Et puisqu'ainsi il n'y a point de première naissance ni de génération entièrement nouvelle de l'animal, il s'ensuit qu'il n'y en aura point d'extinction finale, ni de mort entière prise à la rigueur métaphysique ; et que par conséquent au lieu de la *transmigration* des âmes, il n'y a qu'une *transformation* d'un même animal, selon que les organes sont pliés différemment, et plus ou moins développés » (*Système nouveau de la nature et de la communication des substances aussi bien que de l'union qu'il y a entre l'âme et le corps*, *op. cit.*, p. 69).

rencontrent non seulement une assez grande mortalité absolue, mais aussi une assez grande mortalité hypothétique (§ 777, 168) et en l'âme qui doit être annihilée se rencontrent non seulement la mortalité absolue, mais aussi la mortalité hypothétique (§ 745, 780). L'immortalité absolue ne peut pas en effet être attribuée à l'âme (§ 780); mais comme ce qui est indestructible ne peut pas mourir des multiples manières dont peut mourir le corps (§ 746), une très grande immortalité hypothétique appartient cependant à l'âme. Aucune substance de ce monde (§ 354, 358) n'est annihilée (§ 227, 228). Il s'ensuit donc que lorsque le corps – tel que les hommes le possèdent sur cette terre – meurt, l'âme humaine subsistante vit immortellement (§ 780, 742). Les THNETOPSYCHITES se trompent en admettant que l'âme humaine meurt avec le corps.

| SECTION V 318
L'ÉTAT APRÈS LA MORT

§ 782

Après la mort (la mort du corps et de l'homme, telle que nous l'expérimentons sur cette terre), l'âme humaine conserve sa spiritualité, sa liberté et sa personnalité (§ 781, 756). Si l'on veut appeler immortalité la conservation de la mémoire intellectuelle de l'âme, alors l'âme humaine est en ce sens immortelle (§ 781, 641). En ce qui concerne son usage, soit ses perceptions totales durant un temps plus long sont seulement sensibles, soit l'âme acquiert par la suite des perceptions intellectuelles. Ceux qui posent le premier cas sont des HYPNOPSYCHITES et, s'ils nient que l'âme continue de comprendre après la mort de ce corps, ils sont des PSYCHOPANNYCHITES[1]. Avant la mort, l'âme humaine avait connu quelque chose clairement ou distinctement (§ 754). Cette réalité (§ 520), qui n'est jamais entièrement stérile (§ 517), dans la mesure où elle est une réalité, n'a indéfiniment que des réalités comme conséquences (§ 140) et est indéfiniment dans une liaison universelle avec la spiritualité, l'entendement et la raison de l'âme qui, à leur tour, sont des réalités (§ 531, 49) et qui, comme telles, n'ont indéfiniment que des réalités comme conséquences (§ 23, 140). Par conséquent, la liaison entre la connaissance claire ou distincte de cette

1. Selon G. F. Meier, les hypnopsychites sont les défenseurs de la doctrine du *sommeil de l'âme*, alors que les psychopannychites sont les partisans de la doctrine de *la nuit éternelle de l'âme*. Gawlick et Kreimendahl retiennent ces suggestions de Meier dans leur traduction allemande (p. 425).

319 vie | avec la spiritualité, l'entendement et la raison de l'âme est à son tour une réalité ayant indéfiniment des conséquences réelles (§ 140). Or, les conséquences réelles et naturelles de tout cela ne peuvent pas être accrues indéfiniment (§ 23, 162) sans perceptions distinctes (§ 631), sans raisonnements (§ 642) et sans volitions ou nolitions (§ 665, 690). Par conséquent, l'âme humaine, qui conserve naturellement sa nature après la mort (§ 780, 781), montre au moins à la fin une vie intellectuelle dans les actions spirituelles (§ 639) et les psychopannychites se trompent.

§ 783

L'âme humaine intelligente, après la mort, ou bien montre encore assez de personnalité pour se souvenir distinctement de son état en cette vie, ou bien elle ne le fait pas (§ 782). Ceux qui admettent ce dernier cas sont appelés les DÉFENSEURS DE LA COUPE DE L'OUBLI[1]. Le premier cas est plus naturel (§ 583, 561).

§ 784

L'état de l'âme humaine après la mort peut être considéré 1) lorsqu'est posée la mort absolue de l'homme (§ 778). Il est alors posé que l'âme
320 humaine après la mort est privée | de tout corps, autrement dit qu'il n'y a aucun corps avec lequel elle viendrait à nouveau en commerce le plus étroit (§ 742, 740). Cet état peut aussi être considéré 2) lorsqu'est posée la mort seulement relative de l'homme, en sorte que l'âme est à nouveau envoyée en commerce le plus étroit avec un nouveau corps (§ 778). Le commencement d'un nouveau commerce le plus étroit avec un nouveau corps est appelé PALINGÉNÉSIE (régénération, métensomatose et métempsychose, prises au sens plus large). Ceux qui admettent la palingénésie soit défendent la coupe de l'Oubli et admettent en même temps un nouveau corps, tel ceux connus sur cette terre, soit admettent la palingénésie sans référence à ceux-ci. Les premiers défendent de manière improbable une MÉTEMPSYCHOSE au sens plus strict et une MÉTEMPSYCHOSE GROSSIÈRE (§ 783).

1. En latin : *patroni lethaei poculi*. C'est une référence à la mythologie grecque, en laquelle *Léthé* (Λήθη), fille d'Éris (déesse de la Discorde), personnifie l'oubli. Mais *Léthé* désigne aussi l'un des cinq fleuves des Enfers, appelé « fleuve de l'Oubli ». Pour sortir des Enfers et connaître une nouvelle vie en ce monde, les âmes des morts devaient s'abreuver des eaux du Léthé qui leur faisaient perdre le souvenir de leur vie antérieure. C'est à cette condition qu'elles pouvaient revenir sur terre et habiter un nouveau corps. Léthé est aussi parfois représenté par la figure d'un vieillard tenant une urne d'une main, et de l'autre la coupe de l'Oubli.

§ 785

L'âme humaine qui dure après la mort du corps qu'elle eut sur cette terre (§ 781) se représente encore chacune des parties de cet univers (§ 752, 780), et donc les corps de ce même univers (§ 155). Les corps qui sont simultanés à l'âme agissent sur celle-ci et pâtissent de celle-ci. L'âme pâtit des corps qui lui sont simultanés et les influence (§ 408), mais elle n'influence pas deux d'entre eux également, ni ne pâtit de deux d'entre eux également (§ 272). Il s'ensuit donc qu'il n'y a qu'un corps avec lequel l'âme humaine qui dure après la mort du corps entre en commerce le plus étroit | (§ 448, 739). Par conséquent, si une âme de ce genre est dite 321
« séparée », ceci est à comprendre à l'égard du corps – tel qu'il est sur cette terre pour les hommes selon notre expérience – et alors la mort de l'homme n'est qu'une transformation de l'animal (§ 779) et une palingénésie qui, cependant, aurait été confondue à tort avec une métempsychose grossière (§ 784).

§ 786

L'âme humaine qui dure après la mort de ce corps est en commerce le plus étroit avec un autre corps (§ 785). Dans ses différents états, ce nouveau corps sera parfois plus congruent avec l'ancien corps, parfois moins (§ 270, 265). Il s'ensuit qu'il y aura chez lui un état dans lequel il sera le plus congruent avec le corps qui, en cette vie, fut en commerce le plus étroit avec l'âme (§ 161), et par là, il sera pareil à celui-ci (§ 70).

§ 787

De même que la perfection d'un esprit fini est 1) soit absolument nécessaire, soit contingente (§ 147), 2) soit naturelle, soit surnaturelle (§ 469), 3) soit interne, soit externe (§ 98), 4) soit morale au sens large, soit non (§ 723), de même les biens d'un esprit – par la position desquels la perfection est aussi posée – sont : 1) métaphysiques ou contingents (§ 147), 2) naturels ou surnaturels (§ 469), 3) domestiques ou étrangers (§ 660), 4) moraux au sens large ou non (§ 723). Les biens moraux au sens large
| d'un esprit donné sont liés de plus près à sa liberté, soit comme raisons 322
(§ 14) *a priori* (§ 24) et comme antécédents d'un certain état de celui-ci, soit comme conséquences [*rationata*] (§ 14) *a posteriori* (§ 24) et comme suites [*consectaria*] d'un certain état de celui-ci (§ 596), soit les deux (§ 24). Ceux qui dépendent de plus près d'une liberté donnée sont appelés BIENS MORAUX AU SENS STRICT et, parfois, ils le sont simplement. Par conséquent, les biens de l'esprit qui dépendent de plus près de sa liberté

sont MORAUX AU SENS STRICT et la perfection qui doit être posée lorsque ces biens sont posés est la BÉATITUDE. L'ensemble des perfections qui appartiennent à l'esprit est le BONHEUR. Le complément de la béatitude à l'égard du bonheur de l'esprit fini est la PROSPÉRITÉ et les biens, par la position desquels celle-ci est posée, sont des BIENS PROSPÈRES (des biens physiques au sens strict). Le bonheur de l'esprit fini est l'ensemble de la prospérité et de la béatitude[1].

§ 788

Les MAUX d'un esprit qui dépendent de plus près de sa liberté sont des MAUX MORAUX AU SENS STRICT (§ 787) (des maux de faute, des péchés); les MAUX MORAUX AU SENS LARGE d'un esprit sont liés de plus près à sa liberté. L'imperfection qui provient de ceux-ci est la CORRUPTION MORALE
323 AU SENS LARGE et l'imperfection qui provient de ceux-là | est la CORRUPTION MORALE AU SENS STRICT. L'ensemble des imperfections qui appartiennent à l'esprit est le MALHEUR. Le complément de la corruption morale au sens strict à l'égard du malheur de l'esprit fini est la MISÈRE et les maux, par la position desquels celle-ci est posée, sont des PRÉJUDICES [*damna*] AU SENS LARGE (des maux physiques au sens strict). Le malheur est l'ensemble de la misère et de la corruption morale.

1. La *felicitas* sera donc le bonheur accompli. Elle est pour Baumgarten la liaison complète de la *beatitudo* et de la *prosperitas*. La béatitude est une perfection inhérente aux biens moraux qui résulte de l'usage moral de notre liberté. Pour être un bonheur complet, la béatitude doit avoir pour complément la prospérité, soit la jouissance des biens physiques, lesquels cependant ne découlent pas immédiatement de l'usage de la liberté mais relèvent souvent de la bonne fortune (voir § 912), encore qu'ils puissent être attribués par Dieu. Le terme allemand *Glückseligkeit* (bonheur) renferme la même idée : à la béatitude (*Seligkeit*) doit s'ajouter la fortune (*Glück*) pour que le bonheur soit complet (*Glückseligkeit*). Cette conception baumgartenienne du bonheur a trouvé, *mutatis mutandis*, son prolongement dans la pensée kantienne du souverain Bien. Pour Kant, la vertu, parce qu'elle est un bien en soi, est un bien suprême (*supremum*) qui est source de satisfaction (quoique simplement négative), mais elle n'est pas le bien accompli (*consummatum*) : la vertu est « ce qui nous rend dignes d'être heureux », en sorte que le souverain Bien accompli désignera la synthèse parfaite, inaccessible en cette vie et dont Dieu est une condition, de la vertu et du bonheur, donc un souverain bonheur, une *Glückseligkeit*. Voir à ce sujet *Critique de la raison pratique*, Ak V, 110 et notre commentaire des *Principes de la philosophie pratique première* de Baumgarten, *op. cit.*, p. 19.

§ 789

L'âme humaine EN CETTE VIE, c'est-à-dire aussi longtemps qu'elle vit en commerce le plus étroit avec le corps – tel qu'il est sur cette terre pour les hommes selon notre expérience – change continuellement (§ 418, 754). Aucune de ces variations n'est objectivement indifférente absolument (§ 654). Il s'ensuit donc qu'elles sont toutes bonnes ou mauvaises, ou les deux. Les variations de l'âme qui sont à la fois bonnes et mauvaises – comme elles le sont toutes (§ 264) – sont soit également, soit inégalement bonnes et mauvaises (§ 70). Plus de bonnes variations que de mauvaises posent plus de bonheur que de malheur, alors que plus de mauvaises variations que de bonnes posent plus de malheur que de bonheur; | les **324**
premières doivent ainsi *a potiori* être appelées bonnes et les secondes mauvaises (§ 787, 788).

§ 790

Supposons une chose qui serait, en totalité, aussi mauvaise que bonne : elle n'aurait pas alors le degré suprême de réalité (§ 246, 248). Elle serait donc un être fini (§ 248) et, par conséquent, contingent (§ 257); par là, son contraire serait possible (§ 101) et, comme son existence serait contingente (§ 109), l'existence de son contraire serait possible (§ 101). Mais le contraire d'une chose de ce genre ne pourrait exister qu'hors de celle-ci (§ 81, 7) et le bien et le mal [en cette chose contraire] seraient eux-mêmes totalement égaux à ceux de la chose déjà posée (§ 81, 267). Il s'ensuit donc que deux choses actuelles totalement égales et extérieures l'une à l'autre seraient possibles, ce qui va à l'encontre du § 272. Il s'ensuit donc qu'une chose qui serait, en totalité, aussi bonne que mauvaise, ne peut pas exister. Il n'y a donc de variations de l'âme humaine que bonnes ou mauvaises. Il s'ensuit donc qu'en cette vie, l'âme humaine est soit heureuse, soit malheureuse (§ 789).

§ 791

L'âme humaine qui dure après la mort du corps continue toujours de changer (§ 781, 782). Il s'ensuit donc qu'en chaque moment de sa durée, son bonheur ou son malheur est augmenté (§ 790, 162). Il s'ensuit donc que l'âme humaine | qui dure après la mort du corps soit jouira d'un plus grand **325**
bonheur que dans cette vie – et elle est alors une ÂME BIENHEUREUSE –, soit elle sera tourmentée par un malheur plus grand – et elle est alors une ÂME DAMNÉE. La béatitude, en laquelle l'âme est supposée entrer une fois après cette vie, soit coexiste avec l'âme aussi longtemps que dure celle-ci, soit est suivie à un certain moment par la damnation. La damnation, en laquelle

l'âme est supposée entrer une fois après cette vie, soit coexiste avec l'âme aussi longtemps que dure celle-ci, soit est suivie à un certain moment par la béatitude (§ 790, 789). Entre ces deux cas, le premier[1] est plus naturel (§ 739, 740).

SECTION VI
LES ÂMES DES BRUTES

§ 792

Comme toute âme est ce qui, dans un être, peut être conscient de quelque chose (§ 504), elle a la faculté de connaître (§ 519) et cette faculté est soit seulement inférieure, soit aussi supérieure (§ 520, 624)[2]. La première sera une ÂME PUREMENT SENSIBLE. L'animal qui a une âme purement sensible est une BRUTE et celui dont l'âme est un esprit est un ANIMAL RATIONNEL. Il s'ensuit donc que l'homme est un animal rationnel (§ 754, 740).

326 | § 793

Les âmes des brutes sont en commerce le plus étroit avec le corps animal (§ 740). Par conséquent, elles se représentent clairement et obscurément leur propre corps (§ 792, 736). Il s'ensuit donc que les âmes des brutes sont des forces de représentation de l'univers selon la position de leur corps en celui-ci (§ 741) et, par conséquent, des substances (§ 198), des monades (§ 234), des êtres simples (§ 230), qui n'ont pas de parties extérieures les unes aux autres [*partes extra partes*] (§ 224), des êtres finis (§ 202, 792), indivisibles (§ 244) et, par conséquent, physiquement incorruptibles (§ 746), immatériels et incorporels (§ 422). Elles sont dotées de la sensation, de l'imagination, de la prévision et du reste des facultés qui doivent être actualisées sans connaissance distincte par la force de représentation de l'univers selon la position du corps (§ 792). Par conséquent, elles doivent être mises en mouvement par le désir et l'aversion sensibles (§ 667), par l'arbitre (§ 718), par les instincts et les fuites, par les stimuli (§ 677), et aussi en vue des affects (§ 678).

1. Le premier cas, à savoir la coexistence de la béatitude et de l'âme aussi longtemps que dure cette âme. Dans le même sens, voir la fin du § 799.

2. Les éditions successives de la *Métaphysique* renvoient au § 524, mais ce renvoi est manifestement fautif. Gawlick et Kreimendahl le corrigent en indiquant plutôt : § 624, ce qui est plus conforme au propos du § 792.

§ 794

Avec les questions plus faciles – *est-ce que les brutes ont une âme ? Ont-elles une âme rationnelle* (§ 792, 793) ? –, il ne faut pas confondre celles-ci : 1) tous les corps qui apparaissent sur cette terre, sauf le corps humain, sont-ils privés d'une âme (§ 504) ? 2) Certains d'entre eux sont-ils le siège d'une âme rationnelle (§ 745) ? 3) Tous ceux qui sont des corps animaux jouissent-ils déjà d'un certain usage de la raison | ou en jouiront- 327
ils un jour (§ 782, 639) ?

§ 795

Les âmes des brutes sont privées d'entendement (§ 792). Elles ne sont donc pas des esprits (§ 402) ; il leur manque la personnalité (§ 641), la raison (§ 640), la volonté et la non-volonté (§ 690), ainsi que la liberté (§ 719). Elles ne sont pas non plus immortelles comme le sont les âmes humaines (§ 781-784), ni capables de bonheur ou de malheur, ni maintenant ni jamais (§ 787, 788).

SECTION VII
LES ESPRITS FINIS À L'EXCEPTION DE L'HOMME

§ 796

Les esprits dotés d'un plus grand degré essentiel d'entendement que celui des hommes sont des ESPRITS SUPÉRIEURS et ceux qui sont dotés d'un degré plus petit sont des ESPRITS INFÉRIEURS. Les uns et les autres sont finis et sont soit heureux, soit malheureux (§ 790). Les premiers sont de BONS ESPRITS (de beaux esprits) et les seconds de MAUVAIS ESPRITS.

§ 797

Tout esprit fini, qu'il soit supérieur ou inférieur à l'homme, a | un corps 328
actuel, avec lequel il est en commerce le plus étroit (§ 785, 796), corps qui par sa gravité est soit attiré vers un certain centre hors de lui, soit ne l'est pas. Le premier est l'habitant d'un certain corps total dans l'univers, lequel est soit un corps fixe, soit un corps errant [1], etc.

1. Allusion à l'astronomie et à la distinction entre étoile fixe (*stella fixa*) et étoile errante (*stella vaga*), laquelle est en fait appelée planète (du grec *planêtês* : errant).

§ 798

Quel que soit le degré d'entendement qu'un esprit supérieur fini puisse avoir, il n'en possède pas cependant le degré le plus grand (§ 248). Par conséquent, il ne se représente pas tout très distinctement (§ 637), mais plutôt de telle sorte qu'il peut être connu à partir de son corps pourquoi il se représente ceci, plutôt que cela, plus purement, plus profondément, plus distinctement, confusément, ou obscurément (§ 797, 512). Il s'ensuit donc que tout esprit fini a une faculté de connaître inférieure (§ 520).

§ 799

Aucun esprit fini, qu'il soit supérieur ou inférieur à l'homme, ne peut être physiquement corrompu (§ 746). Par conséquent, même si l'un de ses corps est dissout, l'esprit fini subsistera cependant, à moins d'être annihilé (§ 745). Aussi longtemps qu'il dure, il conserve la personnalité en accroissant plutôt qu'en diminuant ou en cessant complètement l'usage de l'entendement, de la raison et de la liberté (§ 782); se souvenir distinctement de ses états passés est plus naturel pour lui que la coupe de l'Oubli (§ 783). Il s'ensuit donc que tout esprit fini, comme [c'est le cas de] l'âme
329 humaine (§ 781, 783), est par sa propre nature, c'est-à-dire par sa force | de représentation de l'univers (§ 782), immortel. Il est plus naturel pour lui, aussi longtemps qu'il dure, de demeurer dans la béatitude ou dans la damnation en laquelle il est une fois entré (§ 787, 791), que d'être damné après avoir été une fois dans un état d'insigne béatitude ou vice versa (§ 791).

QUATRIÈME PARTIE

THÉOLOGIE NATURELLE

PROLÉGOMÈNES

§ 800

La THÉOLOGIE NATURELLE est la science de Dieu, dans la mesure où il peut être connu sans la foi [1].

1. Cette définition de la théologie naturelle est très éloignée de celle proposée par Wolff au début de son traité. La première partie de la *Theologia Naturalis Methodo Scientifica Pertractata* [désormais ThN, I] s'ouvre en effet sur ces mots : « La théologie naturelle est la science des choses qui sont possibles par Dieu, c'est-à-dire la science des choses qui existent en lui et des choses qui sont comprises comme pouvant se produire par ces choses qui existent en lui » (§ 1). La théologie naturelle sera donc la science des choses comprises comme étant possibles par Dieu. Dans la suite du § 1, Wolff se défend d'offrir une définition différente de celle communément donnée (à savoir que la théologie naturelle est la « science de Dieu et des choses divines »), puisque, écrit-il, il faut comprendre par « choses divines » ce qui est possible du fait de l'existence de Dieu et de ses attributs. Quoi qu'il en soit, cette définition n'est pas très précise et c'est sans doute pourquoi Baumgarten sent le besoin de la resserrer en rappelant que la théologie naturelle sera d'abord et avant tout la science rationnelle de Dieu, c'est-à-dire la science portant sur le concept de Dieu et sur les opérations de Dieu (§ 802).

§ 801

La théologie naturelle contient les premiers principes de la philosophie pratique, de la téléologie et de la théologie révélée. C'est donc à juste titre qu'elle se rapporte (§ 2) à la métaphysique (§ 1).

§ 802

La théologie naturelle considère 1) le concept de Dieu et 2) ses opérations.

| CHAPITRE PREMIER 330

LE CONCEPT DE DIEU

PREMIÈRE SECTION
L'EXISTENCE DE DIEU

§ 803

L'ÊTRE LE PLUS PARFAIT est celui à qui appartient la perfection suprême dans les êtres, c'est-à-dire l'être en lequel des choses aussi nombreuses et aussi grandes s'accordent avec des choses aussi nombreuses et aussi grandes, autant qu'elles peuvent s'accorder dans un être avec les possibles les plus nombreux et les plus grands (§ 185). Il s'ensuit donc qu'une certaine pluralité est absolument nécessaire dans l'être le plus parfait.

§ 804

Les prédicats de l'être le plus parfait sont appelés ses perfections. Dans l'être le plus parfait, il y a autant de perfections s'accordant le plus entre elles qu'il peut y en avoir en même temps dans un être, ou il y en a autant qu'il y a de compossibles (§ 803).

§ 805

Toute perfection de l'être le plus parfait est aussi grande qu'elle peut être en un être (§ 803, 804).

331 | § 806

L'être le plus parfait est un être réel (§ 803, 135). Il s'ensuit donc qu'il se trouve en lui autant de réalité qu'il peut y en avoir dans un être. L'être le plus parfait est l'être le plus réel (§ 805, 804), en lequel se trouvent les plus nombreuses et les plus grandes réalités, le bien suprême et le meilleur métaphysique (§ 190).

§ 807

Toutes les réalités sont véritablement positives et aucune négation n'est une réalité (§ 36). Il s'ensuit donc que si toutes les réalités sont maximalement conjointes dans un être, aucune contradiction ne naîtra jamais d'elles (§ 13). Il s'ensuit donc que toutes les réalités dans un être sont des compossibles. Maintenant, l'être le plus parfait est le plus réel des êtres (§ 806). Il s'ensuit que la totalité des réalités appartient à l'être le plus parfait, et encore la totalité des réalités les plus grandes qui peuvent se trouver dans un être (§ 805, 190).

§ 808

Lorsqu'une réalité est posée, une négation est supprimée (§ 36). Maintenant, toutes les réalités doivent être posées dans l'être le plus parfait (§ 807). Il s'ensuit que toutes les négations doivent [en lui] être supprimées.

§ 809

En toute chose impossible, quelque chose doit être en même temps posé et supprimé (§ 7); cela est soit une négation, soit une réalité (§ 36, 9). Dans l'être le plus parfait, aucune réalité ne peut être supprimée (§ 807).
332 Dans l'être le plus parfait, aucune négation | ne peut être posée (§ 808). Il s'ensuit donc que rien dans l'être le plus parfait ne peut être en même temps supprimé et posé. L'être le plus parfait est possible (§ 8).

§ 810

L'existence est une réalité compossible avec l'essence et le reste des réalités (§ 66, 807). Il s'ensuit que l'être le plus parfait a l'existence[1] (§ 807).

1. Baumgarten reprend donc à son compte la preuve ontologique de l'existence de Dieu, que Wolff présente pour sa part en ces termes dans la seconde partie de sa *Theologia Naturalis*: « *Dieu existe nécessairement*. En effet, Dieu contient toutes les réalités

§ 811

DIEU est l'être le plus parfait. Donc Dieu est actuel (§ 810, 55).

§ 812

Les prédicats de Dieu sont des perfections (§ 811, 804); ils sont toutes les plus grandes réalités (§ 807). Sa possibilité même est la plus grande 1) possibilité interne et absolue (§ 165), puisque les choses les plus nombreuses et les plus grandes sont compossibles en lui (§ 805, 807) et elle est la plus grande 2) possibilité externe et hypothétique, puisque les raisons les plus fécondes et les plus importantes en lui ont, en toute liaison de tous les mondes possibles, les conséquences les plus fécondes et les plus importantes qui peuvent être hors de Dieu (§ 168).

§ 813

En Dieu, il n'y a pas de négations (§ 808), donc ni négations au sens strict, ni privations | (§ 137), ni mal métaphysique, contingent (§ 146), 333
physique ou moral en quelque sens que ce soit (§ 788).

§ 814

Dans le concept de Dieu, non seulement les notes totalement négatives sont-elles impossibles (§ 525), mais également celles qui ne le sont que partiellement (§ 813, 808), bien que plusieurs choses les plus réelles en lui nous apparaissent négatives (§ 12), en partie parce que nous exprimons les négations en des termes positifs et en partie parce que nous ne nous souvenons pas assez d'affirmer la négation d'une négation (§ 36, 81).

compossibles au degré absolument suprême (§ 15). Cet être est véritablement possible (§ 19). C'est pourquoi, puisque le possible peut exister (§ 133, *Ontol.*), l'existence peut appartenir à ce même être; par conséquent, comme elle est une réalité (§ 20) et comme les réalités sont des compossibles qui peuvent appartenir à un être (§ 1), elle fait partie du nombre des réalités compossibles. Maintenant, l'existence nécessaire appartient au degré absolument suprême (§ 20). Par conséquent, l'existence nécessaire revient à Dieu, ou, ce qui est la même chose, Dieu existe nécessairement » (ThN, II, § 21). On remarquera la tonalité leibnizienne de cette reprise de l'argument ontologique. Pour Leibniz en effet, Dieu est le seul être qui doit nécessairement exister s'il est *possible*. Dès que la possibilité de Dieu est établie, l'existence en découle nécessairement comme l'un de ses prédicats. Or en tant que Dieu est, selon son concept, sans bornes ni négations, rien ne peut venir limiter son essence. Dieu est donc possible, et s'il est possible – comme cet être sans bornes ni limitations – il faut qu'il existe (voir *Monadologie*, § 45). Voir aussi § 820.

§ 815

Les PERFECTIONS de Dieu sont en lui soit absolues, soit respectives, et parmi celles-ci certaines sont relatives (§ 37) : ou bien elles peuvent être représentées par nous sans la note d'une action – et elles sont des PERFECTIONS AU REPOS – ou bien elles ne peuvent pas l'être – et elles sont des PERFECTIONS OPÉRANTES.

§ 816

Le premier concept de Dieu est la perfection interne de Dieu à partir de laquelle peut à la fin être déduit tout le reste des perfections internes, de sorte que cette perfection même ne peut pas être déduite par après d'une autre perfection interne de Dieu (§ 40, 39) par ceux qui veulent éviter d'entrer dans un cercle. Maintenant, une telle déduction du reste des perfections internes à partir des perfections infinies de Dieu (§ 24, 49) est
334 possible, puisque | n'importe quelle raison [en lui] est la plus grande (§ 812, 166) et la plus suffisante (§ 169) et, par conséquent, l'essence simplement finale (§ 170) et la plus grande (§ 171). Il s'ensuit donc que les premiers concepts de Dieu sont infinis et que quel que soit celui d'entre eux qu'on prenne pour l'essence, chacun est cependant l'essence unique de Dieu (§ 40, 77).

§ 817

Bien qu'il y ait en Dieu la plus grande (§ 808, 167) et la plus universelle (§ 172) liaison – de sorte qu'en lui, toute chose peut être la plus véritablement connue à partir de toute autre (§ 816) –, il est cependant plus facile pour nous de connaître le reste des perfections de Dieu à partir de l'une de ses perfections que d'une autre (§ 527). Il s'ensuit qu'il est préférable de prendre pour son essence celle dont nous pouvons espérer déduire le plus facilement le reste de ses perfections (§ 816). Il s'en faut de beaucoup que toute pluralité soit impossible en Dieu ; bien plutôt, il est absolument nécessaire qu'une certaine pluralité soit posée dans son essence même et par cette essence (§ 812, 816).

§ 818

Outre l'essence, quelle que soit celle que tu choisis (§ 817), Dieu est déterminé à l'égard du reste de ses perfections internes (§ 816) autant que quelque chose de déterminé peut l'être à l'égard d'une perfection interne (§ 812). Il s'ensuit donc que Dieu est actuel (§ 54).

§ 819

Dieu est déterminé | à l'égard de l'existence (§ 818, 811). Il s'ensuit que 335
Dieu est un être (§ 61, 57) et n'est un non-être ni négatif ni privatif (§ 7, 54).

§ 820

De la possibilité de Dieu à son être, la conséquence vaut, c'est-à-dire que l'existence de Dieu est suffisamment déterminée par son essence même (§ 809-811); plus encore, son existence est la plus grande (§ 805), elle est l'ensemble des affections les plus nombreuses et les plus grandes qui sont compossibles en un être, autrement dit le complément (§ 55) éternel (§ 302) de l'essence la plus grande, quelle que soit celle que tu choisis (§ 817).

§ 821

À Dieu appartient la plus grande (§ 812) unité (§ 819, 73), à savoir l'inséparabilité des réalités les plus nombreuses et les plus grandes (§ 173). Il est par conséquent évident 1) pourquoi il peut être éminemment désigné comme l'unité parfaite, par exemple comment même les perfections de Dieu qui paraissent les plus stériles appartiennent néanmoins à son essence (§ 816), 2) pourquoi, lorsqu'est posée l'unité suprême de Dieu, non seulement une certaine pluralité de perfections inséparables n'est pas supprimée, mais est même posée en lui (§ 74).

§ 822

À Dieu appartiennent la vérité transcendantale (§ 819, 90) la plus grande (§ 812), l'ordre suprême de ses perfections (§ 175, 89), la possibilité suprême (§ 812), la liaison suprême (§ 817), | la convenance suprême avec 336
les règles les plus fortes (§ 176, 184), telles que la *loi du meilleur en général* : « *que le meilleur soit joint au meilleur* » (§ 482, 187) et la *loi du meilleur dans les êtres* : « *que dans l'être le plus parfait, le meilleur des compossibles soit joint au meilleur* » (§ 803).

§ 823

Un Dieu non actuel serait un être jouissant de toutes les réalités à qui, cependant, il en manquerait quelques-unes (§ 66, 812). À l'égard de toutes les perfections internes, il serait aussi déterminé qu'un être peut l'être intérieurement (§ 818), bien qu'à l'égard de certaines perfections, il ne le serait pas autant (§ 54). Il s'ensuit donc que le contraire de l'existence divine est en soi impossible (§ 15). L'existence de Dieu est absolument nécessaire (§ 102). Dieu est l'être nécessaire (§ 109) dont l'existence suprême (§ 820) est l'essence (§ 819)[1], le § 817 étant toutefois préservé.

§ 824

Si Dieu n'était pas actuel, le principe de contradiction, qui est le premier principe et de la forme et de la matière dans toutes nos démonstrations, serait faux. Il s'ensuit donc que même si plusieurs sciences pouvaient être complètement démontrées sans aucune prémisse théologique (§ 1-800), ces sciences elles-mêmes n'existeraient pas (par exemple § 61, 354, 504), ni leurs objets, si Dieu n'était pas actuel; au contraire en effet, elles ne seraient pas possibles (§ 8)[2].

337 | § 825

Dieu est l'être nécessaire (§ 823, 824). Il n'y a pas de modes dans un être nécessaire (§ 111). En Dieu, il n'y a donc pas de modes, autrement dit d'accidents prédicables[3].

§ 826

Si nous découvrons quelque chose DANS UN ÊTRE NÉCESSAIRE qui est partiellement semblable et partiellement différent des choses représentées dans un être contingent, sans cependant comprendre suffisamment les différences et sans avoir trouvé pour lui de nom particulier, alors nous l'appelons ANALOGON DE CE QUE nous avons trouvé SEMBLABLE DANS UN ÊTRE CONTINGENT. Il est ATTRIBUÉ À DIEU PAR ANALOGIE, AU SENS ÉMINENT (par excellence), si les réalités dans son concept semblent dominer, ou PAR RÉDUCTION (par voie de négation), si ce sont les négations qui semblent dominer.

1. Wolff : « *Dieu existe par sa propre force, indépendamment de tout autre être, et il se suffit à soi-même pour exister*. [...] » (Th. N, I, § 70); « *L'existence de Dieu est absolument nécessaire*. Dieu est en effet un être par soi [*a se*] et son existence est absolument nécessaire (§ 32); Dieu existe nécessairement et son existence est absolument nécessaire » (Th. N., I, § 71); « *Dieu existe par son essence*. [...] » (Th. N., I, § 72).

2. Si Dieu n'existait pas, le principe de contradiction serait faux, car il y aurait contradiction dans le concept même de Dieu, donc de l'Être suprême, et par là toute autre science serait ruinée. Le principe de contradiction étant le premier des deux principes de l'ontologie (avec le principe de raison suffisante), on voit ici comment la réflexion de la philosophie première sur l'être trouve pour Baumgarten son complément nécessaire dans la théologie.

3. Contrairement à l'existence des êtres finis qui est un mode, l'existence de Dieu sera donc un attribut découlant nécessairement de son concept.

§ 827

Si nous découvrons dans un être nécessaire certaines choses dont la nécessité hypothétique est absolument nécessaire, alors, dans la mesure où ces choses, à l'égard de leur nécessité hypothétique, sont semblables à des modes (§ 108), elles sont appelées ANALOGONS DE MODES (§ 826) et, dans la mesure où il est absolument nécessaire que ces choses hypothétiquement nécessaires existent en Dieu de par son essence (§ 823, 54), elles sont des attributs (§ 107). Par conséquent, les attributs divins peuvent être divisés | en attributs davantage semblables aux attributs des êtres finis et en 338
attributs davantage semblables aux modes des êtres finis. Ces derniers sont aussi de véritables attributs, puisque, dans l'essence de Dieu, se trouve la raison suffisante 1) de leur existence, dans la mesure où elle est distinguée de l'indéterminé (§ 54). Un être contingent peut être indéterminé (§ 34, 134) à l'égard de plusieurs attributs. Un être nécessaire ne peut être indéterminé à l'égard d'aucun attribut, et cela par son essence (§ 820). Dans l'essence de Dieu se trouve la raison suffisante 2) de la durée, de l'éternité et de l'invariabilité de ces attributs qui sont une fois pour toutes en Dieu. La limite essentielle dans les êtres contingents est la raison suffisante pour laquelle ils doivent changer continuellement et intérieurement aussi longtemps qu'ils existent. Dans l'être nécessaire, l'infinitude essentielle est la raison suffisante du contraire, à savoir : 3) pourquoi d'autres attributs au lieu de ceux-ci auraient pu exister de toute éternité [*ab aeterno in aeternum*] en Dieu, et par là 4) pourquoi l'existence de ces attributs et non d'autres est déterminée ainsi et non autrement, c'est-à-dire seulement par nécessité hypothétique (§ 102).

§ 828

La SAINTETÉ est la réalité d'un être par laquelle plusieurs de ses imperfections, véritablement telles, sont supprimées [1]. Par conséquent, l'ÊTRE LE PLUS SAINT est celui dont toutes les imperfections sont supprimées par sa réalité. Maintenant, par la totalité des réalités les plus grandes en Dieu, toutes les imperfections en lui sont supprimées (§ 142, 808). Donc Dieu est l'être le plus saint.

1. Wolff écrit plutôt : « La *sainteté* est la volonté constante et perpétuelle de ne faire que ce qui est juste » (Th. N., I, § 1063).

339 | § 829

Il n'y a aucune imperfection en Dieu (§ 828), donc ni imperfection essentielle, ni accidentelle, ni interne, ni externe (§ 121, 808). La même chose est évidente à partir du § 813.

§ 830

En Dieu se trouve la raison suffisante pourquoi ses perfections existent en lui (§ 822, 823), donc une force au sens strict (§ 197). Par conséquent, Dieu est une substance (§ 199).

§ 831

Dieu a la force (§ 830) la plus grande (§ 812), donc une force suffisante pour actualiser les accidents les plus nombreux et les plus grands (§ 203).

§ 832

Les accidents n'existent pas en dehors de leurs substances (§ 194). Il s'ensuit donc que la force suffisante pour actualiser les accidents les plus nombreux et les plus grands suffit pour actualiser les substances les plus nombreuses. Elle est donc suffisante pour actualiser toute chose (§ 191, 247). La force qui suffit pour actualiser quelque chose est la PUISSANCE. Par conséquent, la TOUTE-PUISSANCE est la force suffisante pour actualiser toute chose. Dieu est tout-puissant (§ 831)[1].

§ 833

L'absolument impossible n'est rien (§ 7). Donc celui qui serait capable
340 de l'absolument impossible ne serait capable de rien (§ 469). | Dieu peut tout (§ 832). Il s'ensuit donc que la toute-puissance de Dieu ne s'étend pas à l'absolument impossible. Est impossible pour quelqu'un ce dont les forces sont insuffisantes pour l'actualiser (§ 469). En ce sens, nulle chose n'est impossible pour Dieu. Il s'ensuit que toute chose impossible pour nous et pour tout être fini est possible pour Dieu (§ 832).

1. Wolff : « Dieu peut amener à l'actualité tous les possibles. En effet, Dieu peut amener à l'acte tous les mondes possibles (§ 342). Mais tous les possibles contiennent tous les possibles d'un monde (§ 152). Dieu peut donc amener à l'actualité tous les possibles » (Th. N., I, § 343). Autrement dit, la toute-puissance de Dieu ne se définit pas à partir de la création de ce monde, mais à partir de son pouvoir d'actualiser tout possible et tout monde possible.

§ 834

Les miracles sont possibles (§ 475). La force de Dieu est suffisante pour actualiser tout possible (§ 832). Donc Dieu peut accomplir des miracles rigoureux (§ 477, 833).

§ 835

Dieu peut actualiser tous les mondes possibles (§ 832). Il peut donc actualiser le meilleur (§ 436) et le plus imparfait des mondes, sans exceptions (§ 442).

§ 836

Dieu est une substance (§ 830) et n'a aucun mode (§ 825). Il s'ensuit donc qu'il est une substance nécessaire (§ 202), qu'il n'a ni état interne (§ 206) ni n'est modifiable (§ 209). Il est par là à nouveau évident que le monde ne peut pas être une modification de Dieu (§ 388).

§ 837

Pour une substance nécessaire, toute naissance, toute destruction, toute naissance à partir de rien et toute annihilation | sont absolument impos- **341**
sibles. Dieu est une substance nécessaire (§ 836). Il s'ensuit donc qu'en Dieu, toute naissance et toute destruction sont absolument impossibles (§ 227, 228).

§ 838

Toute substance est une monade (§ 234). Dieu est une substance (§ 830). Il est donc une monade et un être simple (§ 230). Lorsque la simplicité suprême de Dieu est posée, il est en effet nié qu'il soit de quelque façon composé de parties extérieures les unes aux autres (§ 224) encore que, par là, la différence la plus réelle (§ 807) de plusieurs choses en Dieu (§ 817) n'est pas niée puisque, même dans les être finis, il est faux que toutes les choses réellement différentes soient posées les unes hors des autres (§ 755)[1].

1. Comme le soulignent Fugate et Hymers, la référence au § 755 est probablement une erreur. C'est le § 756 qui se rapporte le plus logiquement à ce qu'affirme le § 838 à propos de la différence au sein des substances simples.

§ 839

Dieu est un être nécessaire (§ 823, 824). Les déterminations de tout être nécessaire sont absolument et intérieurement invariables (§ 132). Il s'ensuit donc que Dieu est absolument et intérieurement invariable (§ 126, 127)[1]. La même chose est rendue évidente de cette manière : si Dieu était absolument et intérieurement variable, alors au moins l'une de ses perfections internes pourrait exister après une autre (§ 124). Par conséquent, l'existence de la perfection qui existerait antérieurement à elle pourrait être niée. Celle-ci est [pourtant] une réalité interne de Dieu (§ 37). Donc, l'une des réalités de Dieu pourrait être séparée des autres (§ 72), ce qui va à l'encontre de l'unité suprême de Dieu (§ 821).

342 | § 840

Si Dieu était un être composé, il serait étendu (§ 241) et il faudrait alors lui attribuer une force d'inertie (§ 832, 294). Par conséquent, il serait matière (§ 295). Donc, il serait divisible (§ 427) et, par là aussi, intérieurement variable (§ 244, 126), ce qui va à l'encontre du § 839. Donc, Dieu est un être simple (§ 224). Et comme il est une substance (§ 830), il est une monade (§ 230). Il est à nouveau évident que les matérialistes universels se trompent (§ 395).

§ 841

Il n'y a pas en Dieu de choses simultanées posées les unes hors des autres, pas de parties (§ 840) et, par conséquent, pas d'espace (§ 239). Il s'ensuit donc que Dieu n'est ni étendu, ni ne remplit l'espace au sens où les choses étendues sont dites remplir celui-ci (§ 241).

§ 842

Dieu n'a pas de grandeur quantitative (§ 838, 243), bien qu'il soit l'être le plus grand (§ 161) ayant les réalités les plus nombreuses et les plus

1. Wolff : « *La volonté de Dieu est invariable* [immuable]. Si elle peut devenir, nous posons alors que la volonté de Dieu est variable. Comme ce qui est en acte est changé tant et aussi longtemps qu'il ne demeure pas le même (§ 290, *Ontol.*), ce que Dieu a voulu avant, il ne le veut plus maintenant, mais quelque chose de différent de ceci, et ce qu'il veut maintenant, il ne le voudra pas plus tard, mais plutôt quelque chose d'autre différent de ceci. C'est pourquoi, comme l'éternel n'est pas ce qui est, puisqu'auparavant il n'était pas, ou n'est pas un futur, puisqu'il n'est pas maintenant (§ 39), Dieu ne veut pas éternellement. Mais comme cela est absurde (§ 319), il est impossible que la volonté divine soit changée » (Th. N., I, § 368).

grandes (§ 807, 812). Il est à nouveau évident que Dieu est indivisible, et cela absolument (§ 244).

§ 843

La totalité des réalités les plus grandes qui puissent être est le plus grand degré de réalité (§ 247, 248). Celui-ci appartient à Dieu comme être le plus réel (§ 807, 812). Donc, Dieu est un être réel et infini (§ 248). La même chose est rendue évidente par le fait | que Dieu est un être nécessaire (§ 823, 343
258).

§ 844

Toutes les perfections de Dieu ont le plus grand degré de leur réalité qu'elles peuvent avoir en un être (§ 812). Par conséquent, toutes ces perfections sont aussi elles-mêmes infinies (§ 248). À la réalité suprême de chacune de ces perfections renvoie l'accord dans l'être le plus parfait (§ 139, 140). Il s'ensuit donc qu'en un être où se trouve une réalité infinie, toutes s'y trouvent et qu'en un être où se trouvent toutes les réalités, ces réalités sont suprêmes (§ 843). Donc, l'être en lequel se trouve une réalité infinie est Dieu (§ 811). Il peut être conclu par là pour quelle raison plusieurs perfections de Dieu – tantôt celles-ci, tantôt celles-là – peuvent avoir été prises comme premiers concepts de Dieu (§ 816) et pourquoi l'on ne peut admettre hors de Dieu un auteur du mal qui serait aussi puissant que Dieu. Le MANICHÉISME est la doctrine posant l'existence d'un auteur du mal aussi puissant que Dieu et il est une erreur.

§ 845

Dieu est en acte tout ce qu'il peut être à l'égard de ses perfections internes (§ 843, 259). Il est à nouveau évident que Dieu est intérieurement invariable (§ 252) et est un être nécessaire, pourvu seulement que le cercle [vicieux] soit évité (§ 843, 256).

| § 846 344

Plusieurs dieux sont impossibles. Car tant et aussi longtemps qu'il y en aurait plusieurs, ils seraient partiellement différents (§ 74) et, par là, il se trouverait quelque chose dans l'un qui ne se trouverait pas dans l'autre (§ 38). Ce serait soit une réalité, soit une négation (§ 36). Si c'était une réalité, celui à qui elle manquerait ne serait pas Dieu (§ 807). Si c'était une négation, celui en lequel elle se trouverait ne serait pas Dieu (§ 808). Si une réalité était posée en un dieu, mais qu'une autre réalité équivalente l'était

en un autre dieu, alors en aucun des deux ne se trouverait la totalité des réalités et, par conséquent, aucun des deux ne serait Dieu (§ 807). Mais comme le Dieu sur lequel nous avons médité jusqu'à maintenant (§ 811-845) est l'unité suprême de toutes les réalités les plus grandes absolument inséparables (§ 821), si bien qu'un autre différent de lui n'est pas ni ne peut être ce qu'est nécessairement Dieu – comme nous l'avons vu jusqu'à maintenant (§ 811-845) –, alors le Dieu sur lequel nous avons médité jusqu'à maintenant est l'unique Dieu (§ 77). Le POLYTHÉISME est la doctrine posant plusieurs dieux et il est une erreur. Nous vénérons véritablement plutôt l'unicité suprême en Dieu, par laquelle l'être le plus grand (§ 842) est distingué (§ 173), par les différences les plus nombreuses et les plus grandes (§ 844), de toutes choses, même les plus grandes en leur genre, par exemple de la nature universelle du monde le meilleur et de l'esprit le plus grand parmi les esprits finis. Cette différence très grande s'étend aux relations elles-mêmes, de sorte que ne peut exister entre une chose qui n'est
345 pas le Dieu considéré jusqu'à maintenant et une troisième chose | une relation aussi grande et abondante que celle entre ce Dieu et la troisième chose donnée (§ 812, 817). En effet, cette unicité suprême de Dieu nie l'égalité avec lui de toute chose qui n'est pas Dieu, même si elle est par ailleurs la plus grande, et nie non seulement une similitude presque totale, mais aussi celle qui nie l'infinie dissimilitude qui doit être posée entre Dieu et toutes les autres choses (§ 844). En revanche, l'unicité suprême de Dieu ne supprime pas la pluralité des choses les plus grandes en Dieu, ni la différence respective suprêmement infinie de ces mêmes choses (§ 37, 174). Bien plutôt, se trouve posé dans ses caractères infinis ce qui distingue Dieu de toutes les autres choses (§ 67).

§ 847

La simplicité de Dieu est à nouveau évidente. En effet, si Dieu était composé, ses parties seraient des substances posées les unes hors des autres (§ 225, 282). Seulement l'une d'entre elles serait une substance infinie (§ 846). Les autres seraient donc des substances finies (§ 77, 248). Par conséquent, il faudrait poser en Dieu certaines imperfections absolument nécessaires (§ 250, 155), ce qui va à l'encontre du § 828.

§ 848

Dieu n'a pas de figure (§ 280, 847). L'ANTHROPOMORPHISME PLUS GROSSIER est l'erreur qui consiste à attribuer une figure à Dieu, par exemple une figure humaine; l'ANTHROPOMORPHISME PLUS SUBTIL est

l'erreur qui consiste à attribuer à Dieu | les imperfections des choses finies, 346
par exemple les imperfections des hommes (§ 828).

§ 849

Il n'y a rien de successif en Dieu (§ 839, 124). Il n'y a donc pas de temps en Dieu (§ 239). Ainsi, il n'est pas dans le temps en sorte qu'il constituerait une partie de choses successives (§ 124, 837). Puisque la naissance et la destruction sont absolument impossibles pour lui (§ 837), il a la durée (§ 299) la plus grande (§ 812) et la seule qui soit réellement infinie (§ 844, 846); par conséquent, il est éternel (§ 302) et coexiste sempiternellement avec tout temps (§ 303). Il fut, il est et il sera (§ 298). Dieu existe.

§ 850

Si un être contingent est posé comme éternel, son éternité diffère beaucoup de celle de Dieu (§ 67). 1) Sa durée est soumise à des successions continues de modifications (§ 209, 836). 2) Son éternité n'a certes pas de limites de protension, mais ne peut pas encore être dite réellement infinie pour cette raison (§ 259, 849). 3) Son éternité serait un temps sans commencement ni fin et, par là, elle pourrait être dite infinie, mais seulement au sens mathématique, et non pas réellement (§ 248, 849), parce qu'un être successif (§ 238) n'est jamais en acte tout ce qu'il peut être à l'égard de ses déterminations internes (§ 259).

§ 851

Dieu est un être nécessaire (§ 823, 824) et | infini (§ 843). Par 347
conséquent, il est un être par soi et indépendant (§ 310). Il existe (§ 849) de telle manière qu'il n'est pas causé par un autre être posé hors de lui et il est la cause simplement telle de ses propres effets (§ 318). Toutes les perfections de Dieu sont réellement infinies (§ 844) et, par conséquent, aucune perfection de Dieu n'est causée par un être posé hors de lui, ni ne peut l'être (§ 381, 248, 310). D'autre part, si la passion était un prédicat de Dieu, alors ce prédicat serait causé par un être posé hors de Dieu (§ 210). Il s'ensuit donc que Dieu est entièrement impassible, qu'il ne pâtit d'aucune chose posée hors de lui, ni idéalement, ni réellement (§ 212), et que rien de ce qui est posé hors de lui n'agit sur lui (§ 210). Dieu ne réagit donc pas (§ 213). Toute action de Dieu dans l'univers est sans réaction, tant idéale que réelle (§ 212).

§ 852

Les IMAGES sont 1) des signes de la figure de quelque chose d'autre. Maintenant, Dieu n'a pas de figure (§ 848). Il s'ensuit donc que des images de Dieu sont impossibles en ce sens (§ 347). Les images sont 2) semblables à quelque chose d'autre à un degré notable. Comme tout être est semblable à Dieu à un certain degré (§ 265), tout être plus parfait sera une image de Dieu (§ 70, 811) ; plus cet être sera parfait, plus il sera semblable à Dieu et sera donc une plus grande image de Dieu (§ 265, 160).

§ 853

348 Le monde est la totalité des êtres actuels finis | (§ 354). Dieu n'est pas la totalité des êtres actuels finis (§ 844). Donc Dieu n'est pas le monde et ni ce monde ni aucun monde n'est Dieu. La même chose est évidente à partir des § 361, 823, à partir des § 365, 839, à partir des § 370, 837 et à partir des § 388, 843.

§ 854

Ce monde a une cause efficiente extra-mondaine (§ 375, 388) et celle-ci est une substance nécessaire (§ 381, 319). Une substance nécessaire est donc possible (§ 333, 69). Si une substance nécessaire est possible, elle est actuelle (§ 109) et sempiternelle (§ 302). Il s'ensuit donc qu'une substance nécessaire existe. Dieu est une substance nécessaire (§ 836). Donc Dieu existe.

§ 855

Dieu est un être extra-mondain (§ 843, 388) et le monde n'est ni une détermination essentielle, ni une essence, ni un attribut, ni un mode, ni une modification, ni un accident de Dieu (§ 843). Dieu n'est pas l'unique substance (§ 391). Le SPINOZISME THÉOLOGIQUE est la doctrine qui nie l'être extra-mondain de Dieu et il est une erreur.

§ 856

Tout comme le § 811 prouve *a priori* l'existence de Dieu, le § 854 la présente comme entièrement prouvée *a posteriori*[1] ; les deux le font

1. C'est la première référence de Baumgarten à la preuve *a posteriori* de l'existence de Dieu, c'est-à-dire la preuve par la contingence des âmes et du monde. Wolff lui réserve pourtant un traitement de choix dès les premiers paragraphes de sa *Theologia naturalis* (Th. N., 1, § 24-69) et l'aborde bien avant la preuve *a priori*, qui n'apparaît que dans la

indépendamment des propositions que nient l'égoïsme (§ 392), l'idéalisme (§ 402) et le matérialisme (§ 395). | Ils peuvent donc être employés pour 349 convaincre les égoïstes, les idéalistes, les matérialistes et d'autres du même genre de l'existence de Dieu.

§ 857

Dieu n'est pas matière (§ 295, 841) ; donc, il est immatériel (§ 422). Dieu n'est pas un corps (§ 296) ; donc, il est incorporel (§ 422). Il s'ensuit donc qu'il est physiquement incorruptible (§ 746). La même chose est évidente à partir du § 837.

§ 858

Parmi les êtres finis, la plus grande image de Dieu est le monde le plus parfait (§ 436, 852). Dans le monde, ce sont les substances (§ 400, 857) ; parmi les substances, ce sont les esprits (§ 402, 531) ; parmi les esprits, ce sont ceux qui jouissent du plus grand entendement (§ 637) ; parmi ceux qui jouissent du plus grand entendement, ce sont ceux qui sont les plus heureux (§ 787), ceux qui sont les plus éloignés de tout mal, en particulier du mal moral (§ 788, 813), ceux qui sont les plus saints (§ 828).

§ 859

La nature (naturante, *cf.* § 466) de Dieu est l'ensemble de ses perfections internes (§ 430) par lesquelles il est la cause simplement telle de ses propres effets et est impassible (§ 851). Il s'ensuit donc que tout ce qui est absolument possible est physiquement possible pour Dieu (§ 833) et que rien n'est physiquement impossible pour Dieu qui ne serait pas impossible en soi (§ 469, 833). De là vient qu'il n'y a rien de physiquement

seconde partie de son long traité (Th. N. II, § 1-21). Cette preuve par la contingence du monde (*a contingentia mundi*) est étroitement liée à la définition de Dieu comme l'être nécessaire qui est la raison suffisante de tout ce qui est, donc de l'existence du monde et de tout ce qu'il renferme. Cette preuve est susceptible de convaincre même « les égoïstes, les idéalistes et les matérialistes », soutient Wolff (et Baumgarten après lui), essentiellement parce qu'elle part du constat, que tous ces derniers admettent volontiers, que nous existons en tant que nous sommes des âmes, quelle que soit la conception que nous nous faisons de l'âme par ailleurs (en professant par exemple sa matérialité). Or comme rien n'est sans une raison suffisante, il doit y avoir une telle raison de notre existence en tant qu'âmes, et celle-ci ne peut se trouver que dans un être qui est à lui-même la raison de son existence. La preuve s'étendra ensuite à l'ensemble des événements du monde dont une pleine explication, si l'on veut éviter le *regressus ad indefinitum*, va supposer la distinction du contingent et du nécessaire, donc l'existence de Dieu comme être nécessaire. Voir à ce sujet J. École, *La métaphysique de Christian Wolff*, Hildesheim, Olms, 1990, p. 338-342.

350 nécessaire pour Dieu qui | ne serait pas aussi absolument nécessaire. Les choses absolument contingentes sont aussi physiquement contingentes pour Dieu (§ 469, 104), non seulement tous les événements préternaturels, mais aussi les événements surnaturels du monde (§ 474, 475).

§ 860

Si un naturaliste en un sens plus général nie tous les événements surnaturels en ce monde parce qu'il nie leur possibilité hypothétique, alors il se trompe. Car puisque les miracles sont aussi possibles (§ 834) dans une liaison avec Dieu, qui doit être posé comme extérieur à eux (§ 855, 474), ils ont aussi une possibilité extrinsèque (§ 16, 859).

§ 861

Il est impossible qu'il y ait un degré qui soit homogène au degré de réalité en Dieu et en toutes ses perfections (§ 843, 844), puisque l'unicité appartient à Dieu et à toutes ses perfections (§ 846, 844). C'est pourquoi le degré de réalité rencontré en Dieu et en toutes ses perfections ne peut pas être compris à partir d'une quantité homogène prise comme unité. Il s'ensuit donc que nous ne pouvons mesurer ni Dieu, ni aucune de ses perfections (§ 291). Ce que nous ne pouvons pas mesurer est IMMENSE[1]. Donc Dieu et toutes ses perfections sont immenses. Par là, nous
351 comprenons aussi cette immensité du fait qu'il faut | que celui qui mesure ait autant de perceptions claires qu'il y a de parties, de degrés et de choses variées dans ce qu'il mesure véritablement. Par conséquent, celui qui mesure Dieu véritablement ou quoi que ce soit d'intérieur à lui devrait avoir des perceptions claires réellement infinies, lesquelles ne se trouvent dans aucun entendement fini (§ 844).

§ 862

Dieu est en soi concevable (§ 632, 809), même pour l'homme (§ 804-1000), et peut être défini justement, et même réellement, de plusieurs manières (§ 816). Est dit COMPRÉHENSIBLE ce dont la PLEINE CONNAISSANCE est possible, c'est-à-dire une connaissance qui exclut toute ignorance et qui, par là, est une pleine connaissance historique, philosophique et mathématique. Quelque chose est INCOMPRÉHENSIBLE POUR QUELQU'UN dont les forces ne suffisent pas pour en acquérir la pleine connaissance; plus il demeure nécessairement éloigné de sa pleine

1. *Immensum* : ce qui est in-mesurable.

connaissance, plus cette chose donnée lui est incompréhensible. Plus quelque chose est grand, plus est difficile ou impossible sa compréhension pour le connaissant fini (§ 160, 527). Par conséquent, l'être le plus grand est le plus incompréhensible pour tous les êtres finis (§ 261). Le DÉISME est la doctrine qui pose que presque rien n'est concevable au sujet de Dieu, si ce n'est peut-être son existence, et il est une erreur, bien que Dieu et tout ce qui est en lui soient ce qu'il y a de | plus incompréhensible pour nous et pour **352**
tous les êtres finis (§ 861, 806).

SECTION II
L'ENTENDEMENT DE DIEU[1]

§ 863

La connaissance distincte est une réalité (§ 531). En Dieu sont toutes les réalités (§ 807). Il s'ensuit donc que Dieu connaît distinctement. Il a donc l'entendement, est une substance intellectuelle (§ 830) et un esprit (§ 402).

§ 864

En Dieu sont toutes les réalités les plus grandes (§ 812). Plus nombreuses sont les choses qui sont connues plus distinctement, plus grande est la connaissance distincte (§ 634). Il s'ensuit donc que la connaissance la plus distincte sera la connaissance distincte de toutes choses (§ 161). Maintenant, la connaissance distincte de toutes choses est possible (§ 632). Donc, il y a en Dieu la connaissance distincte de toutes choses et celle-ci est, par là, la connaissance la plus distincte.

§ 865

L'entendement de Dieu est suprême (§ 863, 812) et invariable (§ 839)[2]. Il s'ensuit donc qu'il n'y a pas en lui de pensées précédentes et

1. Après avoir examiné l'essence de Dieu comme être nécessaire et raison suffisante de tout ce qui est (section I), Baumgarten, suivant en cela le plan de Wolff, va maintenant insister sur l'infinité de la connaissance divine, par laquelle Dieu peut se représenter tous les mondes possibles, avant d'aborder la perfection de la volonté de Dieu (section III), par laquelle Dieu fait le choix de créer le monde le meilleur. Appliquées à Dieu, la connaissance et la volonté ne réfèrent plus à de simples facultés, mais à des actes purs.

2. Wolff : « *L'entendement divin est le plus parfait*. L'entendement le plus parfait est celui qui se représente distinctement tous les possibles (§ 647, *Psycol. rat.*). Et puisque tous les

subséquentes (§ 125). Il est l'entendement suprême, puisqu'il représente
353 les notes les plus nombreuses, | et les plus claires des êtres les plus nombreux et les plus grands, dans les pensées associées les plus fortes, et les plus différents. L'entendement de Dieu est donc le plus profond, le plus large [*patentissimus*] et le plus pur (§ 637).

§ 866

Dieu se connaît lui-même aussi pleinement que possible (§ 865). La connaissance qui concerne Dieu est la THÉOLOGIE EN UN SENS PLUS LARGE; la théologie en laquelle Dieu se connaît lui-même est la THÉOLOGIE EXEMPLAIRE (ἀρχέτυπος), et ce dans la mesure où les théologies des êtres finis doivent tendre à lui être semblables (§ 346).

§ 867

Dieu, se représentant toutes choses, se représente tous les mondes possibles (§ 864). Cela est une perfection interne de Dieu (§ 37), son essence (§ 816).

§ 868

Dieu connaît le plus distinctement toutes les essences de tous les êtres finis (§ 864). Il s'ensuit donc que dans la mesure où les essences des choses sont représentées dans l'entendement de Dieu, elles en dépendent (§ 14) et sont en lui éternelles (§ 849).

§ 869

Dieu se représente le plus distinctement tous les mondes possibles (§ 867), donc aussi le monde le meilleur, le monde le plus imparfait
354 | (§ 442) et ce monde. Le monde, dans la mesure où il est représenté de manière sensible, est le MONDE SENSIBLE (visible), et dans la mesure où il est connu distinctement, il est le MONDE INTELLIGIBLE[1]. Dieu connaît le plus distinctement ce monde intelligible. Il connaît donc le plus

possibles sont représentés distinctement par l'entendement divin (§ 164), celui-ci est aussi le plus parfait » (Th. N., I, § 168).

1. Voir Wolff, Th. N., I, § 202 et 203 : Le monde sensible est le monde tel qu'il nous apparaît; il est l'ensemble des phénomènes; le monde intelligible est le monde considéré quant à sa forme intelligible, en tant qu'agrégat de substances simples (*aggregatum substantiarum simplicium*) au fondement du monde sensible et composé. Cette distinction du monde sensible et du monde intelligible sera bien sûr reprise par Kant (dès la *Dissertation* de 1770) et sera un élément essentiel de la philosophie transcendantale et de la morale.

distinctement toutes les monades et toutes les âmes de ce monde (§ 864). Celui qui possède la connaissance la plus distincte de l'âme humaine est un SCRUTATEUR DES CŒURS. Dieu est donc un scrutateur des cœurs (§ 740) et il perçoit clairement la représentation du monde sensible de chaque monade et de chaque âme (§ 400, 741), et cela beaucoup plus parfaitement qu'une monade ou une âme donnée ne se connaît elle-même ou connaît sa représentation du monde (§ 864).

§ 870

En Dieu, il n'y a pas de connaissance sensible (§ 864, 521). Il s'ensuit donc que Dieu n'a pas de facultés de connaître inférieures (§ 520). Rien n'est obscur ni confus pour lui et, par là, il ne connaît aucune chose plus clairement qu'une autre (§ 528); il ne prête pas attention, il ne fait pas abstraction (§ 529), il ne réfléchit pas, il ne compare pas (§ 626).

§ 871

Comme Dieu connaît le plus distinctement | tous les signifiés, il a 355
l'intuition de tous ceux-ci (§ 620, 864). Il connaît aussi tous les signes et toute la connaissance symbolique des âmes dans le monde (§ 864, 869). En lui, la perception des signes n'est cependant jamais plus grande ou plus petite que celle des signifiés (§ 870) ; les deux sont toujours les plus grandes (§ 864).

§ 872

Dieu se représente le plus distinctement toute liaison (§ 864). Il a donc la raison suprême (§ 640). Sa raison est suprême puisque son entendement est suprême et, par là, elle est invariable, sans aucune succession de raisonnements (§ 865), et perçoit clairement la plus grande liaison des choses les plus nombreuses (§ 645).

§ 873

La connaissance de Dieu est de suprême étendue et majesté; elle est la plus exacte (§ 864) et la plus ordonnée (§ 822), exempte de toute ignorance et erreur, de toute étroitesse et légèreté; en elle, il n'y a rien de tumultueux; elle est la connaissance la plus claire et la plus distincte de toute vérité et, par là, elle est la connaissance la plus certaine; en elle, il n'y a rien d'obscur, rien de confus, rien d'inadéquat, rien d'incomplet, rien d'impur, rien de superficiel, de probable, de douteux ou d'improbable, rien de mort, d'inerte et de spéculatif (§ 669, 671). Dieu connaît le plus distinctement

tous les principes certains, tous les principiés qui en découlent, la liaison de
356 tous les principes et des principiés | (§ 864, 872). Sa connaissance est donc la science suprême. Dieu connaît le plus distinctement toutes les ignorances et les erreurs des âmes, toute l'étroitesse et la faiblesse de leur connaissance, tout ce qu'il y a de grossier et de tumultueux, tout ce qu'il y a de sombre, de confus, d'inadéquat, d'incomplet, d'impur dans ce genre de connaissance; il connaît toutes les certitudes morales, toutes les probabilités, tous les doutes, toutes les improbabilités, toutes les opinions, tous les arguments, tous les scrupules et toutes leurs spéculations inertes et mortes des âmes (§ 869).

§ 874

Dieu connaît (§ 873) I) toutes les déterminations de toutes choses, dans la mesure où elles sont considérées comme purement possibles. Ceci est la SCIENCE DE SIMPLE INTELLIGENCE[1].

§ 875

Dieu connaît (§ 873) II) toutes les déterminations des êtres actuels, 1) de ce monde, par la SCIENCE LIBRE (de vision); il connaît α) les choses

1. Les § 874-875 reprennent la distinction médiévale entre science de simple intelligence et science de vision, que Leibniz présente en ces termes dans l'abrégé latin de la *Théodicée, La cause de Dieu, plaidée par sa justice, elle-même conciliée avec toutes ses autres perfections et la totalité de ses actions* : « 14. La *science des possibles* est celle qui s'appelle *science de simple intelligence*, laquelle concerne les choses aussi bien que leurs connexions; et dans les choses ou dans leurs connexions, le nécessaire aussi bien que le contingent » ; « 16.La science des actuels ou du monde amené à l'existence, et de tout ce qu'il y a dans ce monde de passé, de présent et de futur, s'appelle *science de vision*; elle ne diffère de la science de simple intelligence de ce même monde, considéré comme possible, qu'en ce qu'il s'y ajoute la connaissance réflexive par laquelle Dieu connaît son propre décret de l'amener à l'existence. Et la *prescience* divine n'a pas besoin d'un autre fondement ». Le § 876 fait par ailleurs référence à la science moyenne, que Leibniz décrit ainsi : « 17. La *science* dite communément *moyenne* est comprise sous la science de simple intelligence, entendue comme nous l'avons expliqué. Si pourtant l'on veut une science moyenne entre la science de simple intelligence et la science de vision, on pourrait concevoir et la première et la science de vision autrement que l'on n'a coutume de le faire, à savoir, la science moyenne non seulement comme étant celle des futurs sous condition, mais des possibles contingents en général. Alors, la science de simple intelligence sera prise dans une acception plus restreinte, comme étant celle des vérités possibles et nécessaires; la science moyenne sera celle des vérités possibles et contingentes; la science de vison, celle des vérités contingentes et actuelles. La science moyenne aura ainsi avec la première cela de commun qu'elle concernera les vérités possibles, avec la dernière, qu'elle concernera les contingentes » (trad. fr. A. Jacques rev. et mod. J. Brunschwig, *in* Leibniz, *Essais de théodicée*, éd. et présentation J. Brunschwig, Paris, Garnier-Flammarion,1969, p. 427-428).

passées, par le SOUVENIR DIVIN, β) les choses présentes, par la SCIENCE DE VISION, γ) les choses futures, par la PRESCIENCE. Le SOCINIANISME philosophique est la doctrine qui nie la prescience divine des futurs contingents et il est une erreur.

| § 876 357

Dieu connaît toutes les déterminations des êtres actuels 2) d'un monde autre que celui-ci, par la SCIENCE MOYENNE. À la place de n'importe quel événement de ce monde, un autre pourrait exister (§ 363, 324). Cet autre événement aurait cependant des conséquences partiellement différentes à travers tous les états à venir du monde, et ce indéfiniment (§ 488). Si donc un autre événement avait existé à la place d'un seul événement de ce monde, alors ce monde serait partiellement autre que ce qu'il est, à travers tous les états successifs de cet événement et même aussi à travers tous ses états antécédents (§ 357, 278). Il s'ensuit donc que Dieu connaît, par la connaissance moyenne (§ 378), tout ce qui aurait pu exister à la place de n'importe quel événement de ce monde, et ce avec toutes ses conséquences.

§ 877

Dieu est toujours le plus distinctement conscient de l'état présent du monde (§ 875). Il s'ensuit qu'il ne dort jamais (§ 556). La même chose est évidente à partir du § 870. Il ne sent pas comme nous le faisons (§ 870, 544), mais il est éveillé (§ 552, 826), grâce à l'éminence de sa science de vision (§ 875).

§ 878

Dieu s'est représenté éternellement une chose future, autant qu'il le peut (§ 875, 843). Il s'ensuit que lorsque cette chose devient présente dans le monde, rien ne s'ajoute à | la connaissance de Dieu (§ 161), quoique d'un objet de prescience, cette chose soit changée en un objet de vision (§ 125). 358
Dieu se représentera éternellement une chose passée, autant qu'il le peut (§ 875, 843). Il s'ensuit que lorsque le présent devient passé, il est en vérité changé, passant d'un objet de vision à un objet de souvenir, quoique rien ne disparaisse de la connaissance de Dieu (§ 161). Dieu intuitionne éternellement tous les états successifs de ce monde (§ 875), par où peut être pensée l'invariabilité interne de la connaissance divine (§ 839).

§ 879

Celui qui ne peut pas se tromper est INFAILLIBLE. Dieu est donc infaillible (§ 873). L'infaillibilité est la plus petite lorsqu'il est le moins impossible pour quelqu'un de confondre une seule et unique vérité la plus petite avec une fausseté. Il s'ensuit donc que plus nombreuses et plus grandes sont les vérités que quelqu'un ne peut pas confondre avec des faussetés, et plus grande est l'impossibilité d'une telle confusion, alors plus il est infaillible. Il s'ensuit que lorsque nous attribuons à Dieu la plus grande infaillibilité (§ 812), nous vénérons celui qui ne peut absolument pas confondre les plus nombreuses et plus grandes vérités avec aucune fausseté.

§ 880

La plus petite certitude est la connaissance la moins claire d'une vérité
359 la plus petite (§ 161). Plus claires, | plus nombreuses et plus grandes sont les vérités qui sont connues, plus grande sera la certitude (§ 160). Il s'ensuit que lorsque nous attribuons à Dieu la certitude subjective suprême (§ 873, 812), nous vénérons celui qui connaît le plus distinctement les vérités les plus nombreuses et les plus grandes. De même, Dieu est objectivement le plus certain (§ 93, 812), puisque sa vérité est suprême (§ 822) et que son existence est démontrable par son essence et par l'existence de n'importe quel être fini (§ 856).

§ 881

La science libre de Dieu est sa perfection relative [*respectiva*] (§ 875, 815). Comme il est absolument nécessaire que la science libre de Dieu soit la plus vraie (§ 879), elle présente ce monde à Dieu comme existant en soi et par soi de manière contingente (§ 361). Il est par là absolument nécessaire que cette science ne soit qu'hypothétiquement nécessaire (§ 102). Il s'ensuit donc que la science libre de Dieu est l'analogon d'un mode (§ 827).

§ 882

La SAGESSE EN GÉNÉRAL est la perception claire d'une liaison finale, alors que la SAGESSE EN PARTICULIER est la perception claire des fins, et la PRUDENCE, la perception claire des moyens [*remedia*]. Par conséquent, Dieu est le plus sage de tous (§ 872) et, lorsque nous le disons le plus sage, nous vénérons celui qui perçoit clairement 1) toutes les fins, 2) tous les moyens, 3) toutes les liaisons possibles de ceux-ci (§ 343), à l'égard de

4) toutes les qualités, 5) toutes les quantités, 6) dans la plus grande liaison | possible, 7) le plus certainement et le plus ardemment (§ 880, 873). 360

§ 883

Dieu connaît toutes les fins et, par conséquent, aussi bien les meilleures que les pires. Il connaît lesquelles d'entre elles peuvent être un moyen pour une autre et, par conséquent, il connaît aussi toute la subordination et toute la coordination possibles de toutes les fins (§ 315). Il connaît tous les buts sous un certain rapport et le but simplement dernier selon toute leur bonté et leur degré de bonté. Il connaît toute la liaison possible avec les moyens de telle sorte qu'aucun de ceux-ci ne lui semble jamais autre que ce qu'il est (§ 879), tout en connaissant en même temps comment une fin, quelle qu'elle soit, est considérée par chacune des âmes qui la connaît (§ 869). Il s'ensuit donc qu'à propos des fins les meilleures, Dieu connaît le mieux qu'elles sont les meilleures (§ 882).

§ 884

Dieu connaît tous les moyens et, par conséquent, les meilleurs d'entre eux (§ 882), par la position desquels la perfection suprême est posée (§ 187). Maintenant, lorsque les moyens sont posés, la fin est posée (§ 326, 341). Il s'ensuit donc que les moyens les meilleurs sont subordonnés à la fin la meilleure. Dieu les connaît et dans la mesure où ils sont subordonnés à la fin la meilleure, il sait comment et dans quelle mesure ils sont subordonnés (§ 883).

| § 885 361

Un MOYEN CERTAIN est celui qui est véritablement tel et est aussi grand qu'il peut être connu et, par là, il est opposé au moyen apparent, qui semble seulement être un moyen, mais ne l'est pas du tout, ou qui n'est pas un moyen aussi grand qu'il le semble. Il s'oppose aussi au moyen incertain, dont la bonté véritable ou le degré de bonté n'est pas clair. Les moyens les meilleurs sont les plus certains dans la mesure où ils ne sont pas des moyens apparents et dans la mesure aussi où Dieu est le plus certain à la fois de leur bonté et de leur degré de bonté (§ 882), cependant qu'il perçoit clairement tous les doutes possibles des âmes à leur propos (§ 869, 873).

§ 886

Plus un moyen est fécond, plus est grande la perfection qui est posée par la position de celui-ci (§ 166, 341). Il s'ensuit donc que les moyens les plus féconds sont les moyens les meilleurs et vice versa (§ 187). Dieu connaît les moyens les plus féconds (§ 884) et combien de fécondité chacun d'entre eux possède (§ 882), tout comme il connaît combien de fécondité est attribuée à chacun d'entre eux par des âmes données (§ 873).

§ 887

Les moyens les meilleurs sont complets (§ 886) en vue de la fin la meilleure (§ 884). Ils ne sont donc pas incomplets (§ 81). S'ils étaient des
362 moyens surabondants, | ils auraient en eux des choses qui ne contribuent en rien à la fin. Il s'ensuit qu'ils n'actualiseraient pas un bien (§ 341), bien qu'ils ne seraient pas tout à fait stériles (§ 23) et qu'ils seraient, par là, des maux (§ 146). Les moyens les meilleurs sont donc adéquats à la fin la meilleure. Dieu connaît les moyens adéquats à la fin la meilleure (§ 884). Les moyens certains et adéquats sont ceux qui ATTEIGNENT COMPLÈTEMENT LA FIN. Dieu connaît les moyens qui atteignent complètement la fin la meilleure (§ 885).

§ 888

L'actualisation d'une fin par les moyens les moins nombreux qui l'atteignent complètement est le CHEMIN LE PLUS COURT. L'usage des moyens les meilleurs est toujours le chemin le plus court. Car alors la fin est actualisée par les moyens qui l'atteignent complètement (§ 887), chacun d'eux étant le plus fécond (§ 886) et aucun n'étant surabondant (§ 887). Ils seront donc les moins nombreux qui puissent être (§ 161). Dieu connaît tout chemin le plus court (§ 887).

§ 889

L'OMNISCIENCE est la science de toutes choses. Dieu est le plus omniscient (§ 873). Lorsque nous le disons tel, nous le vénérons comme cet être que montrent les § 863-888.

| SECTION III 363
LA VOLONTÉ DE DIEU

§ 890

Dieu intuitionne le plus distinctement toutes les perfections ou imperfections de toutes choses (§ 889, 8710. Tout ce qui est en Dieu est la raison la plus grande (§ 23, 812). En lui, par conséquent, l'intuition des perfections ou des imperfections est la plus vive qui soit (§ 669, 873). Il s'ensuit donc que la satisfaction et l'insatisfaction suprêmes (§ 812) appartiennent à Dieu (§ 655).

§ 891

Il n'y a pas de satisfaction et d'insatisfaction de Dieu qui ne soit la plus vraie (§ 880), la plus distincte (§ 870) et la plus rationnelle (§ 822); Dieu n'est jamais totalement indifférent (§ 653) ni jamais partiellement indifférent envers aucune chose (§ 654); il n'a ni plaisir ni déplaisir sensibles (§ 656), ni désir ni aversion sensibles, ni instincts ni fuites (§ 677), ni affects (§ 678), ni plaisirs ni déplaisirs apparents (§ 655).

§ 892

Comme Dieu ne s'intuitionne le plus distinctement lui-même que comme bon, comme l'être le meilleur et le plus saint (§ 866, 828), il puise en lui-même le plaisir le plus pur (§ 661). Ceci est le repos suprême de Dieu en lui-même (§ 682). La théologie | exemplaire est la plus agréable (§ 866). 364
Dieu ne tire d'aucune chose un pur déplaisir (§ 891, 661). Toute son insatisfaction et sa satisfaction sont invariables (§ 839). Par conséquent, il ne connaît ni plaisirs ni déplaisirs transitoires (§ 662) et rien n'est une charge pour lui (§ 658). Son insatisfaction suprême n'obscurcit d'aucune façon sa satisfaction suprême (§ 870) et rien hors de lui ne peut actualiser en lui aucun plaisir ni déplaisir (§ 851).

§ 893

En Dieu se trouve la science libre de ce monde bien que, cependant, elle puisse être la science à la fois d'aucun monde et d'un autre (§ 881). La science libre de ce monde n'existe toutefois en Dieu que par la force de Dieu (§ 851, 197). Il s'ensuit donc que Dieu a déterminé sa force en vue d'actualiser la science libre non pas d'aucun monde, ni d'un autre, mais de ce monde. Il s'ensuit que Dieu désire et a de l'aversion (§ 663). Maintenant, il ne désire ni n'a d'aversion de manière sensible. Son désir et son aversion suivent plutôt sa connaissance (§ 668, 822). Il s'ensuit donc qu'il veut et ne veut pas, qu'il a la volition et la nolition (§ 689) suprêmes (§ 812), c'est-à-dire ce qui suit le plus parfaitement l'omniscience suprême (§ 668, 889).

§ 894

LA VOLITION OU LA NOLITION qui suit la connaissance mathématique de
365 l'entendement, autrement dit qui désire | selon le degré distinctement connu de bonté dans les choses qui doivent être désirées et qui a de l'aversion selon le degré distinctement connu d'imperfection dans les choses qui doivent être objets d'aversion, est PROPORTIONNELLE À L'ENTENDEMENT. Si elle établit qu'une chose est aussi bonne ou mauvaise qu'elle l'est [en réalité], la volition ou la nolition est alors PROPORTIONNELLE AUX OBJETS. Il s'ensuit donc que la proportionnalité suprême (§ 812) appartient à la volition et à la nolition divines (§ 893), puisqu'elle suit suprêmement la connaissance la plus distincte et infaillible des degrés de perfection et d'imperfection (§ 879, 883).

§ 895

Aussi longtemps que Dieu veut (§ 893), il agit (§ 210). Toutes les actions de Dieu peuvent dépendre (§ 833) et dépendent en fait (§ 851) d'un principe suffisant intérieur au Dieu agissant. Il s'ensuit donc que la spontanéité – et la spontanéité suprême (§ 872) – appartient aux actions divines et à Dieu lui-même (§ 704), en tant qu'elle est suffisante pour les actions les plus nombreuses et les plus grandes (§ 706, 832). Les actions les plus spontanées de Dieu seront soit immanentes, soit transitoires (§ 211).

§ 896

Dieu est libre de la contrainte interne absolue (§ 710, 702) et physique (§ 710, 859), tout comme de la contrainte externe – tant idéale que réelle
366 (§ 707, 851) –, | et même de la contrainte morale (§ 723) des motifs (§ 726) menant à des actions faites à contrecœur par violence sous un certain rapport (§ 714). Il est libre des séductions, des menaces, des persuasions, des dissuasions et des extorsions (§ 728).

§ 897

Toutes les actions sont posées comme étant dans le pouvoir de Dieu (§ 708, 859). Il s'ensuit que si une certaine action et quelque action qui lui est opposée sont en soi possibles (§ 15), c'est-à-dire si une certaine action est en soi contingente (§ 104) et a, par là, une action opposée qui est en soi contingente (§ 104), les deux sont posées comme étant dans le pouvoir de Dieu. Il s'ensuit donc que toutes les actions en soi contingentes sont, pour Dieu, libres quant à leur exécution et qu'en ce qui concerne l'exercice de l'acte, elles sont pour lui indifférentes (§ 708), puisqu'à l'égard de Dieu, la possibilité physique des deux est suprême (§ 844). Par conséquent, l'actualisation de cet univers, ou d'aucun univers, ou d'un autre univers était, pour Dieu, libre quant à son exécution (§ 835). Dieu était, est et sera indifférent quant à l'exercice de l'acte autant à l'égard du monde le meilleur qu'à l'égard du monde le plus imparfait (§ 849).

§ 898

Comme Dieu, en agissant, se détermine selon sa préférence (§ 893, 712), et encore selon sa préférence distincte (§ 893), il a la liberté (§ 719), et encore la liberté suprême (§ 812), c'est-à-dire celle qui actualise selon la préférence la plus distincte les actions les plus grandes et les plus nombreuses (§ 725). | Le FATALISME, la doctrine qui nie la liberté divine, 367
est une erreur.

§ 899

Dieu veut le plus librement (§ 898). Il veut donc le bien (§ 719, 665). Dieu a la plus librement de l'aversion (§ 898). Il a donc de l'aversion pour le mal (§ 719, 665). La volition, autrement dit l'amour du bien, la haine, autrement dit la nolition du mal, sont en Dieu infinies (§ 844) 1) extensivement, puisque Dieu aime tout bien et hait tout mal (§ 898, 889), 2) protensivement, puisque [cette volition et cette nolition] sont en lui éternelles (§ 849) et 3) intensivement, puisqu'elles sont les plus proportionnelles (§ 894). Parce qu'il ne peut y avoir en Dieu de science morte et purement spéculative (§ 873), la volition et la nolition divines extensivement infinies tendent vers 1) les objets universels de la simple intelligence, qui nous montrent les concepts, et vers tout ce qui, en eux, est bon ou mauvais et à l'égard de quoi Dieu ne peut être totalement indifférent (§ 891); vers 2) les objets de la science moyenne, les objets actuels d'un autre univers; vers 3) les objets de la science libre (§ 874-876). La VOLONTÉ DE DIEU, dans la mesure où elle désire les objets de la science libre, autrement dit les objets actuels de cet univers, est appelée par réduction (§ 826) CONSÉQUENTE et, dans la mesure où elle tend vers les êtres universels et actuels d'un autre univers, elle est appelée par réduction ANTÉCÉDENTE (§ 826, 695). Celle-là est efficiente (§ 671); les deux sont efficaces, même la volonté antécédente, non seulement parce qu'elle est sérieuse, mais aussi parce qu'elle appartient aux motifs d'un décret (§ 675)[1].

368 | § 900

Une VOLONTÉ dont les causes d'impulsion sont incompréhensibles est INSONDABLE. Maintenant, les causes d'impulsion de la volonté divine sont sa préférence la plus distincte (§ 898) et, par là, sont en Dieu une perfection interne (§ 37), laquelle est pour nous incompréhensible (§ 862). Celui qui conçoit certains motifs de Dieu avec un certain degré de distinction n'a pas sondé la volonté divine (§ 862). Et par conséquent, celui qui tend vers une certaine intelligence des motifs divins ne s'imagine pas qu'il puisse sonder lui-même la volonté de Dieu (§ 664). Plus nombreuses sont les causes d'impulsion d'une certaine volonté et moins elles peuvent être pleinement connues, plus cette volonté est insondable (§ 160). Par conséquent, comme la volonté de Dieu est dite être pour nous la plus insondable (§ 812), nous comprenons 1) que la plupart de ses motifs ne peuvent pas être pleinement connus et 2) que chacun d'entre eux demeure très éloigné de notre compréhension (§ 862, 898).

§ 901

La conformité d'une ACTION libre avec sa raison, par conséquent avec la loi (§ 83) morale (§ 723), est sa DROITURE. Dans la mesure où toutes les actions de Dieu sont les plus libres qui soient (§ 898, 725) et qu'elles

1. Sur la distinction entre volonté antécédente et volonté conséquente, que Leibniz mentionne à quelques reprises dans la *Théodicée*, voir en particulier ce texte de l'abrégé latin (*La cause de Dieu, etc.*) : « 25. La *volonté antécédente* est tout à fait sérieuse et pure, et ne doit pas être confondue avec la velléité (où l'on voudrait, si l'on pouvait, et où l'on voudrait pouvoir), laquelle ne convient pas à Dieu; ni avec la volonté conditionnelle, dont il ne s'agit pas ici. La volonté antécédente en Dieu tend à produire toute espèce de bien et à repousser toute espèce de mal, en tant qu'ils sont tels, et à proportion du degré auquel ils sont bons ou mauvais. Combien cette volonté est sérieuse, Dieu lui-même l'a déclaré, quand il a si fortement affirmé qu'il ne veut pas la mort du pécheur, qu'il veut le salut de tous et qu'il hait le péché » ; « 26. La *volonté conséquente* résulte du concours de toutes les volontés antécédentes, de telle sorte que, quand les effets de toutes ne peuvent coexister, il en soit obtenu le plus grand effet qui puisse être obtenu par le moyen de la sagesse et de la puissance. Cette volonté s'appelle habituellement aussi le *décret* » (*ibid.*, p. 429-430).

possèdent la conformité suprême (§ 176) avec la loi morale (§ 723) du meilleur (§ 822) – *que le meilleur se lie librement au meilleur* – elles sont les actions les plus droites. La droiture | suprême (§ 899) et la sainteté 369
(§ 828) morale (§ 723) appartiennent à la volonté divine.

§ 902

Les actions de Dieu, qui sont les plus libres, ne sont pas absolument nécessaires dans la mesure où leur contraire est en soi possible (§ 102). Toutes les actions transitoires de Dieu dans le monde (§ 854, 211) ont un contraire qui est en soi possible (§ 361). Par conséquent, aucune d'entre elles n'est absolument nécessaire. Et comme le contraire de toutes les actions de Dieu, qui sont les plus libres, peut être actualisé par la toute-puissance de Dieu (§ 897), aucune de celles-ci, et par là aucune action de Dieu dans le monde, n'est pour lui physiquement nécessaire (§ 469[1], 859). Plus encore, aucune d'entre elles n'est en ce sens moralement nécessaire comme si, par la liberté, le contraire de l'une ou l'autre d'entre elles était rendu physiquement impossible pour Dieu (§ 723). Cependant, comme la liberté suprême de Dieu se détermine toujours le plus droitement (§ 901), toutes ses actions sont moralement nécessaires tant qu'elles sont moralement les plus saintes (§ 723, 724).

§ 903

La BONTÉ (la bienfaisance) est la détermination de la volonté à faire du bien à autrui. Un BIENFAIT est une action, entreprise par bonté, qui est plus utile à autrui. La bonté la plus petite serait la plus petite propension ou disposition de la volonté à attribuer un seul et unique bien le plus petit à un seul et unique être le plus petit, c'est-à-dire le moins | digne (§ 161). 370
Il s'ensuit donc que plus la bonté désire attribuer des bienfaits plus nombreux et plus grands à des êtres plus nombreux et plus dignes, alors plus grande est cette bonté (§ 160). Un bienfait est un bien plus grand (§ 336, 187).

1. Le texte latin renvoie plutôt au § 470. C'est Gawlick et Kreimendahl qui suggèrent la correction. Le § 469 est en effet en lien plus direct avec le propos de Baumgarten dans ce paragraphe.

§ 904

Dieu veut que les bienfaits soient attribués à autrui (§ 903, 899). Il est donc suprêmement (§ 812) bienfaisant (§ 903). Lorsque nous disons que Dieu est le plus bienfaisant, nous vénérons l'être qui aime infiniment, éternellement (§ 899) et invariablement (§ 839) attribuer les bienfaits les plus nombreux et les plus grands aux êtres les plus nombreux et les plus dignes (§ 903).

§ 905

L'amour envers les hommes est la PHILANTHROPIE. L'amour qui veut un amour réciproque et proportionné de l'être aimé est l'AMOUR JALOUX. Ceux-ci, avec la miséricorde, la faveur, la bienveillance et la clémence, sont en Dieu universels et les plus grands (§ 684, 904). Et comme l'amour intense et constant est la FIDÉLITÉ, Dieu, qui aime éternellement et infiniment, est suprêmement fidèle (§ 904, 812).

§ 906

La bonté proportionnelle envers les personnes ou les esprits est la JUSTICE (cf. *Ethica* § 317). La justice la plus petite serait la bonté la plus
371 petite | suivant la connaissance mathématique la plus petite, la moins claire, la moins certaine et la moins vive (§ 903, 161). Il s'ensuit donc que 1) plus intensément on aime attribuer 2) des bienfaits plus nombreux, 3) et plus grands 4) aux êtres plus nombreux selon le degré connu de perfection ou d'imperfection en leur esprit, et 5) plus clairement, 6) plus certainement et 7) plus ardemment ce degré est connu, alors plus grande est la justice (§ 903, 160). Dieu est suprêmement (§ 812) juste (§ 904, 894). Lorsque nous disons que Dieu est le plus juste, nous vénérons sa bonté suprême (§ 904), qui est la plus proportionnelle (§ 894) et la plus prête à attribuer les bienfaits les plus nombreux et les plus grands aux êtres les plus nombreux selon la connaissance la plus distincte, infaillible et la plus vive des degrés de perfection ou d'imperfection évidente en chaque esprit.

§ 907

La RÉCOMPENSE (rémunération) est un bien contingent attribué à une personne à cause d'un bien moral. La JUSTICE dans l'attribution des récompenses est RÉMUNÉRATRICE, dont nous vénérons en Dieu la suprême expression (§ 906, 812) lorsque nous admirons la justice la plus prête à attribuer les récompenses les plus proportionnelles à tous les biens moraux, même les plus petits, de tous les esprits.

| § 908 372

La PEINE est un mal contingent infligé à une personne à cause d'un mal moral. Tant certaines PEINES que certaines RÉCOMPENSES peuvent être suffisamment conçues à partir de l'essence du péché et de la nature de celui qui pèche, ou à partir de l'essence du bien moral et de la nature de celui qui agit bien, et elles seront alors NATURELLES. Certaines RÉCOMPENSES ne peuvent être suffisamment conçues qu'à partir de l'arbitre d'un autre, qui les attribue, et elles sont alors ARBITRAIRES. Certaines PEINES ne peuvent être suffisamment conçues qu'à partir de l'arbitre d'un autre, qui punit, et elles sont alors ARBITRAIRES.

§ 909

Celui en lequel se trouvent des maux moraux est un PÉCHEUR. Celui en lequel certains maux moraux ne se trouvent pas est à l'égard de ceux-ci INNOCENT AU SENS PLUS LARGE (non coupable) (cf. *Ethica* § 319). Le pécheur, tout le reste étant égal, n'est pas aussi bon que celui qui est innocent (§ 187). Il n'est donc pas autant aimé par la bonté la plus proportionnelle (§ 906). Il s'ensuit donc que Dieu veut attribuer certains bienfaits à l'innocent qu'il ne veut pas attribuer au pécheur (§ 904). Dieu n'est pas indifférent (§ 891) à l'égard de ces bienfaits qui ne doivent pas être attribués au pécheur. Par conséquent, selon sa préférence la plus distincte, il a en aversion d'attribuer ces bienfaits au pécheur | (§ 898, 669). Il s'ensuit 373
qu'il veut le contraire des bienfaits de ce genre (§ 663, 690). Les maux sont le contraire des bienfaits (§ 81, 903) et ils sont contingents (§ 146). Il s'ensuit donc que Dieu veut que certains maux contingents, c'est-à-dire des peines, soient infligés au pécheur à cause des maux moraux (§ 908).

§ 910

La JUSTICE dans l'attribution des peines est PUNITIVE (vindicative, vengeresse, vindicatrice, Némésis). La justice punitive appartient à Dieu (§ 909) et elle est la justice suprême (§ 812), puisqu'elle est la plus prête à punir le plus proportionnellement tous les péchés de tous les pécheurs (§ 906). Le DIPPELIANISME PHILOSOPHIQUE[1], la doctrine qui nie la justice punitive de Dieu, est une erreur.

1. En référence au théologien, alchimiste et médecin Johann Conrad Dippel (1673-1734). Influencé par le piétisme de Spener et par Jakob Boehme, Dippel a développé dans ses écrits controversés une conception qui assimile Dieu à la pure lumière et au pur amour. L'idée d'une justice punitive et la figure d'un Dieu juge sont étrangères à ce Dieu de pur amour et contredisent selon Dippel l'essence du christianisme. Fait à noter, Johan Conrad Dippel aurait

§ 911

Le contraire de la récompense naturelle est la peine naturelle et le contraire de la récompense arbitraire est la peine arbitraire (§ 908). Ainsi donc, alors que la justice rémunératrice de Dieu dispense des récompenses arbitraires, sa justice vindicative impose des peines arbitraires (§ 907, 909). Même les peines naturelles sont arbitraires à l'égard de celui sans l'arbitre duquel la nature du pécheur n'aurait pas de raison suffisante (§ 908). Il en va de même des récompenses naturelles.

374 | § 912

L'ensemble des causes posées hors d'un esprit qui concourent à sa prospérité ou à sa misère est la BONNE ou la MAUVAISE FORTUNE. Ce qui est actualisé par la fortune est FORTUIT et est contingent (§ 147, 787). Les biens de ce genre qui sont attribués à un esprit à cause des biens moraux sont des récompenses (§ 907) et, comme ils ne peuvent être suffisamment connus que par l'arbitre de Dieu (§ 854), ils sont arbitraires (§ 908). Les maux fortuits infligés à un esprit sont des INFORTUNES. Les infortunes infligées à un esprit à cause des maux moraux sont des peines et, comme elles ne peuvent être suffisamment connues que par l'arbitre de Dieu (§ 854), elles sont des peines arbitraires (§ 908).

§ 913

Les récompenses et les peines miraculeuses et surnaturelles sont en soi (§ 475) et hypothétiquement (§ 860) possibles pour la toute-puissance divine (§ 833, 834) et elles sont – mais non seulement elles (§ 911, 912) – arbitraires (§ 908, 898).

§ 914

Tout ce qui est réel et positif dans un ÉVÉNEMENT est appelé son ÉLÉMENT MATÉRIEL ÉLOIGNÉ et sa détermination complète est appelée son ÉLÉMENT MATÉRIEL LE PLUS PROCHE. Dans les êtres finis, tout ce qui est négatif pour un même événement est appelé son ÉLÉMENT FORMEL.
375 Par conséquent, | les maux et, par là aussi, les peines (§ 908) sont soit considérés matériellement et formellement en même temps : ils sont alors partiellement bons et partiellement mauvais, comme tous les êtres finis pris

inspiré le personnage de Frankenstein dans le roman de Mary Shelley. Sur la théologie de Dippel, voir S. Goldschmidt, *Johann Konrad Dippel. Seine radikalpietistische Theologie und ihre Enstehung*, « Arbeiten zur Geschichte des Pietismus » 39, Göttingen, 2001.

précisément ou formellement (§ 264). Ils seront alors aimés infiniment de Dieu en tant qu'ils sont bons ou haïs infiniment de lui en tant qu'ils sont mauvais (§ 899). Soit ils sont seulement considérés matériellement, à l'égard de leur élément matériel éloigné : ils sont alors positifs et réels, et seulement l'objet de l'amour divin (§ 899). Soit ils sont seulement considérés formellement, à l'égard de l'élément matériel le plus proche et de l'élément formel : ils ne sont alors que des négations au sens strict ou des privations (§ 137)[1], et seulement l'objet de la haine divine (§ 899).

§ 915

Par la justice punitive, Dieu veut (§ 910) l'élément matériel éloigné de la peine et tout ce qui est dans l'élément matériel le plus proche de la réalité, mais il ne veut pas l'élément formel (§ 914). Maintenant, c'est une réalité que ces mêmes peines touchent ce pécheur et non un autre, et celui pour qui elles sont les plus proportionnelles (§ 36, 909). Il s'ensuit donc que Dieu veut cette réalité (§ 899). Par conséquent, dans la distinction des maux contingents (§ 146) et, par là, aussi bien des peines (§ 908) que des pécheurs (§ 788), il faut distinguer les privatifs des positifs (§ 525).

| § 916 376

La LONGANIMITÉ (la patience du juge) est la justice qui ne punit qu'à l'occasion qui lui semble être la meilleure. Comme Dieu connaît infailliblement les meilleures opportunités de toutes les peines (§ 889, 879), il voudra aussi le plus proportionnellement (§ 894, 914) cet élément matériel le plus proche de toute peine, puisqu'il est une réalité (§ 36). Par conséquent, Dieu est suprêmement longanime.

1. L'élément formel du mal est donc une simple privation du bien qui est due non pas à Dieu mais à la limitation intrinsèque des créatures (au « mal métaphysique », qui consiste dans la limitation des déterminations essentielles des êtres), alors que l'élément matériel du mal est la réalité positive que renferme tout acte mauvais. Celui-ci ne s'oppose pas à la volonté de Dieu et est même compris en elle, car si Dieu empêchait cet élément matériel du mal, le monde et toute la série des antécédents et des conséquents en lui seraient autres qu'ils ne sont, et donc ce monde ne serait pas le monde le meilleur. Dans la première partie de la *Théodicée*, Leibniz expose de la manière suivante cette distinction : « 30. [...] Ainsi les platoniciens, saint Augustin et les scolastiques ont eu raison de dire que Dieu est la cause du matériel du mal, qui consiste dans le positif, et non pas du formel, qui consiste dans la privation, comme l'on peut dire que le courant est la cause du matériel du retardement, sans l'être de son formel, c'est-à-dire est la cause de la vitesse du bateau, sans être la cause des bornes de cette vitesse. Et Dieu est aussi peu la cause du péché que le courant de la rivière est la cause du retardement du bateau » (*ibid.*, p. 122).

§ 917

L'IMPARTIALITÉ est l'aversion à décider à partir de stimuli apparents. En Dieu, aucun stimulus (§ 898), et encore moins de stimulus apparent, n'est possible (§ 889, 12) et, comme sa volonté la plus sainte (§ 902) a autant en aversion ces stimuli que ce qui est décrété à partir d'eux, il est le plus impartial.

§ 918

La justice impartiale est l'ÉQUITÉ. Dieu, qui est le plus juste (§ 906) et le plus impartial (§ 917), est le plus équitable.

§ 919

La SINCÉRITÉ est la bonté dans la manifestation de son esprit et, en Dieu (§ 904), elle est suprême (§ 812), puisque Dieu est le plus prêt à manifester
377 avec les signes les plus appropriés son esprit | dans toutes les choses pour lesquelles sa sagesse suprême le recommande et autant qu'elle le lui recommande (§ 884-888).

§ 920

La VÉRACITÉ est la sincérité dans le discours. Comme la sagesse divine juge qu'il est meilleur de manifester l'esprit divin par le discours, Dieu est le plus véracе (§ 919).

§ 921

La plus petite durée de la plus petite nature serait la vie la plus petite. Plus grande est la durée d'une nature plus grande, alors plus grande est la vie, jusqu'à être la vie la plus grande, c'est-à-dire la durée suprême de la nature la plus parfaite (§ 430, 161). La vie suprême doit être attribuée à Dieu (§ 859, 850).

§ 922

Comme la vie la plus grande est absolument nécessaire pour Dieu (§ 921), parce qu'elle est son essence (§ 816) et son existence (§ 823, 780), non seulement Dieu est-il immortel, mais *lui seul a l'immortalité* absolue (§ 781).

§ 923

Avec la perfection métaphysique et physique suprême se conjugue en Dieu la perfection morale suprême (§ 806, 859) à travers sa droiture suprême (§ 901). De ces perfections, Dieu est le plus distinctement | conscient (§ 866), il en jouit de ce fait avec le plaisir suprême (§ 892) et **378**
il est le plus bienheureux (§ 787).

§ 924

Dieu est suprêmement (§ 812) heureux (§ 923, 787), puisque 1) non seulement toute corruption morale et toute misère sont absentes en lui (§ 813), mais ne peuvent en vérité ni physiquement (§ 859) ni moralement (§ 902) être en lui; puisqu'il est le plus heureux 2) indépendamment et par soi (§ 851), 3) sans aucune variation tant de ses biens que de l'intuition de ceux-ci (§ 839).

§ 925

Un être plus parfait qu'un autre est SUPÉRIEUR à lui. Dieu, l'esprit suprême (§ 889, 796), est l'ÊTRE SUPRAMONDAIN, dans la mesure où il a une perfection plus grande que tout monde entier, même le monde le meilleur (§ 361, 843). Et comme il est impossible que plusieurs êtres très parfaits soient posés les uns hors des autres (§ 846), Dieu est l'être absolument suprême.

| CHAPITRE II 379

LES OPÉRATIONS DE DIEU

PREMIÈRE SECTION
LA CRÉATION DU MONDE

§ 926

La cause efficiente actualise un effet (§ 319, 210). Dieu est la cause efficiente de cet univers (§ 854). Il s'ensuit donc que Dieu a actualisé cet univers soit de toute éternité, c'est-à-dire de telle sorte que ce monde n'aurait pas eu de commencement, soit dans le temps, autrement dit non pas de toute éternité (§ 10). En aucun de ces cas, une partie du monde n'a préexisté au monde (§ 371, 394). Il s'ensuit que dans chacun de ces cas, le monde a été actualisé à partir du rien (§ 228) et que Dieu est celui qui l'a actualisé à partir du rien (§ 854). Actualiser quelque chose à partir du rien est CRÉER. Dieu est donc le créateur de cet univers [1].

§ 927

La CRÉATION PAR ÉMANATION serait l'actualisation de l'univers à partir de l'essence de Dieu. Dans une création de ce genre, 1) le monde n'aurait pas été actualisé à partir du rien (§ 926) – car l'être nécessaire est l'essence de Dieu (§ 109, 816) –, ce qui va à l'encontre du § 926 ; 2) ou bien l'essence totale de Dieu, ou une partie de celle-ci, | pourrait être changée dans 380
l'univers (§ 370), ce qui va à l'encontre du § 839 ; 3) une partie de Dieu

1. Pour Wolff, la création du monde est un miracle, le miracle « primigène » ou primordial : « *La création du monde et la constitution de l'ordre de la nature sont le miracle primigène* » (Th. N., I, § 773).

serait posée hors de Dieu (§ 338) et Dieu serait alors composé (§ 225), ce qui va à l'encontre du § 838. Il est évident de plusieurs autres façons encore que la création par émanation est impossible (§ 7).

§ 928

Toutes les monades de cet univers sont des êtres finis (§ 396); elles sont toutes par conséquent des êtres par un autre (§ 308), qui toutes ne peuvent être actualisées qu'à partir du rien (§ 229, 236). Il s'ensuit donc que toutes les monades de cet univers sont créées (§ 926). Un être qui ne peut exister que par création est une CRÉATURE. Donc, toutes les monades de cet univers sont des créatures et plus encore des créatures de Dieu (§ 381, 854). Tout ce qui est substantiel dans cet univers est une créature de Dieu (§ 396).

§ 929

Tous les esprits de cet univers (§ 404), toutes les âmes humaines (§ 744, 741), tous les éléments de ce monde sont des créatures de Dieu (§ 928, 423) et chacune d'entre elles est actualisée par création simultanée (§ 238) et instantanée (§ 299, 228). Maintenant, les corps de ce monde sont des agrégats d'éléments (§ 155, 420) et, par conséquent, tout ce qui est
381 substantiel dans les corps – peu importe le nombre | de parties subsistantes par soi qu'ils possèdent – est une créature de Dieu (§ 928).

§ 930

Ce qui ne peut exister qu'en étant causé par un autre ne peut aussi durer qu'en étant causé par un autre (§ 299). Par conséquent, le monde et toutes ses parties ne peuvent durer comme êtres que par un autre (§ 928, 375). Il s'ensuit donc qu'une création actualisant une durée indépendante dans les créatures est impossible et ne peut être l'objet de la toute-puissance divine (§ 833). La création de cet univers est possible (§ 926, 57). Il s'ensuit donc que par la création de cet univers, aucune durée indépendante n'a été actualisée en lui.

§ 931

Ce qui ne se rapporte pas à l'existence du monde et à ses parties substantielles n'est pas créé (§ 926). Maintenant, les essences des créatures, et par conséquent aussi leur mal métaphysique (§ 146), ne se rapportent pas à leur existence (§ 132, 134). Par conséquent ni les essences, ni les maux métaphysiques des créatures ne sont créés, à moins que tu veuilles dire que toutes les déterminations d'une créature actuelle ont été créées, ce qui va à l'encontre de la notion du § 926[1].

§ 932

Que cet univers n'existe pas, qu'aucun univers n'existe, cela est en soi possible | (§ 370, 361). Toutes les choses possibles en soi sont aussi 382
possibles pour Dieu (§ 859). Par conséquent Dieu, en vertu de sa toute-puissance, aurait pu ne pas créer l'univers, en créer un autre que celui-ci et, si un autre avait existé, alors celui-ci n'aurait pas existé (§ 379, 926). Il a pourtant créé celui-ci, sans passions (§ 851), par spontanéité suprême (§ 895), en un acte de création libre à l'égard de son l'exécution (§ 897) et il l'a donc créé le plus librement (§ 898).

§ 933

Dieu a créé ce monde le plus librement (§ 932). Il s'ensuit donc qu'il a voulu le créer (§ 893), qu'il l'a voulu efficacement (§ 671) et, par là, pleinement, parce qu'il est infaillible (§ 879) et, conséquemment, il l'a voulu à partir de motifs complets. Dieu a donc décidé de créer ce monde (§ 695) et plus encore de le créer efficacement dans tous les sens (§ 675).

§ 934

Dans sa volonté la plus proportionnelle (§ 894), Dieu a décidé de la création de ce monde (§ 933). Par conséquent, il a décidé de l'existence de ce monde selon le degré de bonté reconnu en celle-ci (§ 926). Dans sa volonté la plus proportionnelle (§ 379), il n'a pas décidé de l'existence d'un autre monde. Il s'ensuit donc que Dieu n'a pas reconnu autant de bonté dans l'existence d'un autre monde que dans l'existence de ce monde (§ 70). Maintenant, la connaissance de Dieu est la plus distincte et la plus infaillible (§ 879). Il s'ensuit donc que l'existence de ce monde préféré | et choisi 383
avant tous les autres (§ 697) est la meilleure existence d'un monde qui puisse être (§ 187).

1. Dieu n'est donc pas la cause du mal métaphysique (l'une des trois formes du mal avec le mal physique et le mal moral), même si son entendement en connaît l'idée. On l'a vu, le mal métaphysique est l'expression de la finitude des êtres créés, en tant que leur perfection propre est toujours une perfection finie et relative, distincte de la perfection absolue de Dieu. C'est pourquoi même dans le monde le meilleur, le mal métaphysique est absolument nécessaire, puisque ce monde est constitué d'êtres finis. Dieu n'aurait donc pas pu créer ce monde ni aucun autre monde sans ce mal métaphysique, qui est au-delà de toute volonté, même de sa volonté infinie.

§ 935

Lorsque l'existence de ce monde est posée, la perfection suprême qui peut être dans un monde est posée (§ 187, 934). Le monde le plus parfait est celui en lequel est posée la perfection suprême qui peut être dans un monde (§ 185). Il s'ensuit donc que ce monde est le plus parfait de tous les mondes possibles.

§ 936

Il y a dans ce monde les parties les plus nombreuses des parties les plus grandes et les parties les plus grandes des parties les plus nombreuses qui puissent être dans un monde. L'accord en lui est aussi grand qu'il peut être dans un monde (§ 436, 935). Ce monde est extensivement, protensivement et intensivement le plus grand des mondes (§ 437) ; il est certes réellement fini, bien qu'il puisse de plusieurs façons être dit infini (§ 440) ; il est le monde le meilleur (§ 443), en lequel se trouvent la liaison universelle (§ 441), l'ordre (§ 444) et l'harmonie (§ 462) les plus grands qui puissent être.

§ 937

Supposons un monde totalement égal en perfection à ce monde. Il devrait alors être posé hors de ce monde, car autrement il serait une partie
384 de ce monde (§ 354, 155). La perfection de ce monde ne peut pas | être hors de ce monde, pas plus que la perfection d'un monde entièrement et également parfait ne peut être posée hors de ce monde même (§ 194). Si donc un tel [autre] monde était possible, deux perfections qui seraient à la fois hors l'une de l'autre et totalement égales seraient possibles, ce qui va à l'encontre du § 272. Il s'ensuit donc que le monde le plus parfait est unique (§ 77).

§ 938

Nous pouvons être certains du fait que ce monde est le meilleur (§ 935, 936). Cette doctrine n'est donc pas une hypothèse philosophique. Ceux qui réclament une démonstration *a posteriori* de ceci soit comprennent par « démonstration *a posteriori* » celle qui a un jugement intuitif dans ses prémisses et la trouvent au § 933, dans les prémisses de laquelle entre le jugement intuitif : *ce monde existe* ; soit ils demandent d'expérimenter la différence entre ce monde et un monde inférieur et d'être, par là, placés hors de ce monde (§ 548), ce qui est une extase étonnante (§ 552).

§ 939

Tout ce que Dieu a créé, il a voulu le créer (§ 932). Maintenant, il n'a pas du tout voulu l'élément formel des maux contingents et spécialement des maux moraux (§ 914). Il s'ensuit donc qu'il n'a pas voulu le créer (§ 926). Dieu n'est le créateur d'aucun mal contingent et, par là, d'aucun mal moral considéré formellement[1].

| § 940 385

Un AUTEUR est la cause d'une action libre et tant l'action que les choses causées par elle sont les effets de l'auteur, autrement dit des FAITS. Maintenant, Dieu a créé le monde le plus librement (§ 932). Il s'ensuit donc que Dieu est l'auteur de la création et de ce monde. Dieu n'est l'auteur que des choses qu'il veut (§ 719, 891). Maintenant, Dieu ne veut l'élément formel d'aucun mal contingent et d'aucun péché (§ 914). Il s'ensuit donc que Dieu n'est l'auteur d'aucun mal contingent ni d'aucun péché considérés formellement. Une CAUSE MORALE AU SENS STRICT est un auteur par la libre détermination d'un autre, en tant qu'il séduit, menace, persuade, dissuade, extorque, etc. (§ 728). Maintenant, la cause morale au sens strict est un auteur. Il s'ensuit donc que Dieu n'est la cause morale au sens strict d'aucun péché et d'aucun mal contingent considérés formellement.

§ 941

Celui qui actualise les causes d'impulsion en vue d'un mal moral considéré formellement est un TENTATEUR INDUISANT AU MAL. Si Dieu actualisait les causes d'impulsion en vue d'un mal moral considéré formellement, il deviendrait la cause morale au sens strict de cela-même. Il s'ensuit donc que Dieu n'est jamais un tentateur induisant au mal (§ 940).

1. Comme le mal métaphysique, le mal moral et le mal physique sont paradoxalement contenus dans l'idée du monde le meilleur, donc dans l'entendement divin, mais ce indépendamment de la volonté de Dieu. Mais contrairement au mal métaphysique dont la nécessité est absolue, la nécessité du mal moral et du mal physique est hypothétique. C'est dire que Dieu aurait pu exclure les maux moraux et physiques de sa création. Mais s'il l'avait fait, ce monde serait différent de ce qu'il est : il ne serait pas le monde le meilleur et la liaison la meilleure des réalités les plus nombreuses et les plus grandes, mais un ensemble moins parfait. Dieu a plutôt voulu la perfection la plus grande de l'ensemble à laquelle ne font pas obstacle les maux physiques et moraux, lesquels ont été prévus par lui de toute éternité. S'agissant plus précisément du mal moral, il est utile de rappeler la formule de Wolff, elle-même empruntée à Thomas d'Aquin (*Summa theologiae*, Ia, qu. 19, art. 9), à savoir que Dieu n'a pas décrété le mal moral, qu'il ne peut pas vouloir, mais qu'il a décrété de le permettre (Th. N., I, § 585) : « *Deus ... neque vult mala fieri, neque vult mala non fieri, sed vult permittere mala fieri* ».

386 | SECTION II

LA FIN DE LA CRÉATION

§ 942

La reconnaissance d'une perfection plus grande chez quelqu'un est l'HONNEUR. L'honneur plus grand est la GLOIRE (*cf.* § 684). La gloire de Dieu est donc une plus grande connaissance de ses perfections suprêmes. Plus nombreux sont ceux qui connaissent davantage, donc plus clairement, plus certainement, plus ardemment, plus véritablement de plus nombreuses et de plus grandes perfections de quelqu'un, alors plus grande est la gloire (§ 160). Par conséquent, la gloire suprême de Dieu est la connaissance la plus claire, la plus véritable, la plus certaine et la plus ardente de ses perfections les plus nombreuses et les plus grandes par le plus grand nombre (§ 161). La gloire de Dieu est un bien (§ 866).

§ 943

Les perfections suprêmes de Dieu peuvent être connues plus clairement, plus véritablement, plus certainement et plus ardemment par ce monde (§ 333, 375). Il s'ensuit que ce monde est utile à la gloire de Dieu pour ceux qui sont capables de la connaître grâce à lui (§ 336). Cette utilité a été actualisée par la création à la fois du monde lui-même et de tous les esprits en lui (§ 926). Il s'ensuit donc que le créateur de l'univers use de celui-ci en vue d'actualiser sa gloire, qu'il connaît très distinctement comme bonne (§ 889, 942). En créant, Dieu avait donc une fin (§ 341).

387 | § 944

Dieu a créé le monde selon sa science suprême de la liaison finale (§ 943) et, par conséquent, il l'a créé le plus sagement (§ 882). Par conséquent, en créant toutes les fins les meilleures du monde le meilleur, qui sont en lui dans la subordination et la coordination la plus parfaite (§ 883), il connaissait et a actualisé (§ 894) les moyens les meilleurs de ces fins (§ 884), lesquels sont les moyens les plus certains (§ 885) et les plus féconds (§ 886) qui atteignent complètement leurs fins (§ 887) par le chemin le plus court (§ 888). Il est à nouveau évident que Dieu n'a créé aucun mal contingent considéré formellement (§ 146, 914).

§ 945

La fin de Dieu, en créant le monde, ne fut pas une quelconque perfection interne de lui-même. En effet, il est impossible qu'aucune de celles-ci ne soit actualisée ou augmentée par le monde (§ 851). Or Dieu ne veut pas ce qui est impossible (§ 891, 893). Maintenant, tout ce qui est, à part Dieu, est le monde ou une partie du monde (§ 846, 354). Il s'ensuit donc que la fin de Dieu en créant le monde fut la perfection des créatures (§ 928).

§ 946

La fin de Dieu en créant l'univers fut une aussi grande perfection des créatures qu'il était possible dans le monde le meilleur (§ 945, 944). Il s'ensuit donc que toutes les utilités des choses créées (§ 336) et tous leurs usages (§ 338) sont des fins de Dieu | (§ 944). La science des fins divines 388
dans les créatures est la TÉLÉOLOGIE, tant la téléologie PHYSIQUE, à l'égard des corps, que la téléologie PNEUMATIQUE, qui montre les fins des esprits.

§ 947

Une bonne détermination de l'esprit à partir des motifs de la gloire divine est la CÉLÉBRATION [*illustratio*] DE LA GLOIRE DIVINE (le culte de Dieu). La gloire de Dieu et sa célébration sont la RELIGION. Maintenant, la gloire de Dieu est utile à son culte (§ 336, 712) et la gloire et le culte sont utiles à la religion (§ 336). Il s'ensuit donc que les fins de la création furent le culte de Dieu et la religion (§ 942, 946).

§ 948

La prospérité et la béatitude, autrement dit le bonheur des esprits, sont utiles à la gloire de Dieu (§ 787, 942), à sa célébration et à la religion (§ 947, 336). Il s'ensuit donc que la prospérité et la béatitude, autrement dit le bonheur des esprits, autant qu'ils sont possibles dans le monde le meilleur, furent les fins de la création (§ 946, 942).

§ 949

Toutes les créatures, considérées soit comme moyens, soit comme fins, sont utiles à la gloire de Dieu, et ceci est utile à la célébration de la gloire divine (§ 943, 947). Par conséquent, toutes les fins concourantes de la religion dans la création sont subordonnées à la religion | (§ 315, 947). 389
Il s'ensuit donc que la religion est la fin dernière de la création (§ 343).

SECTION III
LA PROVIDENCE

§ 950

Ce monde dure (§ 299), mais, à aucun moment, il ne dure de manière indépendante (§ 930). Il s'ensuit qu'il ne peut durer, ne serait-ce qu'un moment, sans être causé par quelque chose posé hors de lui (§ 307). Une force extra-mondaine produit donc sa durée à chaque moment de la durée (§ 210). Cette force est Dieu (§ 855, 839). Il s'ensuit que Dieu produit la durée de l'univers à chaque moment de sa durée. L'actualisation de la durée est la CONSERVATION. Dieu est donc le conservateur de cet univers.

§ 951

La conservation est l'influence continue de Dieu (§ 950, 895) et elle est réelle (§ 212), parce que l'existence d'aucun être fini ne peut être son propre effet (§ 308). Il en va de même de la création (§ 926). Par là, ce n'est pas à tort qu'on appelle la conservation une création continue.

§ 952

Les choses qui ne sont pas créées ne sont pas conservées (§ 950, 926).
390 Il s'ensuit donc que Dieu ne conserve ni les essences des choses, | ni le mal métaphysique des êtres finis (§ 931), ni l'élément formel du mal contingent, ni le mal moral considéré formellement (§ 939).

§ 953

Tout ce qui ne peut exister que par création ne peut durer que par conservation (§ 950, 926). Maintenant, toutes les monades de ce monde – et tout ce qui est substantiel en celui-ci – sont des créatures de Dieu. Il s'ensuit donc que toutes les monades du monde – et tout ce qui est substantiel dans ce monde – sont conservées par Dieu à chaque moment de leur durée (§ 928).

§ 954

Comme les causes efficientes – à l'exception de Dieu – et toutes les substances de ce monde (§ 319, 846) sont subordonnées à Dieu (§ 928), celui-ci est la cause efficiente simplement première et toutes celles qui restent sont secondes (§ 315, 28). Maintenant, toutes les actions des

substances finies sont en même temps des passions à partir d'autres substances finies qui les influencent (§ 451). Il s'ensuit donc que Dieu, en tant que cause efficiente, concourt médiatement à toutes les actions des substances finies (§ 314, 320). Cependant, puisque toutes les passions des substances finies à partir d'autres substances finies sont en même temps les actions de ces premières substances (§ 463) – non seulement lorsque celles-ci sont considérées principalement agir, mais aussi lorsqu'on les observe pâtir –, Dieu | concourt immédiatement aux actions 391
de toutes les substances finies en tant que cause efficiente, en actualisant par conservation (§ 953) la raison suffisante de cette variation et, par là, la force de celles-ci, au moment même où elles sont changées (§ 320). En effet, son action s'étend à l'existence présente d'une substance finie (§ 210, 55).

§ 955

Le concours immédiat de Dieu est sa présence (§ 223). Il s'ensuit donc que Dieu est présent de très près à toutes les substances de ce monde (§ 954). Ce qui est présent de très près à toutes les substances et à chacune des parties substantielles de celles-ci est dit être INTIMEMENT PRÉSENT à ces choses. Maintenant, Dieu est présent de très près à toutes les parties substantielles des corps dans cet univers (§ 421). Il s'ensuit donc que Dieu est intimement présent à tous les corps dans cet univers.

§ 956

Dieu est présent de très près à toute monade de ce monde ; il est intimement présent à tout corps (§ 955), et cela à chaque moment, et à l'égard de toutes les actions des créatures (§ 954). Il s'ensuit donc que Dieu est le plus omniprésent.

§ 957

Partout où est Dieu, il y est entier et non divisé | (§ 842) et de même donc 392
à l'égard de la substance et de l'essence (§ 830, 816). Il s'ensuit donc que Dieu est présent à toutes les monades et à tous les corps de ce monde à l'égard de la substance et de l'essence (§ 955).

§ 958

La conservation de toutes les forces de cet univers dans leur activité même est le CONCOURS PHYSIQUE DE DIEU ; celui-ci, parce qu'il s'étend à chacune des actions de chacune des substances et dans la mesure même où il le fait, est appelé GÉNÉRAL (universel).

§ 959

Tout le concours de Dieu est le plus libre qui soit (§ 932). Il s'ensuit donc que s'il concourait à l'élément formel d'une mauvaise action, il serait l'auteur de celle-ci (§ 940). Il s'ensuit donc qu'il concourt à toutes les actions physiquement et moralement mauvaises à l'égard de leur élément matériel (§ 958), mais aucunement à l'égard de leur élément formel (§ 940).

§ 960

Le concours d'une cause morale au sens strict est le CONCOURS MORAL. Dieu actualise les motifs de son propre culte (§ 947). Il s'ensuit donc qu'il concourt moralement à certaines actions dans cet univers (§ 940). Le concours moral de Dieu qui s'ajoute au concours général est SPÉCIAL. Il s'ensuit donc que Dieu concourt spécialement à certaines actions dans cet univers.

393 | § 961

Dieu n'est pas un tentateur induisant au mal (§ 941). Il s'ensuit donc qu'il ne concourt moralement à l'élément formel d'aucune action moralement mauvaise (§ 940). Il n'y concourt donc pas non plus spécialement (§ 960).

§ 962

Le CONCOURS surnaturel DE DIEU qui s'ajoute au concours spécial est le concours TRÈS SPÉCIAL et il est possible et en soi (§ 475) et hypothétiquement (§ 860). Il est actuel en ce monde toutes les fois qu'une action en lui ne peut pas être aussi bien actualisée par le concours spécial de Dieu (§ 498, 935).

§ 963

Le GOUVERNEMENT est l'action par laquelle plusieurs moyens sont successivement actualisés en vue d'une fin plus lointaine. Il s'ensuit donc que meilleurs sont les moyens et plus nombreux sont les moyens les meilleurs – et, par là, les moyens pour atteindre la fin par le chemin le plus court (§ 888) – qui sont actualisés en vue de fins meilleures et plus lointaines, alors plus le gouvernement est parfait (§ 185). Les fins qu'avait Dieu en créant, il les a et les actualise en conservant (§ 951, 944). Il s'ensuit donc que lorsque nous le vénérons comme le gouvernant suprême de cet univers, nous l'honorons comme celui qui actualise à chaque moment les moyens les meilleurs et les plus nombreux employant le chemin le plus court en vue des fins les meilleures qui, enfin, conduisent au but dernier de cet univers. | Si Dieu, en gouvernant 1) établit une limite certaine aux forces 394
– et par là aussi aux actions (§ 331) – d'une chose créée, on appelle cela DÉTERMINER AU SENS PLUS STRICT ; 2) subordonne à ses fins l'action d'une chose créée, bien que cette action n'ait pas été entreprise par celle-ci en vue de ces mêmes fins, on appelle cela DIRIGER AU SENS PLUS STRICT.

§ 964

Le premier péché est appelé la CHUTE et la capacité de chuter est appelée LABILITÉ et celle-ci est soit absolue, soit hypothétique (§ 15, 16). Le contraire de la labilité hypothétique est la CONFIRMATION DANS LE BIEN.

§ 965

La labilité absolue appartient à l'essence de l'esprit fini (§ 40, 964) ; par conséquent, elle est absolument nécessaire en lui (§ 106) et est un mal métaphysique (§ 146) ; pour aucun esprit, elle n'est co-créée (§ 931) et son contraire n'a pas pu être co-créé pour aucune créature (§ 833). L'esprit qui chute agit (§ 964, 788). Il s'ensuit donc que Dieu concourt à l'élément matériel de la chute (§ 918), mais non à son élément formel, ni physiquement, ni moralement (§ 939, 914)[1]. Il s'ensuit donc qu'il n'est ni l'auteur de la chute formellement considéré, | ni sa cause morale au sens 395
strict (§ 940).

1. Gawlick et Kreimendahl corrigent ave raison ces renvois, alors qu'on lisait plutôt dans les différentes éditions du texte : § 909, 911.

§ 966

La chute est en soi contingente (§ 964) en tant qu'elle est une variation d'un être fini (§ 361). Il s'ensuit donc que le contraire de la chute est en soi possible (§ 104). L'empêchement de la chute est donc en soi possible (§ 221). Dieu aurait donc pu empêcher toute chute (§ 833).

§ 967

L'EMPÊCHEMENT MORAL est l'actualisation de motifs en vue du contraire d'une certaine variation. Dieu a actualisé de très nombreux motifs dans les esprits en vue de leur bonheur (§ 948). Le bonheur des esprits est le contraire de leur chute (§ 81, 787). Dieu empêche donc moralement toute chute.

§ 968

L'empêchement qui n'est pas moral est appelé EMPÊCHEMENT PHYSIQUE. La chute est un péché (§ 964) et donc une action morale (§ 788). Elle est donc libre à l'égard de son exécution (§ 719, 722) et est, par conséquent, physiquement contingente (§ 709). Il s'ensuit donc qu'au-delà de la liberté de celui qui chute et de ses motifs (§ 967), plusieurs autres motifs étaient possibles par la position desquels la chute qui s'est produite ne se serait pas produite (§ 378), [à savoir] des empêchements physiques de
396 la chute (§ 81, | 221). Il s'ensuit donc que Dieu aurait pu empêcher la chute aussi physiquement (§ 833).

§ 969

Dieu empêche moralement tout péché (§ 967) et, par sa toute-puissance, il peut l'empêcher physiquement (§ 968). Il n'empêche cependant pas physiquement tout péché. Le non-empêchement est la PERMISSION et celle-ci est donc soit physique (§ 968), soit morale (§ 967).

§ 970

Dieu ne permet moralement aucune chute (§ 967) et aucun péché (§ 969). Cependant, il permet physiquement certains péchés en ce monde. Supposons que ceux-ci soient physiquement empêchés : alors le monde dans lequel ils seraient empêchés ne serait pas ce monde, mais un autre (§ 378) moins bon (§ 937). Il s'ensuit donc que Dieu permet physiquement certains péchés en ce monde, parce que le monde dans lequel ils sont physiquement permis est le meilleur moyen de la religion (§ 949, 935).

§ 971

Le DROIT AU SENS PLUS LARGE (pris comme qualité d'une personne) est une faculté morale et celui qui a le droit de décider tout ce qui lui plaît à propos de quelque chose est le PLEIN SEIGNEUR à l'égard de cette chose. La pleine seigneurie à l'égard des personnes est le PLEIN POUVOIR.

| § 972 397

Dieu a le droit à ses actions les plus justes (§ 901, 971). En elles, Dieu décide à propos du monde et de chacune de ses créatures (§ 934). Il s'ensuit donc que Dieu est le plein seigneur du monde et de toutes les créatures qui sont en lui. Il s'ensuit aussi qu'il a le plein pouvoir sur les esprits de ce monde (§ 971).

§ 973

Celui qui a le plein pouvoir sur un esprit a le droit de l'obliger de quelque manière qu'il lui plaît. Celui qui a le droit d'obliger un certain esprit de quelque manière qu'il lui plaît a le droit de faire les lois pour lui. En effet, l'auteur de l'obligation que la loi énonce est dit FAIRE LA LOI. Celui qui a le droit de faire les lois est un LÉGISLATEUR. Il s'ensuit donc que Dieu est le législateur de tous les esprits de ce monde (§ 971, 972).

§ 974

Celui qui, seul, a la puissance et le pouvoir suprêmes sur plusieurs esprits est leur MONARQUE alors que celui qui a la pleine puissance et le plein pouvoir sur eux est un DESPOTE. Maintenant, Dieu seul a la puissance (§ 832) et le pouvoir suprêmes sur tous les esprits créés, et même la pleine puissance et le plein pouvoir (§ 971). Il s'ensuit donc que sa monarchie est
suprêmement et maximalement | despotique [*despotica*] et que tous les 398
esprits créés sont ses subordonnés (§ 844).

§ 975

La PROVIDENCE DE DIEU est l'action par laquelle Dieu prodigue à toute chose créée autant de biens que le peut sa suprême bonté. Donc, en conservant (§ 950), en concourant (§ 954), en gouvernant (§ 963), en empêchant moralement le mal (§ 967) – ne le permettant que physiquement, lorsque son empêchement [nous] détournerait de ses fins (§ 970) –, en faisant les meilleures lois pour sa cité (§ 973, 974), Dieu exerce sa PROVIDENCE (§ 903-920) : à travers les causes d'impulsion en vue de la béatitude, donc par la FORCE DE DIRECTION DU CŒUR, à travers d'heureux hasards, donc par la SAINTE FORTUNE, et à travers les biens inscrits en chaque nature, donc par la NATURE NOURRICIÈRE. L'ÉPICURISME est la doctrine qui nie la providence de Dieu et il est une erreur (§ 515).

SECTION IV
LES DÉCRETS DIVINS

§ 976

Le décret à propos de l'existence du monde est en Dieu le plus libre qui soit (§ 933) et, par conséquent, il suit invariablement (§ 839), éternellement (§ 849) et irrésistiblement (§ 844, 222) la connaissance la plus distincte et la
399 plus précise de toutes les parties de ce monde, | de tout bien et de tout mal en lui (§ 889). De manière humaine, cela peut être conçu ainsi. Le dessein (πρόδεσις) : que l'ensemble des compossibles les meilleurs hors de Dieu existe (§ 822, 901). La prévision (πρόγνωσις) : ce monde le meilleur est l'ensemble des compossibles les meilleurs hors de Dieu (§ 935). Le décret (προορισμός) : que ce monde le meilleur existe.

§ 977

Il n'existe pas plus de mondes que ce monde et pas plus d'êtres finis que ceux qui sont des parties de ce monde (§ 379). Dieu n'a rien décrété de plus quant aux êtres contingents que ce qui était compris dans son décret sur l'existence de ce monde (§ 976). Dans la mesure où il s'étend à toutes les réalités de cet univers, ce décret est appelé universel et, dans la mesure où il n'y a pas plusieurs décrets, il est appelé unique (§ 77).

§ 978

Les DÉCRETS PARTICULIERS DE DIEU sont soit des parties du décret universel et unique (§ 977), soit des DÉCRETS PRIMITIFS DE DIEU, qui alors seraient ou contraires au décret universel, ou à tout le moins non compris en lui. De tels décrets ne se trouvent pas en Dieu (§ 976).

| § 979 400

Les décrets de Dieu sont tous des actes d'une volonté la plus proportionnelle aux objets (§ 894) et qui suit le plus parfaitement la science du degré de perfection ou d'imperfection dans l'objet à désirer ou à avoir en aversion (§ 976). La même chose est aussi évidente de la façon suivante. Supposons que, dans un certain décret de Dieu, la perfection ou l'imperfection prévue de l'objet ne fut pas du tout le motif : alors ou bien Dieu a ignoré celle-ci, ce qui va à l'encontre du § 875, ou bien il en a fait abstraction, ce qui va à l'encontre du § 870, ou bien une connaissance très distincte de ce genre existait, mais morte, ce qui va à l'encontre du § 890.

§ 980

Si un DÉCRET DE DIEU dont le motif ne fut ni la perfection ni l'imperfection prévue de l'objet est dit ABSOLU ou si, au contraire, UN DÉCRET DE DIEU dont le motif n'a pas suivi la perfection ou l'imperfection prévue de l'objet est dit HYPOTHÉTIQUE, alors aucun des décrets de Dieu concernant les choses contingentes n'est absolu et tous sont hypothétiques (§ 979). L'ABSOLUTISME THÉOLOGIQUE est la doctrine qui pose que les décrets de Dieu concernant les choses contingentes sont absolus et il est une erreur (§ 515).

§ 981

Le décret concernant le bonheur éternel d'un esprit est la PRÉDESTINATION AU SENS PLUS STRICT, | alors que la PRÉDESTINATION AU SENS 401
PLUS LARGE est le décret concernant le futur. Le décret concernant le malheur éternel d'un esprit est la RÉPROBATION. Les deux sont hypothétiques (§ 980). Le PRÉDESTINATIONISME, autrement dit l'absolutisme dans la conception de la prédestination au sens plus strict, est une erreur (§ 515).

SECTION V
LA RÉVÉLATION

§ 982

La RÉVÉLATION AU SENS PLUS LARGE (*cf.* § 986, 989) est la manifestation par Dieu de son esprit divin aux créatures. Il s'ensuit donc que la révélation divine enseigne aux créatures la connaissance et la volition divines, jamais totalement certes (§ 862), mais toujours autant qu'il a plu à la Providence de le faire (§ 975).

§ 983

Dieu est l'auteur de la nature universelle (§ 940, 466). Il s'ensuit donc que tout ce que la créature connaît de l'esprit de Dieu selon la nature universelle à travers sa propre nature, il le connaît à travers la révélation divine (§ 982) naturelle (§ 469). Telle est la théologie naturelle (§ 800).

402 | § 984

Toutes les choses finies sont des moyens de connaître l'esprit divin (§ 858, 880) et toutes les forces de représentation de cet univers manifestent leur créateur (§ 929) comme étant le meilleur et le plus sage (§ 933). L'âme elle-même est la force de se représenter son Dieu (§ 741, 744).

§ 985

L'esprit divin est révélé naturellement à l'âme à travers l'âme elle-même, à travers chacune des monades auxquelles il est présent et, par là, à travers chacun des corps et des sens (§ 984). Les fins de Dieu sont révélées à travers l'usage de chaque chose (§ 946) et sa volonté à travers la connaissance du meilleur (§ 894).

§ 986

La RÉVÉLATION AU SENS PLUS STRICT (*cf.* § 982, 989) est la révélation divine surnaturelle offerte aux hommes à travers le discours. Elle est un concours très spécial à la religion, qui est possible aussi bien en soi qu'hypothétiquement et qui est actuel en ce monde toutes les fois que la religion ne peut pas être actualisée aussi bien par la seule révélation naturelle (§ 962, 496)[1].

§ 987

Supposons que doive être donnée dans ce monde une révélation seulement naturelle à certains individus, par exemple des hommes; supposons aussi que, dans les mêmes circonstances, | mais de manière 403
surnaturelle, doive être donnée à ces mêmes individus une révélation qui est plus abondante, plus noble, plus claire, plus vraie, plus certaine et plus ardente que la révélation purement naturelle (§ 669) : alors une révélation au sens strict, qui est la plus conforme à l'ordre de ce monde (§ 484), peut avoir lieu en celui-ci et existe en lui (§ 986).

§ 988

Supposons qu'une manifestation de l'esprit divin survenant dans ce monde soit très bonne pour la religion (§ 947), mais qu'elle ne puisse pas être actualisée naturellement, alors qu'elle peut l'être de manière surnaturelle : alors une révélation au sens strict aura lieu en ce monde (§ 496, 987).

§ 989

Une révélation au sens strict qui est naturellement inconnaissable pour les créatures est une RÉVÉLATION AU SENS LE PLUS STRICT (*cf.* § 982, 986). Il s'ensuit donc que toute connaissance en ce monde de l'esprit divin qui est très bonne pour la religion, mais qui est naturellement inconnaissable pour certaines créatures, est actualisée en celui-ci par une révélation au sens le plus strict (§ 988).

§ 990

Si quelque chose est tenu pour une révélation de Dieu au sens strict, mais qu'il ne promeut cependant pas davantage la gloire de Dieu et la religion, ni ne fournit aucune connaissance de Dieu plus abondante, | plus 404
noble, plus claire, plus vraie, plus certaine et plus ardente que ne le fait la révélation naturelle, alors il n'est pas une révélation de Dieu au sens strict (§ 986, 495).

1. Gawlick et Kreimendahl corrigent la référence et proposent de lire : § 496 (plutôt que § 949).

§ 991

Il n'y a aucune contradiction dans l'esprit de Dieu (§ 822). Il s'ensuit donc que ce qui contredit vraiment la révélation naturelle n'est pas une révélation de Dieu au sens strict, (§ 983, 986), ni au sens le plus strict (§ 989).

§ 992

La révélation de Dieu au sens strict et au sens le plus strict ne contredit pas la révélation naturelle (§ 991) et, par là, ne contredit pas non plus la raison prise objectivement, dans la mesure où elle est connue par la saine raison humaine prise subjectivement (§ 646, 984).

§ 993

La SAINTE FOI PRISE OBJECTIVEMENT est l'ensemble des choses en lesquelles il faut croire dans la révélation au sens strict, tout comme la foi dans la révélation au sens strict est la SAINTE FOI PRISE SUBJECTIVEMENT. Il s'ensuit donc que ce ne sont pas seulement les choses naturellement et entièrement inconnaissables aux créatures qui appartiennent à la sainte foi (§ 989, 986).

§ 994

405 La sainte foi prise objectivement, dans la mesure où | l'homme y croit à travers la foi prise subjectivement, ne contredit pas la raison prise objectivement, dans la mesure où elle est connue par la saine raison humaine prise subjectivement (§ 992, 993).

§ 995

La révélation au sens strict manifeste des choses qui sont suprêmement possibles (§ 986, 822). Maintenant, les choses qui vont à l'encontre de la raison sont impossibles (§ 643). Il s'ensuit donc que ni la révélation de Dieu au sens strict, ni sa révélation au sens le plus strict (§ 989), ni la sainte foi prise objectivement ne vont à l'encontre de la raison. En effet, les choses qui vont à l'encontre de la raison ne sont ni une révélation de Dieu au sens strict, ni sa révélation au sens le plus strict, ni la sainte foi prise objectivement.

§ 996

Les SAINTS MYSTÈRES sont des choses posées dans la sainte foi prise objectivement qui sont au-delà de la raison des créatures. Dans toute révélation au sens le plus strict se trouvent des mystères (§ 989, 644). Il s'ensuit donc que les mystères ne répugnent pas à la révélation au sens strict (§ 989), ni ne vont à l'encontre de la raison (§ 643).

§ 997

Dans toute sa révélation, Dieu est le plus sincère (§ 919). Par conséquent, il est dans la révélation au sens strict le plus vérace (§ 920), puisque sa sagesse juge que le discours, | et plus encore le discours actua- **406**
lisé surnaturellement, est le signe le plus apte à manifester l'esprit divin aux hommes.

§ 998

Dans la révélation au sens strict et au sens le plus strict, Dieu est témoin (§ 986, 946), et encore le témoin le plus sincère et le plus adroit (§ 997, 889) et, par là, le plus digne de foi. Sa révélation au sens strict donne une suprême certitude à la foi.

§ 999

Le NATURALISTE AU SENS PLUS STRICT (*cf.* § 493) est celui qui nie la révélation de Dieu au sens strict dans ce monde. L'ATHÉE (théorique) est celui qui nie l'existence de Dieu et il se trompe (§ 811, 854). En aucun des deux sens (§ 493) le naturalisme n'implique-t-il nécessairement l'athéisme.

§ 1000

Le naturaliste au sens plus strict se trompe lorsqu'il nie que la révélation au sens strict existe en ce monde 1) parce qu'elle est un événement surnaturel (§ 986) et lui semble par là impossible (§ 860), 2) parce qu'il estime que la sainte foi va à l'encontre de la raison, et est par là impossible (§ 995), ou 3) parce qu'il nie la Providence [qui règne] sur le genre humaine (§ 975). Il se trompe alors par sa propre faute (§ 982, 986), ignorant qu'il est du Dieu le plus bienfaisant (§ 903),

Dont l'honneur, le nom et la louange demeureront à jamais.

INDEX

N.B. Cet index, qui sert également de glossaire, est la traduction de l'index donné dans le texte de la *Métaphysique*. De très légères modifications (ajouts, retraits et corrections) y ont été apportées par souci de cohérence avec le traité dans sa forme actuelle. Lors de la traduction, l'ordre alphabétique latin suivi par Baumgarten n'a évidemment pas pu être conservé.

BIBLIOGRAPHIE

LITTÉRATURE PRIMAIRE

Alexander Gottlieb Baumgarten

Éditions de la Metaphysica

Metaphysica per Alexandrum Gottlieb Baumgarten, Professorem Philosophiae, Halae Magdeburgicae, Impensis C. H. Hemmerde, 1739.

Metaphysica per Alexandrum Gottlieb Baumgarten, Professorem Philosophiae, Editio II, Halae Magdeburgicae, Impensis Carol. Herman. Hemmerde, 1743.

Metaphysica Alexandri Gottlieb Baumgarten, Professoris Philosophiae, Editio III, Halae Magdeburgicae, Impensis Carol. Herman. Hemmerde, 1750.

Metaphysica Alexandri Gottlieb Baumgarten, Professoris Philosophiae, Editio IV, Halae Magdeburgicae, Impensis Carol. Herman. Hemmerde, 1757.

Metaphysica Alexandri Gottlieb Baumgarten, Professoris Philosophiae, Editio V, Magdeburgicae, Impensis Carol. Herman. Hemmerde, 1763.

Metaphysica Alexandri Gottlieb Baumgarten, Professoris Philosophiae, Editio VI, Halae Magdeburgicae, Impensis Carol. Herman. Hemmerde, 1768.

Metaphysica Alexandri Gottlieb Baumgarten, Professoris Philosophiae, Editio VII, Halae Magdeburgicae, Impensis Carol. Herman. Hemmerde, 1779.

Metaphysica Alexandri Gottlieb Baumgarten, Professoris Philosophiae, Editio IV, Halae Magdeburgicae, Impensis Carol. Herman. Hemmerde, 1757 ; réimpr. dans *Kant's gesammelte Schriften*, Hg. von der Preussischen Akademie der Wissenschaften, Bd. XVII, (Dritte Abteilung : *Handschriftlicher Nachlass*, Bd. IV : Metaphysik, Erster Teil), Berlin-Leipzig, 1926 ; Préfaces, Synopsis, § 1-503, p. 3-130 ; § 700-1000, Index, p. 130-226 ; Bd. XV (*Handschriftlicher Nachlass*, Bd. II, erste Hälfte : Anthropologie), Berlin-Leipzig, 1913, § 504-699 (*Psychologia empirica*), p. 5-54.

Metaphysica. Metaphysik, Historish-kritische Ausgabe, übersetzt, eingeleitet und herausgegeben von G. Gawlick und L. Kreimendahl, Stuttgart-Bad Cannstatt, Frommann-Holzboog Verlag,2011.

Traductions de la Metaphysica *(par ordre chronologique)*

Metaphysik, trad. all. G. Fr. Meier, Halle im Magdeburgischen, verlegt von Carl Herman Hemmerde, 1766.

Metaphysik, trad. all. G. Fr. Meier, éditée par Johann August Eberhard, nouvelle édition augmentée, Halle, 1783.

Metaphysik, trad. all. G. Fr. Meier, d'après le texte de la deuxième édition sous le soin de Johann August Eberhard, 1783 ; avec une introduction et une bibliographie des œuvres de Baumgarten par Dagmar Mirbach, Bd. 1. Iéna, 2004.

Metaphysica-Metaphysik (latin-allemand), troisième partie : la *Psychologie*, § 501-623, trad. all. H. R. Schweizer (dir.), *Alexander Gottlieb Baumgarten : Texte zur Grundlegung der Ästhetik*, p. 1-65, Hamburg, 1983.

Esthétique précédée des Méditations philosophiques sur quelques sujets se rapportant à l'essence du poème et de la Métaphysique (*§ 501-623*), trad. fr., présentation et notes J.-Y. Pranchère, Paris, L'Herne, 1988.

Die Vorreden zur Metaphysik, trad. all. des trois Préfaces de la *Métaphysique* et commentaire par U. Niggli, Frankfurt a. M., Klostermann, 1998.

Metaphysica, § 4-71(*Ontologie*), trad. fr. S. Chauvier, *Philosophie*, 70, 2001, p. 3-12.

Kant's « Critique of Pure Reason » : Background Source Materials, trad. angl. partielle – environ le quart du texte – de la *Metaphysica,* E. Watkins, Cambridge, CUP, p. 84-131, 2009.

Metaphysica. Metaphysik. Historish-kritische Ausgabe, trad. all., présentation et notes par G. Gawlick et L. Kreimendahl, Stuttgart-Bad Cannstatt, Frommann-Holzboog Verlag, 2011.

Metaphysics. A Critical Translation with Kant's Elucidations, Selected Notes and Related Materials, trad. angl., présentation et notes par C. D. Fugate et J. Hymers, London-New York, Bloomsbury, 2013.

Autres ouvrages de Baumgarten

Meditationes philosophicae de nonnullis ad poema pertinentibus, Halle, 1735 ; trad. fr. J.-Y. Pranchère, *Esthétique précédée des Méditations philosophiques sur quelques sujets se rapportant à l'essence du poème et de la Métaphysique* (*§ 501-623*), Paris, L'Herne, 1988.

Ethica philosophica, Halle, 1740 ; réimpr. dans Kant, AA, XXVII, 2.1, p. 733-869 ; Editio tertia, 1763, réimpr. dans Kant, AA, XXVII, 2.1, p. 871-1028 (*Kant's gesammelte Schriften*).

Gedancken vom Vernünfftigen Beyfall auf Academien, Frankfurt, 1740 ; deuxième édition augmentée, Halle, 1741.

Philosophische Brieffe von Aletheophilus, Frankfurt, Leipzig, 1741 ; trad. fr. partielle de la deuxième lettre J.-Y. Pranchère, *Esthétique précédée des Méditations philosophiques sur quelques sujets se rapportant à l'essence du poème et de la Métaphysique* (*§ 501-623*), Paris, L'Herne, 1988.

Scriptis, quae moderator conflictus academici disputavit, praefatus, rationes acroasium suarum Viadrinarum reddit, Halle, 1743.

Aesthetica, Franfurt a.d. Oder, 1750-1758 (deux tomes) ; édition reprographiée, Hildesheim, Olms, 1961 ; trad. fr. J.-Y. Pranchère, *Esthétique précédée des Méditations philosophiques sur quelques sujets se rapportant à l'essence du poème et de la Métaphysique* (*§ 501-623*), Paris, L'Herne, 1988.

Initia philosophiae practicae primae, Halle, 1760 ; réimpr. dans Kant, AA, XIX, 7-91 ; trad. fr. L. Langlois et É.-J. Poliquin, présentation et notes par L. Langlois, *Principes de la philosophie pratique première*, Paris, Vrin, 2014.

Acroasis logica. In Christianum L. B. de Wolf dictabat A.G. Baumgarten, Halle, 1761 ; réimpr. GW, III, 5, Hildesheim-New York, Olms, 1973.

Ius naturae, Halle, 1763.

Sciagraphia encyclopaediae philosophicae, éd. J. C. Förster, Halle, 1769.

Philosophia generalis, éd. J. C. Förster, Halle, 1770 ; réimpr. Hildesheim, Olms, 1968 ; trad. fr. partielle J.-Y. Pranchère, *Esthétique précédée des Méditations philosophiques sur quelques sujets se rapportant à l'essence du poème et de la Métaphysique* (*§ 501-623*), Paris, L'Herne, 1988.

Praelectiones theologiae dogmaticae, Préface de J. Salomo Semler, Halle, 1773.

SOURCES

ABBT, Thomas, *Leben und Charakter Alexander Gottlieb Baumgartens*, in *Vermischte Werke*, Vierter Theil welcher vermischte Aufsätze enthält, Berlin, Stettin, 1780.

AEPINUS, Franz Albert, *Introductio in philosophiam*, Leipzig, Rostock, 1714.

ARISTOTE, *Organon. Les Catégories*, trad. fr. J. Tricot, Paris, Vrin, 1984.

– *Organon. Les Premiers Analytiques*, trad. fr. J. Tricot, Paris, Vrin, 1983.

– *La Métaphysique*, trad. fr. J. Tricot, Paris, Vrin, 1981.

BILFINGER, Georg Bernhard, *Dilucidationes philosophicae de deo, anima humana, mundo, et generalibus rerum affectionibus*, Tübingen, 1725.

CICÉRON, *De l'Orateur* [1922], trad. fr. E. Courbaud, « Budé », Paris, Les Belles Lettres, 2009.

DESCARTES, René, *Principia philosophiae*, édition Adam et Tannery, t. VIII. 1, Paris, Vrin, 1996.

DESCHAMPS, Jean, *Cours abrégé de la philosophie wolffienne en forme de lettres*, Amsterdam et Leipzig, 1743-1747, réimpr. Hildesheim-Zürich-New York, Georg Olms Verlag, 1991.

HARTMANN, Georg Volckmar, *Anleitung zur Historie der Leibnitzisch-Wolffischen Philosophie*, Frankfurt a. M. Leipzig, 1737, réimpr. Hildesheim-Zürich-New York, Georg Olms Verlag, 1973.

HOFFMANN, Adolf Friedrich, *Beweisthümer dererjenigen Grund-Wahrheiten aller Religion und Moralität, welche durch die in der Wolfischen Philosophie befindlichen Gegensätze haben geleugnet, und über den Haufen geworden werden wollen*, Frankfurt-Leipzig, 1736.

HORACE, *Ars poetica*, dans *Épîtres, suivi de l'Art poétique* [1934], trad. fr. F. Villeneuve, « Budé », Paris, Les Belles Lettres, 2014.

KANT, Emmanuel, *Kant's gesammelte Schriften*. Hg. von der Preussischen Akademie der Wissenschaften, Bd. XVII, Dritte Abteilung : *Handschriftlicher Nachlass*, Bd. IV : *Metaphysik*. Erster Theil, Berlin-Leipzig, 1926 : *Erläuterungen zu A.G. Baumgartens Metaphysica* : p. 3-226 ; *Reflexionen zur Metaphysik* : p. 227-745.

– *Kant's gesammelte Schriften*. Hg. von der Preussischen Akademie der Wissenschaften, Bd. XVIII, Dritte Abteilung : *Handschriftlicher Nachlass*, Bd. V : *Metaphysik*. Zweiter Theil, Berlin-Leipzig, 1928 : *Reflexionen zur Metaphysik*, Zweiter Theil : p. 5-725.

– *Kant's gesammelte Schriften*. Hg. von der Deutschen Akademie der Wissenschaften zu Berlin, Bd. XXVIII, Vierte Abteilung : *Vorlesungen*, Bd. V, Erste Hälfte, Berlin, 1968 ; Bd. XXVIII, Vierte Abteilung : *Vorlesungen*, Bd. V, Zweite Hälfte, erster Teil, Berlin, 1970 : *Vorlesungen über Metaphysik und Rationaltheologie*.

– *Réflexions métaphysiques* (*1780-1789*), trad. fr., présentation et annotation par S. Grapotte, « Bibliothèque des textes philosophiques », Paris, Vrin, 2011.

– *Leçons de métaphysique* (1775-1781) trad. fr., présentation et notes par M. Castillo, Paris, Librairie Générale Française, 1993.

KÖHLER, Heinrich, *Philosophisches Glaubens-Bekäntniss*, hg. von F. P. Wolfarth, Jena, 1742.

– *Controversia de mundo optimo, origine et permissione mali*, hg. von F. P. Wolfarth, Jena, 1742.

– LANGE, Joachim, *Medicina mentis*, Berlin, 1704.

– *Modesta disquisitio novi philosophiae systematis de deo, mundo et homine*, Halle, 1723.

-*Bescheidene und ausführliche Entdeckung der falschen und schädlichen Philosophie in dem Wolffianischen Systemate Metaphysico*, Halle, 1724.

– *Caussa Dei et religionis naturalis adversus atheismum*, Halle, 1727.

– *Hundert und dreissig Fragen aus der neuen mechanischen Philosophie*, Halle, 1734.

– *Kurtzer Abriss derjenigen Lehrsätze, welche in der Wolffischen Philosophie, der natürlichen und geoffenbahrten Religion nachtheilig sind, ja sie gar aufheben, und gerades Weges, obwohl bey vieler gesuchter Verdeckung, zur Atheisterey verleiten*, *in* Carl Günther Ludovici, *Sammlung und Auszüge der sämmtlichen Streitschriften wegen der Wolffischen Philosophie*, Teil I, p. 14-38, Leipzig, 1737-1738.

– *Kontroversschriften gegen die Wolffische Metaphysik*, éd. J. École, Heildesheim-Zürich-New York, Georg Olms Verlag, 1986.

LE GRAND, Antoine, *Institutio philosophiae secundum Principia D. Renati Descartes : Nova methodo adornata et explicata*, London, 1678.

LEIBNIZ, Gottlieb Wilhelm, *Die philosophischen Schriften*, hg. von C. I. Gerhardt, 7 Bde, Berlin, 1875-1890, rééd. Hildesheim-New York, Olms, 1960-1961.

– *Briefwechsel zwischen Leibniz und Christian Wolff*, hg von C. I. Gerhardt, Halle, 1860, rééd. Hildesheim-New York, Olms, 1963, 1971.

– *Système nouveau de la nature et de la communication des substances (et autres textes, 1690-1703)*, présentation et notes par C. Frémont, Paris, Garnier-Flammarion, 1994.

– *Essais de théodicée*, présentation et annotation par J. Brunschwig, Paris, Garnier-Flammarion, 1969.

– *La Monadologie*, édition critique établie par É. Boutroux, précédée d'une étude de J. Rivelaygue, « La Monadologie de Leibniz », et suivie d'un exposé d'Émile Boutroux, « La Philosophie de Leibniz », Paris, Librairie Générale Française, 1991.

– *Nouveaux essais sur l'entendement humain*, présentation et annotation par J. Brunschwig, Paris, Garnier-Flammarion, 1966.

LOCKE, John, *Essai philosophique concernant l'entendement humain*, traduit de l'Anglois de Locke par Pierre Coste, Amsterdam, 1700, rééd. Paris, Vrin, 1989.

LUCRÈCE, *De rerum natura/De la nature* [1993], trad. fr. et présentation J. Kany-Turpin, Paris, Garnier-Flammarion, 1997.

MEIER, Georg Friedrich, *Beweis, dass keine Materie dencken könne*, Halle, 1743.

– *Metaphysik*, 4 Bde, Halle, 1755-1759, rééd. de la 2ᵉ éd. de 1765 avec une préface de M. Albrecht, Hildesheim-Zürich-New York, Olms, 2007.

– *Alexander Gottlieb Baumgartens Leben*, Halle, 1763, rééd. H.-J. Kertscher (avec commentaire), *Perspektiven der Aufklärung*, Bd. 3, Halle an der Saale, Universitätsverlag Halle-Wittenberg, 2012.

MENDELSSOHN, Moses, *Briefe, die neueste Litteratur betreffend*, in *Gesammelte Schriften. Jubiläumsausgabe*, Bd. 5,1, hg. von Eva J. Engel, Stuttgart-Bad Cannstatt, Frommann-Holzboog, 1991.

MOSER, Johann Jacob, *Lebensgeschichte Johann Jacob Mosers, vom ihme selbst beschrieben*, Offenbach, 1768.

NOVA ACTA ERUDITORUM, (*Ad nova acta eruditorum, quae Lipsiae publicantur, supplementa*), Bd. IV, 266-273, Leipzig, 1742.

REUSCH, Johann Peter, *Systema metaphysicum antiquiorum atque recentiorum item propria dogmata et hypotheses exhibens*, Jena, 1735.

SONER, Ernst, *Demonstratio theologica et philosophica, quod aeterna impiorum supplicia non arguant dei iustitiam, sed potius iniustitiam*, Amsterdam, 1654.

SPINOZA, Baruch, *Opera* [1925], 4 Bde, hg. von Carl Gebhardt, Heidelberg, 1971.

– *Éthique*, trad. fr. et notes C. Appuhn, Paris, Librairie Garnier, 1913, rééd. Paris, Garnier-Flammarion, 1965.

THOMAS D'AQUIN, *De veritate*, in *S Thomae Aquinatis quaestiones disputatae*, cura et studio Fr. R. Spiazzi, vol. I, Turin-Rome, 1964.

– *Summa theologiae cum Supplemento et commentariis Caietani*, édition Léonine, t. IV-XI, Rome, 1886-1906.

– *Somme théologique*, trad. fr. A.-M. Roguet, 4 t., Paris, Cerf, 1984-1986.

WOLFF, Christian, *Vernünfftige Gedancken von den Kräfften des menschlichen Verstandes und ihrem richtigen Gebrauche in Erkenntniss der Wahrheit*, Halle, 1713, GW, I, 1.

– *Vernünfftige Gedancken von Gott, der Welt und der Seele des Menschen, auch allen Dingen überhaupt*, 1720, Halle, 1751, GW, I, 2.
– *Philosophia rationalis sive logica*, Frankfurt-Leipzig, 1728, GW, II, 1.1-3.
– *Discursus praeliminaris de philosophia in genere*, première partie de la *Philosophia rationalis sive logica*, Frankfurt-Leipzig, 1728 ; trad. fr., présentation et notes Th. Arnaud, W. Feuerhahn, J.-F. Goubet et J.-M. Rohrbasser, *Discours préliminaire sur la philosophie en général*, Paris, Vrin, 2006.
– *Philosophia prima sive ontologia* [1730], Frankfurt-Leipzig, 1736, GW, II, 3.
– *Cosmologia generalis* [1731], Frankfurt-Leipzig, 1737, GW, II, 4.
– *Theologia naturalis* [1736-1737], Frankfurt-Leipzig, 1738-1739, GW, II, 7.1-2.
– *Psychologia empirica* [1732], Frankfurt-Leipzig, 1738, GW, II, 5.
– *Psychologia rationalis* [1734], Frankfurt-Leipzig, 1740, GW, II, 6.

LITTÉRATURE SECONDAIRE

BECK, Lewis White, *Early German Philosophy. Kant and his Predecessors*, Cambridge (Mass.), CUP, 1969.
BEUTEL, Albrecht, *Causa Wolffiana. Die Vertreibung Christian Wolffs aus Preussen 1723 als Kulminationspunkt des theologish-politischen Konflikts zwischen halleschem Pietismus und Aufklärungsphilosophie*, *in* U. Kopf (Hrsg.), *Wissenschaftliche Theologie und Kirchenleitung. Beiträge zur Geschichte einer spannungsreichen Beziehung, für Rolf Schäfer zum 70. Geburtstag*, Tübingen, 2001, p. 159-202.
CARBONCINI, Sonia, *Christian August Crusius und die Leibniz-Wolffsche Philosophie*, *in* A. Heinekamp (Hrsg.), *Beiträge zur Wirkungs- und Rezeptionsgeschichte von Gottfried Wilhelm Leibniz, Studia Leibnitiana Supplementa*, Bd. 26, 1986, p. 110-125.
CASULA, Mario, *La metafisica di A. G. Baumgarten*, Milan, 1973.
– « A. G. Baumgarten entre G. W. Leibniz et Chr. Wolff », *Archives de philosophie*, 42/4, 1979, p. 547-574.
ÉCOLE, Jean, *La métaphysique de Christian Wolff*, 2 t., Hildesheim-Zürich-New York, Olms, 1990.
FONTIUS, Martin, « Baumgarten und die "Literaturbriefe". Ein Brief aus Frankfurt/Oder an Louis de Beausobre », *Deutsche Vierteljahrsschrift für Literaturwissenschaft und Geistesgeschichte*, 80, 2006, p. 553-594.
FUGATE, Courtney D. et HYMERS, John, introduction (p. 3-33) et annotation, *Metaphysics. A Critical Translation with Kant's Elucidations, Selected Notes and Related Materials*, London-New York, Bloomsbury, 2013.
GAWLICK, Günter et KREIMENDAHL, Lothar, introduction (p. IX-LXXXVII) et annotation (p. 543-579), *Metaphysica. Metaphysik,* Historish-kritische Ausgabe, Stuttgart-Bad Cannstatt, Frommann-Holzboog Verlag, 2011.
KAEHLER, Klaus Erich, *Baumgartens ontologische Begründung der Monadenlehre und Leibniz' Vernunft*, *in* A. Heinekamp (Hrsg.), *Beiträge zur Wirkungs- und Rezeptionsgeschichte von Gottfried Wilhelm Leibniz, Studia Leibnitiana Supplementa*, Bd. 26, 1986, p. 126-138.

MIRBACH, Dagmar, « Die Rezeption von Leibniz' Monadenlehre bei Alexander Gottlieb Baumgarten », *in* H.-P. Neumann (Hrsg.), *Der Monadenbegriff zwischen Spätrenaissance und Aufklärung*, Berlin-New York, 2009, p. 271-300.

MÜHLPFORDT, Günter, *Alexander Gottlieb Baumgarten und die Europawirkung der Frankfurter Aufklärer*, *in* K. Wojciechowski (Hrsg.), *Die wissenschaftlichen Grössen der Viadrina*, Bonn-Frankfurt/Oder, 1992, p. 114-134.

NIGGLI, Ursula, édition, notes et commentaire de la traduction des trois préfaces de la *Métaphysique*, in *Alexander Gottlieb Baumgarten : die Vorreden zur Metaphysik*, Frankfurt a. M., Klostermann, 1998.

PELLETIER, Arnaud, « Monades sans monadologie ? La « Métaphysique » de Baumgarten face à l'exposé monadologique de Leibniz », *Studia Leibnitiana*, 45/2, 2013, p. 209-227.

PIMPINELLA, Pietro, « *Cognitio intuitiva* bei Wolff und Baumgarten », *in* M. Oberhausen, P. Delfosse, R. Pozzo (Hrsg.), *Vernunftkritik und Aufklärung. Studien zur Philosophie Kants und seines Jahrhunderts*, Stuttgart-Bad Cannstatt, Frommann-Holzboog, 2001, p. 265-294.

– *Wolff e Baumgarten. Studi di terminologia filosofica*, Florence, 2005.

PISELLI, Francesco, *Perfectio phaenomenon. Estetica e metafisica nell'opera di A.G. Baumgarten*, Milan, 1988.

POPPE, Bernhard, *A. G. Baumgarten, seine Stellung und Bedeutung in der Leibniz-Wolffschen Philosophie und seine Beziehung zu Kant, nebst einer bisher unbekannten Handschrift der Ästhetik Baumgartens*, Diss. Phil., Borna, Leipzig, 1907.

SCHWAIGER, Clemens, *Symbolische und intuitive Erkenntnis bei Leibniz, Wolff und Baumgarten, in* H. Poser, C. Asmuth, U. Goldenbaum, W. Li, Hannover (Hrsg.), *Nihil sine ratione. Mensch, Natur und Technik im Wirken von G. W. Leibniz.* VII Internationaler Leibniz-Kongress Berlin, 2001. Vorträge 3. Teil, p. 1178-1184.

– *Alexander Gottlieb Baumgarten-Ein intellektuelles Porträt*, Stuttgart-Bad Cannstatt, Frommann-Holzboog, 2011.

SCHENK, Günter, *Leben und Werk des Halleschen Aufklärers Georg Friedrich Meier*, Halle/Saale, 1994.

THEIS, Robert, *De Wolff à Kant/Von Wolff zu Kant*, Hildesheim-Zürich-New York, Georg Olms Verlag, 2013.

WATKINS, Eric, « From Pre-established Harmony to Physical Influx : Leibniz's reception in early eighteenth century Germany », *Perspectives on Science,* 6, 1998, p. 136-203.

– « On the Necessity and Nature of Simples : Leibniz, Wolff, Baumgarten, and the Pre-Critical Kant », *in* D. Garber, S. Nadler (eds.), *Oxford Studies in Early Modern Philosophy*, III, Oxford, OUP, 2006, p. 261-314.

WUNDT, Max, *Kant als Metaphysiker. Ein Beitrag zur Geschichte der deutschen Philosophie im 18. Jahrhundert*, Stuttgart, 1924.

– *Die deutsche Schulphilosophie im Zeitalter der Aufklärung*, Tübingen, 1945, réimpr. Hildesheim, Olms, 1964.

TABLE DES MATIÈRES

DEUXIÈME PARTIE

COSMOLOGIE

TROISIÈME PARTIE
PSYCHOLOGIE

QUATRIÈME PARTIE
THÉOLOGIE NATURELLE

ACHEVÉ D'IMPRIMER
EN NOVEMBRE 2019
SUR LES PRESSES
DE
L'IMPRIMERIE F. PAILLART
À ABBEVILLE

DÉPÔT LÉGAL : 4e TRIMESTRE 2019
N°. IMP. 16393